提升教师学习科学素养系列丛书　　丛书主编　尚俊杰

走进学习科学：
教师学习科学理论手册

主　编　尚俊杰　曾嘉灵
参　编（按姓氏音序排列）
张　鹏　赵玥颖　周均奕

源自学习科学中国化实践应用

机械工业出版社
CHINA MACHINE PRESS

学习科学是20世纪90年代发展起来的跨学科研究领域，重在研究"人究竟是怎么学习的？怎样才能促进有效的学习"，目前深受世界各国、各地区的重视。本书旨在帮助教师快速、全面了解学习科学的基本理论和基础知识。本书以对国内外学习科学研究的全面调研为基础，并结合北京大学学习科学实验室和北京市海淀区、朝阳区、顺义区等地连续多年开展的"提升教师学习科学素养研究"的研究成果，精心组织了相关内容。全书共10章，从学习科学概述讲起，系统论述了脑科学及认知相关的理论基础，并从新兴研究领域视角为教师讲解学习科学前沿动态和研究热点，包括人工智能、教育大数据、游戏化学习等，以期帮助教师了解学习科学原理，制定更科学的教学策略，促进更科学、更有效、更有趣的课堂教学。

本书既适合中小学教师或师范专业学生学习使用，也适合大学教师开展教学改革及教学研究使用，同时还适合对学习科学感兴趣的管理者、研究者和实践者参考。

图书在版编目（CIP）数据

走进学习科学：教师学习科学理论手册 / 尚俊杰，曾嘉灵主编. —北京：机械工业出版社，2023.8

（提升教师学习科学素养系列丛书）

ISBN 978-7-111-73532-8

Ⅰ.①走… Ⅱ.①尚… ②曾… Ⅲ.①中小学—教学—研究 Ⅳ.① G632.0

中国国家版本馆 CIP 数据核字（2023）第 134638 号

机械工业出版社（北京市百万庄大街22号　邮政编码100037）
策划编辑：熊　铭　　　　责任编辑：熊　铭　王　芳
责任校对：樊钟英　贾立萍　责任印制：单爱军
北京联兴盛业印刷股份有限公司印刷
2023年11月第1版第1次印刷
184mm×260mm · 21.25印张 · 437千字
标准书号：ISBN 978-7-111-73532-8
定价：89.00元

电话服务	网络服务
客服电话：010-88361066	机 工 官 网：www.cmpbook.com
010-88379833	机 工 官 博：weibo.com/cmp1952
010-68326294	金 书 网：www.golden-book.com
封底无防伪标均为盗版	机工教育服务网：www.cmpedu.com

本丛书是教育部教师工作司委托课题"提升教师学习科学素养研究"（编号：JSSKT2020011）的研究成果。

提升教师学习科学素养系列丛书
编委会

主　编　尚俊杰
副主编　吴颖惠　李　军
编　委（按姓氏音序排列）
　　　　　曹培杰　陈高伟　崔佳歆　杜晓敏　侯　兰　胡秋萍　霍玉龙
　　　　　蒋葵林　蒋　宇　梁林梅　刘哲雨　缪　蓉　宋官雅　吴筱萌
　　　　　肖海明　肖　明　徐秋生　闫新全　杨　红　杨　琼　周新林
　　　　　朱秋庭

主编简介

尚俊杰 博士，北京大学教育学院长聘副教授，研究员，博士生导师。1996年和1999年于北京大学先后获取理学学士和理学硕士学位，2007年于香港中文大学获取哲学博士（教育学）学位。曾任北京大学教育学院副院长、教育技术系系主任，现任北京大学学习科学实验室执行主任、北京大学基础教育研究中心副主任，兼任教育部高等学校教育技术专业教学指导分委员会委员、香港中文大学教育学院客座副教授、中国教育技术协会教育游戏专业委员会理事长、中国高等教育学会学习科学研究分会常务副理事长兼秘书长、中国人工智能学会智能教育技术专委会（原全国计算机辅助教育学会）副理事长、全球华人探究学习学会常务理事等。主要研究领域为学习科学与技术设计、游戏化学习（教育游戏）、教育技术领导与政策、信息技术教育等。承担国家自然科学基金、国家社会科学基金、教育部人文社科一般项目、北京市教育科学规划等几十项课题，发表学术论文90余篇，出版多本教材著作。曾荣获国家精品在线开放课程、全国优秀畅销书奖（科技类）、北京市高等教育精品教材奖、北京市高等教育教学成果一等奖、北京大学"黄廷方/信和青年杰出学者"等荣誉。

曾嘉灵 美国哥伦比亚大学教育学院认知科学专业在读博士生。2017年于北京师范大学获取理学学士学位，2020年于北京大学获取教育学硕士学位。现任北京大学学习科学实验室成员。主要研究领域为学习科学、教学技术设计、游戏化学习（教育游戏）等。参与国家自然科学基金、国家社会科学基金、教育部人文社科一般项目等10余项课题研究，发表学术论文10余篇。

丛书序

提升教师学习科学素养，促进课堂教学深层变革[①]

当前，以互联网、移动互联网、人工智能、大数据、虚拟现实/增强现实等技术为代表的信息技术对社会产生了翻天覆地的影响，正在推动社会从工业时代进入信息时代、人工智能时代。社会变革对人才的需求也发生了变化，以知识传授为中心、标准化培养为代表的工业时代的教育模式已经无法适应当前社会发展的需要。因此，世界各地都在进行教育变革，希望借助信息技术促进教育的深层变革。

教育的"主战场"在课堂，要推动教育的深层变革，首要任务是要培养适应新时代教育教学要求的高水平教师，从而推动"课堂革命"。2018年1月，中共中央国务院在《关于全面深化新时代教师队伍建设改革的意见》中明确了要在遵循教育规律和教师成长发展规律的基础上，加强师德师风建设，培养高素质、专业化的教师队伍。教育部教师工作司司长任友群提出用信息技术赋能，建设新时代高素质专业化创新型教师队伍。

建设高素质专业化的教师队伍当然包括多方面内容，我们认为可以从学习科学素养入手，提升教师对教育教学内在科学规律的认识水平，以推动"课堂革命"为突破口，来推动教育的深层变革。

❶ 学习科学的概念、发展及现状

学习科学（Learning Sciences）是一个跨学科研究领域，涉及认知科学、教育心理学、计算机科学、人类学、社会学、信息科学、神经科学、教育学、教学设计等多个学科。国际学习科学领域的知名研究专家R.基思·索耶（R. Keith Sawyer）教授在《剑桥学习科学手册》一书中指出：学习科学是一个研究教和学的跨学科领域。它研究各种情境下的学习——不仅包括学校课堂里的正式学习，也包括发生在家里、工作场所、场馆以及同伴之间的非正式学习。学习科学的研究目标，首先是更好地理解认知和社会化过程，以产生最有效的学习。其次便是用学习科学的知识来重新设计已有的课堂及其他学习环境，从而促使学习者能够更有效和深入地学习。简而言之，学习科学主要就是研究以下问题：人究竟是怎么学习的，怎样才能促进有效的学习？

[①] 本序言主体内容曾发表于《中小学信息技术教育》2021年第1期。

之所以会提出学习科学，是因为在20世纪80年代，一些在传统认知科学领域颇有建树的科学家意识到，他们在实验室开展的大量认知科学领域的认知研究，似乎没有对真实情境中的教学产生实质性影响，或者说不能真正有效地指导"不规范且具体"的真实情境中的学习，于是他们就往课堂教学走了一步，与同时崛起的人工智能、信息技术、教育技术领域的学者合作，提出了"学习科学"这一崭新的研究领域。

学习科学的概念被提出以后，得到了快速发展。1999年，经济合作与发展组织（Organization for Economic Co-operation and Development，OECD）启动了由26个发达国家参与的大型研究项目——"学习科学与脑科学研究"，召集了来自欧洲、美洲、亚洲的著名研究者与教育决策者，共同研究人类的阅读、计算与终身教育等问题。2004年，美国开始拨款创建跨学科、跨学校的"学习科学中心"，并给予稳定持续的巨资支持，随后陆续成立了6个国家级跨学科、跨学校的学习科学中心。欧美发达国家已经将学习科学确立为新的教育政策的关键基础，将人类学习的重要研究成果作为课程决策与行动的基础，在实践领域得到了实际应用。

在我国，北京师范大学、东南大学、华东师范大学等高校分别建立了北京师范大学脑与认知科学研究院、东南大学儿童发展与学习科学教育部重点实验室、华东师范大学学习科学研究中心等机构。北京大学教育学院也于2017年联合校内外多学科研究人员、实践人员成立了北京大学学习科学实验室。而且，越来越多的研究机构对学习科学产生了兴趣。2017年9月，国家自然科学基金会和教育部在杭州召开了第186期双清论坛，会议主题为"连接未来：教育、技术与创新"，与会专家、领导一致认为要联合多学科力量，加强教育科学基础研究，共同推进教育改革发展。2018年在国家自然科学基金中增加了F0701申请代码，其中支持的很多项目都是和学习科学相关的研究。

❷ 学习科学推动"课堂革命"

学习科学是一个跨学科研究领域，它的核心研究内容究竟是什么呢？《人是如何学习的：大脑、心理、经验及学校（扩展版）》一书中认为改变学习概念的五大主题是记忆和知识结构、问题解决与推理分析（专家分析）、早期基础、元认知过程和自我调节能力、文化体验与社区参与。《剑桥学习科学手册》一书中比较关注学习理论、基于设计的研究、专家学习和概念转变、知识可视化、计算机支持的协作学习（Computer Supported Collaborative Learning，CSCL）和学习环境等研究。《理解脑——新的学习科学的诞生》中则比较关注脑的发育、环境对脑学习的影响、读写能力与脑、数学素养与脑等内容。

我们曾经在对学习科学研究重要文献进行计量分析的基础上，提出未来学习科学领域的研究将包括以下三个研究方向：①学习基础机制研究。这一类研究整合了认知神经科学、生物医学和教育学等内容，试图从微观的神经联结层面研究真实情境中的教与学过程，从认知功能与结构相结合的综合视角，研究特定教育干预（学习内容、媒体等）对学习过程的影响。如采用脑科学的方法研究多媒体软件教学是否有效。②学习环境设计研究。这一类研究整合了认知心理学、教学设计、信息技术等内容，也称为学习技术研究，如设计学习软件、学习材料、学习平台和学习空间等。③学习分析技术研究。这一类研究整合了人工智能、大数据等技术，对学习过程行为数据进行分析，如基于慕课（MOOC）的在线学习分析、课堂对话分析、视频分析等。

自学习科学的概念提出以来，各国研究者完成了许多研究成果，其中部分成果已经在真实情境中得到了应用，如移动学习、游戏化学习、虚拟现实/增强现实、基于人工智能和大数据的个性化自适应学习等。例如美国加利福尼亚大学伯克利分校教授玛西娅·林恩（Marcia Linn）领导的基于网络的科学探究环境项目（Web-based Inquiry Science Environment，WISE），不仅催生了支持科学教育实践与评价的知识整合理论与依托平台，而且其研究成果为美国《下一代科学教育标准》（*The Next Generation Science Standards*，NGSS）的出台提供了扎实的理论基础和实践经验。再如教育心理和教育技术领域的著名学者、美国加利福尼亚大学圣芭芭拉分校教授理查德·E. 梅耶（Richard E. Mayer）提出的多媒体学习认知理论对信息技术在教育中的应用产生了重要的指导作用。

❸ 提升教师学习科学素养

客观地说，学习科学是一个基础学科，大部分研究都是由高校、科研机构的人员开展的。一线教师虽然可以独立或者和科研人员合作，开展学习科学基础研究，但是他们最主要的是要考虑如何将学习科学的研究成果应用到课堂教学中，以实现学习科学的目标——"在脑、心智和课堂教学之间架起桥梁"，用基础科学的研究成果理解和促进课堂教学。

要实现这一目标，就需要提升教师的学习科学素养。通过专业的项目式学习，构建起以学习科学素养为核心的教学知识能力体系，从实践能力和意识形态两个层面应对新时代教育变革。具体而言，需要教师从教学中的基础问题出发，结合学科教学的需求，以学习科学为理论基础，掌握基于学习科学视角的教学设计、课堂教学、教学评价和教学管理能力。

针对师范专业的学生，可以依托现有的师范生培养课程体系，增加学习科学相关的专业课程。比如，可以开设"学习科学导论"或相关课程，在师范专业的学生的课程学习、教育实习、教学研究中增加学习科学的内容，促使他们从理论和实践相结合的角度建构起学习科学素养，为未来成为一名真正的、优秀的教师奠定基础。其实，不仅是师范专业的学生，其他专业的学生也需要了解学习科学。北京大学2020年启动的"明师培养计划"中也设计了"学习科学与未来教育"等相关课程。

针对在职教师，因为之前的师范教育中大多没有开设专门的学习科学课程，所以可以借助现有的教师系统培训项目，落实其学习科学素养的学习。例如可以通过中小学教师国家级培训计划，向骨干教师渗透学习科学素养的培训内容，再通过骨干教师带动普通教师，层级传导与联动，实现学习科学素养的全面普及。

特别需要提出的是，让教师掌握基于学习科学视角的教学研究能力也很重要，可以打造全面掌握学习科学知识的研究型教师。我们认为，未来的名师有三层境界：第一层境界是教学型名师，能够将课讲得很好；第二层境界是研究型名师，能够结合教学开展行动研究，写出优秀的研究论文；第三层境界是思想型名师，能够在教学研究的基础上提出自己的教学思想。

❹ 提升教师学习科学素养研究项目介绍

北京大学学习科学实验室（https：//pkuls.pku.edu.cn/）自2015年开始一直致力于推动学习科学研究，启动了为期10年的"人是如何学习的——中国学生学习研究及卓越人才培养计划"（简称中国学习计划，China Learning Project，CLP）项目，开展了基于学习科学视角的游戏化学习、教师课堂行为分析、可穿戴设备教育应用等实证研究，每一年都发布《中国学习计划报告》，并连续召开"学习科学与未来教育前沿论坛"，希望通过这一系列活动推进学习科学事业的发展。

为了更好地推动学习科学和课堂教学深度融合，促进形成学习科学领域专家学者与一线教师的学习共同体，自2017年起，北京大学学习科学实验室联合北京市朝阳区教师发展学院、海淀区教育科学研究院、顺义区教育研究和教师研修中心等机构实施了"提升教师学习科学素养研究"项目。该项目采用行动研究的方法，探索将学习科学整合进基础教育课堂教学的模式、途径、原则及策略，进而从根本上提升基础教育的效率和质量，让学生们学习得更科学、更快乐、更有效，同时也希望打造一批具备学习科学素养的、卓越的研究型教师。

该项目采用了行动研究范式，多家单位选派研究人员、一线教师共同组成课题组，通过学习基础知识、设计精品课例、开展教学研究、撰写总结报告等步骤，力求让教师不仅掌握学习科学的一般概念知识和理论，而且能够将其与课堂教学有机融合，同时开展基于学习科学视角的教学研究，最后能够撰写规范的研究论文。

该项目具体包含以下步骤：①学习科学理论探究。通过线上线下学习、读书会、工作坊等形式，深入学习学习科学基础知识和基本理论，夯实学习科学基础。②撰写教学设计并完成课例。在充分进行理论研究的前提下，在原有研究成果的基础上，融合有效的教学策略，完成基于学习科学视角的教学设计，并形成完整的课例。③开展课堂教学研究。基于自己撰写的教学设计和课例，进一步设计基于学习科学视角的教学实验，然后开展实验研究，完成研究报告。在进行这个步骤的同时还需继续学习相关研究方法。④反思、总结和升华。在前面学习、设计、研究的基础上，撰写总结报告和研究论文，同时进一步理解学习科学的内涵。

该项目目前还在摸索中前行，在多方努力下已经积累了很多研究成果。首先，通过问卷调研发现教师的学习科学理论素养得到了一定的提升。很多教师通过读书、参与讲座、教学展示等多样化的学习活动，提高了自身的学习科学素养，并将学习科学的理论知识与自身的教学经验相融合，辩证地反思自身教学是否科学、有效，从而改进了教学策略。其次，教师的科研能力得到很大提升。教师逐步培养起了将教学与科研相结合的意识。有几十所学校参与了研究课题工作，先后有几十位教师在教育学术期刊、国际大会上发表论文，并做汇报展示。最后，该项目积累了一定的研究素材，比如丰富的教学笔记、教学案例、教学策略手册等。2020年，项目相关单位依托"提升教师学习素养"项目成果成功申请了教育部2020年度教育信息化教学应用实践共同体项目——"学习科学和游戏化学习实践共同体"，目前"学习科学和游戏化学习实践共同体"项目在全国也拥有了比较大的影响力。

❺ 关于本丛书

本丛书是上述项目的研究成果。课题组的专家、成员和一线教师精诚合作，并结合国内外学习科学理论和实践调研，精心编写了本丛书，希望能够让各位教师受益，助力各位教师早日成为教学型、研究型和思想型名师。

同时，本丛书也是教育部教师工作司委托课题"提升教师学习科学素养研究"（编号：JSSKT2020011）的研究成果，感谢任友群司长、宋磊副司长等各位领导的信任和支持。

❻ 结语

习近平总书记在党的二十大报告中指出，要"建设全民终身学习的学习型社会、学习型大国"。要建设学习型社会，显然离不开学习科学的支持。具体到教育领域，可以说教育发展急需加强基础研究，而基础研究可以从学习科学开始。提升教师学习科学素养，促进学习科学与课堂教学深度融合，对于推动教育领域的深层变革、促进教育的数字化转型、实现中华民族伟大复兴的中国梦具有重要意义。

尚俊杰　吴颖惠　李军

前　言

随着人类迈入智能时代，学习变得丰富而复杂起来，也对教育提出了新的挑战，如何进行科学的教学、如何设计有效的课堂已经成为教育工作者渴望探寻的重点与热点问题。在这样的背景下，近30多年发展起来的跨学科研究领域——学习科学，在研究人是如何学习的同时，探究如何运用研究成果促进有效学习，深入解读学习和教学的奥秘，为新时代的科学学习提供了发展思路，从而推动教育的深层变革。随着学习科学研究与技术的发展，该领域已经积累了大量优秀的研究成果，对以课堂教学为代表的真实情境下的学习产生了巨大影响。

对于一线教师来讲，了解并掌握学生如何学习的科学知识，是设计并开展科学课堂教学的关键，对提升教学能力非常重要。本书作为"提升教师学习科学素养系列丛书"的第一册，希望从一线教师的视角出发，以一线教师对学习科学的学习需求为线索，帮助一线教师较为快速地建立起对学习科学的全方位了解，走进学习科学，掌握相关理论，构建核心知识体系。

1 本书结构

全书共分10章，具体内容如下：

第1章，我们尝试从较为系统的视角，将教师引入学习科学的画卷，旨在解答关于学习科学的四个问题：学习科学是什么？为什么需要学习科学？学习科学研究什么？学习科学如何开展研究？首先，我们探讨了学习科学的定义，明晰了学习科学始终关注的核心问题：**人究竟是怎么学习的，怎样才能促进有效的学习？**明晰核心问题是为了回答关于"**是什么**"的问题，让教师对学习科学形成一个基本的认识。为了加深教师对学习科学的理解，我们讲述了学习科学诞生的故事，从百年前与学习科学相关的哲学、教育学和心理学的发展、分化，到学习科学正式成立后的三个发展时期，以及国外国内的学习科学发展大事记，以时间为线索，阐述了学习科学发展的历史。其中，对与学习科学相关的概念——教育技术、教育神经科学、人工智能教育应用进行了辨析，帮助教师厘清这些耳熟能详的概念之间的区别与联系。另外，我们对在学习科学建立和发展过程中，助力学习科学化探索的学习理论基础及经典案例进行了系统梳理，希望结合学习科学的历史发展，回答关于"**为什么**"的问题，帮助教师理解学习科学诞生与迅速发展的原因。当然，作为理论手册，我们肯定要为教师介绍学习科学"**研究什么**"与"**如何研究**"。从学习的本质与应用的角度来讲，学习科学研究大致可以分为学习基础机制研究、学习环境设计研究和学习分析技术研究三个领域，每个领域的研究虽有不同却也相互联动，共同探索关于学习的奥秘。在本章中，基于对三大领域研究与案例的介绍，我们讨论了作为一线教师，如何将学习科学研究结果应用于教育教学，设计和优化教学与学习。教师或许会想知道，学习科学采用什么样的研究方法，如果要做学习科学研究，可以运用哪些方法。于是，我们介绍了学习科学的传统实验研究方法、基于设计的研究方法、基于脑科学的研究方法和技术、基于人工智能和大数据的研究方法和技术，以及教师可以如何开展研究。希望通过本章对学习科学四个问题的解答，教师能够对学习科学形成一个更全面且更具体的认知。

在进入学习科学画卷以后，我们将逐章对学习科学内容进行详细介绍，使教师真正走进学习科学。理解"学习是如何发生的"是一切教学与设计的基础，第2~4章系统地介绍了脑、认知与学习的知识，进一步解释学习发生的过程，使教师更加了解自己的学生，开展更科学的教育教学。

第2章，我们聚焦于学习发生的场所——人脑，希望从**学习的生理层面**，带领教师一起打开人脑这个"黑匣子"，**了解学习的脑神经机制**。要了解不同学习活动的脑神经机制，就需要了解人脑的不同结构与相应功能，因此本章首先介绍了脑干、小脑、间脑和端脑等基础结构与功能。其中包含了许多有趣的事实与案例，例如与眼睛距离最远的大脑部位，却负责人的视觉功能。在此基础上，以人脑的信息加工过程为线索，探讨与学习相关的基本认知过程，包括知觉、注意和记忆，说明人脑是如何获取、处理外界信息，并完成学习过程的。除了与学习相关的基本认知过程，本章还介绍了一些更复杂的高级认知过程，包括语言学习的认知、加工与发展机制，数学学习的脑机制、数感、心理数轴与三重编码模型，情绪加工的两条感知通路与发展。了解了学习的脑机制以后，相信教师肯定很关心：有哪些基于脑的教学策略是在课堂中可以参考使用的呢？因此，本章按照学习发生过程的线索，与教师分享有关融合多感觉刺激、引起学生注意、促进学生记忆和调动积极情绪相关的基于脑科学的教学策略，供教师参考使用。

第3章，我们从**学习的心理层面**，探讨学生学习的心理机制与过程。知识传授贯穿教学和学习始终，因此本章以知识的学习过程为线索展开，从知识的表征与组织谈起。我们知道教师对知识的概念是非常熟悉的，不过本章讲述了知识的含义与类型，在学生头脑中的表征方式与组织方式，促进知识学习的教学策略，希望能够带给教师一些关于知识和知识传授的全新理解。在习得知识以后，学生面临知识的迁移，只有能够将知识迁移到不同的问题情境中，才能有效发挥知识的价值。由此，本章接下来讨论学习迁移的含义、类型以及影响学习迁移的因素，并提供促进学习迁移的策略。除了知识迁移外，学生还需应用知识，解决问题。我们接着探讨了问题解决的定义与特征、不同的问题解决模式、影响问题解决的因素以及促进问题解决的教学策略。而后，也是最复杂的认知过程，就是基于已有知识进行创新创造，即创造性思维。我们讨论了创造性思维的内涵、影响因素和相应的促进策略，希望为教师培养学生的创造性思维提供参考。

第4章，主要是探讨激发、维持和指导认知与学习过程的两大基础——**动机与元认知**。为什么要探讨这两个概念？与第2和第3章的内容相比较，虽然动机和元认知听起来与学习的关系并没有那么直接，但是它们在教学和学习中无时无刻不在发挥作用，它们也是实现学生科学、高效学习的要素。另外，教师或许对这两部分内容已经有了一些了解，只是没有系统、深入地对其展开学习。因此，本章希望帮助教师系统梳理相关理论与内容，使教师对动机与元认知有更深刻的理解，并产生利用动机与元认知促进和引导学习过程的相关启发。在动机方面，我们探讨了学习动机的定义与分类，有关动机的解释理论，如成就动机理论、心流理论等，有关学习动机激发的ARCS动机设计模型，以及学习投入的概念与理论。在元认知方面，我们梳理了元认知的定义与分类，自我调节学习的概念、发展与理论模型，并提出发展学生自我调节学习能力的相关策略。此外，动机与元认知在认知与学习过程中交互影响，因此本章还探讨了动机与元认知的关系，帮助教师进一步理解。

第5~10章则涵盖了学习科学领域的前沿内容，希望能为教师厘清一些感兴趣的前沿概念与理论，发展对"**如何促进有效的学习**"的思考，包括深度学习与项目式学习、技术促进认知与学习、人工智能与学习、教育大数据与学习分析、游戏化学习、学习科学前沿（如具身认知、联通主义等）。每一章都会从概念的内涵出发，讲述相关的历史发展、典型案例、理论模型等，并向教师呈现可参考的教学策略与教学案例，以促进教师对这些内容的理解和应用。

第5章，探讨了促进有效学习的学习方式，重点介绍了深度学习与项目式学习。我们知道近几十年来涌现了许多概念新颖的学习方式，选择这两种学习方式的原因：一方面教师或许都对这两种学习方式有所耳闻，不过在实际教学中想要应用这两种学习方式时，却往往不知如何设计；另一方面，我们相信这两种学习方式应用于教育教学的潜力，随着相关研究和理论的逐渐发展与深入，它们将能够起到培养新时期人才和促进教育变革的作用。本章注重理论与实践的结合，提供了丰富的深度学习和项目式学习案例供教师参考，希望教师在阅读本章以后，能够达到独立完成深度学习和项目式学习教学设计的效果。本章首先介绍了深度学习的概念、要素与理论基础，探讨深度学习是如何发生的，而后基于深度学习能力框架，阐述了深度学习的主要实现途径与评价模式，分享了数学、语文、生物学科的深度学习教学设计案例。最后本章讨论了项目式学习的含义、特征、典型设计模式及实施要点，并提供五个项目式学习的典型应用案例供教师参考。

第6章，探讨了技术对教育的影响。提起技术，教师一定不陌生，甚至还能列举出许许多多技术应用于教育中的案例，如慕课、微课、翻转课堂、移动学习、游戏化学习等，技术已经对教育产生了变革性影响。相信教师都对技术促进教育的作用持积极态度，也在实践中有过相应的尝试，不过要进行有效的技术促进教育教学的设计，就要了解技术促进教育背后的科学规律。本章就为教师系统地梳理了技术促进认知与学习的相关理论与实践应用案例，希望能够帮助教师更深层地理解技术是如何促进学习的，以及如何应用技术设计教学，以促进学生的学习。我们首先探讨了技术的概念以及对教育的两种支持形式，并解释了技术促进学习背后的认知理论，包括认知负荷理论、具身认知理论、情境认知理论和延展认知理论。在此基础上，我们进一步阐述了如何将技术科学地设计与应用于教学和学习过程之中，以多媒体学习理论为指导，为教师介绍可参考的教学设计模型与设计原则。最后，我们更具体地给教师呈现了技术促进学习的应用案例，包括计算机支持的协作学习、移动学习、基于虚拟现实/增强现实技术的学习、在线学习与混合学习案例。这些都是比较经典的技术促进教育的案例，之后我们又选取了近几年迅猛发展的两个技术促进教育的领域——人工智能、教育大数据与学习分析，为教师进行详细的介绍。

第7章，探讨了人工智能对教育的影响。人工智能是一个高技术含量的领域，提到人工智能，人们往往会联想到计算机、算法、科技等，想必教师对人工智能也有很多好奇和疑惑，如：人工智能究竟是什么？人工智能对教育存在什么样的价值？人工智能会改变教育吗？人工智能最终会替代教师吗？在这一章，我们从教师的视角出发，针对教师普遍好奇的有关人工智能的问题，采用比较通俗易懂的语言和生活化案例，进行讨论和阐述，希望能够帮助教师进一步了解人工智能与教育，找到心中疑惑的答案。我们首先梳理了人工智能的概念和发展历史，以及人工智能应用于教育的发展历史，帮助教师了解人工智能是从何而来的，以及它能做些什么。在阅读时，教师或许会发现：人工智能并不是一个全新的概念，早在20世纪50年代开始就已经被研究和讨论了；人工智能也不是一个离我们很遥远的概念，我们生活中的语音识别、自动翻译和自动驾驶等都应用了人工智能；一直以来人工智能也在教学中得到不断应用和尝试，我们所了解的计算机辅助教学、智能教学系统和个性化自适应学习等都是相关应用。那么，人工智能可以帮助我们在教育中解决哪些问题呢？我们认为，人工智能可以**促进学习走向个性化、促进教学迈向智能化、促进评价进入多元化、促进管理逐渐科学化、促进资源趋于公平化**，以此有机地融合到教育中。最后，我们提出了人工智能教育应用未来发展将面临的四个层面的困难：**在技术层，需要突破自身技术瓶颈；在伦理层，需要突破传统伦理观念；在系统层，需要重新构建周围结构组织；在效果层，需要解决教育的学习成效**。同时，我们也讨论了相应的应对策略，即在技术层，加强人工智能基础研究，突破技术瓶颈；在**伦理层，普及人工智能教育，构建人工智能伦理框架；在系统层，促进教育流程再造，重构周围结构组织；在效果层，加强教育基础研究**，探究人类学习机制，并展望了人工智能教育应用的发展趋势。

第8章，主要介绍了教育大数据与学习分析对教育的影响。教育大数据与学习分析常常是与人工智能一起提到的词语，相信教师也对大数据与数据分析对我们生活的影响有所感受，如网络购物中的精准推送、特殊时期的健康信息等。教育也不例外，教育大数据与学习分析正在对教育领域产生重大变革。本章希望能够加深教师对教育大数据与学习分析的理解，解答教师可能有的一些疑惑，如：什么样的数据可以称为大数据？数据量足够大就可以称为大数据吗？学习分析能够实现什么？教育大数据、数据挖掘、学习分析这些概念之间是怎样的关系？我们首先介绍了大数据的内涵，通过讲解大数据的4V特征（海量的数据规模、高速的数据流转、多样的数据类型和巨大的数据价值），结合大数据在我们生活各领域中的经典案例，帮助教师理解什么样的数据可以称为大数据，以及大数据有哪些应用。然后我们进一步聚焦于教育大数据，讨论了教育大数据的内涵和典型应用案例，并详细讲解了教育大数据的两个主要应用领域：教育数据挖掘和学习分析。在教育数据挖掘方面，我们介绍了教育数据挖掘的定义和常见的方法，包括回归分析、分类分析、聚类分析、关联规则挖掘、序列模式挖掘和文本挖掘。在对方法进行描述时，为了促进教师的理解，我们结合教师日常工作和生活场景，开展了更具象化的举例和解释。在学习分析方面，我们介绍了学习分析的定义、与数据挖掘的概念辨析、重要的研究领域（包括学生行为分析、文本与话语分析、心理和情感分析、视频课件分析），以及学习分析的典型应用案例。对于教育大数据与学习分析的未来发展趋势，我们概括了五点：**教学模式从"大众化"到"个性化"、教学评价从"单一化"到"综合化"、教学管理从"传统化"到"智能化"、教育政策从"经验化"到"科学化"、教育资源分配从"差异化"到"均衡化"**。同时，我们也阐述了教育大数据与学习分析在高速发展阶段所面临的三大挑战，包括技术方面的挑战、数据方面的挑战和伦理安全方面的挑战。

第9章，探讨了一个常常被作为与学习对立词来讨论的概念——游戏在教育中的应用。相比于思考如何禁止学生玩游戏，教育研究者与实践者换了一个思路，思考游戏为何如此吸引学生，如何将游戏吸引学生之处应用于教育，让学生也迷上学习。因此，游戏化学习领域迅速发展，逐渐进入大众的视野。实际上，游戏化学习由来已久，本章首先梳理了游戏化学习的关键概念和发展历史，包括经典的游戏理论和游戏化学习研究，并总结了游戏化学习的核心教育价值——**游戏动机、游戏思维、游戏精神**，结合案例帮助教师深入理解游戏化学习。按照游戏化学习的流程，我们介绍了游戏化学习在设计开发、教学应用和教育评估中的研究。同时从教师的角度，介绍了如何将游戏化学习研究成果应用在课堂教学中，包括如何在六大教学环节进行游戏化设计，不同学科如何开展游戏化学习，以及如何快速设计开发一款教育游戏。最后，我们展望了游戏化学习与多种前沿技术结合、与多种学习模式深入结合的发展趋势，以及未来的"**新快乐教育**"。希望通过此章，教师能够对设计和应用游戏化学习有进一步的理解，并且尝试实践，让学生尽可能地自由自愿学习自己喜欢的知识，积极主动思考，享受学习带来的快乐，同时教师也可以享受教学的过程和学生积极反馈带来的快乐。

虽然本书希望能够帮助教师快速、全面地了解学习科学，不过学习科学研究内容丰富，领域覆盖广泛，还有许多内容无法在本书中完全涉及。**第10章是本书的最后一章**，重点为教师介绍了七项学习科学前沿内容，希望能够帮助教师尽量多地了解学习科学领域的最新研究，发现有意义、感兴趣的内容领域，启发教师开展相关的教学实践，促进教师对学习科学的持续探索，搭建研究与实践的桥梁。这七项前沿内容包括：具身认知、联通主义、在线学习与混合学习、协作学习、非正式学习、社会情绪学习及学习环境设计。最后，我们探讨了学习科学的未来发展之路。在学习科学研究方面，我们认为主要呈现出四大趋势：**首先是跨学科合作解决教育中的重要问题，其次是对学习过程进行科学解释，再次是研究学习的设计与改进，最后是学习科学将呈现出影响实践、引领变革的趋势**。对于我国学习科学的发展，我们提出可以从四个层面保障学习科学的可持续发展：**政策支持层面，加大对学习科学的支持力度；科研发展层面，促进研究体系的再造与升级；教师培养层面，全面加强教师的学习科学素养培养；学校实施层面，根据实际情况开展研究与实践工作**。希望未来学习科学能够为我国教育事业的科学发展提供有力的支持。

提升教师学习科学素养，促进学习科学与课堂教学深度融合，对于推动教育领域的深层变革、实现中华民族伟大复兴的中国梦具有重要意义。希望谨以本书带给在摸索中前行的教师一些力量，使教学和学习都更科学！

❷ 本书作者信息及致谢

本书由尚俊杰和曾嘉灵对全书进行策划、整理和统稿。具体每章的编者信息如下：第1章由张鹏执笔；第2章由曾嘉灵执笔；第3章由赵玥颖、周均奕执笔；第4章由曾嘉灵、张鹏执笔；第5章由周均奕执笔；第6章由赵玥颖、张鹏执笔；第7章由尚俊杰、周均奕执笔，该章主体内容曾发表于《中国电化教育》2020年第4期，作者为肖睿、肖海明和尚俊杰；第8章由周均奕执笔；第9章由张鹏执笔；第10章由曾嘉灵、张鹏、周均奕执笔。

在本书的编写过程中，丛书编委会成员提供了各种形式的指导、支持和帮助；云南大学附属中学大学城校区杨阳、广州市越秀区教育发展研究院教育管理和人事评估专员李鑫阅读了初稿，也给我们提出了很多有意义的建议；此外，我们还要感谢霍玉龙、夏琪、胡若楠、高理想、肖睿、曲茜美、裴蕾丝、肖海明、张露、姚媛、龚志辉、张媛媛、石祝、黄文丹、谭淑方、王钰茹、何奕霖等北京大学学习科学实验室的教师、同学们给予的支持和帮助，本书的许多内容也取材于他们的研究成果；最后要特别感谢机械工业出版社有限公司基础教育分社马小涵社长和熊铭编辑的支持和帮助,没有他们,本书不可能出版。

最后感谢各位读者,谢谢你们对本书的支持和厚爱!如果大家对本书有任何意见和建议,敬请在微信公众号"俊杰在线"留言,或者来信指正(jjshang@263.net)。

尚俊杰　曾嘉灵
于北大燕园

目录 contents

- 丛书序
- 前言
- **第1章 学习科学概述 / 001**
  - 本章导入 / 001
  - 内容导图 / 002
  - 1.1 什么是学习科学 / 002
  - 1.2 学习科学的理论基础 / 010
  - 1.3 学习科学的研究内容 / 016
  - 1.4 学习科学的研究方法和技术 / 023
  - 1.5 本章结语 / 033
  - 拓展阅读 / 033
  - 思考题 / 034
- **第2章 脑科学与学习 / 035**
  - 本章导入 / 035
  - 内容导图 / 036
  - 2.1 脑的结构与功能 / 037
  - 2.2 与学习相关的基本认知过程 / 043
  - 2.3 脑与高级认知过程 / 053
  - 2.4 基于脑科学的教学策略 / 063
  - 2.5 脑科学与学习的发展趋势 / 068
  - 2.6 本章结语 / 069
  - 拓展阅读 / 070
  - 思考题 / 071

第3章　学习心理与科学学习 / 072

本章导入 / 072

内容导图 / 073

3.1　知识的表征与组织 / 073

3.2　学习迁移 / 083

3.3　问题解决 / 089

3.4　创造性思维 / 096

3.5　本章结语 / 099

拓展阅读 / 100

思考题 / 100

第4章　学习动机与元认知 / 101

本章导入 / 101

内容导图 / 102

4.1　学习动机 / 102

4.2　元认知 / 118

4.3　学习动机与元认知的关系 / 129

4.4　本章结语 / 130

拓展阅读 / 131

思考题 / 132

第5章　深度学习与项目式学习 / 133

本章导入 / 133

内容导图 / 134

5.1　深度学习的概念及要素 / 134

5.2　深度学习的实现途径及典型课例 / 138

5.3　深度学习的发展趋势 / 144

5.4　项目式学习的概念及特征 / 145

5.5　项目式学习的设计模式及典型课例 / 148

5.6　项目式学习的发展趋势 / 155

5.7　本章结语 / 156

拓展阅读 / 156

思考题 / 157

第6章 技术促进认知与学习 / 158

本章导入 / 158

内容导图 / 159

6.1 技术的教育内涵 / 159

6.2 技术促进学习的认知基础 / 161

6.3 技术促进学习的指导模型 / 171

6.4 技术促进学习的应用案例 / 178

6.5 本章结语 / 186

拓展阅读 / 186

思考题 / 187

第7章 人工智能与学习 / 188

本章导入 / 188

内容导图 / 189

7.1 人工智能的概念及历史发展 / 190

7.2 人工智能教育应用的历史发展与典型案例 / 196

7.3 人工智能教育应用的核心价值 / 202

7.4 人工智能教育应用面临的困难和应对策略 / 207

7.5 人工智能教育应用的发展趋势 / 213

7.6 本章结语 / 214

拓展阅读 / 215

思考题 / 215

第8章 教育大数据与学习分析 / 216

本章导入 / 216

内容导图 / 217

8.1 大数据的定义及应用 / 217

8.2 教育大数据的定义及应用 / 220

8.3 教育数据挖掘 / 224

8.4 学习分析 / 229

8.5 教育大数据与学习分析的未来发展趋势 / 242

8.6 教育大数据与学习分析面临的挑战 / 244

8.7 本章结语 / 245

拓展阅读 / 245

思考题 / 246

第9章　游戏化学习 / 247

本章导入 / 247

内容导图 / 248

9.1　游戏化学习的关键概念及历史发展 / 248

9.2　游戏化学习的核心价值 / 254

9.3　游戏化学习的主要研究内容 / 259

9.4　如何在一线教学中应用 / 263

9.5　游戏化学习的未来发展趋势 / 273

9.6　本章结语 / 278

拓展阅读 / 279

思考题 / 280

第10章　学习科学前沿与展望 / 281

本章导入 / 281

内容导图 / 282

10.1　具身认知 / 282

10.2　联通主义 / 288

10.3　在线学习与混合学习 / 292

10.4　协作学习 / 299

10.5　非正式学习 / 303

10.6　社会情绪学习 / 306

10.7　学习环境设计 / 309

10.8　学习科学的未来发展 / 314

拓展阅读 / 318

思考题 / 318

附录　推荐资源 / 319

附录A　推荐图书 / 319

附录B　推荐研究机构 / 319

附录C　推荐会议 / 319

附录D　推荐网站 / 320

附录E　推荐MOOC / 320

第1章

学习科学概述

【本章导入】

为什么学生不喜欢写作业？为什么学生写作业时常常发现不会，或者总是出错？作为一名教育工作者，您曾经思考过类似的问题吗？

这些问题都是围绕着学习展开的。或者也可以说，所有的教育问题都离不开这个根本问题："**人究竟是怎么学习的？怎样才能促进有效的学习？**"学习科学恰恰就是围绕着这一根本问题而展开的研究领域。

学习科学自1991年正式提出以来，便受到社会各界的关注和支持。这是因为在互联网、人工智能时代，学习者的学习变得丰富而复杂起来，而学习科学能够为这个时代的学习及学习者提供发展思路。学习科学始终坚持的是研究真实情境中的学习，涉及学习基础机制、学习分析技术、学习环境设计等内容。因此，对于关注"学习"的一线教师来讲，了解并掌握学习科学十分重要。

不过，大家在最开始可能会有很多疑惑：学习科学到底是做什么的？该如何应用学习科学呢？本章就从学习科学的定义和历史发展谈起，系统梳理学习科学的理论基础，介绍学习科学的研究内容、研究方法和技术，为教师答疑解惑，帮助教师较为快速、全面地了解学习科学。

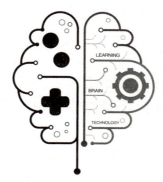

【内容导图】

本章内容导图如图1-1所示。

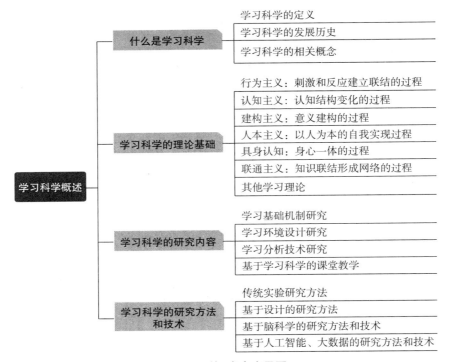

图1-1 第1章内容导图

1.1 什么是学习科学

学习科学（Learning Sciences，LS）是近30多年发展起来的跨学科（教育学、信息科学、认知科学、脑科学、教育心理学、人类学、社会学、教学设计、生物科学等[一]）的研究领域。自1991年正式提出以来，学习科学始终关注学习的根本性问题——"人究竟是怎么学习的？怎样才能促进有效的学习？"学习科学受到社会各界广泛关注。下面我们就来具体看看学习科学的定义和发展历史。

1.1.1 学习科学的定义

关于学习科学的定义，目前有很多学者都给出了界定。1991年，美国耶鲁大学教授珍妮特·克罗德纳（Janet Kolodner）等学者提出：学习科学是围绕着学习而展开的研究

[一] 尚俊杰，王钰茹，何奕霖. 探索学习的奥秘：我国近五年学习科学实证研究 [J]. 华东师范大学学报（教育科学版），2020，38（9）：162-178.

性学科，主要研究如何设计和构建有效学习环境。○2004年，美国印第安纳大学教授萨沙·巴拉布（Sasha Barab）等学者认为，学习科学是一门利用人类多学科中多种理论观点和研究范式，对学习、认知和发展等展开研究的综合性多学科研究性领域。○2006年，R. 基思·索耶（R. Keith Sawyer）指出：学习科学是一个研究教与学的跨学科领域。它的研究范围十分广阔，不仅包括学校课堂情境中的正式学习，也包括家庭内、工作中以及同伴之间所发生的非正式学习。学习科学的目的在于更好地理解哪些认知和社会过程可以产生最有效的学习，并利用这些知识来重新设计课堂和其他学习环境，使人们可以更加有效和深入地进行学习。○

30多年来，随着相关研究不断展开，学习科学的内涵也在不断丰富。我们可以发现，学习科学作为涉及教育学、信息科学等多学科的研究领域，其关注的核心问题始终是：人究竟是怎么学习的？怎样才能促进有效的学习？○

1.1.2 学习科学的发展历史

学习科学是如何诞生的？又是如何发展壮大的呢？这要追溯到百年前教育学和心理学"哥俩"的故事。○

教育学和心理学都有一个共同的"母亲"——哲学，教育学作为"哥哥"稍早地分化出来成为独立的学科，"弟弟"心理学随后诞生。但后来却发生了逆转，心理学在1879年德国生理学家、心理学家威廉·冯特（Wilhelm Wundt）建立世界上第一个心理学实验室之后迅速开始了科学化历程，教育学却迟迟跟不上步伐。这时本着互帮互助的原则，部分心理学家开始把目光转向教育学，分析教育学科学化落后的原因，认为教育学没有坚持贯彻科学方法。他们在心理学和教育学共同关注的点也是教育学的逻辑起点——"学习"上开展了科学探索，例如提出问题后，通过实证研究来解决问题，或者进行有条理的、明确的逻辑推理等。就这样，心理学家转向教育研究，人类对于"人究竟是怎么学习的"这一问题，也逐渐开始从"猜想"答案向"科学"研究转变。转变过程主要可分为三个时期，这三个时期有着三种不同的对学习的认识。

（1）**20世纪上半叶，行为主义心理学角度对学习的认识**　行为主义心理学以动物学习类比人类学习。在这一时期，心理学家在实验室观察、研究大量动物行为之后，类比

○ KOLODNER J L. The journal of the learning sciences: effecting changes in education [J]. Journal of the Learning Sciences, 1991, 1(1): 1-6.
○ 任友群, 赵建华, 孔晶, 等. 国际学习科学研究的现状、核心领域与发展趋势——2018版《国际学习科学手册》之解析 [J]. 远程教育杂志, 2020, 38(1): 18-27.
○ 索耶. 剑桥学习科学手册 [M]. 徐晓东, 等译. 北京: 教育科学出版社, 2010: 1-8.
○ 尚俊杰, 庄绍勇, 陈高伟. 学习科学：推动教育的深层变革 [J]. 中国电化教育, 2015(1): 6-13.
○ 郑旭东, 王美倩. 学习科学：百年回顾与前瞻 [J]. 电化教育研究, 2017, 38(7): 13-19.

到人，认为"学习就是行为的塑造，要建立刺激和反应之间的联结"。具体来讲，行为主义心理学家认为只要掌握有效刺激和动物反应之间的联结和强化机制，就可以塑造人的行为。但是"人"这一复杂有机体的学习，不能仅仅从行为上来看，还要揭示其内部的心理运算，因而很快诺姆·乔姆斯基（Noam Chomsky）就提出：人太复杂，忽略主观能动性是不行的。

（2）20世纪50年代至20世纪80年代，认知心理学角度对学习的认知　在20世纪50年代，出现了认知心理学对学习的认识——以机器学习类比人类学习。这一时期是将人类比喻成机器，认为"学习是对符号的计算机化的操作过程"。具体来讲，一是学者开始关注到记忆，如短时记忆、工作记忆等；二是学者开始关注到人类是如何解决问题的，例如以美国心理学家、卡内基梅隆大学教授希尔伯特·西蒙（Herbert Simon）为代表的人工智能专家让计算机来模拟人解决问题的过程；三是学者关注到专家和新手的区别，研究如何让新手快速向专家转变。

"以机器学习类比人类学习"的阶段在对学习的科学认知上有了很大的进步，但发现这样研究出来的部分结论过于简单，并不适合于"人"①；而且在实验室控制条件得出的结论，也并不能很好地解决教育真实情境中复杂的教育问题②。于是在这一时期更多的心理学家和教育实践者们，觉得需要将视线放回"人"这一主体上，直接关注人在真实情境中是如何学习的。

（3）20世纪八九十年代正式提出学习科学　1991年，第一届学习科学国际会议在美国西北大学召开，同一年《学习科学杂志》（The Journal of the Learning Sciences，JLS）创刊，这标志着现代意义上的学习科学宣告形成。③

学习科学自正式提出之后的发展，我们从国外国内、内涵发展两个角度来看。

1. 国外国内的学习科学

学习科学自正式形成之后，在全世界范围内迅速崛起、发展。

🔒 国外学习科学发展大事记

● 1991年，美国西北大学（Northwestern University，NU）设立世界上第一个学习科学专业，里程碑式地推动了学习科学成为"学科领域"的发展进程。

● 1999年，美国国家研究理事会（National Research Council，NRC）成立"学习科学发展委员会"工作小组，发布了《人是如何学习的：大脑、心理、经验

---

① BEACH B K. Learning with Roger Schank [J]. Training & Development，1993，47（10）：33-34.
② 郑旭东，王美倩. 学习科学：百年回顾与前瞻 [J]. 电化教育研究，2017，38（7）：13-19.
③ 尚俊杰，庄绍勇，陈高伟. 学习科学：推动教育的深层变革 [J]. 中国电化教育，2015（1）：6-13.

及学校》研究报告，引起了全世界对学习科学的关注。

- 2002年，国际学习科学学会（The International Society of the Learning Sciences，ISLS）正式成立，标志着学习科学作为一个新兴学科领域的最终形成。
- 2004年，美国国家科学基金会（National Science Foundation，NSF）大力支持学习科学的研究，通过项目申报的形式陆续成立了6个"学习科学中心"。如斯坦福大学、华盛顿大学合作成立了非正式与正式环境学习中心，从2004年开始连续10年总计获得4000余万美元的资助。
- 2006年，第一本以"学习科学"命名的专著《剑桥学习科学手册》出版。这本专著介绍了学习科学自1999年以来的重要进展。
- 2007年，经济合作与发展组织出版了《理解脑：新的学习科学的诞生》（*Understanding the Brain: Towards a New Learning Science*），宣告了整合心理、脑与教育的新兴学科——教育神经科学诞生。
- 2007年，国际心智、脑与教育学会（IMBES）创办了*Mind, Brain and Education*杂志，它成为教育神经科学领域的第一本专业期刊。
- 2016年，Nature专门设立了*npj Science of Learning*电子期刊，为学习科学搭建了一个标志性研究平台。

可以看出，学习科学作为一个新兴学科领域，在被正式提出后受到了基金会、政府等各方的广泛关注，但真正站稳脚跟却是**在2002年国际学习科学学会正式成立及之后**。在国际学习科学学会成立之前，《学习科学杂志》挂靠在美国劳伦斯·艾伯出版集团（Lawrence Erlbaum Associates，LEA），没有一个专门的学术组织来负责杂志的编辑出版和国际学习科学会议的运营，而是依托美国西北大学学习科学研究所创始人罗杰·尚克（Roger Schank）等声誉卓著的学习科学专家的影响力和号召力，让学习科学研究者们自发地组织在一起，缺乏组织和制度的保障。在国际学习科学学会成立之后，国际学习科学学会作为致力于对现实情境中的学习进行跨学科的经验研究，探索如何利用技术等手段促进学习的专业学术团体，将《学习科学杂志》和国际学习科学会议的主办权悉数归入旗下。国际学习科学学会不仅实现了运营的制度化，还有了坚实的专业学术组织做依托，为学习科学家们提供了一个更广阔的交流与发展平台。

近年来，学习科学已被欧美发达国家确立为新教育政策的关键基础，在实践领域得到了实际应用，许多国家也将人类学习的重要研究成果作为课程决策与行动的依据和基础。

在我国，虽然相对于起步较早的欧美等国家而言，在学习科学研究方面还有一定差距，但是北京师范大学、东南大学、华东师范大学、北京大学等高校均已经建立了学习科学研究中心或者相关的学术机构，并且逐渐呈现数量增长和快速发展的趋势。

> **国内学习科学发展大事记**
>
> ● 2002年，东南大学创立学习科学研究中心，结合神经生物学、认知心理学和科学教育及技术等学科，将研究神经教育学作为本中心的发展目标。
> ● 2005年，北京师范大学建立了认知神经科学与学习国家重点实验室，这是目前我国唯一一个将心理学、神经科学和教育学结合起来的国家重点实验室。
> ● 2006年，华东师范大学成立了学习科学研究中心，研究学习科学、教学设计、学习技术、教师学习与专业发展、非正式环境中的学习等内容。
> ● 2015年，北京大学成立了学习科学实验室，清华大学等高校也相继成立了相关研究机构。

国内各机构也在持续举办相关会议，不断发展学习科学这一领域。例如，2014年3月1日—6日"学习科学国际大会"在华东师范大学举行，这对我国学习科学发展起到了重要的促进作用。这场大会由美国国家科学基金会、经济合作与发展组织、联合国教科文组织、香港大学、上海师范大学、华东师范大学联合举办，汇集了世界各地的学习科学及教育研究领域的学者、各国和地区教育行政机构及国际组织的教育决策者、教育实践领域专家，围绕学习科学研究展开了专题探讨，有力地推进了学习科学在我国的发展。2016年华南师范大学联合美国科罗拉多州立大学等组织机构举办的第四届学习科学国际研讨会，邀请了各国学习科学研究专家、教育实践工作者等近180名代表，围绕"互联网+"时代学习科学的发展进行了对话。2021年中国高等教育学会学习科学研究分会也举办了2021学术年会，吸引了近200名专家、学者参加。

另外，教师可以关注的是，北京大学学习科学实验室每年都会联合海淀教育科学研究院等机构一起举办"学习科学与未来教育前沿论坛"，该论坛会邀请优秀的一线教师分享实践成果，对于教师提升学习科学素养很有帮助。

2. 内涵不断发展的学习科学

如果从内涵变化的角度来看学习科学的发展，我们可以根据对"学习"这一根本问题的认识和探索，将发展历程大致分为过渡转型期、蓬勃发展期、探索升级期三个时期。[1]

（1）**过渡转型期：1991年至1995年** 自1991年学习科学正式提出以后，就进入了过渡转型期。这一时期学习科学研究刚刚起步，还处于摸索阶段，仍然借鉴了许多认

---

[1] 尚俊杰，裴蕾丝，吴善超. 学习科学的历史溯源、研究热点及未来发展 [J]. 教育研究，2018，39（3）：136-145；159.

知科学的研究成果，很多研究并不符合学习科学的本质要求，带有传统的认知科学的特点。[1]但值得肯定的是，学习科学将很多已有的研究成果在真实情境中进行了实践检验并进一步完善，也吸引了众多优秀的研究者投身于学习科学研究的初期探索，新旧理论不断更替为其步入正轨奠定了基础。

（2）**蓬勃发展期**：1996年至2006年　这一时期的标志性事件之一是1996年第二届学习科学国际会议在美国西北大学召开，主题是"真实情境中的学习"。从这次会议开始，越来越多的研究开始符合学习科学的要义，学习科学正式迈入研究"真实情境中的学习"的正轨。步入正轨也体现在一本研究报告的发布——1999年美国国家研究理事会发布的《人是如何学习的：大脑、心理、经验及学校》研究报告，引起了世界范围内对学习科学的关注。

学习科学的蓬勃发展离不开这一时期对于新理论和研究方法的吸纳，如情境认知、建构主义等（会在本书1.2中详细介绍）。同样也离不开各国的重视，例如，美国在这一时期成立了6个"学习科学中心"，包括教育、科学与技术卓越学习中心，匹兹堡学习科学中心，非正式与正式学习环境学习中心，视觉语言与视觉学习学习科学中心，空间智力与学习中心、学习的时间动力学中心。[2]

（3）**探索升级期**：2007年至今　在这一时期，脑成像技术日趋成熟，很多认知科学家开始应用这种技术研究真实情境中的学习。标志性的事件是2007年经济合作与发展组织出版的《理解脑：新的学习科学的诞生》将脑功能、脑结构与学习行为结合到了一起，催生了教育神经科学；2016年《自然》杂志专门创设 *npj Science of Learning* 电子期刊，为学习科学搭建了一个标志性研究平台，自此基于认知神经结构的学习科学研究兴起，崭新的方法和角度也督促着更多的人思考"人究竟是怎么学习的？怎样才能促进有效的学习？"这一根本命题。

在这一时期，我国开始关注学习科学，并且成立了众多研究机构。例如北京师范大学脑与认知科学研究院、东南大学儿童发展与学习科学教育部重点实验室、华东师范大学学习科学研究中心等。北京大学也联合校内外力量成立了学习科学实验室[3]，并且开展了为期10年的中国学习计划项目，旨在围绕学习展开长期、全面的研究工作，并与北京市朝阳区教师发展学院、海淀区教育科学研究院、顺义区教育研究和教师研修中心合作开展了教师学习科学素养相关项目，旨在推动学习科学研究成果在一线教学中应用的进程。

---

[1] KOLODNER J L. The learning sciences: past, present, future [J]. Educational Technology, 2004, 44 (3): 34-40.
[2] 尚俊杰. 未来教育重塑研究 [M]. 上海：华东师范大学出版社，2020：114.
[3] 北京大学学习科学实验室. 2021学习科学与未来教育前沿论坛圆满举行 [EB/OL]. (2021-11-30) [2022-07-14]. https://pkuls.pku.edu.cn/xwdt/240466.htm.

1.1.3 学习科学的相关概念

学习科学和教育技术、教育神经科学、人工智能教育应用等联系密切，又有所区别。下面我们来一探究竟。

1. 教育技术与学习科学

教育技术作为一门学科，至今已经有上百年的发展历史。有很多学者给出了教育技术的定义。其中，较为著名的是1994年美国传播与技术协会（Association for Educational Communications and Technology，AECT）提出的"94定义"，该定义指出"**教育技术是对学习过程和学习资源进行设计、开发、利用、管理和评价的理论与实践**"。2005年，AECT对"94定义"进行了修正并提出了"05定义"，指出"**教育技术是通过创建、使用和管理适当的技术过程和技术资源以促进学习和提升绩效的研究与合乎道德的实践。**[一]"

围绕着教育技术的定义，其研究主要聚焦在教学过程、媒体教学、教学设计、网络教育、信息技术教育等内容[二]，依据教学设计等策略和方法，设计开发相关的干预手段（如课程视频、微课、多媒体课件、虚拟仿真软件、游戏、网络学习环境等），探讨干预手段在教学中的应用和效果，并总结相关的策略和原理，用以改进学习过程。

然而，也因为缺乏原创性的理论创新，教育技术学科发展受到了较大限制。而新出现的学习科学发展迅速，为教育技术领域的发展提供了借鉴：重视基础理论研究的创新，提倡学习由猜想到科学，跨学科汇聚各学科优势，科教兴国已是国家战略。[三]一些研究教育技术的学者也投身于学习科学领域的研究，教育技术也出现了向学习科学靠拢的趋势。[四]

但需要说明的是，教育技术和学习科学并不是谁要取代谁的关系，两者虽有区别，但也紧密联系。[五]对于教育技术而言，在结合自身发展历史的情况下，应借鉴学习科学的新思路、新方法；对于学习科学而言，教育技术良好的实践导向和支撑作用，可以将学习科学在脑与心智方面的研究成果真正应用于课堂教学，如用脑与心智的研究成果设计开发学习软件。两者相互补充，共同促进教育事业的发展。

2. 教育神经科学与学习科学

教育神经科学是于2007年正式成立的新兴交叉学科，也被称为心智、脑与教育（Mind, Brain and Education，MBE）、神经教育学（Neuroeducation，NE）、脑与学习（Brain and Learning，BL）等。教育神经科学、神经教育学两种说法认可度更高，教育

[一] 孟红娟，郑旭东. 对AECT2005教育技术定义的批判分析与思考 [J]. 电化教育研究，2005（6）：34-37.

[二] 陈巧云，李艺. 中国教育技术学三十年研究热点与趋势——基于共词分析和文献计量方法 [J]. 开放教育研究，2013，19（5）：87-95.

[三] 郑旭东，孟红娟. 在联合中走向变革：学习科学与教育技术创新发展的新景观 [J]. 远程教育杂志，2011（1）：14-18.

[四] 尚俊杰. 北京大学教育技术学科：整合与探索 [J]. 北京大学教育评论，2013，11（3）：65-77；190-191.

[五] 尚俊杰. 未来教育重塑研究 [M]. 上海：华东师范大学出版社，2020：272.

神经科学更重视新的教育规律的发现[1]，神经教育学侧重已发现的教育规律的应用[2]，但两者在研究内容和方法方面无本质差异，因而在此不做严格区分。

教育神经科学是通过整合神经科学、心理学、教育学和机器学习等学科，来研究教育现象及规律的跨学科研究领域。主要的研究内容有四类：①脑的功能结构与发展研究；②语言学习研究（脑的读写能力等）；③数学学习研究（婴儿计算等）；④情绪发展研究等[3]。

教育神经科学与学习科学虽然不是完全重合的关系，但是关系非常密切。学习科学之所以诞生，是因为部分认知科学家认为，传统的认知科学研究并不能很有效地促进真实情境中的学习。实际上，当时有一部分认知科学家也是认知神经科学家，非侵入性脑成像技术的发展，使得他们可以更方便地从大脑入手进行人类学习研究，从而逐渐成长为后来的教育神经科学家。

可以简单地说，教育神经科学算是学习科学的一个分支，也是学习科学的重要研究内容。[4]教育神经科学更强调学科的完整与科学性，而学习科学更侧重研究领域性。两者相较于传统的认知科学，都更注重教育的研究和对教育实践的促进。

3. 人工智能教育应用与学习科学

人工智能教育应用（详细介绍见第7章）几乎与人工智能技术同步发展，起源于1950年左右，先后经历过计算机辅助教学、智能教学系统、个性化自适应学习等发展阶段。目前已经逐步走入实际的教学场景之中，如自动阅卷、记录分析学生学习行为等。国内也有不少企业在做相关工作，如科大讯飞开发了智能教学系统。该教学系统利用学习分析技术等记录学生的数据、生成分析报告，从而判断学生薄弱知识点，并个性化推荐学习资源。该教学系统还在安徽省试点，经过数学学科的实践检验，结果表明学生使用该教学系统进行个性化学习，能够明显提高答题准确率、减少作业负担等。[5]

也就是说，对于人工智能教育应用而言，学习科学为其提供理论和实践支持；对于学习科学而言，人工智能教育应用为其提供基础技术的支撑。[6]两者可以说是互为支撑的关系。

综合以上分析，我们可以发现，学习科学和教育技术、教育神经科学相辅相成，较难用其中一个概念完全代替另外一个概念。但相对而言，学习科学具有更好的包容性：教育神经科学可以用作学习基础机制的研究，教育技术可以用作学习环境设计、学习分

---

[1] 周加仙. "教育神经科学"与"学习科学"的概念辨析 [J]. 教育发展研究, 2016, 36（6）: 25-30; 38.

[2] 韦钰. 神经教育学对探究式科学教育的促进 [J]. 北京大学教育评论, 2011, 9（4）: 97-117; 186-187.

[3] 余燕云, 杜文超. 教育神经科学研究进展 [J]. 开放教育研究, 2011, 17（4）: 12-22.

[4] 尚俊杰. 未来教育重塑研究 [M]. 上海: 华东师范大学出版社, 2019: 270.

[5] 吴晓如, 王政. 人工智能教育应用的发展趋势与实践案例 [J]. 现代教育技术, 2018, 28（2）: 5-11.

[6] 尚俊杰. 未来教育重塑研究 [M]. 上海: 华东师范大学出版社, 2019: 272-273.

析等的研究。所以我们认为，如果让更多学科的专家都来研究教育中的学习问题，"学习科学"的概念相比于教育技术、教育神经科学等概念，包容性和适切性更好。

1.2 学习科学的理论基础

学习科学的理论基础主要是指在学习科学建立和发展过程之中，助力其科学化探索的理论，具体是指对人的学习心理结构、特点和规律进行研究和揭示的理论，涉及学习的条件、过程和结果。[○]

1.2.1 行为主义：刺激和反应建立联结的过程

行为主义学习理论出现在20世纪初，认为学习是在刺激与反应之间建立联结的过程：外界对人的刺激使人产生反应；强化这种刺激就会强化人的反应。

行为主义学习理论的代表人物主要有苏联生理学家、心理学家伊万·巴甫洛夫（Ivan Pavlov）、美国心理学家约翰·华生（John Watson）、美国心理学家爱德华·桑代克（Edward Thorndike）、美国心理学家伯尔赫斯·斯金纳（Burrhus Skinner）等，他们都有非常典型的实验案例。通过经典实验案例，能够更加清晰地了解行为主义学习理论中的学习。

巴甫洛夫：经典条件反射理论

巴甫洛夫设计的一套实验装置可以测量狗的唾液分泌，如图1-2所示。

图1-2 巴甫洛夫测量装置[○]

最开始，狗吃到食物会分泌唾液，但听到铃声不会分泌唾液。巴甫洛夫首先向

○ 陈琦，刘儒德. 当代教育心理学 [M]. 3版. 北京：北京师范大学出版社，2019：78-79.
○ Neurophilosophy. Neural basis of a classic psychology experiment [EB/OL]. （2006-10-09）[2022-03-12]. https://neurophilosophy.wordpress.com/2006/10/09/neural-basis-of-a-classic-psychology-experiment/.

> 狗摇铃,半分钟后给予食物,并观察狗的唾液分泌情况。重复多次之后发现,再次摇铃而不给予食物时,狗一样可以分泌唾液。

我们知道狗吃到食物会分泌唾液,但最初摇铃和分泌唾液没有关系。也就是说,食物是无条件刺激、分泌唾液是无条件反射,而经过多次重复,铃声变成了条件刺激,它可以引起分泌唾液的条件反射。华生的小艾伯特实验(经典条件反射)、桑代克的饿猫实验(试误学习)、斯金纳的鸽子实验(操作条件反射)等都以此为基础。

可以看出,学习的结果是使有机体形成"刺激-反应"的联结,学习过程是通过结合新刺激和无条件刺激而形成条件刺激。但行为主义学习理论的局限性也在于此,有机体的许多行为(反应)并不能用某种无条件刺激引发出来。

值得一提的是,行为主义学习理论至今还有影响,甚至催生出新的发展领域。如斯金纳的教学机器和程序教学,催生了后来计算机辅助教学(Computer-Assisted instruction,CAI)的雏形。

1.2.2 认知主义:认知结构变化的过程

认知主义同样出现在20世纪初,但与行为主义不同的是,认知主义更强调学习是积极主动的心理过程,而非对刺激的反应。因此,认知主义更强调知识的获得不是对外界信息的简单接收,而是对信息的主动选择和理解,强调学习者的认知结构的变化。学习的结果是形成认知结构,学习的过程是积极主动的信息加工活动。

认知主义学习理论的典型代表理论有很多,如格式塔(Gestalt)的顿悟说,美国心理学家爱德华·托尔曼(Edward Tolman)的符号学习理论,美国心理学家、教育学家杰罗姆·布鲁纳(Jerome Bruner)的认知发现学习理论,美国认知教育心理学家戴维·保罗·奥苏贝尔(David Pawl Ausubel)的有意义接受学习理论,美国教育心理学家罗伯特·加涅(Robert Gagne)的信息加工学习理论。在这里我们先主要介绍加涅的贡献,其理论对一线实际教学产生了重要影响。

加涅的贡献

> 加涅将学习结果分成五类:①言语信息,主要指能用言语(语言)表达的知识;②智慧技能,主要指运用概念或规则做事情的能力;③认知策略,主要指运用有关人们如何学习、记忆、思维的规则支配人的学习、记忆或认知行为;④动作技能,主要指通过练习获得的、协调自身运动的能力;⑤态度,主要指习得的对人、事、物以及自己的反应倾向。**加涅提出的九段教学论**,目前在教学中也有着广泛应

用：①接受；②期待；③提取信息到短时记忆；④选择感觉信息；⑤语义编码；⑥反应；⑦强化；⑧激发信息的保持；⑨形成概念。

1.2.3 建构主义：意义建构的过程

建构主义由瑞士儿童心理学家让·皮亚杰（Jean Piaget）等学者提出，在20世纪中后期开始发展起来，是学习科学的重要理论基础之一。与行为主义、认知主义以客观主义认识论为基础不同，建构主义学习理论认为**"意义是人建构起来的"**，并且还认为学习是学习者在社会文化背景下，借助其他人的帮助和学习资料，自己进行有意义建构的过程。

> **建构主义经典故事：鱼牛的故事**
>
> 有一个非常出名且典型的建构主义故事——鱼牛。小鱼和它的好朋友小青蛙都想出去看看，但是小鱼不能离开水，所以小青蛙就独自上岸闯荡，回来讲给小鱼听。小青蛙说："外面新奇有趣的东西很多，如有一种生物叫牛，它的身体很大，头上有两只向上弯弯的犄角，身上有黑白斑块，长了四条粗腿……"但是小鱼从来没有见过牛，在小青蛙的描述下，它想象中的牛是鱼身牛样的（见图1-3）。这是现实中的牛吗？显然不是，这是小鱼根据自身已有经验，在自身基础上建构的牛。
>
>
>
> 图1-3 鱼牛

在这里还需要提一下，同样主张建构的情境认知理论（也有情境认知与学习理论、情境学习理论等说法，三者常相互指代，在这里我们不做严格区分⊖）认为，人们在建构

⊖ 王文静. 情境认知与学习理论研究述评 [J]. 全球教育展望，2002，31（1）：51-55.

内部认知结构时，需要借助与情境的交互感知，这里的与情境的交互不仅包括与物理环境的交互，还包括与人、信息资源、技术工具等的交互。而建构主义学习理论强调学习不是知识的被动传递，而是学习者在一定的情境中基于原有知识与可利用的学习资源，主动进行意义建构的过程。相比于情境认知理论，建构主义除了强调情境和人与情境的交互外，还强调学习者个体的主动性。

建构主义学习理论的代表理论有很多，皮亚杰的儿童认知发展理论、美国当代著名心理学家和教育家劳伦斯·科尔伯格（Lawrence Kohlberg）的认知结构性质与发展条件、美国心理学家和认知心理学家罗伯特·斯滕伯格（Robert Sternberg）的个体主动性、苏联心理学家利维·维果茨基（Lev Vygotsky）的社会文化历史理论、美国密苏里大学教授戴维·H.乔纳森（David H.Jonassen）的建构主义学习环境等。限于篇幅，我们这里只介绍皮亚杰的儿童认知发展理论。

> **皮亚杰的儿童认知发展理论**
>
> 皮亚杰提出了认知的两个重要过程：同化和顺应。同化是认知数量的扩充，即把外界环境中的有关信息吸纳、整合到自己原有认知结构的过程；顺应是认知结构性质的改变，即当外界环境发生变化时，原有的认知结构无法同化新信息而发生改变的过程。
>
> 皮亚杰还将儿童的认知发展划分成四个阶段：①0~2岁的感知运动阶段；②2~7岁的前运算阶段；③7~11岁的具体运算阶段；④11~16岁的形式运算阶段。
>
> 在感知运动阶段，儿童主要是通过感知觉来处理和世界关系的；在前运算阶段，儿童可以用表象、言语来表达所想，但思维还是直觉的、非逻辑性的，并且具有很明显的自我中心特征；在具体运算阶段，儿童能够进行简单的逻辑推演，但还是局限于具体的事物，缺乏抽象性；在形式运算阶段，儿童基本能够把思维的形式和内容分离，监控自己的思维活动，进行抽象的逻辑思维。

1.2.4　人本主义：以人为本的自我实现过程

人本主义兴起于20世纪五六十年代，认为学习应该重视正常人的内在本性，主张基于适当环境，让学习者在情感和认知两方面都自我实现。

人本主义学习理论的典型代表主要有两个：一个是美国社会心理学家亚伯拉罕·马斯洛（Abraham Maslow）的自我实现和需要层次理论，另一个是美国心理学家卡尔·罗杰斯（Carl Rogers）的自由主义和有意义学习。马斯洛认为个人的人格获得充分发展的理想境界是自我实现，并且提出每个人都有生理、安全、归属、尊重以及自我实现五个层次的需要，如图1-4所示。其中，高层次的自我实现具有超越自我的特征，具有很高的社会价值。罗杰斯则认为一个人的自我概念极大地影响着他的行为。一个很重要的心理学应用是"当事人中心疗法"，鼓励当事人自己叙述问题、自己解决问题。在教育中我们提倡的以学生为中心，让学生自主解决问题，就是人本主义思想的体现。

图1-4 马斯洛的自我实现和需要层次理论模型

1.2.5 具身认知：身心一体的过程

具身认知首次提出于1991年。早期科学家认为认知是大脑的事情，和身体没有关系，但是具身认知学者认为身体和心智不可分离，提出学习是在恰当环境中进行有意义的身体互动，将思维具象化的过程。其提倡的是"心智、大脑、身体、情境、世界一体化"，主要有身体观、情境观、动力系统观三大观点。身体观强调认知与身体不可分离，情境观强调认知和情境的联系，动力系统观强调认知、身体、情境的动态联系。目前具身认知的应用有沉浸式体验、通过体感游戏帮助学习者有效记忆英文单词等。

> **具身认知案例：基于温度的道德概念隐喻研究**
>
> 本研究旨在探究温度对于一个人的影响。研究将参与者随机平均分成甲组、乙组，并以产品评估的名义，让参与者短暂握住热疗垫（乙组）或冷疗垫（甲组）并对其进行评估，随后让参与者选择是给自己送礼物，还是给朋友送礼物。
>
> 研究发现，握住冷疗垫的参与者更有可能为自己选择礼物（75%），握住热疗垫的参与者更可能为朋友选择礼物（54%）。这说明，体温的经验本身会影响一个人对他人的印象和亲社会行为，温度的热冷与道德概念的善恶形成了稳定的隐喻联

⊖ MASLOW A H. Motivation and personality [M]. New York：Harper，1954：97-104.
⊜ 叶浩生."具身"涵义的理论辨析 [J]. 心理学报，2014，46（7）：1032-1042.
⊜ 许倩倩，叶长青. 基于具身认知的体感型教育游戏的设计与开发研究 [D]. 上海：华东师范大学，2019.
㉔ WILLIAMS L E，BARGH J A. Experiencing physical warmth promotes interpersonal warmth [J]. Science，2008，322（5901）：606-607.

结。这就像和一个初次见面的人握手，如果对方的手是温暖的，人们可能会认为对方是热情或温暖的。

1.2.6 联通主义：知识联结形成网络的过程

联通主义于2005年被加拿大学者乔治·西蒙斯（George Siemens）提出，认为知识路径远比知识内容更重要。在联通主义看来，学习的目的就是将知识进行联结。知识/个体是一个个的点，知识路径是点之间的连线，学习就是将点联结，形成知识路径并最终形成知识网络的过程。在联通主义的教师观中，教师是课程促进者，能够影响知识网络的构建；而在联通主义的学生观中，学生是自我导向、网络导向的学习者和知识的创造者，这就要求学生具备参与学习的基本能力，如专注、彼此联通、接受不确定性等。⊖

联通主义的典型应用案例：西蒙斯于2008年开设的MOOC课程，MOOC课程是利用联通主义理论进行教学实践的课程；北京师范大学也在开设cMOOC（联通主义下的慕课）课程，其知识网络如图1-5所示，探讨"互联网+"时代下的教育，提供了论坛、博客、跟帖等功能和任务。两个案例都具有联通主义典型的特点——鼓励大家一起来分享、生成知识网络，而非单纯的知识传递。

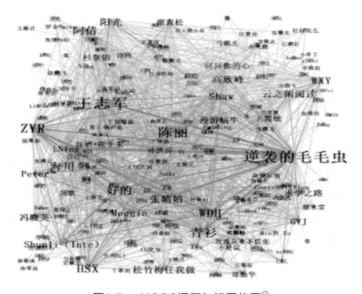

图1-5　cMOOC课程知识网络图⊜

⊖ 王志军，陈丽.联通主义学习理论及其最新进展 [J].开放教育研究，2014，20（5）：11-28.
⊜ 郭玉娟，陈丽，许玲，等.联通主义学习中学习者社会网络特征研究 [J].中国远程教育，2020（2）：32-39；67；76-77.

1.2.7 其他学习理论

不同流派学习理论的侧重点取决于研究重点，研究重点不同、学习的重点也不同。因而，学习理论并不是非此即彼的，而是可以相辅相成的。[1]对于学习科学而言，其发展深受学习理论的影响，除了上述学习理论外，还有体验学习理论、社会情绪学习理论、学习投入理论、学习动机理论等多种理论，见表1-1。

表1-1 其他学习理论简介

理论名称	理论主张
体验学习理论	学习是从阅读、听讲、研究、实践中获得知识或者技能的过程，而这一过程需要亲身体验
社会情绪学习理论	学习也要让学习者认识及控制自己的情绪，发展对他人的关心和照顾，做出负责任的决定，有效地处理各种问题；社会情绪能力包括自我意识、自我管理、社会意识、人际交往能力、做出负责任的决定等
学习投入理论	学习者在学习过程中的行为、思考，即所投入的精力，会影响学习者的收获
学习动机理论	充分认识到学习动机对于学习的影响，具体包含成就动机理论、心流理论、内在动机理论等

1.3 学习科学的研究内容

因为涉及多学科领域和跨学科研究，学习科学的研究内容较多，不少学者从不同角度切入，对学习科学主要研究内容进行了总结和归纳。如学习科学经典著作《人是如何学习的：大脑、心理、经验及学校》从学习概念的角度提出了记忆和知识结构、问题解决与推理分析（专家分析）、早期基础、元认知过程和自我调节能力、文化体验与社区参与五大研究主题[1]；在学习科学领域具有重要影响力的美国斯坦福大学教授罗伊·丕（Roy Pea），从信息技术对学习与教学的支持及增强等方面进行研究，如基于视频的学习、学习共同体、元认知等[2]。

来自不同领域的学者一般会关注不同的方面。在这里我们主要从学习本质和应用的角度切入，从学习基础机制研究、学习环境设计研究、学习分析技术研究三大方面进行介绍，希望能给予各位教师在课堂上应用学习科学的基本思路。[3]

---

[1] 尚俊杰，庄绍勇，陈高伟. 学习科学：推动教育的深层变革 [J]. 中国电化教育，2015（1）：6-13.
[2] 洪超，程佳铭，任友群，等. 新技术下学习科学研究的新动向——访学习科学研究专家Roy Pea教授 [J]. 中国电化教育，2013（1）：1-6.
[3] 尚俊杰，裴蕾丝，吴善超. 学习科学的历史溯源、研究热点及未来发展 [J]. 教育研究，2018，39（3）：136-145；159.

1.3.1 学习基础机制研究

学习基础机制的研究，主要是借助先进的认知科学研究技术（神经科学、认知神经科学等），从脑神经层面对真实情境中的教与学进行探索，从而构建学习科学的基础理论和知识、促进产生学习和认知的新学习形式、探索语言和社会文化对学习的影响。

详细来讲，学习基础机制研究主要是通过整合认知神经科学、神经科学、认知科学、医学与教育等学科的理论和方法，从微观的神经层面研究真实情境中的教与学的过程，探讨特定教育干预（学习内容、媒体等）对学习过程的影响，如给予学习者学习材料，从认知功能和结构的角度，观察学习者的学习过程。

学习基础机制的研究离不开对大脑的研究，对于大脑的研究主要包括大脑机制的发现与模拟研究、大脑和语言习得的研究、大脑与人的感知系统研究以及脑发育的可塑性研究等四类。[1] 典型的研究案例有：美国教育、科学与技术卓越中心采用实验和建模方法，依靠神经和计算机模型模拟人脑以研究智能行为；美国华盛顿大学教授帕特里夏·库尔（Patricia Kuhl）主持的一项研究发现，双语学习能够改变脑白质的微观结构，与只学习一种语言的同龄人相比，处在双语环境中的婴儿或儿童具有更高的认知灵活性和控制注意的能力。[2]

国内学者也通过收集大脑以及其他生理数据开展了相关研究。下面介绍的是北京师范大学认知神经科学与学习国家重点实验室对认知神经机制的一项研究。

> **团队成员同步性影响团队绩效的认知神经机制**[3]
>
> 本研究主要是为了探索在团队合作时，同步操作影响团队绩效的认知神经机制。本研究共招募180名参与者，随机分为20组，每组9名互不相识的学习者组成团队并依次完成随机任务、团队焦点任务、共享焦点任务三部分的击鼓内容。参与者全程佩戴功能性近红外光谱（functional Near-Infrared Spectroscopy，fNIRS）设备以测量其脑活动，并在完成任务之后填写问卷以测量团队互相依赖程度。
>
> 其中击鼓任务有三项：①随机任务，即在不考虑他人节奏的情况下随机击鼓；②团队焦点任务，即在没有外部线索的情况下努力与成员保持节奏一致；③共享焦点任务，即在节拍器提示下统一节奏击鼓。图1-6所示为协作现场。

---

[1] 夏琪，马斯婕，尚俊杰. 学习科学未来发展趋势——基于对美国六大学习科学中心的分析 [J]. 现代教育技术，2019，29（10）：5-11.

[2] KUHL P K, TSAO F M, LIU H M. Foreign-language experience in infancy: effects of short-term exposure and social interaction on phonetic learning [J]. Proceedings of the National Academy of Sciences, 2003, 100（15）: 9096-9101.

[3] TAO L A, LIAN D, RDC D, et al. Team-work, team-brain: exploring synchrony and team interdependence in a nine-person drumming task via multiparticipant hyperscanning and inter-brain network topology with fNIRS [J]. NeuroImage, 2021, 237: 118147.

图1-6 协作现场

研究结果表明,团队焦点任务中团队成员的脑活动呈现出更强的脑间同步性,并能更好地预测团队绩效,即团队成员之间的信息交换效率影响团队行为一致性。

1.3.2 学习环境设计研究

学习环境设计研究又被称为学习技术研究,是整合认知心理学、教学设计、计算机信息技术、智能系统的学习科学研究。与学习基础机制研究不同,学习环境设计研究侧重于将已有的研究成果进行转化,形成可以用于真实教育情境的方案,如学习媒介设计、实体环境设计、学习交互设计等。

在学习环境的设计上,可以综合移动、虚拟仿真、游戏等多种前沿技术,为学生搭建有效的学习环境。例如基诺(Jeno)等人使用移动软件进行生物学科的学习,主要是进行物种识别的教学活动,结果发现使用**移动软件**要比使用传统课本有着更好的学习成绩和动机[1];亨佩尔(Hempel)利用**虚拟仿真技术给医学生和年轻从业人员搭建学习环境**,医学生和年轻从业人员在学习人体结构时可以得到学习平台的及时反馈,结果发现这样的虚拟仿真环境有利于培养医学生和年轻从业人员的职业技能[2];里康森特

---

[1] JENO L M, GRYTNES J A, VANDVIK V. The effect of a mobile-application tool on biology students' motivation and achievement in species identification: a self-determination theory perspective [J]. Computers & Education, 2017, 107: 1-12.

[2] HEMPEL G, HEINKE W, STRUCK MF, et al. Impact of quantitative feedback via high-fidelity airway management training on success rate in endotracheal intubation in undergraduate medical students—a prospective single-center study [J]. Journal of Clinical Medicine, 2019, 8(9): 1465.

（Riconscente）研发出Motion Math（一款分数游戏），利用**数轴和具身认知的理论搭建学习环境**，帮助学生理解分数，结果发现学生的成绩、自我效能感以及对于游戏的喜爱程度都有所提高。⊖

国内也有专门针对实体教室展开设计的研究，北京师范大学教授黄荣怀等人提出了智慧教室的SMART模型。⊖其中：①S代表**内容呈现**（Showing），主要表征智慧教室的教学信息呈现能力，不仅要清晰呈现内容，而且要使呈现的方式符合学习者的认知特点；②M代表**环境管理**（Manageable），主要表征智慧教室的布局多样性和管理便利性，教室布局管理、设备管理、物理环境管理、电气安全管理、网络管理等的所有设备、资源都应具有较强的可管理性；③A代表**资源获取**（Accessible），主要表征智慧教室中资源获取能力和设备接入的便利程度，包含资源选择、内容分发、访问速度三个方面；④R代表**及时互动**（Real time Interactive），主要表征智慧教室支持教学互动及人机互动的能力，包含便利操作、流畅互动和互动跟踪三个方面；⑤T代表**情境感知**（Testing），主要表征智慧教室对物理环境和学习行为的感知能力，包含对于空气、温度、光线、颜色等物理因素的考虑。⊖以下是聂风华等人根据SMART模型进行智慧教室设计和建设的案例。

智慧教室的设计与建设⊖

本研究在智慧教室SMART模型的基础上，从可操作性的角度修改完善，提出了I-SMART模型，如图1-7所示，并根据此模型展开设计，最终实现效果如图1-8所示。该智慧教室包含基础设施（Infrastructure）、网络感知（Network Sensor）、可视管理（Visual Management）、增强现实（Augmented Reality）、实时记录（Real-Time Recording）、泛在技术（Ubiquitous Technology）六大系统，以遵循优化呈现教学内容、便利获取学习资源、深度互动、感知与检测情景等原则，为教学活动提供人性化、智能化的互动空间。

⊖ RICONSCENTE M M. Results from a controlled study of the iPad fractions game motion math [J]. Games and Culture，2013，8（4）：186-214.
⊖ 黄荣怀，胡永斌，杨俊锋，等.智慧教室的概念及特征 [J]. 开放教育研究，2012，18（2）：22-27.
⊖ 聂风华，钟晓流，宋述强.智慧教室：概念特征、系统模型与建设案例 [J]. 现代教育技术，2013，23（7）：5-8.

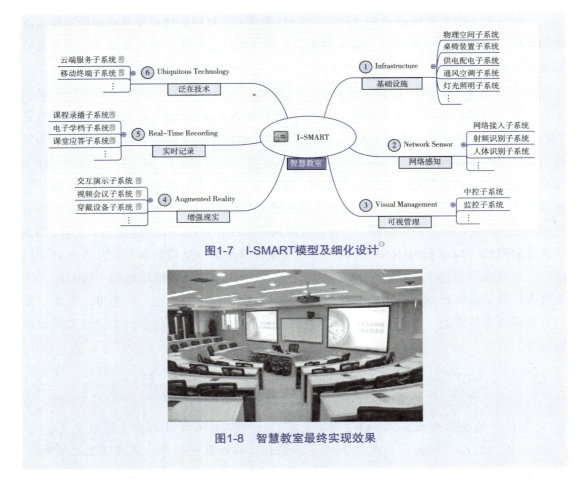

图1-7　I-SMART模型及细化设计

图1-8　智慧教室最终实现效果

1.3.3　学习分析技术研究

学习分析技术研究，主要是指整合机器学习、工程技术、人工智能等领域的研究方法对学习行为数据等进行大数据分析，以便了解学习者特征或进行个性化干预的研究。学习分析技术研究也是学习科学领域的研究热点，包含"对话分析技术""视频分析技术"等。

我们可以利用学习分析技术来改进课堂，例如美国匹兹堡大学教授劳伦·莱斯尼克（Lauren Resnick）所创立的学习研究所，就使用课堂讨论分析工具，记录教师和学生在课堂中的对话、行为等，并对其进行深度交互分析，用以反思和改进课堂讨论效果。近年来，随着智慧学习环境的构建和完善，学生的学习数据记录愈加完善，呈现出多模态的趋势，如可以利用眼动仪、视频等收集眼动轨迹、面部表情等多模态数据，对学习者及其学习过程进行细致的刻画。下面我们以"学习投入的多模态测评"，来看学习分析技术研究的新趋势以及学习分析的具体过程。

○ 夏风华，钟晓流，宋述强.智慧教室：概念特征、系统模型与建设案例[J].现代教育技术，2013，23（7）：5-8.

学习投入的多模态测评

"学习投入"是指学习者在学习过程中的参与程度和努力程度,包括行为投入、认知投入、情感投入。

"多模态测评"是指利用多种形式的数据和分析方式,来综合刻画和理解学习者及其学习的过程,如利用学习平台的日志数据可以了解学习者的在线学习行为,利用课程录像数据可以了解学习者的情感、交互情况,利用眼动数据可以发现学习者的学习关注点及其变化过程等。可见多模态数据的价值在于可以将多方面的数据结合到一起,更加全面地反映学习者特征及其学习状态,弥补单一数据(如仅有考试成绩)对学习刻画不足的缺陷。

北京师范大学教授李艳燕等人为更有效地测量学习投入,利用摄像机、录音笔、计算机以及生理传感器等设备来收集学习者的多模态数据,并对其进行数据处理(见图1-9)经过数据采集、数据处理、数据融合、数据应用,利用多模态数据对学习投入建立起全面的测量框架,体现了学习分析的价值。

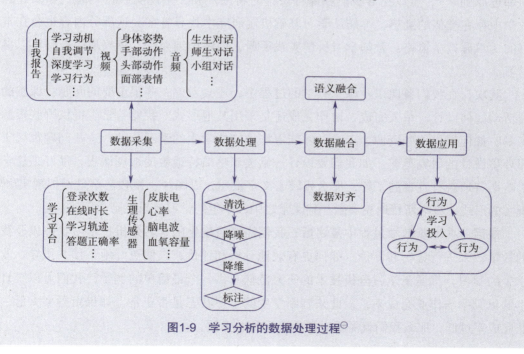

图1-9 学习分析的数据处理过程

○ 李新,李艳燕,包昊罡,等.学习投入测评新发展:从单维分析到多模态融合 [J]. 电化教育研究,2021,42(10):100-107.

1.3.4 基于学习科学的课堂教学

在了解学习科学的三大研究内容，即学习基础机制、学习环境设计、学习分析技术的过程中，关注课堂教学、学生学习效果的教师，可能会在脑海中浮现出这样的问题："这三大类研究的成果有什么用，能帮助改进我的课堂教学吗？"或者是"我如何基于学习科学开展课堂教学？"。

那我们不妨就从实际课堂教学出发，将课堂教学作为主线，来看如何将这三大类研究成果应用到课堂教学之中。

首先，我们要开展一次课堂教学，自然要在上课前针对学生和内容备课。在备课的过程中，我们肯定会考虑：这堂课的内容我要怎么导入才能抓住学生的注意力，某个知识点对于学生来讲会不会太难，怎么才能让学生记得更牢固等。这些问题背后其实分别对应了学生的注意力、认知水平、记忆规律，它们实际上都属于学习基础机制的研究范畴。以记忆规律为例，我们可以利用"7±2组块"①"艾宾浩斯遗忘曲线"②等规律，来控制好需学生记忆的知识量、定期督促学生复习；多媒体学习的教学设计原则中的"空间邻近原则"③，可以指导我们在课件设计时将图片和文字说明放在一起。如果我们在教学中存在类似的疑惑，不妨从学习基础机制研究中找寻答案，这部分内容也会在本丛书的《掌握教学策略：教师学习科学实践手册》中做详细介绍，感兴趣的教师可以参阅学习。

其次，在我们备课以及课堂教学的过程中，还会考虑一些很重要的问题：课堂的学习活动如何设计。单人完成、协作完成还是采用其他形式？我要给学生提供哪些资源、工具？如何提供这些资源、工具，才能更好地支持学生的学习活动？这些问题都属于学习环境设计的研究范畴。如我们要设计一堂关于喀斯特地貌的地理课程，最好是让学生对喀斯特地貌有直观的了解，那么相较于文字叙述，以图片、视频甚至是虚拟现实/增强现实的形式，将喀斯特地貌"搬"到课堂之中，学生的学习效果无疑会更好。

最后，在课堂教学过程中及之后，我们需要对学生的学习效果、学习状态以及我们的教学效果进行分析和评价，如何更有效地分析和评价，以便更好地干预、指导、改善学生的学习，都属于学习分析技术的研究范畴。举一个最简单的例子，我们可以统计学生的出勤率与作业完成率，以此来判断学生的学习状态是否正常，如果出勤率太低、作业完成率过低，那么我们就需要对学生进行及时干预。

---

① 7±2组块是指人类工作记忆的最大容量是5~9个组块；组块是元素组成的单元，如单词、词组。这部分内容会在第6章详细介绍。
② 艾宾浩斯遗忘曲线，反映了人类对新事物的遗忘规律。
③ 空间邻近原则是指在设计多媒体课件时，需要将图片和说明文字放到一起，而不是分页放置。这部分内容会在本书第6章详细介绍。

简单来讲，学习基础机制是学习环境设计和学习分析技术研究的理论引领，学习环境设计为学习基础机制和学习分析技术的应用提供实践机会，而学习分析技术又为学习基础机制的深度挖掘以及学习环境设计的有效评估搭建了平台。[1]但需要说明的是，这三类研究内容并不是与课堂教学的备课、授课、评课环节一一对应的，而是渗透在每个环节之中的，如我们在备课时就会考虑如何设计学习活动、如何进行学习评价与分析。我们可以将这三者综合应用到课堂教学之中，从实际的教学问题出发，通过学习基础机制研究对教学问题进行解答，进而设计更有效的学习环境以开展教学实践，在实践过程中使用学习分析技术进行分析和评估，以有效改进课堂教学。

1.4 学习科学的研究方法和技术

学习科学主要的研究方法随着技术和理论的发展正在不断丰富。如脑功能性磁共振成像技术、近红外成像技术、脑电仪、眼动仪等先进实验设备，以及人工智能、大数据等先进分析技术等都被用于学习科学的研究，传统的对照实验、测量、问卷调查、访谈等方法也仍被广泛使用。下面我们逐一来看传统实验研究方法、基于设计的研究方法、基于脑科学的研究方法和技术、基于人工智能和大数据的研究方法和技术四类方法和技术。[2]

1.4.1 传统实验研究方法

传统实验研究方法主要是指准实验的研究方法，研究者通常设计不同的课堂教学方式或者其他干预方案，通过对照来判断教学效果、自我效能感等的受影响情况。

准实验的一般流程是前测、对照实验、后测。例如，王辞晓等人设计了交互版本、视频版本以及文字版本三种类型的学习材料，利用准实验的研究方法探究了不同类型的学习材料对学生协作的影响。[3]其准实验的流程如图1-10所示。首先组织学生前测，并进行基础知识教学和线上合作学习。然后分三组进行对照实验，不同组别使用不同类型的学习材料进行协作。最后进行问卷调查以及后测，得出研究结果。

---

[1] 尚俊杰，裴蕾丝，吴善超. 学习科学的历史溯源、研究热点及未来发展 [J]. 教育研究，2018，39（3）：136-145；159.
[2] 尚俊杰，王钰茹，何奕霖. 探索学习的奥秘：我国近五年学习科学实证研究 [J]. 华东师范大学学报（教育科学版），2020，38（9）：162-178.
[3] WANG C X，FANG T，GU Y. Learning performance and behavioral patterns of online collaborative learning：impact of cognitive load and affordances of different multimedia [J]. Computers & Education，2020，143：103683.

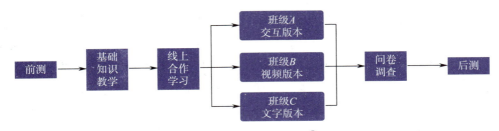

图1-10 准实验流程图[1]

可以发现,准实验通常结合传统的问卷调查和访谈来收集数据。除此之外,研究者也可以结合专业的量表来测量较难测的变量,如通过心理旋转测试量表和空间组合量表来测量空间能力[2],通过威廉斯创造力倾向测试量表来测量创造力[3]等。

1.4.2 基于设计的研究方法

基于设计的研究(Design-Based Research,DBR)方法又称发展研究方法、设计研究方法,意为在**不断的迭代过程**中,用上一阶段实验得到的**原则与策略**,改进当前的教育设计,并最终生成可供参考的教育设计、原则及策略,而且基于设计的研究是**研究者、教师和学生共同参与研究过程**,以不断缩小理论与实践差距的研究方法。

基于设计的研究,其核心要素分别是设计、理论、问题、自然情境,如图1-11所示。基于设计的研究过程实际上就是对四个核心要素不断迭代修正,旨在基于理论的指导,通过设计的方法,解决自然情境中的重要问题。四个核心要素相互作用、不可分离。

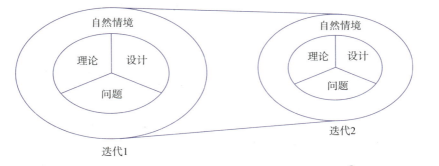

图1-11 基于设计的研究的四个核心要素[4]

---

[1] WANG C X,FANG T,GU Y. Learning performance and behavioral patterns of online collaborative learning:impact of cognitive load and affordances of different multimedia [J]. Computers & Education,2020,143:103683.

[2] 马红亮,王琳,卡瓦诺,等. 应用3D打印提升空间能力的有效性研究 [J]. 开放教育研究,2019,25(3):113-120.

[3] 孙江山,林立甲,任友群. 3D CAD支持中学生创造力和空间能力发展的实证研究 [J]. 中国电化教育,2016(10):45-50.

[4] 索耶. 剑桥学习科学手册 [M]. 徐晓东,等译. 北京:教育科学出版社,2010:181-182.

基于设计的研究的一般步骤，如图1-12所示。以我们要进行某种教育干预为例，首先要设计开发该教育干预，然后在实验中验证教育干预，而后分析和评价教育干预，最后完善和优化教育干预。整个过程不断迭代，迭代的过程可以从设计开发、实验中验证、分析和评价、完善和优化四个环节中的任意一个切入，以最终实现教育干预的理论优化、实际问题的解决，以及生成实现该教育干预的原则与方法。○

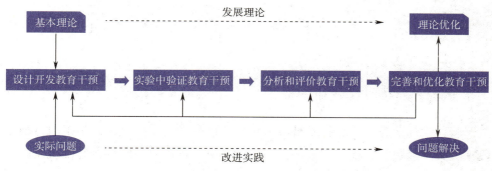

图1-12　基于设计的研究的一般步骤○

学习科学提倡的是研究"真实情境中的学习"，因此该研究方法在学习科学中深受重视。研究者通常在真实教学情境中不断迭代验证，以设计出符合教学目的的软件或课程。

> 🔒 **基于设计的研究方法：协作问题解决学习中的团体认知支架设计**○
>
> 本研究中涉及"协作问题解决学习""团体认知支架"两个概念，通过这两个概念，我们能够很清晰地明确其研究主题——用基于设计的研究方法，设计支持协作问题解决学习的团体认知支架。
>
> 本研究中，研究者、教师与学生一同开展协作问题解决学习。如图1-13所示，该研究在不断的迭代中，将上一次学习活动中团体认知支架应用的结果与建议，用以下一次的支架改进设计，并不断地在学习活动中进行应用。在该研究中共进行了多次学习活动的应用，最终生成了优化后的团体认知支架，以及相应的设计策略和原则。

○ 张文兰，刘俊生. 基于设计的研究——教育技术学研究的一种新范式 [J]. 电化教育研究，2007（10）：13-17.
○ 蔡慧英，顾小清. 协作问题解决学习中支架学习任务和团体认知的设计研究 [J]. 开放教育研究，2015，21（4）：83-88.

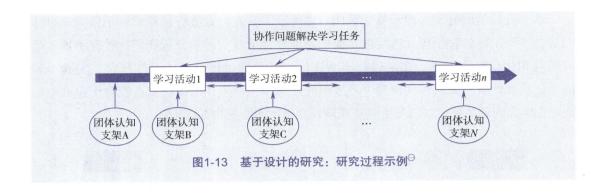

图1-13 基于设计的研究：研究过程示例①

1.4.3 基于脑科学的研究方法和技术

基于脑科学的研究方法和技术被越来越多的研究者所采用，主要是指通过脑电成像等手段来收集神经数据，检测相关脑区的激活情况，进而对人脑神经基础机制的一些已有假设或框架进行验证的研究方法和技术。

目前基于脑科学的研究主要通过脑电仪（Electroencephalograph Instrument，EEG Instrument）、磁共振成像（Magnetic Resonance Imaging，MRI）、眼动仪（Eye Tracker，ET）、功能性近红外光谱技术、可穿戴设备（Wearable Device）等来收集数据。

脑电仪（见图1-14）能够记录大脑在活动时的电波变化，也就是记录脑神经细胞的电生理活动。你每次看到一张印着字母A的照片时，大脑总是会按照相似的神经通路，生成"一张神似A的模糊图"。

图1-14 脑电仪

---

① 蔡慧英，顾小清. 协作问题解决学习中支架学习任务和团体认知的设计研究 [J]. 开放教育研究，2015，21（4）：81-88.

磁共振（全称磁共振成像）如图1-15所示，主要是利用核磁共振现象来成像，即通过在强磁场下采集人体组织细胞内的变化，将其数值化，并由计算机分析整理，以图像的形式呈现出来，该技术对人体没有侵入性和伤害，如有些学者通过使用功能性磁共振成像（functional Magnetic Resonance Imaging，fMRI）等数据，研究第二语言障碍儿童活动时全脑功能网络的变化。[一]

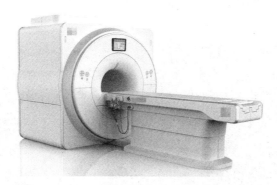

图1-15　磁共振成像仪器[二]

眼动仪如图1-16所示，顾名思义，主要用于记录人在处理视觉信息时的眼动轨迹特征，现在被广泛用于注意、阅读等领域的研究。皮忠玲等人在视频课程中设计了六种教师形态，通过眼动仪收集学生注视教师时长等数据，发现学生更关注教师的眼睛而不是肢体行为。[三]

图1-16　眼动仪[四]

[一] LIU L，LI H，ZHANG M，et al. Aberrant topologies and reconfiguration pattern of functional brain network in children with second language reading impairment [J]. Developmental Science，2016，19（4）：657-672.
[二] ANKE.SuperMark1.5T[EB/OL].(2019-09-24)[2022-07-15].https://www.anke.com/cn/product/detail/5.
[三] PI Z L，XU K，LIU C，et al. Instructor presence in video lectures：eye gaze matters，but not body orientation [J]. Computers & Education，2020，144（1）：103713.
[四] KINGFAR. Glasses2可穿戴眼动仪[EB/OL].(2022-04-27)[2022-07-16]. http://www.psylab.cn/Products-23038065.html.

功能性近红外光谱技术是利用近红外光谱仪（见图1-17）测量血液流动反应的变化，来间接推测大脑神经活动的非侵入性脑成像技术，具有成本低、便携性好、对头部运动的容忍度较高等优点。已有研究者利用功能性近红外光谱技术对特殊群体开展了研究，如让被试玩计算机中的双人对战棋盘游戏，发现游戏对战双方的右侧额下回有较为明显的同步活动现象[1]，研究者据此认为这是社会交互行为的神经基础，该研究结果为探究自闭症群体社交和沟通障碍的神经病理机制提供了依据。

图1-17　近红外光谱仪[1]

最后一种是可穿戴设备，如手表、眼镜、鞋子等，如图1-18所示，可用来记录心率、睡眠等。在学习科学的研究中，常常采用可穿戴设备等并用神经生理科学测量方法来收集相关客观数据。清华大学张羽等人利用腕带式可穿戴设备，记录了学生在真实考试中皮肤电导和心率等自主神经系统活动数据，如图1-19所示，用以分析学生的考试焦虑情况。[2]

---

[1] LIU T，SAITO H，OI M. Role of the right inferior frontal gyrus in turn-based cooperation and competition：a near-infrared spectroscopy study [J]. Brain and Cognition，2015，99（10）：17-23.
[2] QU Z，CHEN J，LI B，et al. Measurement of high-school students' trait math anxiety using neurophysiological recordings during math exam [J]. IEEE Access，2020（8）：57460-57471.

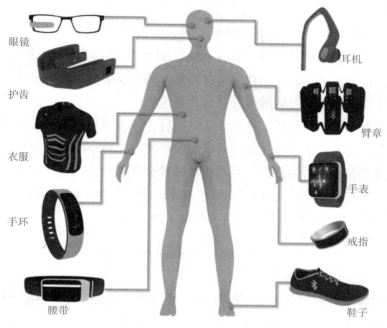

图1-18 可穿戴设备[1]

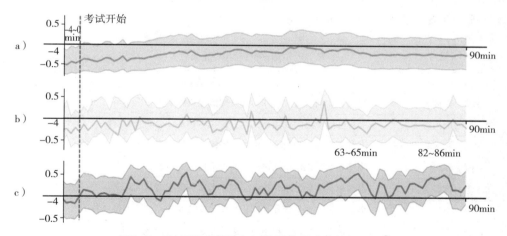

图1-19 利用可穿戴设备记录学生考试的相关数据[2]

1.4.4 基于人工智能、大数据的研究方法和技术

随着手机终端等设备的普及,数据记录得愈加完善,这也为基于人工智能、大数据

---

[1] GUK K, HAN G, LIM J, et al. Evolution of wearable devices with real-time disease monitoring for personalized healthcare [J]. Nanomaterials, 2019, 9(6): 813.
[2] QU Z, CHEN J, LI B, et al. Measurement of high-school students' trait math anxiety using neurophysiological recordings during math exam [J]. IEEE Access, 2020(8): 57460-57471.

的研究方法和技术提供了可能。该类别的具体研究方法有很多，如路径模型、回归分析、交叉滞后回归分析等，常被研究者用来分析不同变量之间的影响机制；序列分析、内容分析、社会网络分析、聚类分析等，常被研究者用来分析学习者的学习行为等过程数据。

以学习行为的分析为例，我们都知道在线学习的过程中由于教师没有办法实地实时地获得学生的反馈，所以学习的过程变得很难掌控和评价。而学习行为数据能够在某种程度上体现学习者的学习参与度，所以分析学习行为能够对复杂的学习过程进行更加全面、真实的评价和讨论。不少研究者开展了相关研究，如顾小清等人收集学习时间、测评错误知识点等学习者的行为数据，并对收集到的数据建模，创建学习者的个性化学习地图，为教师开展教学设计提供参考[1]；乐惠骁等人对学习者的行为数据进行分析，探索学习效果好的学习者的共同行为模式，具体参见下面案例。

优秀的MOOC学习者是如何学习的[2]

本研究的目的是探究优秀的MOOC学习者的行为模式。基于中国大学MOOC平台上《翻转课堂教学法》MOOC中17204名学习者的行为日志数据，利用统计、共现分析两种分析方法，按照行为编码表（见表1-2）将学习者的行为编码，并将数据进行共现，提炼优秀MOOC学习者的行为模式。

表1-2 学习者行为编码表[2]

行为编码	行为描述
1—学习新内容	视频、文档、富文本和不计分测验等资源的第一次学习行为
2—复习旧内容	复习已经学过的视频、文档、富文本和不计分测验等资源
3—浏览和回答提问	浏览和回答课堂讨论区中的教师提问（计分讨论）
4—浏览和参与论坛	浏览和参与论坛中的讨论（非教师抛出的讨论，不计分）
5—参与课程考核	参与单元测验、单元作业、期末考试等课程考核的行为
6—把握全局	浏览公告、评分标准、课程日历、章节介绍、章节回顾等行为
7—寻求帮助	论坛求助、复习课程手册、重看技术支持资源等行为
8—中断或走神	停留时间在25~45min之间的行为
9—寻找行为	连续三个及以上短行为加一个长行为的行为序列（例如，短短短长）
0—信号行为	停留时间在45min以上的行为

---

[1] 顾小清，舒杭，白雪梅. 智能时代的教师工具：唤醒学习设计工具的数据智能 [J]. 开放教育研究，2018，24（5）：64-72.

[2] 乐惠骁，范逸洲，贾积有，等. 优秀的慕课学习者如何学习——慕课学习行为模式挖掘 [J]. 中国电化教育，2019（2）：72-79.

1.4.5　小结：基于学习科学的教学研究

在介绍了传统实验研究方法、基于设计的研究方法、基于脑科学的研究方法和技术、基于人工智能与大数据的研究方法和技术四大类研究方法之后，相信教师已经开始考虑能不能应用这些研究方法和技术开展教学研究。

首先，在传统实验研究方法方面，在当前的学习科学研究中，实验或准实验仍然是使用最多也是技术门槛相对较低的研究方法，可以结合问卷等量化方法和访谈观察等质性方法进行数据分析。如果我们要应用准实验的方法开展研究，如"要对比增强现实技术与教学视频，教同一知识点的教学效果的不同之处"，我们可以：设置人数相同的实验组和对照组；在开始教学之前组织测试，对学习者的基础知识水平进行摸底，即前测；对相关技术使用进行说明；再分别用增强现实技术、教学视频进行教学；教学之后，对学习者的知识掌握程度进行测试，即后测；最后，我们可以分析前后测数据，得出使用两种技术的教学效果差异，也可以访谈学习者的学习感受，获得质性反馈。准实验流程如图1-20所示。

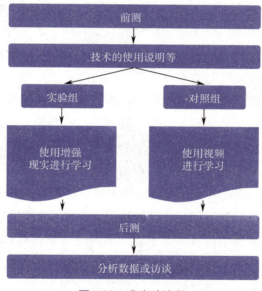

图1-20　准实验流程

其次，在基于设计的研究方法方面，教师相较于研究者而言，有着自己的优势——能够开展稳定的、长时间的课堂教学。基于设计的研究方法需要针对某一问题进行多次迭代，迭代所需要的时间周期就会很长，而教师能够在同一班级对相同的学生开展教学，就能够进行持续的迭代。例如，教师可以定期开展"名人传记阅读月"活动，并在每次活动之后收集学生的反馈意见，对活动设计进行改进，然后再开展、再改进，迭代几轮之后，便可以总结生成开展"名人传记阅读月"活动的策略和方法，为其他希望开展此活动的教育者提供参考。

再次，在基于脑科学的研究方法和技术方面，可采用脑电图、事件相关电位、功能性磁共振成像、功能性近红外光谱技术等脑科学方面的方法，采集并利用神经生理数据验证已有假设或框架。可以发现，脑科学的研究方法和技术实际上对于设备、数据采集有着较高的技术门槛，教师可以在条件允许的情况下，与脑科学研究专家合作，开展脑科学的相关研究。

最后，在基于人工智能与大数据的研究方法和技术方面，研究者经常基于在线学习中产生的大量、过程性数据，采用文本分析、层次回归分析、路径模型、潜在类别分析等多种数据分析方法对变量之间的因果关系进行分析，来验证和解释已提出的假设或模型；也有研究者使用人工智能领域的机器学习方法，如利用聚类分析、共现分析等方法对海量的教育数据进行挖掘。如果在日常的教学中能够让学生使用平台开展学习活动，那么教师可以基于平台数据，对学生的薄弱知识点进行重点突破，以及对进度相对困难的学生进行重点帮扶。

最后需要说明的是，无论是采取哪一类学习科学的研究方法和技术，我们开展研究的目的都是为了更好地教学，也就是说为了改进教学行动，属于"行动研究"的范式。[1][2]行动研究的含义便是"原来的被研究者"（教师），参与到实际研究工作当中，并且以教学为重点，用研究来不断改进教学行动[3]；操作的一般程序是计划、行动、考察和反思。"计划"包含对问题的基本假设、研究者的实际能力预先调研；"行动"则是指按照计划进行研究；"考察"是指对行动的过程、结果进行考察和评估；"反思"是对前三个步骤进行反思，并开始下一个"计划"。行动研究的范式在学习科学中有实际的应用案例，例如自2017年起，北京大学学习科学实验室联合北京市海淀区教育科学研究院、朝阳区教师发展学院、顺义区教育研究和教师研修中心展开的"提升教师学习科学素养研究项目"[4]，便采用了行动研究的方法，由研究人员和一线教师共同组成课题组，一同参与基础知识的学习、精品课例的设计、教学研究的开展以及最后总结报告的撰写，从而让教师在掌握学习科学基本概念的同时，能够将其和课堂教学有机地融合起来，进而从根本上提升基础教育的效率和质量，让学生学习得更科学、更快乐、更有效。如何开展基于学习科学的教学研究，本章只做简要介绍，不再展开，想要了解更多内容可以参阅本丛书的《开展学习研究：教师学习科学研究手册》进行深入学习。

---

[1] 尚俊杰，裴蕾丝，吴善超. 学习科学的历史溯源、研究热点及未来发展 [J]. 教育研究，2018，39（3）：136-145；159.

[2] 尚俊杰，王钰茹，何奕霖. 探索学习的奥秘：我国近五年学习科学实证研究 [J]. 华东师范大学学报（教育科学版），2020，38（9）：162-178.

[3] 郑金洲. 行动研究：一种日益受到关注的研究方法 [J]. 上海高教研究，1997（1）：27-31.

[4] 尚俊杰，李军，吴颖惠. 提升教师学习科学素养　促进课堂教学深层变革 [J]. 中小学信息技术教育，2021（1）：5-8.

1.5 本章结语

面对学习科学对新时代教育的变革,作为教育实践的直接执行者,教师必须以先行者的姿态投身于这场历史洪流之中,从实践应用和意识形态这两个层次构建起以学习科学素养为核心的知识能力体系。○

本章介绍了学习科学的基础理论知识以及一线的实践案例。落实到具体操作层面,教师要能够从真实学习的基础机制出发,结合真实学科教学的有效设计与评价,逐步完成自身学习科学素养的形成与提升。本书也将沿着这一路径展开,较为全面地介绍学习基础机制相关理论与研究,教学的学习科学技术、设计与评价方式,以及学习科学前沿研究。学习科学素养的形成,不仅需要教师自身的努力,还需要外界提供强有力的支持,这也正是本书的价值所在。相信,用学习科学素养武装起头脑的各位教师,会和我们共同铺就全面深化新时代教育结构性变革的康庄大道。

拓展阅读

[1] 布兰思福特,等.人是如何学习的:扩展版[M].程可拉,孙亚玲,王旭卿,译.上海:华东师范大学出版社,2012.

[2] 索耶.剑桥学习科学手册[M].徐晓东,等译.北京:教育科学出版社,2010.

[3] 郑旭东,王美倩.学习科学:百年回顾与前瞻[J].电化教育研究,2017,38(7):13-19.

[4] 尚俊杰,庄绍勇,陈高伟.学习科学:推动教育的深层变革[J].中国电化教育,2015(1):6-13.

[5] 尚俊杰,裴蕾丝,吴善超.学习科学的历史溯源、研究热点及未来发展[J].教育研究,2018,39(3):136-145;159.

[6] 任友群,赵建华,孔晶,等.国际学习科学研究的现状、核心领域与发展趋势——2018版《国际学习科学手册》之解析[J].远程教育杂志,2020,38(1):18-27.

[7] 周加仙."教育神经科学"与"学习科学"的概念辨析[J].教育发展研究,2016,36(6):25-30;38.

[8] 尚俊杰,裴蕾丝.发展学习科学若干重要问题的思考[J].现代教育技术,2018,28(1):12-18.

[9] 任友群,詹艺.第三只眼睛看教育技术[J].电化教育研究,2009(12):5-9;19.

○ 尚俊杰,裴蕾丝,吴善超.学习科学的历史溯源、研究热点及未来发展[J].教育研究,2018,39(3):136-145;159.

[10] 李曼丽，丁若曦，张羽，等.从认知科学到学习科学：过去、现状与未来[J].清华大学教育研究，2018，39（4）：29-39.

[11] 夏琪，马斯婕，尚俊杰.学习科学未来发展趋势——基于对美国六大学习科学中心的分析[J].现代教育技术，2019，29（10）：5-11.

[12] 李树玲，吴筱萌，尚俊杰.学习科学研究的重点领域与热点探析——以2003～2017年美国国家科学基金会资助项目为据[J].现代教育技术，2018，28（2）：12-18.

思考题

1. 学习科学的根本问题是什么？
2. 试分析为什么需要学习科学，即学习科学是如何诞生的。
3. 试梳理学习科学发展的历史阶段，并举例说明不同阶段的特点。
4. 试说出学习科学的三大研究内容，并举例说明自己的理解。
5. 举一个令你印象深刻的学习科学的研究方法，并谈谈你眼中的学习科学。
6. 如果你是教育研究者，你会建议教师如何提升自身的学习科学素养？

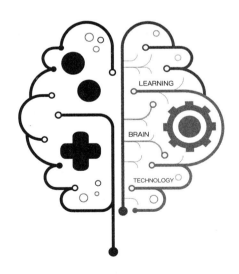

第2章

脑科学与学习

【本章导入】

在我们探究"怎样才能促进有效的学习"之前，我们首先要知道"人是如何学习的"，即**学习过程是在哪里发生的，又是如何发生的**。

人脑是学习发生的场所，我们所有的认知、思维和行动都与发生在脑中的生理活动和结构变化息息相关。一直以来，人们都十分关注人脑这个"黑匣子"的秘密。早在18世纪，意大利医生和生物学家弗卢龙（Flourens）与德国医生加尔（Gall）就已经通过对脑的生物学上的观察和实验，提出了有关大脑结构与功能的假说。20世纪80年代以前，脑科学主要通过脑损伤对脑结构和特定脑区功能进行定位和研究。自20世纪80年代后期开始，随着非侵入性脑成像技术的发展，如功能性磁共振成像和脑电图，人们可以在不损伤脑部的前提下，更方便、准确、安全地进行神经科学研究。进入21世纪后，日趋成熟的脑成像技术推动了认知科学的发展，认知科学家开始尝试以神经科学的研究方法和技术进行基于脑的人类学习研究，并且开始基于真实的学习情境来研究学习，为学习科学研究提供了一个全新的视角，希望能够在心智、脑和教育之间搭建"桥梁"，将脑科学的最新成果应用于教育教学中。[1][2]人们对认知的研究，实现了从宏观行为到微观神经联结的突破。[3]

从此，基于脑认知机制的教育实践研究也引起了国际社会的关注。2007年，经济合作与发展组织先后出版了《理解脑：一门新的学习科学》（*Understanding the Brain: Towards a New Learning Science*）和《理解脑：新的学习科学的诞生》（*Understanding the*

---

[1] 尚俊杰，裴蕾丝，吴善超.学习科学的历史溯源、研究热点及未来发展[J].教育研究，2018，39（3）：136-145；159.

[2] 尚俊杰，裴蕾丝.发展学习科学若干重要问题的思考[J].现代教育技术，2018，28（1）：12-18.

[3] 余燕云，杜文超.教育神经科学研究进展[J].开放教育研究，2011，17（4）：12-22.

Brain: The Birth of a Learning Science),宣告将"脑功能、脑结构与学习行为结合起来研究的一门新的学习科学的诞生——教育神经科学（Educational Neuroscience）"。同年，国际心智、脑与教育学会创办了Mind, Brain and Education杂志，成为教育神经科学领域的第一本专业期刊。2016年，Nature专门设立了npj Science of Learning电子期刊，为学习科学搭建了一个标志性研究平台。[1]

人脑中不同的区域对应着人们的各种思维和行为，从微观神经上看，学习的过程就是脑神经结构变化的过程。通过研究不同学习活动的脑神经机制，我们可以了解学习与脑结构变化之间的关系，更深入地理解人是如何学习的，以及是如何加工和记忆知识的，从而设计出更有利于学习和记忆的课程。本章将从讨论人脑的结构与功能开始，介绍参与学习活动的脑结构与区域，系统地梳理与学习相关的基本认知过程和高级认知过程的脑机制，分享一些基于脑科学的教育教学策略，探究脑科学的最新教育研究进展，并对脑科学与学习研究的未来发展趋势进行展望。

【内容导图】

本章内容导图如图2-1所示。

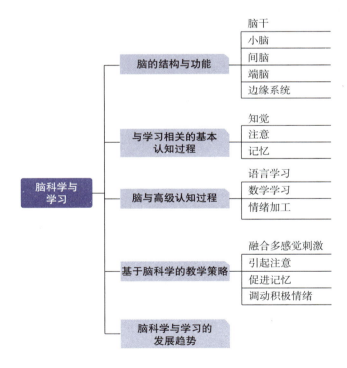

图2-1　第2章内容导图

---

[1] 尚俊杰，裴蕾丝，吴善超. 学习科学的历史溯源、研究热点及未来发展 [J]. 教育研究，2018，39（3）：136-145；159.

2.1 脑的结构与功能

要了解学习在人脑中是如何发生的，我们首先要了解脑部的结构与相应功能。人脑包括了左半球和右半球，可简单地理解为左半球主要控制右侧身体活动，而右半球主要控制左侧身体活动。在日常生活中，或许你常常听到这样的观点"我是左脑思维，更擅长数学、分析、逻辑运算等"或"我是右脑思维，更擅长艺术与创造"。实际上，脑的两个半球并不是分开运行的，而是通过包含约2.5亿束神经纤维的胼胝体交流，共同参与、协同工作完成所有的认知任务。

虽然人脑的两个半球是其最大的组成部分，重量约占整脑的85%，但却不是全部。如果沿着中线分开来看脑的内侧面，如图2-2所示，我们可以看到，人脑由**脑干**、**小脑**、**间脑**和**端脑（即左右半球）**等组成。每个组成部分承担着不同的功能，见表2-1。

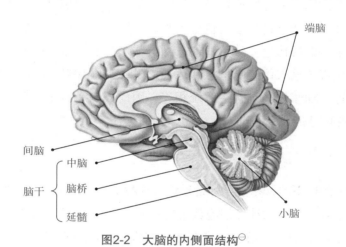

图2-2　大脑的内侧面结构[○]

表2-1　大脑主要组成部分与功能

主要组成部分	分支	功能
脑干	中脑	信息传递、控制生命活动
	脑桥	
	延髓	
小脑	—	运动协调
间脑	丘脑	感知选择
	下丘脑	调节身体稳态平衡

○ BEAR M F, CONNORS B W, PARADISO M A. Neuroscience: exploring the brain [M].4th ed. Philadelphia: Lippincott Williams & Wilkins, 2015: 221.

（续）

主要组成部分	分支	功能
端脑	额叶	执行控制、运动功能
	顶叶	空间和感觉加工
	枕叶	视觉功能
	颞叶	听觉功能、语言加工和物体识别
	边缘系统	记忆、情绪和注意等

2.1.1 脑干

脑干由中脑、脑桥和延髓构成，主要功能为**控制人体重要的生命机能**，如呼吸、睡眠、觉醒、心跳等。脑干是一座连接身体和大脑信息传导的桥梁，包含着从端脑传向脊髓和小脑的神经纤维，能够传送运动信号到身体，完成肌肉运动，以及从脊髓传向间脑和端脑的感觉纤维，能够传送人体感觉信息到大脑。我们人体中一共有12对直接从大脑发出的脑神经，负责传输人体感觉信息和运动信号，其中10对（除嗅神经和视神经外）都直接与脑干相连，而嗅神经与边缘系统相连。因此，脑干像是一个信息传递站，负责人脑与身体之间的信息传递和互动。

2.1.2 小脑

小脑位于人脑的后下方，是**重要的运动调节中枢**。虽然小脑重量仅约人脑的11%，但研究结果显示，小脑中包含的神经细胞数量约110亿，与人脑所有其他部分的神经细胞总和大体相等，脑部的活动正是通过信号在神经细胞中的传递而实现的。小脑能够接收感官信息，帮助了解身体目前的状态，并且整合输出运动信息，以调整身体运动。

因此，小脑并不直接控制身体运动，而是参与**维持及协调运动**，如维持身体姿势、保持行走等。其对复杂运动任务的完成、自动化行为的记忆和运动任务的心理演练起着重要作用，如协调用脚迈出复杂的舞步、不看键盘在计算机上打字、系鞋带等。

2.1.3 间脑

间脑由丘脑和下丘脑等组成，分别与端脑中很多感觉区域相互联系，**对学习与记忆十分重要**。丘脑负责检测来自体外的信息，通常被比作大脑中"皮质○的关口"，因为基本上所有感官接受的信息（除嗅觉外）必须先经过丘脑进行初级加工和整合，才能传达到端脑的皮质感觉接受区域，进一步加工处理。同时，丘脑也接受并传输来自端脑和小

○ 大脑皮质是神经细胞聚集的部分，有六层构造，包含复杂的回路，是高级神经活动的基础。

脑的信息，负责记忆在内的许多认知活动。

下丘脑是位于丘脑下面的结构体，负责检测与维持身体内各个系统的动态平衡状态。下丘脑能够产生和控制各种激素的释放，以调节身体机能，如饮食、体温等。如果一名学生体内平衡状态被打破，内分泌系统紊乱，出现体温、水分代谢、睡眠等的异常，就难以集中精力处理课堂材料和认知任务。

2.1.4 端脑

端脑主要包括脑的左右两个半球，是**运动控制、感觉产生以及一些高级脑功能实现的基础，与学习和记忆密切相关**，包括大脑皮层和边缘系统等。

大脑皮层的主要功能在于调节身体机能、控制高级认知活动，是人类独有的认知区域，如掌控思维、记忆、言语、肌肉运动等。为了在有限的颅腔容量下，扩张和发展复杂的大脑结构，端脑通过折叠的方法扩大大脑皮层的表面积，以节省空间，这就造成了大脑皮层表面沟裂的出现，其中凹陷的部分称为沟，突起的部分称为回。依据这样天然的"地表特征"——三条人脑共有的、比较大的沟裂（中央沟、顶枕裂、外侧裂），将大脑皮层划分为四个不同的区域（"三沟五叶"，忽略岛叶）。它们的名称及位置如图2-3所示，**额叶**位于脑的前部，**顶叶**位于其后，还有最后的**枕叶**，以及下方的**颞叶**。虽然随着脑研究的深入，大脑皮层还可以按照其他方式进行分区，如布罗德曼（Brodmann）根据细胞形态和组织差异将大脑皮层分为52个区域，不过本书主要介绍大脑的四个叶。

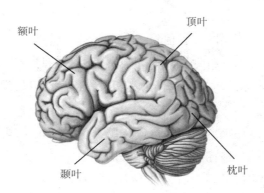

图2-3 大脑皮层区域⊖

在学习过程中，信息通过感官从外部环境传递到大脑，大脑皮层的各个区域协同工作，对外界刺激进行感知、整合、学习和记忆。虽然所有复杂技能都需要不同区域中的神经系统相互协作完成，但主要的机能系统一般能够定位在每个脑叶。

⊖ BEAR M F, CONNORS B W, PARADISO M A. Neuroscience: exploring the brain [M]. 4th ed. Philadelphia: Lippincott Williams & Wilkins, 2015: 223.

1. 额叶负责执行控制和运动功能

额叶前部是执行控制中心，参与高级认知加工过程，完成诸如决策、执行、记忆、问题解决、过激情绪调控和其他认知任务。人们大部分可激活的记忆都储存在额叶中，并且额叶可以根据其他区域提供的信息进行决策和采取行动，如碰见一条蛇以后，人会害怕逃跑，还是会继续前进。而额叶背部的运动皮层的主要功能为控制运动行为，如调节身体的动作和姿势。

额叶还与人们的"自我意志"（或称为"个性"）相关。研究者探索额叶受损病人的案例时发现，虽然病人身体上的创伤恢复了，但是受伤前后判若两人，失去了做出长远决定的能力，并且性格比受伤前更暴躁、易怒。①②

额叶与青少年情绪调控

> 脑科学研究结果表明，前额叶的成熟比较缓慢，到成年早期才能逐渐发育成熟，因此情绪调控能力在青春期并不完善。这在一定程度上能够解释为什么相比于成人，青少年更容易受到情绪影响，甚至采取高危行为。③

2. 顶叶负责空间和感觉加工

顶叶包含了空间加工中枢等许多重要区域。如当一个人在茂密的森林中行走时，顶叶便负责视觉目标导向，感知并从视觉上理解外部空间信息，以及身体方向与空间的关系。

同时，顶叶负责整合不同的感官信息，包括视觉、听觉、触觉和嗅觉等，如顶叶可以整合对桌子上苹果的视觉、听觉、触觉和嗅觉等感官信息，形成整体知觉，"告诉"我们有苹果的存在，而不是将这些信息作为不相关的信息加以处理。

3. 枕叶负责视觉功能

有趣的是，枕叶虽然是距离眼睛最远的大脑部位，却负责视觉功能。枕叶是视觉信息加工、处理的重要区域，并控制与视觉相关的调节活动，如眼球运动、瞳孔调节等。如果学生不小心向后跌倒并撞到头后，可能会说"看到星星"了，这就是位于脑后部的枕叶与地面产生碰撞引发的相关症状。

---

① HARLOW J M. Passage of an iron rod through the head [J]. Journal of Neuropsychiatry & Clinical Neurosciences, 1999, 11（2）: 281-283.
② WILGUS J, WILGUS B. Face to face with phineas gage [J]. Journal of the History of the Neurosciences, 2009, 18（3）: 340-345.
③ SOWELL E R, THOMPSON P M, HOLMES C J, et al. In vivo evidence for post-adolescent brain maturation in frontal and striatal regions [J]. Nature Neuroscience, 1999, 2（10）: 859-861.

4. 颞叶负责听觉、语言加工和物体识别

想象一下，当你在校园中行走，突然感觉有物体从眼前蹿过，你怎么判断刚才的物体是什么呢？这时，就轮到你的颞叶上场了。

当物体蹿过时，你听见翅膀扑腾的声音，听觉皮层会处理这些声音信息。你看见了物体的样子，枕叶会处理相关的视觉信息。而后，颞叶负责整合所有的相关信息，将整合的信息与记忆中存储的信息相互匹配，更详细地完成物体识别；最终，辨认出该物体为飞过的喜鹊。

2.1.5 边缘系统

边缘系统是位于脑干之上的结构体，控制着与记忆、情绪和注意等认知功能相关的活动，其中**海马**、**杏仁核**和**扣带回**三个区域与学习有着非常紧密的联系，如图2-4所示。

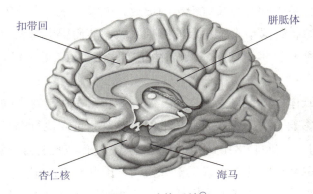

图2-4　边缘系统

1. 海马

海马嵌套在颞叶内部，**在学习、记忆与巩固方面非常重要**，负责将工作记忆中的信息转入长时记忆储存，并且不断地将工作记忆中的信息与长时记忆中存储的过去经验进行比较，以产生对信息意义的理解。

海马及相邻部位的损伤会导致健忘症，如损伤或切除了海马的病人会忘记过往的记忆；阿尔茨海默病的病人（俗称老年痴呆症）的海马神经细胞会不断地被毁灭，导致他们只能记起几分钟前的事情。

> **海马与记忆**
>
> 人成年后，海马仍然具备产生新神经细胞的能力，这对学习和记忆非常重

⊖ BEAR M F，CONNORS B W，PARADISO M A. Neuroscience：exploring the brain [M]. 4th ed. Lippincott Williams & Wilkins，2015：223.

要。[1][2][3]这样的神经细胞生成能力可以通过日常饮食和身体锻炼而增强，而长期失眠则会削弱这种能力。因此，充足的能量摄取、身体锻炼以及良好的睡眠有助于记忆的增强。

2. 杏仁核

杏仁核附着于海马尾部，**与情绪的表征和情绪记忆有关**。研究结果显示，杏仁核与海马之间存在相互的影响。当信息进入长时记忆储存时，如果出现情绪信息，就会被杏仁核编码，产生情绪记忆，并且可以随时通过触发而复现。[4]这在一定程度上可以解释为什么人们对包含情绪的信息记忆得尤为深刻，例如当人们回想起自己认为最好的事情时，也会回忆起与之相伴的积极情绪。不过，杏仁核更容易被消极的情绪激活，例如恐惧、厌恶等。

同时，杏仁核也负责学习与长时记忆的形成，能够汇聚、存储感知觉（包括视觉、听觉、触觉等）信息，传递给大脑皮层的感觉区域，从而辨别与识记事物，形成长时记忆，例如当人们见到熟悉的场景，会"触景生情"回忆起相关的记忆。

3. 扣带回

扣带回位于胼胝体上方，与大脑皮层、海马等联系密切，**对人的注意、记忆、纠错和情绪都有着重要影响**。在注意方面，扣带回能够监测正在执行的复杂认知任务，根据当前任务的加工要求，控制脑区中认知资源的分配，从而实现有意注意。[5]在记忆方面，由于扣带回与负责记忆存储的海马联系十分密切，因此对人的记忆功能十分重要。在纠错方面，扣带回作为学习纠正错误的中心结构，能够评估错误造成的疼痛的程度，并控制人体行为以减少疼痛。在情绪方面，扣带回与情绪（特别是冷漠与抑郁情绪）有关，该区域的损伤可能会损害精神健康和造成精神障碍。

综上所述，人脑不同的组成部分负责相应的功能，并且协同工作。那么，学习在人脑中是如何发生的呢？学习活动的脑机制是什么样的？接下来，本章将进一步介绍与学习相关的基本认知过程是如何实现的。

---

[1] BALU D T, LUCKI I. Adult hippocampal neurogenesis: regulation, functional implications, and contribution to disease pathology [J]. Neuroscience & Biobehavioral Reviews, 2009, 33（3）: 232-252.

[2] DENG W, AIMONE J B, GAGE F H. New neurons and new memories: how does adult hippocampal neurogenesis affect learning and memory? [J]. Nature Reviews Neuroscience, 2010, 11（5）: 339-350.

[3] NEVES G, COOKE S F, BLISS T V P. Synaptic plasticity, memory and the hippocampus: a neural network approach to causality [J]. Nature Reviews Neuroscience, 2008, 9（1）: 65-75.

[4] LEDOUX J E. Emotion, memory and the brain [J]. Scientific American, 1994, 270（6）: 50-57.

[5] GAZZANIGA M S, IVRY R B, MANGUN G R. Cognitive neuroscience: the biology of the mind [M]. 2nd ed. New York: W. W. Norton & Company, 2009: 530-535.

2.2 与学习相关的基本认知过程

从脑科学的角度来看，学习与认知的过程就是信息加工、处理与存储的过程。苏泽（David A. Sousa）在《脑与学习》一书中提出了如图2-5所示的信息加工模型，描述了人脑是如何处理外界信息的，也说明了脑是如何学习的。[○]在该模型中，整个学习和记忆的过程是动态的、交互作用的。学习起始于感官对周围环境信息的接触，大脑参考过去的经验分配注意，对信息进行主动选择和过滤，提取重要信息进入信息加工过程，在这个过程中人们的感知觉和注意起到了非常重要的作用。而后这些信息经历瞬时记忆和工作记忆两个阶段，伴随着脑神经细胞与大脑结构的变化，传送至长时记忆来储存，生成新的神经网络作为学习的结果。所有在长时记忆存储区域中的信息构成了个体对世界的总体看法，以及个体看待自我的方式，形成了认知信念系统和自我概念，交互影响着新的信息加工过程。因此，本节依据人脑信息加工过程，主要介绍知觉、注意和记忆这三个与学习密切相关的认知过程。

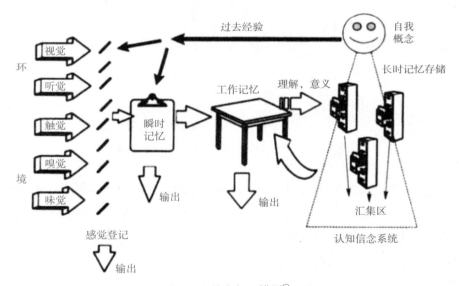

图2-5 信息加工模型[○]

2.2.1 知觉

我们的身体上布满了可以监测图像、声音和气味等的"感觉传感器"，它们将发现的感觉信息传送到大脑进行处理和解释，从而形成我们的知觉。知觉通常由五种感觉整

○ 苏泽. 脑与学习 [M]. "认知神经科学与学习"国家重点实验室, 脑与教育应用研究中心, 译. 北京：中国轻工业出版社, 2005：33.

合而得，包括视觉、听觉、触觉、嗅觉和味觉。在我们意识到正在感知的对象前，需要进行大量的信息加工和处理。本节以人类两个最重要也是得到最广泛研究的视觉和听觉为例，介绍信息处理的整体机制。

1. 视觉

视觉主导着我们的整体知觉，甚至可能会影响我们的思维。视觉使我们不用接触就可以接收到远距离的信息从而采取行为，例如我们在野外远远地看到蛇时，就可以躲避或逃跑，而不是等到被蛇咬住、获得触觉信息后才做出反应。因此，人类在处理视觉信息方面投入很多，专门用于处理视觉和听觉信息的大脑皮层区域如图2-6所示。研究结果显示，灵长类动物已经进化到将多达50%的大脑用于视觉处理，这是我们看待和认知世界的能力基础。[1]

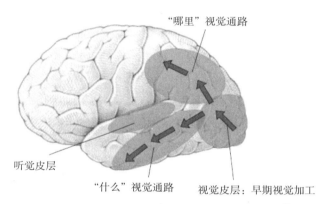

图2-6　处理视觉和听觉信息的大脑皮层区域[2]

视觉可以分为前期阶段和后期阶段。在前期阶段，眼睛从视觉场景中进行形状和对象的提取；在后期阶段，人脑进行形状和对象的识别。刚开始看见图2-7时，或许你会认为这是一堆墨迹，但如果你继续观察这幅图，可以看出一张牛的脸，这时你便形成了视知觉，解释和识别了你所看到的内容。

前期阶段的视觉信息处理始于眼睛，物体反射的光线中包含着视觉信息，当光线穿过眼睛的晶状体落在视网膜上，位于视网膜的感光细胞发生结构变化，将光线信息加工转换为大脑可以理解的视觉信息，然后通过视神经经过丘脑传入大脑枕叶的初级视觉皮层，进入后期阶段。

---

[1] BARTON R A. Visual specialization and brain evolution in primates [J]. Proceedings of the Royal Society B: Biological Sciences, 1998, 265 (1409): 1933-1937.

[2] JOHN R ANDERSON. Cognitive psychology and its implications [M]. New York: Worth Publishers, 2015: 28.

图2-7 视觉的前期阶段和后期阶段○

视觉信息传入大脑后,首先在初级视觉皮层区域通过并列分散处理模式分解成线段、形状、颜色、运动等各要素,而后遵循图2-6所示的"什么"(What)和"哪里"(Where)两条通路,分别进入负责物体识别的颞叶皮层区域和负责空间和感觉加工的顶叶皮层区域进行整合处理,形成画面,并对这些信息做出反应。研究者发现,颞叶受损、顶叶完好的患者难以识别物体(如门把手),却可以对无法识别的物体采取适当的行动(如伸出手抓住无法识别的门把手)。○○○

2. 听觉

听觉在我们日常生活和沟通中扮演着重要角色,与视觉的形成类似,声音也是首先进入耳朵,由排布于内耳上的初级听觉感受器——毛细胞进行初步加工,变成大脑可以处理的声音信息,经丘脑传送至颞叶的初级听觉皮层实现编码、处理和反应。

语音感知

相比于其他类型的听觉信息,语音感知提出了更多的信息处理要求。因为语音不像文字那样有明显的词语分割,尽管我们在交流的时候能够感觉其中似乎存在明

○ JOHN R ANDERSON. Cognitive psychology and its implications [M]. New York:Worth Publishers,2015:29.
○ POHL W. Dissociation of spatial discrimination deficits following frontal and parietal lesions in monkeys [J]. Journal of Comparative and Physiological Psychology,1973,82(2):227-239.
○ UNGERLEIDER L G,BRODY B A. Extrapersonal spatial orientation:the role of posterior parietal,anterior frontal,and inferotemporal cortex [J]. Experimental Neurology,1977,56(2):265-280.
○ GOODALE M A,MILNER A D,JAKOBSON L S,et al. A neurological dissociation between perceiving objects and grasping them [J]. Nature,1991,349:154-156.

显的词与词之间的分割，但这往往是一种错觉。实际上，从物理语音信号来看，词与词之间并未发现声音能量的减弱。我们发出的是连续的声音流，不存在明显的词语边界。而我们对词语分割的错觉来源于对自己语言的熟悉，如果是一个人正在讲一门不那么熟悉的语言时，就能发现很明显的语音流的连续或停顿。

因此，语音感知涉及从连续的语音流中识别、分割出不同的音素㊀。有研究者分析了由于左颞叶损伤而丧失言语识别能力的患者，发现他们识别其他声音的能力和说话能力完好无损，只是损伤了语音感知的能力。如果将他们听到的语音速度变慢，他们也能够成功识别一些言语，这表明他们可能是无法进行语音流的分割，识别相应的音素。㊁㊂

2.2.2 注意

在知觉部分，我们讨论了人的感官系统如何处理来自各个感觉器官的信息，不过在信息处理过程中，我们不可能同时并行处理所有信息。在许多情况下，我们一次只能关注一个言语信息或一个视觉对象。例如我们不同的运动系统控制不同的人体动作（控制脚的系统、控制手的系统、控制眼睛的系统等），虽然这些系统可以同时独立工作（一边走路一边吃东西），但我们很难让一个系统同时做两件事情。即使我们有两只手，却只有一个控制手的运动系统，因此很难让两只手同时以不同方式移动（可以试试一只手在空中画圈，另一只手写字）。

这就涉及我们的注意，我们决定要关注和处理哪些信息，以及忽略哪些信息。这种认知能力影响着对感觉输入信息的分析和记忆的加工与编码，影响着学习的过程。在课堂上，教师需要引导学生注意所讲授的学习内容。因此，我们需要了解注意相关的知识。

1. 注意的分类

注意可以分为两大类：第一类是目标导向的选择性注意，也被认为是由内源驱动的注意，是人们有意识地注意一些信息的能力；第二类是刺激驱动的反射性注意，也被认为是由外源控制的注意，是被一个感觉事件吸引注意的现象。这两类注意在性质上有所区别，也有神经影像学研究结果显示，选择性注意和反射性注意由不同的大脑系统控制。因此，本书中主要介绍与学习密切相关的选择性注意的神经基础与认知机制。

㊀ 音素是根据语音的自然属性划分出来的最小语音单位。从生理性质来看，一个发音动作构成一个音素，如（ài）包含两个发音动作，即（à）和（i），从而形成了两个音素。
㊁ GOLDSTEIN M N. Auditory agnosia for speech（"pure word-deafness"）: a historical review with current implications [J]. Brain and Language，1974，1（2）：195-204.
㊂ OKADA S，HANADA M，HATTORI H，et al. A case of pure word-deafness: about the relation between auditory perception and recognition of speech-sound [J]. Studia Phonologica，1963（3）：58-65.

选择性注意和反射性注意案例

美国研究者科尔贝塔(Corbetta)和舒尔曼(Shulman)让我们想象自己正在西班牙马德里普拉多博物馆欣赏荷兰画家博斯的《人间乐园》(见图2-8),最初我们的眼睛可能会被比较显著或体积比较大的物体吸引,如湖泊中心的仪器,这就是刺激驱动的反射性注意。

而后,身旁的导游开始介绍"演奏乐器的小动物",这时我们有了注意的目标,开始根据目标有意识地寻找和将注意集中于正在被描述的对象上,这就是目标导向的、内源驱动的选择性注意。突然,隔壁房间的警报响起,一个刺激因素介入了我们的注意,使我们将注意转移到隔壁房间,又产生了反射性注意。

图2-8 《人间乐园》

2. 选择性注意的认知与脑机制

有关选择性注意的早期研究与听觉注意有关,英国认知科学家彻里(Cherry)受到鸡尾酒会效应◯的启发,设计了著名的双耳分听实验,如图2-9所示◯。参与者戴着一副耳

◯ 在鸡尾酒会上,人们可以通过选择性注意,克服环境中其他声音的影响,将注意集中在自己感兴趣的对话上。
◯ CHERRY E C. Some experiments on the recognition of speech, with one and with two ears [J]. The Journal of the Acoustical Society of America, 1953, 25(5): 975-979.

机，左耳听到一条连续的语音信息，右耳同时听到另一条不同的连续语音信息。研究者让参与者口头重复（跟读）某一侧耳朵听到的信息，使其需要目标性地关注一条信息，而忽略另一条。如果参与者在跟读时出现了错误，就可以表明他的注意没有集中于目标信息。

图2-9 双耳分听实验

研究结果显示：人们可以选择性地注意到需要口头重复的那条信息，而从未被注意的那条信息中得到的信息量是很少的。例如，参与者仅仅能报告未被注意的信息内容是噪声还是人声，信息的人声是男声还是女声，但不能记住任何词，以及注意不到语言从英语转换为德语。然而，一些重要的刺激信息可能会破坏目标导向的选择性注意，激发反射性注意，例如在聚会的谈话中，突然听到别人提起自己的名字，注意就很难继续集中于原来的谈话。

研究者基于对注意信息加以选择的时期和注意信息是否经过过滤的讨论，提出了许多选择性注意的解释模型。英国心理学家布罗德本特（Broadbent）提出了早期选择模型的**过滤器理论**（The Filter Theory），认为对注意信息的选择是在信息进入的早期进行的。人们会根据物理特征选择要处理的信息，并且过滤掉未被注意的信息，被过滤的信息不会被知觉系统加工。例如双耳分听实验中的参与者选择了一只耳朵来听，在聚会中我们根据声音的高低来选择要跟随的谈话㊀。

而英国心理学家格雷（Gray）和韦德伯恩（Wedderburn）的实验证明，人们可以根据语义来注意有意义的信息。㊁在实验中，参与者一侧耳朵听到"狗""六""跳蚤"三个词，另一侧耳朵同时听到"八""抓""二"这些词。实验结果发现，人们会根据语义报告"狗抓跳蚤"，而不是只关注一侧耳朵的信息。英国心理学家特雷斯曼（Treisman）的实验也发现，一些参与者会根据语义跟读听到的信息，随后他修改了布罗

㊀ BROADBENT D E. Perception and communication [M]. Oxford：Pergamon Press，1958：11-35.

㊁ GRAY J A，WEDDERBURN A A I. Shorter articles and notes grouping strategies with simultaneous stimuli [J]. Quarterly Journal of Experimental Psychology，1960，12（3）：180-184.

德本特的模型，提出了**衰减理论**（The Attenuation Theory）。该理论认为某些未被注意的信息会被削弱，而不是完全根据其物理特征被过滤掉，在后期信息处理时，人们仍可能应用语义选择将注意转移到衰减的信息上，对被削弱的信息进行加工。○○

多伊奇（Deutsch）等提出了另一种解释——**晚期选择模型**（The Late-Selection Theory），他认为所有信息都同等地被知觉系统加工，而没有出现衰减，人们可以知觉多种信息，选择实际上发生在信息加工过程的晚期阶段，根据语义编码和分析决定要隐藏哪些信息。○

在众多解释模型当中，**衰减理论得到了许多神经学证据的支持**。例如沃尔多夫（Woldorff）等人通过脑电ERP（事件相关电位）○记录发现，大脑皮层的听觉区域对来自注意耳的听觉信号反应增强，而对于非注意耳的信号反应减弱；萨托雷（Zatorre）等人的正电子发射断层成像（Positron Emission Tomography，PET）○脑成像研究发现，当人们根据音调注意信息时，听觉皮层的激活增强，同时顶叶区域激活增强。○○因此，研究结果表明，听觉皮层是最早受注意影响的区域，注意可以增强或减弱听觉皮层对听觉信息的反应程度，不过消息不会被完全过滤掉，仍然可以在之后的信息加工过程中选择和处理未被注意的信息。

 选择性注意的脑机制

神经学实验结果显示，听觉皮层是注意效应发生的区域，而顶叶则是注意信号发出的区域，整个脑机制呈现出一种"自上而下"的信号传递。如图2-10所示，顶叶能够影响知觉信息处理的注意资源分配，控制视觉皮层和听觉皮层等区域的信息处理；前额叶区域（背外侧前额叶皮层和前扣带回）在选择性注意的执行中扮演非常重要的角色，控制运动区域等的信息处理。大脑中的各种知觉系统和运动系统等呈现出并行处理的状态，不过每一个单一的系统只能重点处理一件事情。因此，注

○ TREISMAN A M. Verbal cues, language, and meaning in selective attention [J]. The American Journal of Psychology, 1964, 77（2）：206–219.
○ TREISMAN A M. Monitoring and storage of irrelevant messages and selective attention [J]. Journal of Verbal Learning and Verbal Behavior, 1964, 3（6）：449–459.
○ DEUTSCH J A, DEUTSCH D. Attention: some theoretical considerations [J]. Psychological Review, 1963, 70（1）：80–90.
○ 事件相关电位（Event-Related Potential，ERP）能够反映认知过程中大脑的电生理变化，与认知过程有密切关系，被认为是了解心理活动的"窗口"。
○ 正电子发射断层成像是一种无创性探测人脑生化过程的技术。
○ WOLDORFF M G, GALLEN C C, HAMPSON S A, et al. Modulation of early sensory processing in human auditory cortex during auditory selective attention [J]. National Academy of Sciences, 1993, 90（18）：8722–8726.
○ ZATORRE R J, MONDOR T A, EVANS A C. Auditory attention to space and frequency activates similar cerebral systems [J]. NeuroImage, 1999, 10（5）：544–554.

意可以被理解为每一个系统被分配给潜在竞争的信息处理需求的过程。

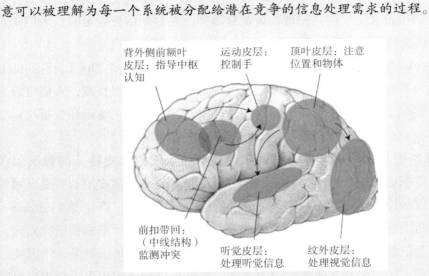

图2-10 涉及注意的脑区[1]

研究结果还发现，注意可以在多个加工阶段发挥作用，而不一定是在早期阶段或晚期阶段。这些注意解释模型的共同出发点是，我们的信息加工系统容量（认知容量）是有限的，因此必须进行选择和调节。据此，约翰斯顿（Johnston）和海因斯（Heinz）采用双作业任务研究了人的认知容量，让参与者同时完成两种作业：主要作业任务和伴随作业任务。

主要作业任务为选择性追随，参与者两耳同时听到两种不同的材料，要求追随说出其中一种材料的内容。材料的类型分为两种：第一种为以物理特性区分的材料，如一侧耳呈现男声说出的内容，另一侧耳呈现女声说出的内容；第二种为以语义特点区分的材料，如两侧耳都是男声呈现，一侧耳听到的材料内容有关职业，另一侧耳听到的材料内容有关城市。伴随作业任务为看见光信号，就做出按键反应。

实验结果发现，相比于仅完成伴随作业任务，同时完成主要作业任务和伴随作业任务时，参与者对光信号的反应时长明显变长，印证了人的注意资源和认知容量是有限的观点。另外，相比于以物理特性区分材料，参与者在以语义特点区分材料时需要更长的时间，这说明注意可以在多个加工阶段发挥作用，在信息加工的不同阶段中，对注意资源的需求是不同的。[2]

一般来说，任务难度和熟悉程度能够影响任务所需的注意资源，通过练习可以减少

---

[1] JOHN R. ANDERSON. Cognitive psychology and its implications [M]. New York：Worth Publishers，2015：54.
[2] JOHNSTON W A，HEINZ S P. Flexibility and capacity demands of attention [J]. Journal of Experimental Psychology：General，1978，107（4）：420–435.

一项任务所需的注意资源。例如初学骑车的人并不熟练，有时会发生摔倒的情况；而熟练骑车后，人们可以一边骑车一边欣赏周围的风景。

2.2.3 记忆

记忆是我们存储和提取过去经验的一种动态加工过程。学习是新信息获取与加工的过程，而记忆是学习的结果。被普遍接受的一般记忆模型，如图2-11所示。有两种对记忆分类的方式：根据材料在记忆中保持时间的长度，我们可以将记忆分为三个阶段，即**感觉记忆（瞬时记忆）、工作记忆（短时记忆）和长时记忆**；根据材料在记忆中存储的性质，我们可以将记忆分为两个类型，即**陈述性记忆和非陈述性记忆**。

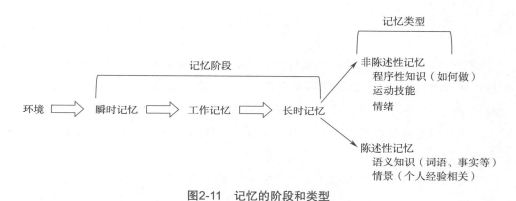

图2-11 记忆的阶段和类型

1. 三个记忆阶段

记忆的阶段主要描述其时间属性，表现了记忆保持的时间长度。信息通过知觉从环境进入人体，经过注意的过滤，由丘脑传送至皮层的感觉加工区域，经过三个记忆阶段。信息首先以原有的感知形式存储于感觉记忆，虽然感觉记忆的容量很大，不过存储时间很短，大概在几秒钟到一分钟左右。信息只是在这里进行暂时简单存放，根据其重要性进行过滤，而后一些信息被遗忘，一些信息进入工作记忆阶段。例如当我们需要使用一个电话号码时，我们会重复那一串数字并立即拨号，然后遗忘。

不同于感觉记忆，工作记忆像是一个工作台，它是信息加工系统的核心，同时具有存储和信息加工两个功能，实现对信息的编码、重组和整合等，为理解、运算、推理等复杂的认知任务提供临时的工作空间和信息源，完成从工作记忆到长时记忆的转换和存储。外侧前额叶皮质负责当前知觉信息和已存储知识之间的相互作用，是工作记忆系统的一个重要组成部分。**外侧前额叶皮质可以比作工作记忆的缓存器**，能够完成存储信息的访问和保持信息激活，为存储于其他皮质区域中的信息维持提供了缓冲。工作记忆持续的时间从几分钟到几小时不等。需要注意的是，相关研究表明，工作记忆的容量是有限的，不能加工所有进入这个阶段的信息，只有获得选择性注意和被赋予意义与价值的材料才能被加工从而进入长时记忆阶段。①②在众多信息中，人们往往更加关注对自己有生存价值或包含情绪性经验的信息。对于大多数人来说，工作记忆可以同时保持七个项目左右；对于一些具有学习困难的学生来说，或许其工作记忆的容量会比较小。如果信息没有被及时加工处理，则会被过滤和遗忘。

对于个体有意义的信息经过海马的信息编码，传送至长时记忆存储区，这时相关脑区结构发生相应变化，创建不同的神经记忆通道实现信息存储，使其能够维持几个月甚至终生。有需要时，长时记忆中的信息可以随时被提取到工作记忆进行处理，每回忆一次，神经记忆通道的神经连接就会被加强一次。长时记忆信息存储的信息编码过程需要一定的时间，通常在睡眠时发生。

记忆的存储

脑科学的研究结果显示，记忆的过程就是神经细胞之间联结的新增和增强，改变脑部的神经结构。③**海马是组织和巩固长时记忆的关键区域**，不过信息并不是集中存储于一个"中心"的，而是分布于大脑的不同区域，由不同的神经结构加工存储，如声音信息存储在听觉皮层，名字和名词等信息存储在颞叶，情感性信息存储在杏仁核等。

信息存储于哪个区域取决于新的内容和已有知识经验之间建立联系的数量。将新的内容与已有知识经验相联系能够增强神经细胞之间的联结并增强其复杂程度，以促进学习。

2. 两种记忆类型

长时记忆中的知识主要包含**陈述性知识和非陈述性知识**，不同类型的知识在长时记忆中以不同形式存储。陈述性知识是关于"是什么"的知识，包括词语、事实等的语义知识和与个人经验相关的情景，如"中国的首都是北京"和"我早餐喝了牛奶"。

有研究结果显示，颞叶是长时记忆的存储部位，也参与陈述性记忆的形成和巩固。内侧颞叶接收所有经过精细加工的来自大脑皮层的感觉信息，如视觉皮层会将与行为相关的重要感觉信息输入内侧颞叶。而间脑是与记忆过程识别相关的脑区。另外，颞叶中的海马参与各种各样学习的记忆功能，同时包括陈述性知识和非陈述性知识的学习，海

---

① ENGLE R W, TUHOLSKI S W, LAUGHLIN J E, et al. Working memory, short-term memory, and general fluid intelligence: a latent-variable approach [J]. Journal of Experimental Psychology: General, 1999, 128（3）: 309–311.

② TUHOLSKI S W, ENGLE R W, BAYLIS G C. Individual differences in working memory capacity and enumeration [J]. Memory & Cognition, 2001, 29（3）: 484–492.

③ KOLB B, WHISHAW I Q. An introduction to brain and behavior [M]. New York: Worth Publishers, 2001: 481–518.

马的损伤可能会导致工作记忆缺失和记忆之间无法建立联结等。㊀

非陈述性知识包括程序性知识、运动技能和情绪等。程序性知识往往与"如何做"相关，如学会使用洗衣机、拉小提琴、骑自行车；情绪如看到蛇会害怕等。非陈述性记忆的脑机制更为复杂，不同类型的非陈述性记忆涉及不同的脑结构，前额叶、顶叶和小脑等都参与了非陈述性记忆新神经通道的创建。

记忆是大脑不同区域协同工作的结果，涉及额叶、顶叶、海马等部位，使我们能够存储和提取不同类型的信息。理解大脑的记忆机制，能够帮助教师更好地理解学生是如何学习知识的，从而帮助和引导学生更好地利用记忆系统。

2.3 脑与高级认知过程

除了与学习相关的基本认知过程外，人脑中还会发生许多复杂的高级认知过程，使得我们有能力完成复杂的任务，如进行数学计算、掌握一门语言、学习如何弹奏乐器、产生复杂的情绪等。本节将介绍与语言学习、数学学习和情绪加工相关的高级认知过程的脑机制。

2.3.1 语言学习

语言是人类的重要特征，将人与动物区分开来，我们日常的思考、表达和交流都需要通过语言来实现。我们知道，语言能力分为听、说、读、写四种，每种能力的信息加工通常都需要处理语音、字形和语义三个语言成分，每个成分由不同的大脑区域负责。因此，语言加工是多个大脑区域协同工作的结果。

根据传统语言加工模型，左半球的**布罗卡区（Broca's Area）**和**韦尼克区（Wernicke's Area）**是两个主要语言加工中心，分别位于额叶和颞叶，如图2-12所示。布罗卡区负责语言的产生，是大脑的口语产出中枢，其能够存储词汇、语法等，使人们能够组织语句，清晰、流利地说话。布罗卡区受损会造成表达性失语症，表现为口语产生困难，不过不会影响阅读、理解和书写。

韦尼克区是大脑的语言听觉中枢，负责语言的听觉表征、分辨和理解，使人能够感知和理解语句的意义。韦尼克区受损会造成感觉性失语症，虽然可以产生流利的口语，不过由于不能分辨语音对应的是哪些文字的读音，导致所表达的内容"词不达意"且没有实际意义，以及不能分辨他人语音的正确含义。

㊀ SQUIRE L R. Memory and brain systems：1969–2009 [J]. The Journal of Neuroscience: the Official Journal of the Society for Neuroscience，2009, 29（41）：12711–12716.

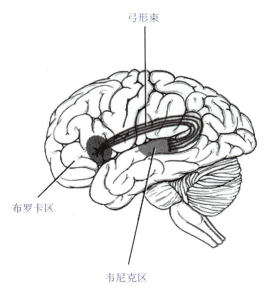

图2-12　韦尼克区、布罗卡区及弓形束联结

布罗卡区和韦尼克区的发现

这两个语言加工脑区都是由医生发现的。1861年，一位名为布罗卡（Broca）的法国医生对一位生前患有语言障碍的病人的大脑进行了解剖。这位病人不能说话，不过可以理解语言，并借助语言符号与人交流，如通过书写表达想法。当你问他"你叫什么名字"这样的问题时，他的回答可能是重复一些他会的单词，如"tan，tan，tan"。布罗卡医生发现，这位病人大脑左半球额叶区域存在严重的病变损伤，由此他发现了第一个语言加工相关的脑区——布罗卡区。

随后1874年，德国韦尼克（Wernicke）医生对另一位语言障碍病人的大脑进行了解剖，这位病人的特征有点不太一样，其生前能够流利地产生口语，但产生的语言没有意义，且无法理解他人说的话。这次解剖揭示了另一个负责语言加工的脑区——韦尼克区，位于大脑左半球的颞叶。

现在，人们已经了解了不同的脑区影响不同的功能，而在100多年前，布罗卡医生和韦尼克医生的发现可以称得上是惊天动地的，即特定脑区的损伤导致了特定语言功能的障碍。那时，研究者只能通过脑损伤对人脑和行为进行研究，虽然医生可以观察病人受伤的位置，例如一颗子弹刺穿了头部，但是需要等到病人去世才可以具体确定脑区损伤的位置，将脑损伤和行为缺陷联系起来。这个研究过程往往是非常困难的，因为如果病人康复了，医生就无法进行解剖和观察；而当病人去世时，也许是数月甚至数年后，也许根本没有人通知医生。

图2-12中所示的弓形束是神经纤维束，负责联结两个语言脑区，使大脑能够同步进行语言的理解和产生，实现人类对话的快速交互。需要注意的是，现代神经影像学研究结果显示，语言的理解和产生不仅要调用韦尼克区和布罗卡区，还需要其他区域的神经网络的协同加工，例如位于韦尼克区周围的左颞叶其他区域在人听到口语词语和从视觉词语中提取语义时都会发生激活现象。

近年来，研究者也通过大量功能性磁共振成像研究对字形和语义学习的相关脑区进行了研究。在字形方面，研究发现枕颞区是大脑的阅读中枢，该区域受损会导致阅读困难，可以复述听到的语音，却不能读出看到的文字；另外，额中回后部是大脑的书写中枢，该区域受损会导致书写困难，不能写出正确的字形。在语义方面，大脑的语义网络分布范围很广，包括了角回、颞叶、额叶和后扣带回等多个区域。④⑤

> ## 🔒 语言发展的敏感期
>
> 　　语言发展存在着敏感期。研究结果发现，从幼儿10~12个月开始，脑就逐渐失去辨别母语和非母语之间差异的能力。⑥如果将1~3岁的小孩儿放在外语的环境中，脑就会以加工母语的方式运用左半球加工语法信息；但如果4~6岁时开始学习外语，脑就需要通过两个半球来加工语法信息。⑦对于大多数人来说，青春期以后，负责获得语言的脑区便不再对其他语言的语音有反应，这时需要其他的脑区来负责识别外语中的语音并做出反应。脑成像研究结果发现，如果在11~13岁时开始接触外语，脑激活模式已经发生异常。因此，如果希望儿童学习第二语言，越早开始学习，越能有效地掌握这门语言。当然，这并不是说晚一些开始就无法学习第二语言，只不过会更难一些而已。

---

① CABEZA R，NYBERG L. Neural bases of learning and memory: functional neuroimaging evidence [J]. Current Opinion in Neurology，2000，13（4）：415-21.

② GIRAUD A L，PRICE C J. The constraints functional neuroimaging places on classical models of auditory word processing [J]. Journal of Cognitive Neuroscience，2001，13（6）：754-765.

③ MARTIN A，HAXBY J V，LALONDE F M，et al. Discrete cortical regions associated with knowledge of color and knowledge of action [J]. Science，1995，270（5233）：102-105.

④ BAKER C I，LIU J，WALD L L，et al. Visual word processing and experiential origins of functional selectivity in human extrastriate cortex [J]. National Academy Of Sciences Of the United States Of America，2007，104（21）：9087-9092.

⑤ ROUX F E，DUFOR O，GIUSSANI C，et al. The graphemic/motor frontal area exner's area revisited [J]. Annals Of Neurology，2009，66（4）：537-545.

⑥ DAVID A Sousa. 脑与学习 [M]. "认知神经科学与学习"国家重点实验室，脑与教育应用研究中心，译. 北京：中国轻工业出版社，2005：144-145.

⑦ 尚俊杰，张露. 基于认知神经科学的游戏化学习研究综述 [J]. 电化教育研究，2017，38（2）：106-113.

需要注意的是，语言是总的认知资源的一部分，如果将认知资源用于理解或产生语言，那么用于其他认知活动的认知资源便会相应减少。例如，一些儿童没有办法一边听教师口头呈现的信息，一边做笔记，这是因为他们有限的认知资源只能完成一项认知任务，听和理解教师的口头信息可能占用了所有可用的认知资源，使他们没有认知资源可用于对听到的内容做笔记。

2.3.2 数学学习

数学是研究数量关系和空间形式的科学，影响着各类科目的学习和个体参与生活的过程，也是教育神经科学的研究重点。[1]算数和数学问题解决是学生学习和生活中最常见内容，包括数感、符号意识和运算能力等，我们接下来将讨论与之相关的大脑机制，主要涉及**视空**、**语音**和**语义**三个大脑网络的协同工作。

与其他认知加工不同，人出生时就拥有识别数量的能力，如6个月大的婴儿虽然不具备语言能力，却能辨别不超过4的基本数量。[2]人类的数量加工能力主要依赖双侧顶叶和枕叶构成的**大脑视空间网络**（Visuospatial Network），该网络是负责对视空间信息进行加工的脑区，这给行为研究发现的个体空间能力对数学成就的预测提供了脑科学证据。[3]

大脑视空间网络中的双侧顶内沟区域是产生数感、进行符号（阿拉伯数字、言语数词）或非符号（如点阵、实物集合）数量比较、完成数量计算等任务的核心区域。[4][5]例如，功能性磁共振成像研究发现正常人在数字识别、数量估计等数学任务中，大脑的顶内沟区域都出现了明显激活；而计算障碍（Dyscalculia）患者，一般都会伴有顶叶的损伤、顶内沟灰质密度减少以及激活水平低于常人等问题。[6][7][8]

---

[1] 中华人民共和国教育部. 义务教育数学课程标准（2022年版）[M]. 北京：北京师范大学出版社，2022：1.

[2] WYNN K. Psychological foundations of number: numerical competence in human infants [J]. Trends in Cognitive Sciences, 1998, 2 (8): 296-303.

[3] WEI W, YUAN H B, CHEN C S, et al. Cognitive correlates of performance in advanced mathematics [J]. The British Journal Of Educational Psychology, 2012, 82 (1): 157-181.

[4] CAMPBELL J I D. Handbook of mathematical cognition [M]. London: Psychology Press, 2004:86-95.

[5] DEHAENE S, DEHAENE-LAMBERTZ G, COHEN L. Abstract representations of numbers in the animal and human brain [J]. Trends in Neurosciences, 1998, 21 (8): 355-361.

[6] EGER E, STERZER P, RUSS M O, et al. A Supramodal number representation in human intraparietal cortex [J]. Neuron, 2003, 37 (4): 719-726.

[7] PINEL P, DEHAENE S, RIVIÈRE D, et al. Modulation of parietal activation by semantic distance in a number comparison task [J]. NeuroImage, 2001, 14 (5): 1013-1026.

[8] MUSSOLIN C, DE VOLDER A, GRANDIN C, et al. Neural correlates of symbolic number comparison in developmental dyscalculia [J]. Journal of Cognitive Neuroscience, 2010, 22 (5): 860-874.

数感与心理数轴

请你比较一下，6和9，哪个数更大一些？66和69呢？666和669呢？是不是有这种感觉，这两个数值越大，越难清晰、快速地说出答案？这就与我们所说的数感息息相关。

数感（Number Sense）是一种对数量大小和关系的模拟感知能力。 数感具有一种"对数"特性，指人们比较两个数字大小时（即两个物体集合大小），在两个数字差异不变的情况下，反应速度和准确性会随着其数量的增加而降低。例如，人们在比较6和9中找出更大的数，会比比较66和69更快，也更准确。人自出生就能初步理解和感知数量，即具有先天的数感，在此基础上逐渐建立正式的数的概念，并生成言语符号化的数字和程序。

那么人们对数量的表征是通过什么实现的呢？研究结果发现，数量表征是通过心理数轴（Mental Number line）来实现的。**心理数轴是一条不同数量在人心理中自动排列形成的一条由小到大的轴线**，可以参考数轴进行想象。其在处理数量大小关系中发挥着重要作用，如当人们比较数字大小时，会自动激活心理数轴，被比较的两个数字会映射到心理数轴上相应的位置，两者的距离大小会影响人们判断的反应速度。○ 这也表明了人对数量的心理表征与空间的联系。SNARC（Spatial-Numerical Association of Response Codes Effect）效应也提供了直接证据，即人在进行数字大小判断时会表现出左手对小数字反应快、右手对大数字反应快的现象。

不过，心理数轴与数轴存在不同之处。数量在心理数轴上的表征并非是线性增长的（见图2-13），差距相同的两组数量在心理数轴上对应的空间距离可能差别很大，一般而言小数量组映射的空间距离更大，如1和2的空间距离会大于31和32的空间距离。这也就解释了数感的对数特性。

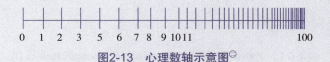

图2-13　心理数轴示意图○

○ DEHAENE S，DUPOUX E，MEHLER J. Is numerical comparison digital? analogical and symbolic effects in two-digit number comparison [J]. Journal of Experimental Psychology：Human Perception and Performance，1990，16（3）：626-641.

○ FRITZ A，EHLERT A，BALZER L. Development of mathematical concepts as basis for an elaborated mathematical understanding [J]. South African Journal of Childhood Education，2013，3（1）：38-67.

进一步研究结果还发现，左右顶叶在数量加工任务中所起的功能并不一样：右顶叶与理解基本数量概念的任务密切相关，如非符号的数量比较任务，以及只需要区分数量大小和关系的任务；当任务需要精确的数量表征和更多的操作步骤时，如数字比较和计算，左顶叶就会与右顶叶一起完成任务。①除了双侧顶叶之外，研究结果还发现大脑视空间网络中的腹侧枕颞区是数字形状加工的区域，负责数字符号的加工，如图2-14所示。

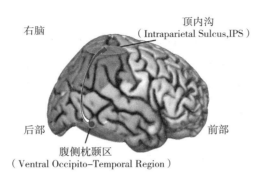

图2-14 大脑视空间网络负责数学加工的两个核心脑区②

虽然大脑视空间网络的顶叶和颞叶区域对数量加工起着核心作用，但在复杂度和精确度要求更高的任务中，还需要与其他脑区结构相互配合才能完成任务。例如，当你心算45加93的结果时，你是否在心里默读出这个算式及计算过程？这时，大脑中参与语音加工的区域就被激活了，由布罗卡区、韦尼克区、中央前回（Precentral Gyrus）、辅助运动区（Supplementary Motor Area）等构成的**大脑语音网络**（Phonological Network）发挥着重要作用，主要负责算术事实的语音编码和参与维持信息，如数量命名、四则运算、计算知识的记忆和提取等。③研究结果显示，语音加工能力也能够预测未来的算数成绩。④

数学问题解决不仅包括算术计算，还包括利用数学知识对数学问题进行分析和推理，这个过程还涉及与语义加工相关的脑区。例如，一项功能性磁共振成像研究对比人们进行数学问题解决和复杂算数计算时大脑区域的激活状态，发现数学问题解决过程更强地激活了大脑的语义网络，包括角回、颞中回、后扣带回等七个区域。⑤

---

① PARK J，PARK D C，POLK T A. Parietal functional connectivity in numerical cognition [J]. Cerebral Cortex，2013，23（9）：2127-2135.
② 尚俊杰. 学习科学导论 [M]. 北京：北京大学出版社，2022：70-75.
③ LIU J，ZHANG H，CHEN C S，et al. The neural circuits for arithmetic principles [J]. NeuroImage，2017，147：432-446.
④ HECHT S A，TORGESEN J K，WAGNER R K，et al. The relations between phonological processing abilities and emerging individual differences in mathematical computation skills：a longitudinal study from second to fifth grades [J]. Journal Of Experimental Child Psychology，2001，79（2）：192-227.
⑤ ZHOU X L，LI M Y，LI L N A，et al. The semantic system is involved in mathematical problem solving [J]. NeuroImage，2018，166：360-370.

可以说，数学加工的脑机制是由视空间、语音和语义三个大脑网络共同完成的，其中，双侧顶内沟是数量加工的核心，是形成先天初始数量加工能力的基础；其他相关脑区是后天进一步学习和发展数量加工能力的关键。不同的数学学习经验、学习方式对大脑数量加工的脑区具有不同的塑造作用，共同影响和促进数学能力的发展。

三重编码模型

人们对数量认知加工的过程是怎样的呢？由法兰西学院斯坦尼斯拉斯·迪昂（Stanislas Dehaene）教授提出的三重编码模型（Triple-Code Model，TCM）获得了越来越多脑成像研究的支持，是目前被广泛接受的数量认知加工的理论模型。

三重编码模型（见图2-15）认为，数量认知加工能力的核心由三部分构成，每部分又分别与不同的编码类型对应。也就是说，大脑在完成数量认知加工任务时，会涉及三种不同的编码以表征数量，分别是模拟数量编码（Quantity System，数量的非言语符号编码，用以表征数量之间的大小和距离）、听觉言语编码（Verbal System，数量的言语编码，用数量词汇的语音和语义来表征数量，如中文里的"一、二、三"和英文里的"one、two、three"等）和视觉阿拉伯数字编码（Visual System，数量的数字符号编码，将数量按规则表征为一系列阿拉伯数字串）。

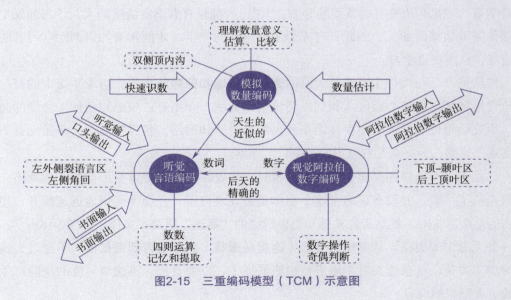

图2-15 三重编码模型（TCM）示意图

这三种数量编码需要不同的脑区功能参与：**模拟数量编码**主要由位于顶叶的双

○ 裴蕾丝，尚俊杰，周新林. 基于教育神经科学的数学游戏设计研究 [J]. 中国电化教育，2017（10）：10.

侧顶内沟参与完成，这里是产生数感的核心区域，是理解数量意义、执行数量比较和估算的关键；**听觉言语编码**需要左外侧裂以及左侧角回的参与，左侧角回位于顶叶、枕叶和颞叶的联结区，在大脑语言加工中起着重要作用，可将数量以可听、可读和可写的文字形式表现出来，是执行精算、数数以及数学知识记忆和提取的重要结构，如记忆乘法表等；**视觉阿拉伯数字编码**则依靠下顶-颞叶区和后上顶叶区，前者是感知和传达数字符号的关键，负责数字操作、奇偶判断等认知功能，后者是大脑完成视空间任务的核心区域，当进行数字的进退位加减法时，下顶叶会显著激活。

数量认知加工任务的执行需要多个脑区协同参与，这三种编码之间也是相互关联、存在相互转换的。要想提高数量认知加工能力，不仅要熟练掌握每一种数量表征编码，还要能流畅地在不同编码之间转换。因此，教师在设计相关内容的教学时，可以同时设计这三种编码的相应认知资源，以促进学生的理解和其数量认知加工能力的发展。

2.3.3 情绪加工

情绪是人脑的高级认知功能之一，其驱动注意，创拟意义，有着自己的记忆途径，并对学习、记忆和决策有着重要的影响。[1]学习者都是有着丰富情绪的人，学习的发生从来都伴随着情绪的加工，因此只有充分了解情绪的产生，才能知道如何调动学习者的相关情绪，从而促进学习。

情绪的产生与调控主要涉及大脑的**杏仁核区域和前额叶皮层**。边缘系统中的杏仁核是负责情绪加工的核心脑区。我们以恐惧情绪为例，介绍杏仁核感知和加工情绪的脑机制。研究结果证实，人脑中存在两条分离的情绪感知通路，各具特点，一条是无意识的"高速"通路，另一条是有意识的"绕行"通路。

你是否也有这样的经验，在走路时瞥见脚快要踩下去的地方有形似钉子的物体，虽然只是瞄了一眼，并没有很确定这个物体是否真是钉子，也会无意识地迅速躲开，规避受伤的危险。这时，就是杏仁核感知恐惧情绪的**"高速"通路**在工作。如图2-16所示，这是一条无意识的通路，**从感觉感受器（这里是眼睛）到丘脑再到杏仁核**，不经过大脑皮层的加工决策。这条通路对刺激进行粗略的加工，以便直接、迅速对可能的危险产生自主的、无意识的反应。

---

[1] LEDOUX J. Emotional networks and motor control: a fearful view [J]. Progress in Brain Research, 1996, 107: 437-446.

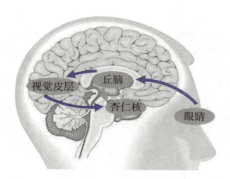

图2-16　杏仁核对恐惧的两条感知通路○

另一条"绕行"通路则是有意识的通路，从感觉感受器接收感觉信息后，经过丘脑传递到感觉皮层（这里是视觉皮层）再到杏仁核。这条通路虽然速度会慢一些，不过会帮助我们对刺激进行复杂的加工，在个人思考和决策后对刺激做出反应。

情绪与情感

情绪是基于人类生理结构生成的，旨在实现人类行为的适应与调节，如快乐、恐惧、惊奇、厌恶、愤怒、悲伤。不同的情绪对应不同且独立的功能系统，拥有自己的皮层回路。而情感是基于文化和环境发展出的对环境的反应，是对情绪有意识的解读，如担心、挫折、预期和乐观等。情绪和情感的脑机制是基于不同的感知通路的，相比于情绪感知的两条通路，情感感知的通路更多，传播更慢。

这两条通路的发展源于人类的进化历程，展现了大脑产生情绪的生存意义。当我们遇到生命危险时，可能无法获取深思熟虑的时间，只能靠情绪引起的即刻反应行动，躲避危险。杏仁核就像是大脑的警戒站，对每一个知觉信息进行盘查，一旦发现对自身有威胁的危险性信息，情绪就会超越思维，停止其他无关的活动，将注意集中于相关的信息来源，调动神经网络，使人做出相应的反应行动，如逃跑。而学习者对学习环境产生的情绪决定着其注意的投入与分布，情绪与思维以不同的认知方式协同工作、相互作用，共同支持或抑制学习。○

杏仁核对不同情绪的加工

人类的情绪虽然有多种，如快乐、悲伤或惊奇，但是大致可以分为积极情绪

○ 尚俊杰.学习科学导论 [M].北京：北京大学出版社，2022：75-79.
○ 苏泽.脑与学习 [M]."认知神经科学与学习"国家重点实验室，脑与教育应用研究中心，译.北京：中国轻工业出版社，2005：16-19.

和消极情绪。杏仁核在不同情绪的加工中发挥着不同的功能。首先,杏仁核非常容易被消极情绪激活,特别是厌恶、恐惧等情绪。一项脑成像研究结果显示,相比于注视中性表情的面孔图片,人们在注视恐惧表情的面孔图片时,杏仁核的激活更强。[1]因此,杏仁核与厌恶性学习关联密切,能够影响厌恶性信息的获取,并巩固厌恶性信息的存储。例如天生害怕蛇的猴子,当切除了杏仁核以后,对蛇的恐惧消失,甚至能够将蛇拿起来玩耍。[2]杏仁核受损伤的病人不能识别厌恶和恐惧表情的面孔。[3]

其次,杏仁核也参与其他所有类型情绪的加工,如人们在读到其仰慕的人名时,也会激活杏仁核。与杏仁核没有受损伤的人相比,杏仁核受损伤的病人会低估他人的情绪强度,并高估他人的可信赖度和可亲近度。[4]

此外,大脑前额叶皮层的各个区域也参与情绪的产生与调控过程,并且两个半球加工的情绪存在差异。脑核磁共振成像研究结果发现,当人们在进行同时涉及奖励和惩罚的任务时,左侧前额叶皮层的眶额皮层激活强度与奖励程度呈现显著的相关,而右侧前额叶皮层的眶额皮层激活强度与惩罚程度呈现显著的相关。[5]并且,左侧前额叶皮层受损伤的病人往往会出现抑郁症状。[6]由此可见,左侧前额叶皮层主要参与积极情绪的加工,而右侧前额叶皮层主要参与消极情绪的加工。

情绪加工的发展

大量研究结果发现,儿童青少年时期是塑造情绪脑的关键期,这个时期负责情绪加工的脑区具有较强的可塑性。例如,长期的脑追踪研究结果发现,3~11岁的儿童在进行情绪加工和反应时,大脑前额叶皮层脑电信号存在不对称性,并且不稳定。另外有研究结果发现,7~9岁儿童加工情绪的相关脑区发展水平远低于成人,

---

[1] BREITER H C, ETCOFF N L, WHALEN P J, et al. Response and habituation of the human amygdala during visual processing of facial expression [J]. Neuron, 1996, 17(5): 875-887.

[2] MAREN S, QUIRK G J. Neuronal signalling of fear memory [J]. Nature Reviews Neuroscience, 2004, 5: 844-852.

[3] BOUCSEIN K, WENIGER G, MURSCH K, et al. Amygdala lesion in temporal lobe epilepsy subjects impairs associative learning of emotional facial expressions [J]. Neuropsychologia, 2001, 39(3): 231-236.

[4] ADOLPHS R, GOSSELIN F, BUCHANAN T W, et al. A mechanism for impaired fear recognition after amygdala damage [J]. Nature, 2005, 433(7021): 68-72.

[5] ·O' DOHERTY J, KRINGELBACH M L, ROLLS E T, et al. Abstract reward and punishment representations in the human orbitofrontal cortex [J]. Nature Neuroscience, 2001, 4(1): 95-102.

[6] MORRIS P L P, ROBINSON R G, RAPHAEL B, et al. Lesion location and poststroke depression [J]. The Journal of Neuropsychiatry and Clinical Neurosciences, 1996, 8(4): 399-403.

并表现出较高的压力敏感性。[一]

在这个时期，来自学校和家庭的关心可以为他们提供支持，以应对生理上的困扰。例如教师可以通过聆听、认可学生的想法和观点，肯定学生的独特品质，尊重学生的价值取向，应用开放性问题、鼓励学生提出疑问，培养学生的问题分析和批判性思维能力等，帮助学生发展自我身份认同。此外，教师之间合作，帮助个别学生度过压力期，如鼓励与朋友发生矛盾的学生和朋友重归于好，或帮助他发展新朋友。另外，学校应构建家校沟通机制，促进家校联系和交流，为学生营造愉悦的成长氛围，如开展家长、学生和教师共同参与的体育或文化活动。

了解了这些基本认知过程和高级认知过程的脑机制以后，我们可以发现，学习者在课堂或学习过程中发生的活动和行为，都与大脑的结构和机能相关。人脑中任何神经系统受到损伤，都会破坏其负责功能，导致学习过程中出现特定的功能障碍。例如当你发现一个学生可能在理解你说的话方面存在障碍，或许是由于他（她）的左颞叶与语言加工相关的韦尼克区有损伤，也或许是因为他（她）的耳朵结构损伤或听觉神经损伤。注意力不集中、作文写作不佳、有攻击性行为等情况，都可能与学生特定大脑结构的发展与损伤相关。

2.4 基于脑科学的教学策略

以上的脑科学研究结果中，有哪些可以作为我们教学策略的参考，并应用于教学设计呢？本节将探讨与融合多感觉刺激、引起注意、促进记忆和调动积极情绪相关的基于脑科学的教学策略。

2.4.1 融合多感觉刺激

依据信息加工模型，学习过程始于感觉信息的输入，而后感觉信息经过选择、过滤和加工存储于大脑的特定区域。不同的感觉信息存储于与之相关的不同脑结构，如视觉信息存储于枕叶，而听觉信息存储于颞叶。

多感觉通道的学习方式可以激活更多的脑区。学生在课堂上接收和检索学习内容的方式越多，激活的感觉通道就越多，与学习内容相关的信息在大脑中的分布区域范围就越广，并且多感觉通道的激活意味着信息被重复存储，提升了回忆的效率。另外，信息之间建立的神经联结越多，学生在以后进行记忆提取时，越能够通过一条线索，从多

[一] QIN S Z, YOUNG C B, DUAN X J, et al. Amygdala subregional structure and intrinsic functional connectivity predicts individual differences in anxiety during early childhood [J]. Biological Psychiatry, 2014, 75（11）: 892-900.

个记忆存储空间中搜索到相关信息,从而促进记忆的存储和提取。例如学习汽车概念与相关知识时:有关汽车外观的视觉信息进入视觉皮层存储;汽车运行声音的相关信息进入听觉皮层存储;当学习发动机相关知识后,内燃机的动力系统与汽车的运行被联系起来。

> **融合多感觉刺激的教学策略**
>
> ● 在设计教学时,教师可以设计包括听觉、视觉和触觉等多感觉刺激的教学材料,丰富课堂内容。
> ● 教师可以结合跨学科的相关联主题一起开展教学,如从另一学科的角度让学生解释相关知识。

2.4.2 引起注意

注意决定了哪些信息被关注和加工,哪些信息被忽视。教师需要帮助学生排除无关信息的干扰,将注意集中于重要信息上。吸引和保持学生的注意有助于促进信息从瞬时记忆进入工作记忆来加工,从而进入长时记忆来存储。

> **引起注意的教学策略**
>
> ● 提前发布任务或提出思考性问题,使学生将注意集中于重要内容上,有助于学生产生新的记忆通路与建立通路之间的联结。
> ● 以幽默的故事引入主题,引起学生的注意。另外,在学生大笑的时候,更多的氧会进入血流中,支持脑部活动,同时释放更多的内啡肽,产生愉悦情绪,从而营造良好的课堂氛围。
> ● 在课堂上,让学生适当站起来走动、交谈所学内容,让存积到下身和脚上的血液流动到脑,加快脑部的血液循环,使学生将注意集中于所学内容。
> ● 使学生意识到所学内容是必不可少的和值得学习的,从而激发学生的动机。由于工作记忆是一种暂时记忆,所以加工记忆材料的时间有限,而越长的加工时间越能够促进对记忆材料的理解、记忆和保持。研究结果已表明,增强学生的动机是延长记忆材料加工时间的方法之一。⊖
> ● 帮助学生了解所学内容和实际生活与问题之间的关系,以及与他们本人的关

⊖ DIAMOND M, HOPSON J. Magic trees of the mind: how to nurture your child's intelligence, creativity, and healthy emotions from birth through adolescence [M]. New York: Plume, 1999: 216-249.

系，也能够延长记忆材料的加工时间。

● 激发学生对所学内容的兴趣，也会显著延长记忆材料的加工时间，这是因为学生会以不同的方式处理记忆材料，并积极地将其与已学内容建立联系。

另外，学者亨特（Hunter）提出了关注水平的概念。关注水平是指学生对学习的关注有多少，图2-17显示了关注水平与学习程度的关系。[1]关注水平的提升会引起学习程度的提升，不过如果关注水平过高，超过最优水平的话，学生就会将注意转移到过度关注而产生的情绪上，如焦虑等不利情绪，从而阻碍学习过程。这也就是我们平时所说的，适当的焦虑对学习有益，能够促进学习的发生，而过度的焦虑则会产生有害的结果。

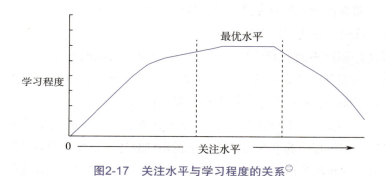

图2-17　关注水平与学习程度的关系[2]

调整学生关注水平的教学策略

● 向学生明确结果，如教师告诉学生"这些内容将会在考试中出现"，可以提升关注水平；如果想要降低关注水平，教师可以说"这些内容是为了之后的学习做铺垫"。

● 提前告知学生，他们的学习成果或结果会被展示出来，也能提升学生的关注水平。

● 在讲课时，靠近或站在走神的学生旁边，能够起到有效的提醒作用，并提升学生的关注水平；如果想要降低学生的焦虑，则可以保持与焦虑的学生的距离。

● 给任务设定完成时间也能够影响关注水平，缩短任务完成时间能够提高关注

---

[1] HUNTER M C. Mastery teaching increasing instructional effectiveness in elementary and secondary schools [M]. Thousand Oaks：Corwin Press，1982：9-25.
[2] 苏泽. 脑与学习 [M]. "认知神经科学与学习"国家重点实验室，脑与教育应用研究中心，译. 北京：中国轻工业出版社，2005：54.

水平，反之则降低关注水平。

● 在学生完成学习任务的过程中，减少帮助能够提升关注水平，增加帮助则会降低关注水平。

2.4.3 促进记忆

在讨论记忆时，如何生成学习的结果是很重要的一个问题，即如何促进工作记忆中的信息进入并存储于长时记忆中，以便需要时提取。那么，教师可以如何帮助学生记住所学的知识，并促进其在未来进行问题解决时回忆并应用呢？

在课堂教学最常涉及的语义知识方面，复述是工作记忆对信息进行编码与组织的方式，此时信息主要在前额叶区域加工。复述是信息由工作记忆转入长时记忆的关键，可以分为维持性（机械）复述和精细复述两种。

维持性复述是通过不断、简单地重复，将信息保留在短时记忆中的方法。维持性复述能够很快地建构起某些信息的意义，但只能按照其呈现的状态准确地记忆并实现长期保持，如学习和背诵乘法口诀表、字母顺序、单词拼写等。

精细复述是对信息进行深度加工，把信息整合到长时记忆的认知结构中去，并且使其更容易被提取。比较复杂的概念要求学生进行精细复述，以实现理解和记忆。一方面，学生需要明确所学内容与自己的关系以及对自己的意义，如"为什么我要学习这个内容"或"我在什么时候会用到这个内容"，当学生认为所学内容对自己有意义时，就更有可能持久地存储该内容。另一方面，学生需要基于已有经验理解所学内容，将当前信息与已有知识结构建立联系，只有这样才能提高长期存储信息的可能性。如果学生认为工作记忆中的内容无法理解，也对自己没有意义，那么这个内容很难被长期存储下来。

促进精细复述的教学策略

● **自我解释**。学生用自己的语言对所学内容进行解释和重新组织，以建立更多、更有效的在记忆中存储和提取信息的线索。

● **提问**。一方面，学生基于所学内容提出自己的问题，进一步厘清概念和各内容之间的关系；另一方面，学生阅读所学内容，对之后教师可能提出的问题进行预设，从而将注意集中于新内容，并促进知识的迁移与应用。

● **测验游戏**。设计一些测验游戏或其他活动，让学生可以互相检查对所学内容的掌握情况，在测验游戏或活动中，促进复述和进一步理解。

● **总结**。学生对所学的重要内容进行反思和总结，再一次回顾对所学内容的理

> 解和意义。虽然总结通常是最后的阶段（也可以安排在课堂中的任何时候），却是最关键的阶段。

那么，如何得知哪些内容被学生保存在长时记忆中，哪些被遗忘呢？研究者探究了学习保持的效果发现，70%~90%的新内容在课后的18~24h内就会被遗忘，如果新内容在这个时间内发生了由工作记忆到长时记忆的加工和转变，那就可能被保存在长时记忆中，不会发生遗忘。[1]因此，教师可以在学生学习后的24h以后（也就是第二天）进行测试，有针对性地检查应该被记忆的学习内容。需要注意的是，这个检查应该是突击性的，事先不能通知学生，否则学生可能预先复习，从而使检查得到的是工作记忆中存储的信息，而不是长时记忆中提取、回忆的信息。教师可以跟学生说明，突击检查的目的是帮助学生了解其对所学内容的保持情况，并且教师应根据对检查结果的分析，进行教学决策，如重新讲解或练习某一学习内容。

2.4.4 调动积极情绪

情绪信息享有脑的优先加工权，杏仁核唤醒越强烈，记忆的痕迹也就越深。因此，与学习内容建立情绪联系是建构学习意义的首要途径。[2]不同的情绪状态可能会对学生产生不同的影响，如积极情绪能够刺激杏仁核向相应脑区发出增强记忆的信号，促进相关学习内容的记忆，使这些内容在以后更容易被回忆起来，并让学生渴望学得更多；而消极情绪或许会巩固学习内容，也可能会完全抑制记忆的提取，当类似的信息再次进入工作记忆时，学生就会产生相应的消极情绪，影响信息加工与处理。

建构学习情绪意义的教学策略

- 通过参与使学生建立与所学内容相关的情绪联结。例如教师可以让学生撰写一篇研究报告，调查一个化学现象的发生和原理；或是让学生编写、表演一个有关语文课文的戏剧；或是设计一个符合要求的物理模型等。学生的参与能够加深其对学习内容的理解和情绪的投入，与学习内容和学习结果的情绪联结也会更加紧密。
- 设计并让学生解决开放性问题。通过作品集、项目和小组活动等任务，使学生能够努力理解任务的目标与定义，并在解决问题过程中应用相关知识，体验过程中的情绪变化，如犯错和纠正时产生的情绪，从而促进其情绪的发展。

---

[1] 苏泽.脑与学习[M]."认知神经科学与学习"国家重点实验室，脑与教育应用研究中心，译.北京：中国轻工业出版社，2005：56-57.
[2] 李金钊.基于脑的课堂教学[M].上海：华东师范大学出版社，2012：42-43.

需要注意的是，学生只有在感受到身体安全和情绪安定的情况下，才有可能将注意集中于学习和认知上。如果大脑处于应激、威胁等的影响下，消极情绪会影响海马的信息加工，使得学生的认知功能和长时记忆受到阻碍，也会减少通向丘脑的信息流量和流向主管判断与决策的前额叶皮质的血量等，降低其思维、问题解决和模式识别等能力，严重影响学习。

因此，教师应尽可能地使学生远离焦虑、恐惧和愤怒等消极情绪，努力为学生创造积极情绪发生的条件。令学生感到身心安全的学习环境最容易促进积极情绪的产生，途径包括创建良好的师生关系、提供成功的学习体验、提升学生的自我效能感等，也要注意可能产生消极情绪的因素，包括睡眠不足、在学习中受到挫折、不良的人际关系等。

促进积极情绪的教学策略

- 在开始学习前，唤起学生过去成功的体验，使学生处于一个良好的情绪状态中。
- 创设新颖的问题情境，激发学生好奇心，吸引学生的注意，激发其学习兴趣。
- 为学生创建具有适度挑战性的学习任务。这种任务虽然有一定难度，但是学生经过个人努力就能够完成，能够极大地调动积极情绪，有助于开发学生的学习潜能。
- 尊重学生的观点，让学生有安全感，创设使学生乐于参与的课堂氛围。例如为学生的错误答案提供一个相对应的问题，如"如果我问这个问题的话……你的答案在这个情况下就是正确的"；给学生提供与正确答案相关的提示；请其他学生给予帮助。
- 设定一些课堂庆祝、鼓励仪式，如特定的音乐、鼓掌或奖励等。
- 避免对学生不必要的指责。
- 善于利用积极情绪的感染效应。以积极乐观的生活状态、对工作的热情和对学生的热爱影响学生，使学生感受到积极的内在力量，并展现对学生积极的期望。

2.5 脑科学与学习的发展趋势

20世纪90年代以来，脑科学研究不断深入，脑与认知科学的研究技术与方法高速发展，人们对脑的研究逐步从"黑匣子"式的研究发展到对脑的生理机制进行深入研究。脑科学与教育的关系也逐渐引起了各国科研界、教育界及大众的重视，例如1999年，经济合作与发展组织的教育研究与创新中心（OECD-CERI）发起了"学习科学和脑的研究"项目，以增强教育与脑科学研究人员的交流。随着科学技术的进步，功能性磁共振成像和脑电图等先进影像技术，可以在对人体无创伤的前提下获得全脑的功能结构、时间和空间变化等信息，这些先进影像技术的发展进一步促进了脑与教育的联结，基于生物数据识别、分析和处理的教育研究应运而生，脑电波及信号处理已经成为学习科学与脑科学的重要研究方向。[1]研究者可以通过生物数据，了解脑的信息处理、神经递质和神经网络功能，更动态、全面、深入地认识学习者的学习过程、学习机制、学习规律和能力发展等，为更科学的教育教学实践提供重要指导。

基于对国外六大学习科学中心和国内学习科学实证研究的分析，关于人脑学习的生理机制的研究是目前学习科学研究的重要主题。[2][3]从2000年年初开始，有关脑的关键词就开始出现，而且发展迅速。近年来，关于脑与学习的研究与很多现实中的教育问题紧密联结，主要涉及五类研究：①**基础认知能力脑机制的发现与模拟**，包括对记忆、空间等能力脑机制的探讨，以及采用实验和计算机建模的方法模拟人脑，以理解学习行为；②**脑和语言习得研究**，包括语言认知和阅读理解的神经机制、脑损伤儿童语言发展、大脑语言功能可塑性等；③**脑与数学认知研究**，包括数字表征、语义理解和数学障碍的神经机制与有效干预方法等；④**脑与高阶思维能力研究**，包括问题解决能力、创造力等高阶思维能力的神经机制和影响机制；⑤**脑发育的可塑性研究**，主要关注大脑发育和脑健康。

当然，随着神经影像技术的不断发展，将会有更多的脑科学测量方法被应用到教育研究中来，如单光子发射计算机体层摄影（SPECT）、正电子发射断层成像和功能性近红外光谱技术等，为已有假设或框架以及新的发现提供神经证据。在研究内容方面，人脑认知与学习过程的处理机制以及影响因素将仍然受到关注；而基于已有理论可以发现，研究者也将探索不同的训练方式、干预措施或干预工具对认知能力和人脑发展的影响，以期在基础神经机制与创新教学手段之间建立联结，促进脑科学研究有效地迁移和应用到教学中。

2.6　本章结语

非侵入性脑成像技术的发展使我们可以直接观察到学习在人脑中是如何发生的，从

---

[1] 周加仙. 教育神经科学的领域建构[J]. 华东师范大学学报（教育科学版），2009，27（3）：69-74.
[2] 夏琪，马斯婕，尚俊杰. 学习科学未来发展趋势——基于对美国六大学习科学中心的分析[J]. 现代教育技术，2019，29（10）：5-11.
[3] 尚俊杰，王钰茹，何奕霖. 探索学习的奥秘：我国近五年学习科学实证研究[J]. 华东师范大学学报（教育科学版），2020，38（9）：162-178.

而使脑科学能够进一步探索学习背后的脑机制，推动了相关研究的飞速发展。脑科学在理解大脑发展和学习机制方面实现了突破，对教育和学习科学具有重要意义，例如：能够提供新的教育发现，促进教育革新；为应对许多挑战提供新的视角；对已有的教育观点或实践方法提供科学证据或驳斥；衍生出新的教育问题等。

脑科学研究已经证明，大脑具有可塑性，并且这种可塑性在人的一生发展中都存在。学习过程一直以来都伴随着大脑结构的改变，包括建立与强化某些神经连接、削弱或消除其他一些神经连接，影响着大脑的发展与成熟。特定任务的学习与特定脑区的改变相联系。因此，学习和关注脑科学知识有助于教师设身处地理解学生，了解大脑是如何对不同的学习活动做出反应的，以及相关原因，从而更有效地确定相应的干预机制和相关问题的解决方法。

此外，探索学习背后的脑机制，有助于帮助教师注意、区分和澄清许多对大脑错误的认识和观念，这些认识和观念也被称为"神经迷思"（Neuromyths），避免被误导。这些认识和观念往往来自一些对科学研究结果的不完整的要素提取，或是过度推测与错误解读。例如你是否听说过"人仅仅可以利用10%的大脑"这个说法？实际上，这是一个错误说法，起源于早期的脑科学发现，当时认为大部分大脑皮质是由静区（Silent Area）组成的，不被感觉或运动神经活动激活。有研究结果表明，实际上，人们利用这些静区实现高级认知功能的调节，由于这些功能不与感觉或运动神经活动直接连接，所以不被直接激活。类似的神经神话还有"男性脑与女性脑不同""大脑存在关键期，必须在某个时间段内学习某些内容，否则其他时间段再也无法学习这些内容"等。

脑科学研究正在不断产生许多有价值的、对学习的新认识和知识，对"人是如何学习的"这一问题提供更多的科学解释。教师应重视脑科学的相关进展与发现，同时在了解脑科学知识的过程中，思考如何将相关知识和研究成果应用于教育实践中，以及以何种形式融入教育实践中。脑科学一方面促进我们更加科学地认识和理解学习，另一方面则促进我们更加科学地设计教育教学实践。

拓展阅读

[1] 苏泽. 脑与学习[M]. "认知神经科学与学习"国家重点实验室，脑与教育应用研究中心，译. 北京：中国轻工业出版社，2005.

[2] 苏泽，等. 教育与脑神经科学[M]. 方彤，黄欢，王东杰，译. 上海：华东师范大学出版社，2013.

[3] 经济合作与发展组织. 理解脑：新的学习科学的诞生[M]. 2版. 周加仙，等译. 北京：教育科学出版社，2014.

[4] 贝尔，柯勒斯，帕罗蒂斯. 神经科学：探索脑[M]. 3版. 北京：高等教育出版社，

2011.

[5] 葛詹尼加. 认知神经科学：关于心智的生物学[M]. 周晓林，等译. 北京：中国轻工业出版社，2011.

[6] 周加仙. 教育神经科学的使命与未来[M]. 北京：教育科学出版社，2016.

[7] 詹森. 基于脑的学习[M]. 梁平，译. 上海：华东师范大学出版社，2007.

[8] 周新林. 教育神经科学视野中的数学教育创新[M]. 北京：教育科学出版社，2016.

[9] 裴蕾丝，尚俊杰，周新林. 基于教育神经科学的数学游戏设计研究[J]. 中国电化教育，2017，38（10）：60-69.

[10] 尚俊杰，张露. 基于认知神经科学的游戏化学习研究综述[J]. 电化教育研究，2017，38（2）：104-111.

思考题

1. 大脑的主要结构有哪些？其对应的功能是什么？

2. 如果你要识别眼前飞过的物体，请简述大脑皮层哪些区域参与了识别，以及是如何识别的。

3. 请使用信息加工模型论述学习的机制。

4. 请分析记忆的形成过程。

5. 情绪感知的两条通路和特征是什么？

6. 请简述哪些策略可以用于调动学生的积极情绪。

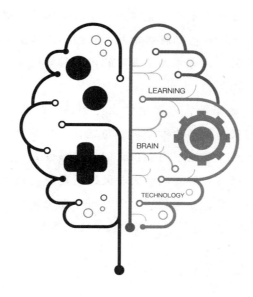

第 3 章

学习心理与科学学习

【本章导入】

　　教师在日常教学过程中时常会面临各种问题：为什么有的学生很努力，但成绩就是不高？为什么一问知识点都能答出来，但就是不会应用？为什么学生只能按照某一种方法做题，却想不到更多的方法？面对这些问题，我们该教给学生什么知识，又该怎样教授这些知识，才能够让学生掌握知识并加以应用呢？可以发现，这些问题都与学生的认知活动息息相关，如知识组织、迁移和问题解决等，这些认知活动也是学习的基础。

　　丹麦教育大学教授克努兹·伊列雷斯（Knud Illeris）将学习过程分为个体与环境的交互以及个体的获得两个过程，当我们将目光聚焦于个体的学习行为与过程时，理解个体认知的心理机制与过程就愈显重要，能够为有效教学和学习提供重要参考。因此，除了从微观神经水平上了解学习的基础脑机制外，我们还应从认知心理学的角度探索更为宏观的认知活动的心理机制。只有掌握了学习的内在科学规律，教师才能更有效地设计科学教学和促进学生的科学学习。

　　本章就从心理与认知的角度，以促进学生更加科学、高效学习为出发点，将"知识"作为线索，介绍不同认知活动的心理机制与过程。从知识的定义与类型谈起，介绍知识的表征方式与组织方式，阐述不同知识之间的迁移方式；然后过渡到知识的具体应用——问题解决，系统梳理问题解决的模式与促进问题解决的策略，以及创造性思维的培养。希望通过以上学习内容，夯实教师的学习科学理论基础，提升教师对复杂认知活动的理解，为教师进行更加高效、科学的课堂教学提供参考。

【内容导图】

本章内容导图如图3-1所示。

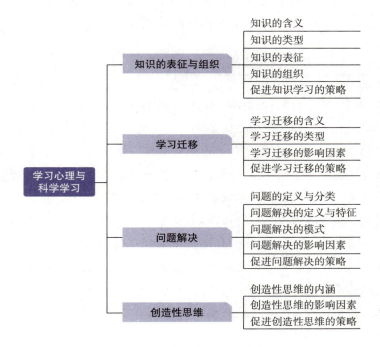

图3-1　第3章内容导图

3.1　知识的表征与组织

　　课堂教学离不开知识传授，生活实践离不开知识应用。知识是学生学习的最主要内容，不存在脱离知识的教学。知识对于我们的学习是如此重要，但你真的了解什么是知识吗？你知道知识有哪些类型吗？不同的知识在我们大脑内部又是如何表征的呢？在本节中，我们将讲授知识的含义与类型，带你了解知识在头脑中的表征方式与组织方式。相信教师在了解了知识的内涵之后，对于如何教授不同类型的知识会产生全新的理解。

3.1.1　知识的含义

　　日常生活中，通常有两种意义上的知识。一类是**个体知识**，储存于个体的大脑中，是某个个体在探索物质世界和精神世界的过程中存储的经验总和；另一类是**人类知识**，存储于书籍、计算机或其他载体中，是人类这一群体在与世界相互作用的过程中，形成的理解和经验的总和。

　　人们在很早之前就开始探究"知识"这一概念了，其中尤以从认识论的角度出发探究最为普遍。我国著名心理学家冯忠良等人认为，知识是个体在与环境相互作用后获得的信息及其组织。他们提出，知识的实质是客观事物特征与联系在人脑中的主观表征。陈琦等人将知识定义为人对事物属性与联系的能动的反映，认为知识是通过人与客观事物的相互作用而形成的。尽管对知识的概念目前并未形成统一的说法，但从相关的研究中我们可以概括出，知识是客观事物在人脑中的主观表征。

> **数据、信息与知识**
>
> 在日常学习中，我们经常会碰到几个概念——数据（Data）、信息（Information）和知识（Knowledge），那么它们之间是什么关系呢？
>
> 我们可以从一个例子谈起。当你看到"30度"的时候，你会想到什么？是一个30°的锐角，还是30°的气温，或者是纬度30°呢？"30度"就是**数据**，只为了表达原始的存在，是客观世界的零散的事实。那当你看到"7月2日，北京的气温是30℃"的时候，你就会明白30度的具体含义了，这就是信息。信息就是以一定语义规则排列和处理的数据，需要对数据赋予某种意义和关联。最后，当人们不断留意观察每一天的气温变化时就会发现，7月的温度比1月的温度高，据此总结出规律——夏天温度高，冬天温度低，这就是知识。知识就是经过个体知识建构并赋予意义的信息，需要对信息进行归纳和提炼。

3.1.2 知识的类型

学海无涯，我们都知道知识是无限的。但是，根据一定的标准，我们可以将知识分为几种不同的类型，如：根据知识的状态和表述方式，可以分为陈述性知识（Declarative Knowledge）和程序性知识（Procedural Knowledge）；根据知识与语言的关系，可以分为显性知识（Explicit Knowledge）和隐性知识（Implicit Knowledge）；根据知识的反映深度，可以分为感性知识和理性知识；根据知识的抽象水平，可以分为具体知识和抽象知识；等等。本节主要介绍前两种分类。

1. 陈述性知识和程序性知识

陈述性知识（Declarative Knowledge）和程序性知识的概念由美国认知心理学家安德森（Anderson）于1983年提出。

陈述性知识也称"描述性知识"，是用来描述事物的事实、概念、特性、规则、原理等方面的静态知识，通常**能够用语言直接陈述出来**。简单来说，它是有关"是什

○ 冯忠良，等. 教育心理学 [M]. 3版. 北京：人民教育出版社，2015：301.
○ 陈琦，刘儒德. 教育心理学 [M]. 北京：高等教育出版社，2005：166.

么""为什么"的知识，如课堂教学中，教师教给学生"apple"这个英文单词、"三角形内角和等于180°"、"石蕊试液遇酸显红色，遇碱显蓝色"，这些都属于陈述性知识。陈述性知识通常很快就能够学会，但也很容易被遗忘。

程序性知识也称"操作性知识"，是用来描述完成某项活动、某种操作的具体过程和步骤的动态知识，**不太容易用语言清晰地表述出来**，通常与具体情境相关。简单来说，它是有关"怎么做"的知识。例如小明会骑自行车，他很容易从家骑车到学校，但却很难描述出如何进行每一个动作。相较于陈述性知识，程序性知识通常学得较慢，需要大量的练习才能熟练掌握。

陈述性知识与程序性知识虽在表现形式和基本结构上有所不同，但在实际的学习和实践活动中却存在一定的联系。学生的学习通常从陈述性知识开始，掌握陈述性知识是学习程序性知识的前提，程序性知识则是陈述性知识的应用；对陈述性知识掌握得越牢固，越有助于程序性知识的学习，程序性知识的掌握也会对掌握新的陈述性知识有所帮助。

陈述性知识的记忆策略

你在生活中有没有遇到这样的状况：别人念出一长串的数字，你手忙脚乱地找纸和笔想要记录下来，但是等找到的时候已经把那串数字忘得一干二净了。对于这种类型的陈述性知识，我们就可以采用"详细阐释"的记忆策略。

所谓的详细阐释记忆策略，指的就是将新知识与已有知识关联起来，从而促进记忆。如现在你需要记忆这样的一串数字——"15074664202101"，就可以运用你已有的信息来详细阐释："今天是15号，星期日（07），46和64正好是颠倒的数字，2021代表年份，01代表1月"。通过这种阐释，一串看起来毫不相干的数字就有了意义，也能帮助我们更长远地记忆。

2. 显性知识和隐性知识

显性知识和隐性知识的概念由英国物理化学家、思想家波兰尼（Polanyi）于1958年提出。显性知识也称"明确知识"（Articulate Knowledge）[1]，是指能够用文字、图表和数学公式描述的知识；显性知识通常能够通过口头语言、图书、计算机等方式呈现。例如小松在物理课本上读到"牛顿第一定律"的文字介绍和图片解释，这就是显性知识。

隐性知识也称"缄默知识"，是指难以或尚未用文字、图表和数学公式描述的知

---

[1] 陈琦，刘儒德. 教育心理学 [M]. 北京：高等教育出版社，2005：166.

识，或是难以言传的知识。例如我们很容易在一群人中认出某个朋友、找到他/她的脸，但却难以描述我们是怎样认出、找到他/她的。隐性知识通常与具体的问题或任务情境相联系，难以通过正规的形式传递和分享。⊖

隐性知识虽然"不外显"，但在知识传授和问题解决中却发挥着很大的作用、占据很大的比例，近些年来其重要性逐渐凸显。日本知识管理专家野中郁次郎（Ikujiro Nonaka）等人在1995年提出了知识转换矩阵，描述了显性知识和隐性知识之间的转换关系，见表3-1。

表3-1 知识转换矩阵

	隐性知识	显性知识
隐性知识	社会化（Socialization）	外化（Externalization）
显性知识	内化（Internalization）	综合化（Combination）

社会化是指通过共享个人经验和经历等隐性知识，让其他人产生新的隐性知识，这之中存在想法和感受的传递，是一种"意会"的过程，主要通过观察、模仿和亲身实践等形式来实现。例如教师示范如何捏泥人，学生通过模仿和自己探索得以学会这一技艺，就是社会化的过程。

外化是指将隐性知识以他人能够理解的方式表示出来，产生新的显性知识，可以通过类比、隐喻、假设、倾听和深度会谈等形式实现，如通过不断发问，教师引导学生一步步深度挖掘解答实际问题的过程，直至学生能使用通俗易懂的语言将其描述出来，这就是外化的过程。

内化是指通过具体的操作和行为，将显性知识转变为隐性知识，是让知识得以学以致用、变为实际能力的过程，如学生在学习传播学相关理论后，将其应用到人物采访、新闻撰写的任务中，并自己创造出新的隐性知识，这就是内化的体现。

综合化是指将显性知识进一步整合，形成更加系统、复杂的显性知识体系，可以通过传播、编辑、系统化等操作实现。例如学生在学习了函数、导数等定义和原理后，通过思维导图、章节整理等方式，形成更加复杂、全面的高等数学知识网络，这就是综合化的过程。

3.1.3 知识的表征

知识可分为人类知识和个体知识，其中个体知识主要存储于每个人的大脑中。那么，这些知识在人们的头脑中是如何表征的呢？

⊖ 石中英. 缄默知识与教学改革 [J]. 北京师范大学学报（人文社会科学版），2011，165（3）：101-108.

知识在大脑中是相互联系的，它们按照一定的结构加以组织，形成了一定的认知结构，这就是知识的表征（Knowledge Representation）。知识在头脑中的表征形式主要有概念、命题、表象、图式和产生式五种。

1. 概念

概念（Concept）指的是事物的基本属性和基本特征，是一种相对比较简单的知识表征形式，如"鹦鹉"就是概念，它可能包含很多特征，如"会飞""会呼吸""属于鸟类"等。

多个概念可以组成语义网络（Semantic Network），这个概念是由美国心理学家柯林斯（Collins）和奎廉（Quillian）提出的。图3-2展示了一个语义网络。[1]他们认为，人们在网络结构中存储各种类别的信息，形成一个层次结构，类别的属性与之关联，较大层级的类的属性也适用于较小层级，如鸟类的特征"有羽毛"就适用于金丝雀这一较小层级的概念。

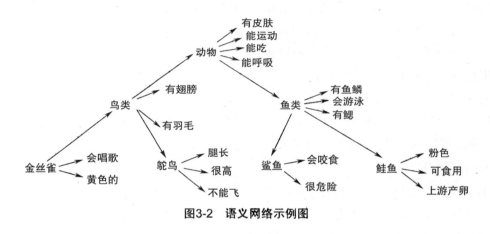

图3-2 语义网络示例图

2. 命题

命题（Proposition）是意义或观念的最小单位，用于表述一个事实或描述一个状态，通常由一个关系和一个以上的论题组成。例如"小明在玩游戏"，其中"小明"和"游戏"就都是论题，而"在玩"则是关系。

命题通常用句子来表示，但是命题不等同于句子，一个句子可能包含多个命题。例如"我们快乐地过春节"，这句话就包含了三个基本命题："我们过节"，"过节是快乐的"，"节日是春节"。这三个基本命题是有关系的，它们组成了一个**命题网络**（Propositional Network）。

命题是用句子来表示的，但是在我们的头脑中并不是用确切的句子来记忆的，而是

---

[1] ANDERSON J R. Cognitive psychology and its implications [M]. 6th ed. New York: Worth Publishers，2005：111.

以句子的含义（也就是命题）来记忆的。例如我们在头脑中并不会记住"苹果是一种水果"，而是会记住这些论题和关系，如图3-3所示。

图3-3　句子与命题

3. 表象

表象（Image）是我们头脑中形成的与现实世界的情境相类似的心理图像。例如当我们看到"小狗在公园里玩耍"，脑海中会浮现出一只小狗在公园里玩耍的画面，这就是表象。

当然，对于"小狗在公园里玩耍"这一命题，我们可以用表象和命题两种方式进行表征。用表象表征时，我们不仅会得到"小狗""公园""玩耍"这些信息，还可能获得位置、颜色等其他信息。通常，命题表征的是事物的抽象意义；表象表征的则是事物的模拟特征，是我们没有看到事物时，大脑中出现的关于事物的形象。

4. 图式

图式（Schema）是有组织的知识结构，通常用多个概念、命题和表象来表示一个综合的主题。图式不仅是命题表征的扩展，也包括了对事物知觉规律的编码，表征了特殊事物间的共同点。

例如我们在谈到"家"的时候，脑海中会浮现厨房、卧室、洗手间、书房、沙发等表象，这就是知觉特征的体现；另外，我们也会想到亲子活动等，这包括了"家"是培养亲子关系的抽象特征。这两个方面一起，构成了我们对"家"的表征印象。

图式可能有很多类型，如物体图式、事件图式和动作图式，这些图式对于学习而言非常重要。学习者在学习了某个图式之后，在之后的学习过程中可以激活并应用这个图式，以此对新知识进行理解和归类。

5. 产生式

产生式指的是条件和动作（规则）的配对，也就是有关"如果满足某个条件，那么就会进行某个动作/步骤"的知识。产生式表征了所有进行的活动及其产生条件，通常用于程序性知识的表征，如图3-4所示的加法规则就是一个产生式。类似的程序性知识通常存在三个阶段——认知、联结和自动化。在认知阶段，我们需要回忆要遵循的规则；在联结阶段，我们会练习使用这种规则；而在自动化阶段，我们会综合协调自动使用这些规则。简单来说，就是一个"熟能生巧"的过程。

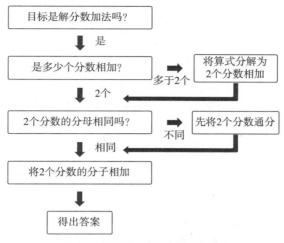

图3-4 分数加法的产生式规则

3.1.4 知识的组织

你有没有想过,同一种知识在新手与专家的眼里是否会存在不同?事实上,新手与专家之间的差异不局限于知识的数量方面,二者的知识组织方式也截然不同。

相同的知识,可能会有不同的知识组织形式。图3-5展示了不同人的已有知识之间由不同的联系所构成的知识组织结构。其中,各节点表示不同的知识点,连线代表知识点之间的联系。

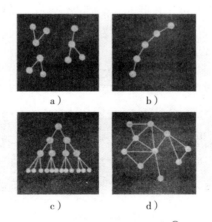

图3-5 不同知识组织结构[⊖]

图3-5a中,各知识点之间比较分散,这代表着学生仅存储较为独立的知识点,而未

⊖ ANDERSON J R, BRADSHAW G L. Elaborative encoding as an explanation of levels of processing [J]. Journal of Verbal Learning & Verbal Behavior, 1982, 21 (2): 165-174.

意识到它们之间的联系。这样的知识组织结构缺乏紧密联系，学生提取知识时速度会较慢，难度也会较大，○○这就能够解释为什么同样一个知识点，有的人需要回忆很久才能想起。

图3-5b中，各知识点呈线性排列并连接起来，形成链条状，但其之间的联系还是比较少的。这种结构能够让我们按照顺序提取信息，如对某个程序步骤的提取，但是如果链条中的某段联系被破坏，或者需要调整其中某一顺序时，则会产生信息提取困难。○如果想要交叉使用各知识点，提取的速度也会很慢，花费的时间会很长。

相比于图3-5a和图3-5b来说，图3-5c和图3-5d中各知识点之间的联系较多。图3-5c中知识形成了层级结构，展现了各知识点之间的复杂关系，但是我们日常生活中很多信息之间联系错综复杂，并不是也不能表征为结构清晰的层级结构，于是出现了图3-5d这样更为复杂的结构。图3-5d是一种更为紧密的非层级结构，展现了知识之间的交叉关联，这种结构提升了提取和运用知识的速度。

在上面提及的这四种知识组织结构里，图3-5a和图3-5b是典型的新手知识组织形式，而图3-5c和图3-5d往往是专家所具有的。对于新手来说，他们仅仅获得了一些孤立的事实或知识；而对于专家来说，他们不仅具有深厚的知识，也有着更为复杂的知识组织形式。[四]

新手和专家在知识组织结构上主要存在以下两方面的差异。一方面，在知识的关联程度上，新手的知识之间比较独立或分散，知识之间的关联程度低；而专家的知识之间则紧密联系，知识之间的关联程度高。另一方面，在知识的联系深度上，新手的知识之间联系深度较浅，尽管知识之间存在联系，但通常是无意义或比较表层的关联；但专家的知识之间不仅存在联系，而且通常为有意义的关联。

国际象棋大师的例子

荷兰心理学家和国际象棋大师、被誉为象棋心理学之父的德格鲁特（DeGroot）在1965年和1966年对国际象棋大师和新手的研究中发现，国际象棋大师与新手在下棋之前考虑的棋步相同，但国际象棋大师在5s的思考内就能重建出20多个棋子的位置，而新手一般只能重建4~5个棋子的位置。有意思的是，如果让他们去

○ REDER L M, ANDERSON J R. A partial resolution of the paradox of interference: the role of integrating knowledge [J]. Cognitive Psychology, 1980, 12（4）: 447-472.
○ SMITH E E, ADAMS N, SCHORR D. Fact retrieval and the paradox of interference [J]. Cognitive Psychology, 1978, 10（4）: 438-464.
○ CATRAMBONE R. Aiding subgoal learning: effects on transfer [J]. Journal of Educational Psychology, 1995, 87（1）: 5-17.
四 布兰斯福特，等. 人是如何学习的：扩展版 [M]. 程可拉，孙亚玲，王旭卿，译. 上海：华东师范大学出版社，2012: 27.

> 看一个随机摆放的棋局，国际象棋大师和新手都只能复原2~3个棋子，没有差异。也就是说，国际象棋大师记住的并不是单个片段，而是其中的模式。美国认知科学家蔡斯（Chase）和西蒙（Simon）在对国际象棋大师和新手的研究中发现，在复盘时，国际象棋大师的棋子有一半都是棋子链，这表明相较于新手分散、片段的记忆，专家对知识进行了有意义的组块和记忆，因而能够快速且熟练地提取和应用领域知识。

3.1.5 促进知识学习的策略

在前几个小节里，我们了解了知识的含义与类型，以及知识的表征和组织方式。那么，在实际的教学过程中，我们应当如何巧妙地运用这些理论、应用什么策略来促进学生的知识学习呢？在这里我们列出几种促进知识学习的策略。

1. 针对知识类型，决定教学重点要点

知识可以分为陈述性知识和程序性知识。陈述性知识往往是事实、定义、原理等，倾向于"是什么""为什么"；程序性知识则是具体的操作过程和步骤，倾向于"怎么办""如何做"。针对不同的知识类型，我们在教学中关注的侧重点应该有所差异。例如在陈述性知识的教学中，我们就应该多关注学生对知识的理解过程，帮助学生领悟新旧知识之间的内部联系；而在程序性知识的教学中，我们则应该促进"自动化"的过程，提示学生充分练习从而形成熟练的技能。

2. 结合具体情境，丰富知识表征方式

知识在大脑中有多种表征方式，如概念、命题、表象、图式、产生式。运用多种表征方式来存储同样的一种知识，可以提升学生的理解水平和运用能力。例如在英语学科中，很多学生在背单词的时候都有这样一个问题——无法将单词的意义与符号联结起来，这就造成了快速的遗忘。这是因为他们只是重复背诵语言符号，却没有建立符号与概念之间的联系。我们可以引导学生在单词与真实物体之间建立直接联系，如"read book"可以让学生阅读一本书，在这个过程中促进学生对"阅读"和"书"这两个概念形成图式，帮助学生更好地理解知识内容。

3. 利用结构联系，形成专家知识组织方式

知识的广度和联系的密度影响了专家对学科的理解深度，使他们在面对问题时毫不费力地提取重要知识内容、在面对新情境时灵活自如地寻找解决方法。因此，在教学的过程中，我们要注意让学生养成类似于专家的知识组织方式，建立知识组织结构中的关

ANDERSON J R. Cognitive psychology and its implications [M]. 6th ed. New York: Worth Publishers, 2005: 223.

联，推进学生由新手向专家的跃迁。

教师可以为学生提供适合新知识的组织结构，巧妙地运用"先行组织者"策略，建立复杂知识之间的联系，提升学习效果；教师还可以利用概念图、思维导图、大纲、模板等可视化的知识组织形式，帮助学生识别知识组织的核心原理和关键特征，重组和完善知识组织结构。另外，**教师还可以应用刻意练习和提供对比案例或特殊案例，促进知识重组**。刻意练习指将某个具体的困难或重要的内容抽出来单独练习，进而显著提升整体水平，如钢琴家将一首曲子中出错率最高的一段单独选出来反复练习。对比案例一般具有相似或共同特征，但关键特征存在本质区别。特殊案例一般来说具有典型性和代表性，可能是容易出错的案例或较少被关注到的案例。通过这两类案例，学生更加清晰地梳理知识特征，并在此过程中发生知识重组。

先行组织者

"先行组织者"这一概念是由美国著名心理学家戴维·保罗·奥苏贝尔（David Paul Ausubel）提出的。他认为，学生能否掌握新知识，取决于他认知结构中已有的相关概念，两者相互影响导致意义学习的发生。因此，如果要实现新知识的学习，首先要加强学生认知结构中与新知识相关的已有知识。也就是说，教师在向学生讲授新知识之前，应该先给学生提供一些与教学内容相关的引导性材料，在已有知识和新学习的知识之间架起桥梁，让学生得以同化新的知识。这种引导性材料就是"先行组织者"。

有研究发现，如果教师能为学生提供组织新知识的结构，学生就能够学得更多、更好。美国实验心理学家鲍尔（Bower）等的研究发现，当学生学习一长串项目（各类矿物）时，如果给学生提供适当的分类信息，按照层级结构将学习内容组织起来（例如金属和非金属作为两大类，并且在每大类下面有若干子类），学生的学习成绩会提升60%~350%。无论先行组织者是以文字、口头还是图像形式呈现，只要它提供给学生熟悉的知识组织结构，就能够提高学生的理解和记忆水平。

○ 李明远，刘文俊. "先行组织者"类型及其教学运用[J]. 教育科学论坛，2013（3）：49-50.
○ BOWER G H, CLARK M C, LESGOLD A M, et al. Hierarchical retrieval schemes in recall of categorized word lists [J]. Journal of Verbal Learning & Verbal Behavior, 1969, 8（3）: 323-343.

3.2 学习迁移

如果仅仅习得知识却不能够灵活应用,那么即使所得知识的体量足够大,也很难发挥它们的价值。那么,我们应该如何从知识的"死记硬背"到"活学活用"呢?这就涉及本节的内容——学习迁移(Learning Transfer)。学习迁移是教与学过程中的重要内容,也是验证学生是否"激活"所学知识技能的方式之一。只有学会"迁移",才能将"死"的知识变为"活"的。本节就从学习迁移的定义讲起,阐述学习迁移的类型和影响学习迁移的因素,分析促进学习迁移的相关教学策略。

3.2.1 学习迁移的含义

除了反复训练和应用外,"举一反三""触类旁通"的能力同样重要,这在一定程度上就是迁移能力的体现。**学习迁移就是指过去的学习经验对现在的学习过程的影响,或者是现在的学习对将来的学习的影响。**○

学习迁移广泛地存在于知识、技能、态度和行为规范的学习中,任何一种学习都要受到学生已有知识经验、技能、态度等的影响。可以说,只要有学习,就有迁移。因此,在学习过程中,学生的学习迁移能力是非常重要的能力,而培养学生的学习迁移能力是课堂教学中极其关键的环节,了解学习迁移的相关理论对于教学设计有重要的作用。

3.2.2 学习迁移的类型

和知识一样,学习迁移也有很多种类。如根据迁移的性质或影响效果,可以分为正迁移、负迁移和中性迁移;根据迁移内容的不同抽象和概括水平,可以分为水平迁移和垂直迁移;根据迁移的时间顺序,可以分为顺向迁移和逆向迁移;根据迁移的范围,可以分为自迁移、近迁移和远迁移;根据迁移产生的内容或方式,可以分为一般迁移和特殊迁移。

1. 正迁移、负迁移和中性迁移

正迁移(Positive Transfer)是指已有学习经验对新的学习过程的积极影响,包括已有学习经验在新的学习过程中创造了积极的情绪、提高了学习的效率或减少了所需的学习时间、扩展了学习的深度等。如在学习平面几何之后再学习立体几何,平面几何对于立体几何存在促进作用。

负迁移(Negative Transfer)是指已有学习经验对新的学习过程的消极影响,如干扰、阻碍了新知识的正确掌握,从而出现混淆或错误。一般来说,当已有学习经验和当

○ 王文静. 促进学习迁移的策略研究 [J]. 教育科学, 2004, 20(2): 26-29.

前学习知识之间的刺激越相同、反应越不同时，学生越容易混淆，负迁移产生的可能性越大。例如学生在学完公式$m(a+b)=ma+mb$之后，错误地得到$\lg(a+b)=\lg a+\lg b$，实际上$\lg(ab)=\lg a+\lg b$。这就是由于学生受到了已有学习经验的干扰，导致新的学习过程中出现错误，属于负迁移。

中性迁移（Neutral Transfer）也叫零迁移，是指已有学习经验和当前的学习内容之间不存在相关关系。

2. 水平迁移和垂直迁移

水平迁移也称为横向迁移，是指处于同一抽象和概括水平的知识和经验之间的迁移。如直角、钝角、锐角、平角这几个概念处于同一抽象和概括水平，就是水平迁移，如图3-6所示。

垂直迁移也称为纵向迁移，是指不同抽象和概括水平的知识和经验之间的迁移，通常可以分为自上而下的迁移和自下而上的迁移。如学生掌握"角"的知识有助于学习"锐角"的知识就属于自上而下的迁移，反过来就属于自下而上的迁移，如图3-6所示。

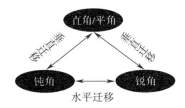

图3-6 水平迁移与垂直迁移示例

3. 顺向迁移和逆向迁移

顺向迁移（Forward Transfer）是指已有知识对后来学习的影响，学生利用已有的知识技能去解决新的问题，如先前数学课上学习平方的计算，有助于学生后期学习勾股定理。

逆向迁移（Backward Transfer）是指后来学习过程对已有知识的影响，学生发现已有知识、技能不足以解决新问题，需要对已有知识、技能加以补充、优化、重组或重构。如学生先前学习到碳的晶体是原子晶体，但是现在了解到一个特殊的例子——C_{60}（分子晶体），这就会促使学生对碳的晶体类型产生新的理解。

4. 自迁移、近迁移和远迁移

自迁移（Self Transfer）是指原学习情境与迁移情境相同，如教师在教会学生游泳后，学生自己去游泳馆练习，这次游泳是相同的情境，属于自迁移。

近迁移（Near Transfer）是指原学习情境与迁移情境相似，个体将所学经验迁移到新的情境中，如学生在学习法语后，将其学习方法应用至西班牙语学习中，西班牙语是一门新的语言，但与法语的语系相近、语音相似，是一种近迁移。

远迁移（Far Transfer）是指原学习情境和迁移情境不相似，个体将所学经验迁移到新的情境中，如学生将数学课上学习的立体几何知识应用于化学晶体结构的学习上，这就是一种远迁移。

5. 一般迁移和特殊迁移

一般迁移（General Transfer）也叫普遍迁移，是指某一内容的学习虽然不直接对另一内容的学习产生影响，但是可能影响态度、动机、注意力、思维能力，或者学习准备活动、学习方法、学习原理、学习策略等因素，如玩拼字游戏有助于激发学生学习语言的动机，使其对学习新的语言产生更浓厚的兴趣。

特殊迁移（Special Transfer）也叫具体迁移，是指某一内容的学习直接对另一内容的学习产生影响，如西班牙语的学习有助于学生的法语学习。

3.2.3 学习迁移的影响因素

学生原有的认知结构、心向/定式、学习内容之间的相似性等，均会对迁移过程产生影响，下面对影响迁移的主要因素进行阐述。

1. 学生原有的认知结构

学生是否拥有相应的背景知识是迁移产生的基本前提，已有的背景知识越丰富，越有利于新知识的学习或新任务的解决，迁移就越容易产生。学生原有认知结构的概括水平越高，迁移就越容易产生。学生对早期学习的正确理解，对于新学习的影响将是积极正向的。

2. 学习的心向/定式

心向与定式通常是指同一种现象，即学生受到先前学习或已有经验影响所形成的一种倾向性的、往往无意识的心理准备状态。 心向/定式对迁移具有双重作用：如果要学习的内容与先前学习的内容属于同一领域或是同类课题，那么心向/定式能够使新的学习更加容易，有助于新内容的学习；但当要学习的内容与先前学习的内容不属于同一领域或是需要灵活变通的相似课题时，心向/定式就可能干扰或阻碍新内容的学习。

3. 学习内容之间的相似性

桑代克（Thorndike）的相同要素说认为，并非所有的训练都能自动迁移，只有两种学习情境中的刺激相似且反应也相似时才产生迁移，相似的刺激和反应是相同要素。也就是说，当学习内容或学习对象之间具有相同要素，并且要求学生做出相同或相似反应时，迁移才会产生。相同因素越多、反应相似程度越高，迁移就越容易产生。但是需要注意的是，这种迁移可能是正迁移，也可能是负迁移。如果两个概念过于相似，则很有可能发生混淆不清的情况。

此外，学习情境之间的相关性、概念的关键特征、学习动机、教学方法等都有可能影响学生的学习迁移。

3.2.4 促进学习迁移的策略

在教学实践中,学生的学习迁移往往不是自然发生的,而是教师运用一系列促进迁移的策略后引发的。这些策略能够帮助学生掌握新旧知识之间的联系,从而更好地在真实情境中运用这些知识。因此,掌握促进学生学习迁移的策略显得尤为重要。

1. 建立新旧知识的有机联结

学习内容之间的相似性影响了学习迁移是否会发生。为了促进正迁移,教师在进行教学设计的时候要考虑知识之间、情境之间、活动之间的相似性,建立"过去的学习情境"和"现在的学习情境""现在的学习情境"和"未来的学习情境"之间的联结。[一]从"过去"到"现在",教师可以采取先行组织者策略、类比策略等;从"现在"到"未来",教师可以人为地为学生模拟一个真实的情境(如模拟法庭、模拟联合国),学生在该情境中解决一个真实的问题,从而在将来遇到类似情境时进行有效的迁移。

> **类比策略**
>
> 斯坦福大学教育学院院长、学习科学领域专家丹尼尔·施瓦茨(Daniel Schwartz)教授在《科学学习:斯坦福黄金学习法则》一书中指出,巧妙地运用类比策略可以促进学习者的正迁移。那么我们如何在学习情境中应用类比策略呢?该书中给出了两种具体的方法:[二]
>
> 1)在解释新的事物或者观点时,把它类比成一个人们熟悉的例子。例如科学家从太阳光芒强弱程度中得到了启发——光线照得越远,强度就会越弱;类比来看,万有引力也是这样。再例如在讲到地球结构时教师可以运用学生熟悉的桃子结构来类比,如图3-7所示,从而自然地构建新旧知识之间的桥梁。

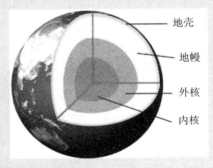

图3-7 桃子的结构类比地球的结构

[一] 王文静. 促进学习迁移的策略研究 [J]. 教学科学, 2004, 20(2): 26-29.
[二] 丹尼尔L. 施瓦茨, 杰西卡 M. 曾, 克里斯滕 P. 布莱尔. 科学学习:斯坦福黄金学习法则 [M]. 郭曼文, 译. 北京: 机械工业出版社, 2018: 3-7.

2）教师提供两个或更多的类比示例，让学生探索其中共存的深层结构。

现在请你阅读下面的两个例子，思考其中有什么规律：[注]

案例一：假设你是一名将军，你现在需要攻下敌军的一座城池。但是该城池护城河上的桥无法承受你全部的兵力，否则就会将大桥压垮。经过深思，你决定兵分几路从不同的方向进攻：一路从东面攻打侧门，一路绕后袭击敌方背后，一路则正面从桥上进攻。

案例二：假设你是一名消防员，你现在需要扑灭一场大火。如果所有的水枪都从一个方向喷水，那么水枪带来的巨大的反作用力会使消防员很难控制水枪。经过考虑，你决定让几把水枪从不同的方向喷水，保证水量的同时又不会有太大的反作用力。

通过以上两个案例，你能发现什么规律呢？别急，现在我们来看这样的一个问题情境：你是一名医生，需要对肿瘤病人进行放射治疗，但是射线在杀死癌细胞的同时，也会杀死健康细胞。你应该怎么办呢？这时，我们就可以从以上两个案例中总结规律，即我们需要先分散力量，再集中解决目标。所以，作为医生我们可以从不同的角度集中照射肿瘤细胞。

通过类比的示例，学生可以从中推理规律、结构，这种自主探究的模式能够帮助学生更好地理解知识点。

2. 避免相似概念的理解混淆

学习内容之间过于相似也会造成学习者的概念混淆，导致负迁移。作为教师，负迁移是我们尽量要避免的。对于**低年龄阶段**的学生，我们可以合理设计教学内容的逻辑顺序，尽量不要让学生同时学习两个非常相似的概念，如倍和倍数、除和除以、时和小时，这些都是小学阶段非常容易弄混的概念。教师可以确保学生先彻底掌握并能正确应用其中的一个概念，再进行另外一个概念的教学。

而对于**高年龄阶段**的学生，我们应该在教学的初始阶段就阐述清楚两个相似概念之间的区别，让学生明确两个概念在特征和关键属性等方面的差异，从而建立不同的知识提取线索，防止学生在之后的学习阶段浪费时间在概念辨析上，如经度和纬度、生长激素和生长素、反射和反射弧，等等。

3. 识别事物概念的关键特征

关键特征是指某个事物或者概念有别于其他事物或者概念的独特属性。对于学习来说，这种特征就类似于"标签"，也就是知识提取过程中搜索的"关键词"。例如当我

[注] 丹尼尔L. 施瓦茨，杰西卡 M. 曾，克里斯滕 P. 布莱尔. 科学学习 [M]. 郭曼文，译. 北京：机械工业出版社，2018：5.

们识别"高锰酸钾"这个概念的时候,它的最关键特征就是强氧化剂,据此可以引申出一些其他特征如能制取氧气等。这种关键特征能帮助学生识别这一概念与其他概念之间的不同,而且还有助于知识的日后提取,例如学生在思考强氧化剂的概念时,就会联想到高锰酸钾。

对比策略

在学习和区分事物关键特征时,教师可以让学生通过对比和比较不同的案例来挖掘其关键特征,建立案例和抽象原则的联系,从而促进知识的迁移。对比策略不仅可以促进学生识别事物的关键特征,还可以避免学生对相似概念的混淆。例如对于对比组合来说,案例应该尽量相似,从而突出事物之间的细节差异,训练学生的辨别能力。如相似的两个汉字进行对比学习(见图3-8)就是一个案例。教师还可以提供反例,用来增强学生对关键特征的理解,使学生了解哪些特征与目标概念无关。

图3-8 相似的汉字"己"和"已"

再例如在学习了空间立体图形的相关知识后,教师可以从旋转轴/对称轴、底面与侧面图形、三视图、面积与体积计算方法、侧棱数目等方面引导学生对圆柱、棱柱、圆锥、棱锥、圆台、棱台和球等空间立体几何进行全面的对比分析,从而帮助其理解每种空间立体图形的特征和属性。

4. 加强发散思维的培养训练

学生过去的心向/定式对于学习的作用是双重的。一方面,它会加快遇到相似情境或问题时的处理速度;另一方面,它也可能会阻碍学生解决新情境中的新问题,将他的思维固定在某一个区域内。为了防止这种"思维定式"现象,教师应该有意识地加强对学生发散思维的培养与训练。教师可以让学生从不同的角度思考问题,如一题多解、头脑风暴、采取不同分类方式等。

发散思维训练

现在有很多针对发散思维的练习题目。教师可以让学生思考以下三个问题,看看学生的发散思维怎么样。
　　1）如果学生需要对十二生肖归纳分类，他能想到多少种不同的分类方式？
　　2）"日"字填一笔，学生能组成多少个新的汉字？
　　3）给学生一个圆形，他能想到多少种与之相关的事物？

5. 养成反思总结的学习习惯

学生的先前知识组织对于学习迁移存在重要的影响。如果学生能够快速地在原有的认知结构中提取相似、有关联的知识组织，那学习迁移的效果就会更好。但正如我们在本书3.1.4小节中提到的，不同的知识组织结构会影响学生的记忆、提取和应用。因此，教师应该促进学生形成关联程度高的知识网络。教师可以启发学生去思考新知识与旧知识之间的关联，综合利用思维导图、结构框图等方式进行知识的总结。

3.3　问题解决

不论是试卷的题目考查，还是日常生活中遇到的大小事件，几乎都离不开一个概念——问题解决。我们学习知识、迁移与运用知识，最终的目标都是解决特定的问题——这个问题可以是求一个圆的周长，也可以是尝试完成一件作品、提出解决方案等。问题解决涉及知识的迁移与运用，在学生的学习中至关重要，这种高阶思维能力也被"21世纪技能联盟"（Partnership for 21st Century Skills）列为未来劳动者必备能力之一。那么，究竟什么是问题，什么是问题解决呢？有哪些因素会影响问题解决能力呢？在教学中，教师又应该如何培养学生的问题解决能力呢？在本节中，我们就将探讨这些问题。

3.3.1　问题的定义与分类

"问题"指的就是个体面临问题情境，却没有现成方法或不知道做这件事情需要采取的行动步骤。[1]一般来说，问题包含三个必要成分：①**初始状态**，即表示问题情境初始状态的一系列描述信息；②**目标状态**，即有关问题结果状态的描述信息；③**障碍**，即从初始状态到目标状态需要解决的各种困难。例如"求三角形的面积"的问题，初始状态就是已知三角形的一个边和对应的高，目标状态就是需要求出面积，障碍就是需要知道三角形的面积公式，并会正确应用该公式。

从不同的角度，我们可以将问题分为多种类型，如：根据问题的组织程度，可以

---

[1] 皮连生. 智育心理学 [M]. 2版. 北京：人民教育出版社，2008：239.

将问题分为结构良好问题（Well-structured question）和结构不良问题（Ill-structured question）；根据问题的领域范围，可以将问题分为常规性问题和真实性问题。

1. 结构良好问题和结构不良问题

按照问题的组织程度，可将问题分为结构良好问题（Well-Structured Question）和结构不良问题（Ill-Structured Question）两类。其中，**结构良好问题**的问题初始状态、目标状态以及解决方法都是明确的。例如让学生回答一联诗的下一句内容、求三角形的面积、求物体所受摩擦力，这些都是结构良好的问题。

结构不良问题也称劣构问题，其问题的初始状态、目标状态以及解决方法都是不明确的。例如让学生针对校园网的建设提供规划方案、概括古希腊城邦形成的历史条件、尝试分析某首诗词，这些就属于开放式问题，涉及的知识内容、解决思路和方案是不明确的、不唯一的。

陈琦和刘儒德曾经对两者进行了系统的比较，见表3-2。

表3-2　结构良好问题和结构不良问题的比较[1]

维度类别	结构良好	结构不良
问题条件/数据	全部呈现	部分呈现或冗余
答案	标准的，唯一的，确定的/封闭的	多样的/开放的或者根本没有答案
解决方案	唯一的，规定性的	多种方案
所涉及的概念、规则、原理及其组织	常规的、经过良好组织、来自结构良好领域	不明确的
学科	单一学科	跨学科
目标界定	清晰，确定	模糊，不清晰
评价标准	单一	多样化
与真实生活联系	无联系	来自真实生活情境
解决方法	熟悉的，确定的，唯一的	不熟悉的，多样化的

2. 常规性问题和真实性问题

按照问题的领域范围，可将问题分为常规性问题与真实性问题两类。其中，**常规性问题**是学生在学校经常遇到的问题，而**真实性问题**则通常为与真实生活相关的问题。例如让学生解一道数学题、推导一个物理公式等，这是学生在学习中会遇到的，属于常规性问题；而让学生结合时间、经济、距离等选取一条最优的上学路线，是真实生活中存在的问题，属于真实性问题。

---

[1] 陈琦，刘儒德. 教育心理学 [M]. 2版. 北京：高等教育出版社，2007：253.

3.3.2 问题解决的定义与特征

我们已经了解问题的定义与分类，那么什么是问题解决呢？问题解决指的就是个体面对问题情境，但没有现成方法或不知道该怎么办时，想办法去克服障碍，从初始状态到达目标状态，也就是使问题得以解决的一系列认知过程和所从事的活动。○一般来说，问题解决的结果是形成一个新的答案，即超越过去所学规则的简单应用而产生一个新的解决方案。

问题解决通常有**问题性**、**目的性**、**认知性**、**序列性**等特征。①**问题性**是指个体通常第一次遇到该问题、第一次尝试解决该问题，问题对学生是"陌生的"。例如学生第二次上手工课，在已经会剪纸的情况下要剪一个窗花，这个问题是学生熟悉的，只能称为操练和练习，不能称为问题解决。②**目的性**是指问题解决具有明确的目标，总是要达到某种特定目的，没有明确目标的心理活动不是问题解决。例如漫无目的幻想就不能称为问题解决。③**认知性**是指问题解决是通过一系列认知操作实现的，而我们日常生活中走路、穿衣服之类的活动，虽然具有目的性，但只是程序性、一步步完成的事情，没有涉及我们的认知过程，不能称为问题解决。④**序列性**是指问题解决包含分析、联想、比较、推论等一系列认知操作，简单的记忆提取等单一的认知活动不能称为问题解决。例如让学生背诵乘法表、回忆昨天发生的事情，仅是单一的回想，并没有涉及一系列认知活动，不能称为问题解决。

3.3.3 问题解决的模式

关于问题解决的模式与步骤，不同的学者提出了不同的假设，如桑代克的试误说、苛勒（Kohler）的顿悟说、杜威（Dewey）的五阶段理论等，这里我们介绍现代认知心理学中比较有影响力的、由基克（Gick）提出的问题解决模式。

美国心理学家基克认为，问题解决主要包含四个阶段。○首先，**要理解和表征问题**，即明确问题到底是什么，有哪些条件、要达到什么目标；其次，**要制订计划或寻求解答**，即分解问题并选择解决问题的策略，如算法式策略和启发式策略；再次，**要执行计划或尝试解答**，即在选定解决方案后具体实施行动；最后，**要评价结果**，即检验是否解决了问题，解答是否合理正确。

算法式策略和启发式策略

算法式（Algorithm）策略和启发式（Heuristic）策略是常见的两类寻求解答

○ 邵瑞珍.教育心理学：学与教的原理[M].上海：上海教育出版社，1983：84.
○ 贾文华.问题解决认知模式及其对学科教学的启示[J].上海教育科研，2009（1）：75-77.

的策略。

算法式策略又称为系列搜索策略，指的是为了解决某个问题，严格执行一步步的算法程序，从而解决问题。例如要计算1+2+3+…+100，只要按照加法的算法，一步步相加就可以算出来。

启发式策略又称为选择性搜索策略，指的是根据目标结果，不断地将问题的初始状态转换成与目标状态相近的状态。在这个过程中，只探索那些对解决问题有效的方法，以求得对问题的快速解决。例如要计算1+2+3+…+100，就可以转换成101×50来计算。

启发式策略有以下几种方法：①手段-目标分析法。这是指将问题分成多个子问题，然后寻找每个子问题的解决方法。②逆向反推法。从问题的目标状态逐步倒推到初始状态，如解几何证明题。③爬山法。爬山法也称为局部最优选择法，即设定一个目标，然后像爬山一样，只要遇到岔道，就选择向山上延伸的那一条，从而不断向目标前进。④类比思维法。面对一个问题情境，先寻求对一个类似问题情境的解答，从而寻找到解决方案。

3.3.4 问题解决的影响因素

有很多因素会影响问题解决过程，在本节中我们主要介绍四种因素：问题情境、功能固着、反应定式和酝酿效应。

1. 问题情境

问题情境（Problem Context）也称为"问题的刺激特点"，指的是问题情境本身对问题的难度和问题解决过程存在影响。当问题以学生比较熟悉或容易辨识的方式出现时，问题的难度就会较低，问题就较好解决。例如学生面对同一个数学问题时，倘若问题以应用题的形式呈现，学生需要阅读题干和题肢，然后提取记忆中的数学公式去解答；但如果问题以数学公式的形式呈现，学生可以直接代入数字进行计算，这是学生更加熟悉的形式，因而学生会觉得更容易解答。这从一定程度上解答了为什么学生通常在解应用题时遇到困难。

2. 功能固着

功能固着（Functional Fixedness）这一概念由德国心理学家邓克尔（Danker）提出。他认为，当一个人看到某一制品有通常的用途后，就很难再想起它的其他用途。例如我们看到粉笔时，通常想到粉笔是教师用来写板书的，很少想到粉笔也能用作化学实验材料，这就是粉笔的常用功能阻碍了我们对其他功能的探索和想象。

💡 **如何将蜡烛像壁灯一样立在墙上**

如图3-9所示，桌上有若干支蜡烛、一个火柴盒（装有火柴）、几枚图钉，如何将蜡烛像壁灯一样立在墙上呢？你能想到把装火柴的盒子当作支架吗？

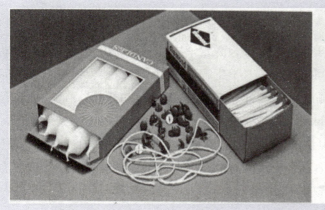

图3-9　功能固着的案例

3. 反应定式

反应定式（Response Set）是指个体以最熟悉的方式做出反应的倾向。定式具有双重作用：有时有助于问题的解决，可以提高问题解决的速度和效果；但有些时候，反应定式也会阻碍问题解决的过程，限制我们进行创造性思考。例如遇到一道数学题时，我们通常会选择自己最擅长、最熟悉的解题方法，这就是反应定式的体现；虽然这种解题方法提高了正确率和效率，但这种"惯性思维"或"常用想法"同时也限制了我们思考其他可能的解法，在一定程度上阻碍了创造性思维的产生。

4. 酝酿效应

酝酿效应（Incubation Effects）是指，我们有时面对一个复杂或需要创造性思维的问题时，不管怎样努力思考都无法解决问题，这时如果暂停对这个问题的探索，过段时间再来解决，可能就会找到解决方法，这个暂停就产生了酝酿效应。例如我们将一道想不出来的物理题放在一边，过半个月或一个学期后再来思考，也许就能找到解题思路。研究结果表明，酝酿效应产生的原因是，我们在开始时解决问题的定式并不合适，导致问题无法解决，在暂停之后，我们忘记了当时不合适的定式，从而找到新的合适的方法去解决问题。⊖

⊖ ANDERSON J R. Cognitive psychology and its implications [M]. 6th ed. New York: Worth Publishers，2005：206.

3.3.5 促进问题解决的策略

问题解决在学习和日常生活中都非常常见和重要,那么作为教师我们应该如何培养学生的问题解决能力呢?我们知道,丰富的知识是解决问题的根基,那么除了让学生掌握所需的知识以外,我们还能够运用哪些策略来促进学生的问题解决呢?本节就提供了以下几种策略供大家参考。

1. 创设良好的驱动问题

良好的驱动问题可以唤起学生的好奇心,激发学生的学习动机,促使他们主动参与到问题解决的过程中来。驱动问题的表述对学生解决问题十分重要:结构良好的问题有助于学生直接应用已知的信息解决问题(如已知路程和速度求时间),但往往也存在解决方案单一等问题;结构不良的问题则需要学生主动思考、提炼可能用到的知识,组合筛选从而得出解决问题的方案(如创造一个小型风扇)。不论是结构良好的问题还是结构不良的问题,问题对于学生而言都应该是有意义的,即学生自己认为"我确实需要解决这个问题",从而形成问题解决的良好开端。

2. 提供合适的教学支架

在教学中我们很可能会遇到这样的情况:明明学生掌握了解决该问题所需的知识,但实际应用的时候就是无从下手。这时,就需要教师人为地提供一些支架类的帮助,像登梯子一样帮助学生一步步解决问题——这也就是我们常说的教学支架或脚手架的概念。

教学支架的教学策略起源于维果茨基提出的邻近发展区(也称最近发展区)理论:学生当前不能独自完成,但在合适的帮助下可以完成的任务范围就是邻近发展区。在这个区域内,学生目前尚未具备完成任务所需的专家知识或技能,但是他们只需获得一点儿他人的帮助,就能够完成这项任务;通过积极地参与任务或活动,学生拓宽了独立活动的范围,提升了自身的水平,于是可以逐渐摆脱对他人帮助的依赖,最终具有能独立完成任务的能力。

就像为两轮自行车增加辅助轮、楼房完全建好前时先用脚手架建造楼的顶层一样,在学习中我们也可以使用这样的方式,为学生提供帮助和支持,让他们逐渐拥有目前并不具备的知识和能力,从而最终能够解决一个特定的问题。而我们提供的这些帮助和支持就被称为脚手架或支架。为促进学生深入理解而提供各种支持,并随着学生的发展和成长适时减少或撤出支持的教学方式,被称为支架式教学(Scaffolding Instruction)。巧妙地提供教学中的支架,可以有效帮助学生解决特定问题。

3. 尝试多角度展开教学

结构不良的问题是我们在学习中经常遇到的一类问题,它们往往没有固定的答案,解决该类问题的方法也不止一种,需要从多个方面去思考。所以,为了帮助学生形成灵活的认知、发散的思维，我们也可以尝试从多个角度展开教学，应用如随机进入式教学这种模式。

随机进入式教学是指在教学的过程中，基于不同的侧重方向呈现同一学习内容，使学生对这一问题进行多方面的探索和理解，从而获得多种意义的知识建构。例如在讲解"DNA的复制"这一章节的时候，就可以让学生结合自身情况自主探究六个子问题：DNA分子复制的概念是什么，DNA分子复制的过程如何进行，DNA分子复制过程的特点有哪些，DNA分子复制的生物学意义是什么，DNA分子复制过程需要哪些条件，DNA分子复制发生在什么时间。⊖在自主探索之后，要进行师生、生生之间的协作交流，以实现对这一知识点的全面理解。

4. 促成知识的自动重组

在前面几个小节中本书叙述了知识的组织方式与学习迁移，其实这两者对于学生的问题解决都是至关重要的。在解决问题时，学生能否及时、有效提取相关的知识、能否将当前情境与先前情境建立联系，往往决定了该问题是否能够成功解决。因此，教师需要有意识地引导学生进行知识的自动重组。可以启发学生思考当前问题所涉及的关键点，并回忆与之有关的知识内容。例如当题目中涉及三角形的概念时，教师就可以引导学生思考与三角形有关的知识点，以及哪些知识点可以运用到解答该题目中。此外，还可以运用类比法、案例法，将不熟悉的问题转化为较熟悉的内容。

5. 养成逻辑化思考模式

问题解决具有一定的规则与模式，学生在掌握问题解决的步骤之后就能够依次逐步落实，因此我们可以促进学生形成一种逻辑化思考模式。例如在面对一道看似复杂、庞大的问题时，学生能够依次完成以下逻辑化步骤：确定问题的细节、分为一个个子问题、思考每个问题的可行的解决方案、落地实施、最终评价。

值得注意的是，在解决问题之后的反思、反馈过程也十分重要。通过引导学生对问题解决过程进行积极的总结和归纳，能够帮助学生发现其中存在的问题和需要改进的地方。教师可以对解决问题的过程进行追问：除了这种方法，还有其他可以采用的方法吗？采用的这种方法是否还存在可以改进的地方？通过这种追问，学生能够重新思考自己的问题解决思维过程，从而发现自己的不足。

反馈策略

好的反馈可以让学生了解实际情况与理想情况之间的差距，从而帮助他理解自身存在的问题并加以改正。

⊖ 赵冠军. 基于建构主义的生物核心知识教学探究：以《DNA的复制》为例 [J]. 教学管理与教育研究，2020，5（11）：96-98.

> 反馈的时机也十分重要：过早的反馈可能会干扰学生的理解或者限制他的思路，例如学生尝试一种解决问题的新方法时，如果教师加以阻止就会遏制他思维的发散；过晚的反馈则可能造成干预的效果不佳，例如学生已经完成了一份设计方案，教师在10天之后才进行评价，这时学生很可能已经不在意这个结果了。

3.4 创造性思维

在日常生活中，你有没有发现什么富有创造力的例子？在教学中，你有没有关注过学生产生的那些天马行空却创意非凡的想法？你有没有想过，为什么有些人能够发现一种新的解决问题的方法，而有些人却只能墨守成规？在本节中，我们就将介绍十分重要却稀缺的品质——创造性思维。创造性思维对于问题解决来说至关重要，它决定了个体的思维灵活程度。

3.4.1 创造性思维的内涵

创造性思维通常被定义为人们能在某种程度上应用新颖的方式去解决问题，或产生新颖的、独特的、有社会价值的产品的能力。它要求在形成或改变既存事物的过程中引入一些新颖的东西。[1]美国心理学家吉尔福德（Guilford）指出，**创造性思维**（Creative Thinking）是一种以**发散思维**（Divergent Thinking）为核心、**聚合思维**（Convergent Thinking）为支持性因素的综合性、复杂性的思考过程。其中，发散思维致力于寻找多种适用的解决方法，而不是寻找唯一的"正确"答案[2]；聚合思维致力于寻找唯一的答案。各因素有机联系与组合，形成创造性思维。

> 🔒 **创造力案例：曲别针的用途**
>
> 想想看，一枚曲别针可以用来做什么？
> 很多人首先想到曲别针可以用来把纸夹在一起，这是最常见的用途。
> 其实，曲别针还可以用来夹住宽松肥大的衣服、袖口，可以用作耳环、胸针等装饰物，可以夹住耳塞线、充电线使其不会缠绕起来，可以用作书签、纪念品、伴手礼，等等。
> 打破常规用途的限制，想想生活中常见的物品还可能有哪些不常见的用途，就是创造性思维的一种体现！

---

[1] ANDREASEN N C. The creating brain: the neuroscience of genius [M]. New Jersey: Dana Press, 2005: 215.
[2] GUILFORD J P. Potentiality for creativity [J]. Gifted Child Quarterly, 1962, 6 (3): 87-90.

创造性思维通常具有三个特点：①**流畅性**（Fluency），也即在规定时间内给出的问题解决方案的数量，例如给定一个圆形，你能够联想出多少种不同的事物；②**灵活性/变通性**（Flexibility），也即对所给定问题产生不同种类解决方案的能力，例如你想出有关于圆形的事物的种类，可能不仅仅是球类，还可能是硬币、天体；③**独特性/独创性**（Originality），也即对问题能提出超乎寻常的、不落常规的解决方案的能力，如其他人只能想到具体的事物，而有些人却能想出"圆滑"。

3.4.2 创造性思维的影响因素

不同个体具备的创造性思维可能存在很大的差异：有些人习惯以常规的方式解决问题，而有些人却总能找到解决问题的新方式、新角度。一般来说，影响创造性思维的因素包括大脑、智力、知识和人格等。⊖

1. 大脑

之前关于大脑两半球的单侧化研究结果表明右半球与创造性思维有关，当然，也有学者认为创造性思维实际上是整个大脑协调的结果。所以，这提醒我们要在综合发展两个半球的基础上重点关注右半球的发展。

2. 智力

通常认为创造性思维需要中等以上的智力，但是两者并不是线性相关的，并不是说智力越高创造力就越好。智力是创造性思维的必要条件，但不是充分条件；有些人可能智力很高，但不一定具备良好的创造力。

3. 知识

关于创造性思维与知识的关系有多种不同的看法。有人认为丰富的知识是创造性思维的基础，知识量越多，创造性就强；也有人认为知识和创造性思维之前有一种张力，知识和创造性之间呈倒"U"形曲线，知识量太少肯定不行，知识量太多了则可能会导致个体的思维定式，也有可能会抑制创造性思维。

4. 人格

创造性思维还可能会受到动机、个性、理想、价值观等人格因素的影响。如有的人天生就对什么事物都非常好奇，喜欢"刨根问底"，有比较强烈的动机想去了解新的事物。不过，动机过于强烈，则也可能会变成创造性思维的障碍。

3.4.3 促进创造性思维的策略

我们需要认识到，个体的创造性思维并不是一成不变的：有的人小时候具有非常好的创造性思维，但随着知识的积累可能反而会丧失一定的创造力；而有的人原本并不具

⊖ 陈琦，刘儒德．当代教育心理学 [M]．3版．北京：北京师范大学出版社，2019：293-294．

备良好的创造性思维，但经过训练培养其创造性思维也能得到一定的提升。那么，在教学中我们可以运用哪些策略来培养学生的创造性思维呢？在这里，我们主要介绍以下五种策略。

1. 头脑风暴

有研究结果表明，团体的自由联想力与独自一人相比会增加65%~93%。因此，我们应该积极应用团体的力量促进创新想法的诞生，其中头脑风暴就是比较常见的方式之一。

头脑风暴也称智力激励法，一般是10人左右的小组围绕一个主题展开讨论。在提出问题后，鼓励大家寻找尽可能多的答案，而不用去考虑答案是否正确，也不去进行任何评论，直到提出所有可能想出来的解决方案。头脑风暴需要遵循几个基本原则：**首先**，对提出的方案暂时不做任何判断、评价，这种延迟评价会促进更多设想的产生；**其次**，头脑风暴的重点在于发挥想象、寻找方案，追求解决方案的数量而非质量；**再次**，鼓励成员多提方案，尽可能地防止成员因害怕被批评或抨击而不敢说出其具有创造性的想法；**最后**，鼓励"锦上添花"，成员可以结合他人的想法进一步提出自己的设想。在所有的方案都被提出后，小组可以对这些方案进行评价、修改和润色，综合生成一个具有创造性的方案。

2. 分合法

这一概念由美国麻省理工学院教授威廉·戈登（William Gordon）于1964年提出，适用于团体问题解决过程，其核心思想是"**将原本不相同、不相关的元素加以整合**"，使得"熟悉的事物变得新奇""新奇的事物变得熟悉"。学生通过用新颖的视角去看待旧事物，可以从另一个视角来解释熟悉的知识或概念；通过采用类比的办法将陌生事物与自己熟悉的事物进行类比分析，可以增加对新事物的理解。这一方法的关键在于对各种情况和方案进行类比和隐喻。

3. 联想法

联想法具体包括定向联想技术和自由联想技术。**定向联想技术**对联想的方向给出了限制。**自由联想技术**则不限制联想的方向，在这个过程中教师提供一个刺激，学生可以用不同的方式自由反应，从已学知识、已有经验出发，运用联想技巧去寻找并建立事物间新奇而富有意义的联结。例如让学生思考圆珠笔的用途就是定向联想技术，而给学生一支圆珠笔自由发挥、允许其做任意事情就是自由联想技术。

TRIZ理论[⊖]

TRIZ意为"发明问题解决理论"，由苏联发明家、教育家阿奇舒勒

⊖ 丁俊武，韩玉启，郑称德. 创新问题解决理论——TRIZ研究综述 [J]. 科学学与科学技术管理，2004（11）：53-60.

（Altshuler）在1946年创立，揭示了创新的内在规律和原理，为人们创造性地发现问题和解决问题提供了系统理论与方法。

TRIZ理论体系主要包括创新思维与分析问题方法、技术系统进化法则、工程矛盾解决原理、发明问题标准解法、发明问题解决算法5个方面。[1]该理论提出了39个通用工程参数描述矛盾，以及40个解决矛盾的创新原则（如分割原则、拆出原则、局部性质原则、不对称原则等）。通过39个中的一对参数来描述任一技术矛盾，两者建立对应关系构建矛盾解决矩阵，交叉点即为40个创新原则中的解决方案。[2]在这个矩阵中，可以找到TRIZ问题的标准解，将其与创新原则结合起来即形成问题的解决方案。

4. 转换法

转换法是指通过事物之间的转换来解决问题的方法。在问题解决中，可能由于某种客观原因，我们不能从事物本身"下手"，需要思考有什么替代品，如曹冲称象就是转换法的经典案例。在数学中常见的数形转换，即用代数方法解决几何问题，也是典型的例子。当我们遇到问题百思不得其解的时候，也许可以尝试通过其他问题再转换的方式来解决。

5. 移植法

移植法是将某个领域的原理、技术、方法引用或渗透到其他领域，用以改造或创造新事物的一种思维方法。[3]我们日常生活中的很多发明发现都来源于移植，如雷达、飞机等。借助其他领域事物的特征来解决本领域的问题，可能会获得新的思考与想法。

作为教师，我们需要综合应用创造性思维的培养方法提升学生的创造力。在教学设计上，需要设计和开展丰富的教学活动，引导学生进行丰富、复杂的探究发现；同时鼓励学生大胆思考、提出各种可能的想法和解法，让学生针对同一问题进行"一题多解"和"一题多变"的练习，摆脱思维定式；最后还需要促进学生养成探究问题的态度，引导和鼓励学生不断追问"为什么""怎么样"，让他在察觉到问题时及时地用探究问题的态度创造性地解决问题。

3.5 本章结语

在第2章中，我们介绍了学习在大脑中是如何发生的，从微观神经的角度讲述了基本

---

[1] 吕善辉，吕昕. TRIZ理论在大学生创新创业能力培养中的应用研究 [J]. 当代教育实践与教学研究，2017（2）：31.
[2] 梁秋艳，姜永成，曲爱玲. TRIZ理论在大学生创新创业训练项目中的应用与实践 [J]. 高教论坛，2016（8）：122-126.
[3] 寇冬泉，刘电芝. 创造性思维及其培养 [J]. 广西师范学院学报，2003（1）：120-124.

认知过程的脑机制。在本章中，我们则从更加宏观的认知心理学视角切入，从知识的表征到学习迁移、从问题解决到创造性思维的发展，探究与学习相关的复杂认知活动，为教师介绍了这些认知活动的内涵与相应的培养策略。

作为学生的"引路人"和"学习伙伴"，教师在学生的成长中发挥着极其重要的作用，不仅应让学生知道学什么，而且应能够让学生进行科学、高效的学习。通过本章的学习，希望教师能对"人是如何学习的"这一问题有更加深入的认识，帮助教师建立更加科学的教学理论与方法体系，并启发教师巧妙地将学习科学的理论运用到一线教学实践中，以促进学生知识学习及迁移能力、问题解决能力、创造能力的发展。

拓展阅读

[1] 陈琦，刘儒德. 教育心理学[M]. 3版. 北京：高等教育出版社，2020.

[2] 冯忠良，等. 教育心理学[M]. 3版. 北京：人民教育出版社，2015.

[3] ANDERSON J R. Cognitive psychology and its implications[M]. 6th ed. New York: Worth Publishers，2005.

[4] 苏泽. 脑与学习[M]. 认知神经科学与学习国家重点实验室，脑与教育应用研究中心，译. 北京：中国轻工业出版社，2005.

[5] 丹尼尔L. 施瓦茨，杰西卡 M. 曾，克里斯滕 P. 布莱尔. 科学学习[M]. 郭曼文，译. 北京：机械工业出版社，2018.

[6] 刘儒德. 论建构主义学习迁移观[J]. 北京师范大学学报（人文社会科学版），2001（4）：106-112.

[7] 尚俊杰，李军，吴颖惠. 提升教师学习科学素养　促进课堂教学深层变革[J]. 中小学信息技术教育，2021（1）：5-8.

[8] 张建伟. 知识的建构[J]. 教育理论与实践，1999（7）：6.

思考题

1. 知识有哪几种表征形式？
2. 举例说明您所教授的课程中哪些是陈述性知识，哪些是程序性知识。
3. 请结合您所教授的课程，谈谈如何进行教学设计，以促进学生的学习迁移与问题解决。
4. 请结合您所教授的课程，谈谈如何设计支架式教学，让学生更有效地学习和参与。
5. 在您过去的教学生活中，遇到过哪些学生十分具有创造力的案例？

第4章 学习动机与元认知

【本章导入】

我们常听说这样的一些说法:"这学生很聪明,但就是不爱学习""我们班的学生不笨,但就是爱打游戏""这孩子很聪明,就是做作业很拖沓,做事情很粗心""我们班的学生几乎形成了固定的小团体,不和其他人多多交流",等等。

对于诸如此类的现象和问题,我们往往很难有明确的干预措施,最常用的做法是通过谈心直接告诉学生要改、态度要端正,但收效甚微。这是因为症结没有完全找对。你有没有考虑过,这有可能是学生的学习动机、元认知的发展受阻,在向我们请求帮助?

动机(Motivation),聚焦到学习领域便是学习动机,是学习活动的内在推动力。"不爱学习""爱打游戏",一方面可能是学生厌倦学习,一方面可能是游戏吸引了他,但整体而言就是学生学习的驱动力不足,从而导致对学习的投入不足。

元认知(Metacognition),指个体对自己认知过程的认识和控制。任务的统筹安排、学习伙伴的选择等实际上都是元认知的体现,任务统筹安排得好坏、学习伙伴选择得合适与否,也就是元认知水平高低的体现,并会直接影响自我调节学习的效果。

需要注意的是,动机和元认知并不是独立存在的,它们往往一同作用于学生的学习甚至生活的方方面面。为了更清晰地呈现相关内容,本章将其分成了学习动机、元认知、学习动机与元认知的关系三大部分,为教师进行系统的介绍。

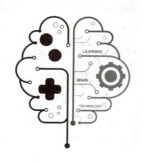

【内容导图】

本章内容导图如图4-1所示。

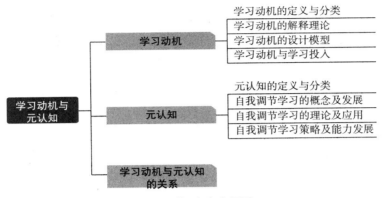

图4-1 第4章内容导图

4.1 学习动机

正如开篇所言,动机驱动着我们产生行为和活动,而学习动机作为学习活动的内在动力,影响着学生的学习投入。本节将围绕学习动机的相关内容进行介绍,以帮助教师更了解自己的学生。

4.1.1 学习动机的定义与分类

1. 学习动机的定义

动机是指激发、引导和保持行为,使其指向特定目标的一种内在状态,可以被用来解释个体行为的原因。㊀学习动机则是学习活动的内在动力,**引发与维持学生的学习行为,并使其向学习目标不断努力**,对学习具有很重要的推动作用。

 产生动机的因素

美国教育心理学家盖奇(Gage)和柏林纳(Berliner)将动机比作汽车的发动机和转向盘,既为个体活动提供动力,又调节方向。需要与诱因是产生动机的两大因素。㊁其中,**需要**是指人体一种缺乏或不平衡的状态,推动人们寻找满足需要的对象,例如当我们感到饥饿,我们会去找食物吃,从而产生动机。**诱因**是指能够激

㊀ BARON R A. Psychology [M]. Boston:Allyn & Bacon,1998:316-320.
㊁ 陈琦,刘儒德. 教育心理学 [M]. 2版. 北京:高等教育出版社,2011:202-211.

> 发行为、满足人体需要的外部条件或刺激物，例如我们刚运动完，可能还没有感觉到口渴，不过路过小卖部看到饮用水时，就突然感觉到口渴，会买上一瓶喝。需要与诱因相互作用，激发人们的动机，引发相应的行为。
>
> 当学生对于知识或技能产生学习需要时，就会激发学习动机，发生学习行为，例如当一名走路上学的学生看到其他同学骑自行车上学，认为这是一个非常便捷并且省力的方式，便激发了其学习骑自行车的动机，推动了学习行为的产生。即使不断跌倒和尝试，这名学生也坚持不放弃，向着既定的学习目标努力。动机使其维持学习行为，直到掌握了骑车这项技能。因此，学习动机对学生学习具有激发学习行为、引导学习行为向目标前进以及维持学习行为的功能，使其积极参与学习材料的认知加工过程，从而促使学习发生。

2. 学习动机的分类

我们一般将学习动机分为**内部动机**与**外部动机**。**内部动机**是指因学习活动本身的意义和价值所引起的动机，[1]例如学生愿意在他感兴趣的课程上投入精力，并努力学习和钻研。**外部动机**是指因学习活动的外部后果引起的动机。[2]学生从事某一学习活动是为了达到某一结果，例如学生努力学习数学，是希望在数学考试中获得好的成绩，得到父母的承诺奖励，学习成为一种获得表扬和认可的手段。神经科学研究结果已经表明，内部动机和外部动机是动机的必要组成部分，无法脱离对方独立存在。[2]内部动机能够持续地促进学生参与学习活动，而外部动机的持续性取决于目的是否达到或移除，以及学生的能力是否能完成挑战等。

4.1.2 学习动机的解释理论

1. 需要层次理论

关于学习动机的解释理论有很多，在动机研究的早期，桑代克、斯金纳等行为主义心理学家用刺激和反应之间联结的增强与强化来解释动机的产生，如通过奖励、惩罚等外部因素激发学习动机，从而引发学习行为，不过这忽略了学生内在的主动性（如学习成就感、求知的热情等），不利于学习积极性、自主性的培养。

而后以马斯洛为代表的人本主义心理学家，综合考虑外部和内部动机，提出需要层次理论，认为人类的动机由不同层次和顺序的需要组成，由低到高、由先至后依次为**生**

---

[1] PINTRICH P R, SCHUNK D. Motivation in education: theory, research, and applications [M]. 2nd ed. New Jersey: Prentice Hall, 2002: 13-55.
[2] HIDI S, HARACKIEWICZ J M. Motivating the academically unmotivated: a critical issue for the 21st century [J]. Review of Educational Research, 2000, 70（2）: 151-179.

理需要、安全需要、归属需要、尊重需要、自我实现需要，如图4-2所示。该理论认为人们首先满足低层次的需要，然后才会产生高层次的需要。但是需要层次理论也存在一些局限，如忽略个体兴趣等驱动因素。○

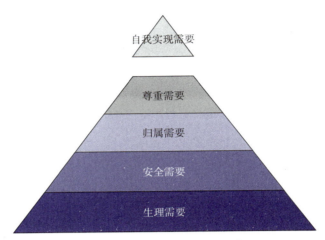

图4-2　马斯洛需要层次理论○

2. 归因理论

后来，以美国认知心理学家韦纳（Weiner）的归因理论（Attribution Theory）为代表的认知动机理论提出，个体通常将行为结果的成败归为能力强弱、努力程度、任务难易、运气好坏、身心状况、其他（如评价是否公正、教师水平等）六种因素。对这六种因素的归因包括原因来源（内部-外部）、稳定性（稳定-不稳定）和可控性（可控-不可控）三个维度。○

个体对自己行为结果成败的认知解释，对动机及行为起着重要的影响作用，见表4-1，不同的归因方式会对个体的动机和行为造成不同影响。如果学生将成功归因于内部或可控因素（如自己的努力或坚持），则更有可能对未来的任务做出成功预期，例如学生将英语考试中获得的好成绩归因于自己日复一日地背诵单词和短语，那么为了下次的成功，该学生将会付出更多努力。

相反，如果学生将成功归因于外部或不可控因素（如运气或无法改变的能力等），则不大可能对未来的任务做出成功预期，导致其动机的降低，例如一名学生将数学竞赛得奖，归因于这一届的竞赛题目比较容易。

○ MASLOW A H. Motivation and personality [M]. New York：Harper，1954：19-97.
○ WEINER B. Attribution theory, achievement motivation, and the educational process [J]. Review of Educational Research，1972，42（2）：203-215.

表4-1　不同的归因方式对个体动机和行为的影响

成败对个体的影响	归因					
	原因来源		稳定性		可控性	
	内部	外部	稳定	不稳定	可控	不可控
成功对个体的影响	产生自豪感，动机增强	产生侥幸心理	产生自信心，动机增强	产生侥幸心理	积极争取成功	不会增强动机
失败对个体的影响	产生羞愧感	生气	产生绝望感	生气	继续努力	产生绝望感

3. 成就动机理论

20世纪50年代，美国心理学家麦克利兰（McClelland）等人在需要层次理论的基础上，提出了成就动机理论，将人们高层次的需求归纳为对成就、亲和和权力的需求，提出动机包括成就动机、亲和动机和权力动机。

成就动机是激励个体从事自己认为重要的或有价值的工作，并力求取得成功的内在驱动力。其中包含追求成功的意向和避免失败的意向，涉及对成功的期望和对失败的担心之间的情绪冲突。**亲和动机**是指希望同他人保持一种亲密的关系，希望成为群体成员的倾向，例如个体为了给团体带来荣誉，在跑步比赛前努力练习，或是个体为了保持与他人的友好关系，避免伤害感情，而不去质疑或纠正别人的错误概念，避免竞争等。**权力动机**则强调控制，希望控制别人、试图按照自己的意愿来改造周围的世界，并希望获得周围人的认可，关心自己在他人中受瞩目的程度。

麦克利兰的成就动机实验

麦克利兰于20世纪50年代末和60年代初进行了一系列实验，让不同年龄的儿童逐个走进一间屋子，自由选择站立的位置，而后用手中的绳圈去套房间中间的一个木桩，同时他们需要预测自己能套中多少绳圈。

结果发现，追求成功的儿童会选择距离木桩适中的位置。这样的儿童会选择具有挑战性的任务，同时保证具有一定成功的可能性。当遇到一定的失败后，他们甚至还会提高解决这一问题的动机，太容易成功的任务反而不会引起他们的注意。

避免失败的儿童会选择距离木桩非常近或非常远的位置。这样的儿童倾向于选

○ 张大均. 教育心理学 [M]. 2版. 北京：人民教育出版社. 2011：150
○ McCLELLAND D C, ATKINSON J W, CLARK R A, et al. The achievement motive [M]. New York：Appleton-Century-Crofts，1953：79-111.

择非常容易的任务以保证成功，或选择非常困难的任务，如果失败，则可以找到适当的理由减轻失败感和避免消极情绪。

4. 自我决定理论

美国罗切斯特大学教授德西（Deci）和瑞安（Ryan）提出了自我决定理论（Self-Determinism Theory），认为人是积极的有机体，具有先天的心理成长和发展的潜能，应引导个体开展感兴趣的、有益于能力发展的行为。[①]基于自我决定理论，个体能够在充分认识个人需要和环境信息的基础上，对行动做出自由的选择，这种对自我决定的追求构成了内部动机。该理论将动机分为三种类型，包括无动机、外部动机和内部动机。

无动机的个体认识不到行为与结果的联系，没有任何外在或内在的调节以支持行为的持续，例如学生认为学习英语毫无意义，或认为自己的能力不足以学好英语。**外部动机**的个体是为了获得某种外部结果而从事活动，如为了获得表扬或避免惩罚。自我决定理论根据个体对行为的自主程度，将外部动机由低至高分为四种类型，见表4-2。**内部动机**的个体是高度自主的，发自内心希望完成某件事，并且在行动过程中感到幸福、快乐和享受。

表4-2 外部动机类型

程度	类型	含义	举例
低 ↓ 高	外部调节	个体完全遵循外部规则产生行为，目的是满足外部要求或得到报酬	努力学习是为了找到一份好工作
	内摄调节	个体吸收了外部规则，但没有完全接纳，从事活动的目的是为了避免焦虑或责怪，或是展示自己的能力以维持价值感	学习英语是为了避免不能跟朋友用英语交流的尴尬
	认同调节	个体对行为目标进行有意识的评价，如果发现这个行为是有意义的，就接纳该行为，包含更多自主或自我决定成分	希望成为一个会说英语的人
	整合调节	个体完全内化和整合了外部价值观，虽然对行为本身并不感兴趣	个体认为学习英语实在是非常重要

这三种动机类型代表着不同的自我决定程度，相互之间可以调节和转化，如外部动机可以通过四个水平的发展，内化为内部动机。自我决定程度越高，对动机的促进作用也就越大。因此，教师可以通过给学生提供更多的自我决定空间，以提升其动机，如允许学生自主选择作业完成形式（写论文或做汇报）。

---

① DECI E L，RYAN R M. Intrinsic motivation and self-determination in human behavior [M]. New York：Plenum，1985：11-85.

5. 自我效能理论

自我效能（Self-Efficacy）理论的概念最早由美国心理学家班杜拉（Bandura）提出，是指人们对自己是否有能力完成某一行为的主观判断[○]，如学生是否认为自己有能力通过六级英语考试。班杜拉认为，人的行为同时受到**结果因素**和**先行因素**的影响。

结果因素就是通常说的强化。例如当学生考试考得很好，事后奖励一朵小红花，正强化学生的成就感；当学生考试考得越差，允许打游戏的时间会越少，这便是负强化。其中，正负强化的"正负"，取决于强化物（小红花、游戏时间）的增多还是减少，增多则是正强化，减少则是负强化。

先行因素则是对下一步强化的期待，期待包含了结果期待和效能期待。**结果期待**是指个体对自己行为会导致某一种结果的推测，如果个体认识到某种行为会导致某种结果，那么这一行为就有可能被激活和选择。例如学生认识到只要多听多说就能学好英语口语，他就有可能努力去听英语和说英语，但这个可能性还要接受效能期待的调节。**效能期待**是指个体对自己是否有能力实施某一行为的判断，如果个体认为自己有能力实施某一行为，就会产生高度的自我效能。例如学生不仅认识到多说多听能够学好英语口语，还认识到自己有能力掌握听和说的技能，才会真正去认真练习听和说。

自我效能主要受到四个因素的影响，包括直接经验、替代性经验、言语说服和情绪唤起，见表4-3。

表4-3 自我效能的影响因素

因素	含义	影响
直接经验	学生的亲身经验	成功的经验会提高人的自我效能，多次失败的经验会降低人的自我效能
替代性经验	学生通过观察示范者的行为而获得的间接经验	当一个人看到与自己水平差不多的示范者取得了成功，就会增强自我效能；反之则会降低自我效能
言语说服	试图凭借说服性的建议、劝告、解释和自我引导，来改变自我效能	依靠这种方法形成的自我效能不易持久，一旦面临令人困惑或难处理的情境时，就会迅速消失
情绪唤起	个体的情绪和生理状态	在紧张、危险或负荷较大的情境中，情绪唤起水平较高（紧张），会妨碍行为操作，降低自我效能

6. 内在动机理论

1980年，美国麻省理工学院教授马隆（Malone）等人通过一系列的实验研究，来探索为什么人们喜欢玩电子游戏，进而提出了一套完整的内在动机理论。所谓**内在动机**，是相对于外在动机而言的；外在动机意味着追求外在奖赏，而内在动机则意味着，驱动

○ BANDURA A. Self-efficacy：the exercise of control [M]. New York：W.H.Freeman, 1997：36-61.

人们做事情的力量是人们想要追求内心的快乐和满足。[1]

内在动机理论将内在动机分为个人动机和集体动机，见表4-4。[2]

表4-4　内在动机理论

类型	因素	解释
个人动机	挑战	一种最佳的心理体验，中等困难程度的挑战最能刺激内动机。具有挑战性的任务应具有明确的目标和不确定的结果
	好奇	人们对自己不了解的事物觉得新奇从而感兴趣，包括感官好奇和认知好奇
	控制	允许学生自主选择和做出决定，满足人的自由感和控制感
	幻想	游戏中会常常出现现实生活中不存在的场景和事物，也可以实现一些现实生活中不能完成的行为
集体动机	合作	彼此合作完成全部或某项任务
	竞争	通过与他人比较、竞争后取得胜利
	自尊	个人成就得到他人的认可和赞赏

个人动机包括挑战（Challenge）、好奇（Curiosity）、控制（Control）和幻想（Fantasy），以游戏为例，抓娃娃就是运用了人们喜欢不断挑战的动机因素，盲盒运用了人们对未知事物的好奇因素，俄罗斯方块则运用了人们对方块的控制因素，角色扮演游戏在一定程度上利用了幻想因素。再放到学习中，个人动机的四个因素能给教师以下启示："挑战"，教师可以给学生提供能够完成但又具有一定难度的目标；"好奇"，教师可以利用动画、声音等来引起学生的好奇心，例如句子中某个字突然放大，学生可能就会好奇为什么要放大这个字，从而引起学生的注意、达到更好的学习效果；"控制"，给学生做出选择的权力，例如布置平行任务，让学生自己做选择；"幻想"，主要是指日常中无法实现的事情，例如设计活动让学生想象与古人对话。这些策略都能激发学生的内在动机。

集体动机包括合作（Cooperation）、竞争（Competition）和自尊（Recognition）。这三个因素能给教师以下启示："合作"，可以让某学生与其他同学一同完成学习任务，在过程中相互支持；"竞争"，可以设计竞争性游戏；"自尊"，要在学生努力后给予认可，如设置公开表演、颁奖活动等。当然需要提醒的是，所有用因素、学习活动的设计都要和目标相一致，为目标和内容服务。

---

[1] MALONE T W. What makes things fun to learn? Heuristics for designing instructional computer games [C]// Sigsmall'80: proceedings of the 3rd ACM SIGSMALL symposium and the first SIGPC symposium on Small systems. New York: Association for Computing Machinery 1980，162-169.

[2] SNOW R E，FARR M J. Aptitude，learning，and instruction [M]. London: Routledge，2021: 223-254.

7. 心流理论

美国心理学家米哈里·契克森米哈赖（Mihaly Csikszentmihalyi）提出了心流理论（Flow Theory），他认为"心流"是指"参与者被从事的活动深深吸引进去，意识被集中在一个非常狭窄的范围内，所有不相关的知觉和思想都被过滤掉，并且丧失了自觉，只对具体的目标和明确的反馈有感觉，几乎被环境所控制"，并且心流是一种"全人类的，具有'种特异性'（Species Specificity）的积极心理运行状态"。[1][2]

简单地说，**心流就是你在某段时间里完全沉浸在一项活动中的状态**。例如我们会用成语形容一个人非常勤奋，以至于"废寝忘食"，这就是进入了心流状态；或是沉迷于电子游戏，忘记了时间；抑或听入迷了一堂精彩的课，觉得时间过得太快了。韦伯斯特（Webster）等人的研究表明，心流能够带给人快乐，并使人希望持续该活动。[3]另外，博尼韦尔（Boniwell）的研究结果显示，90%的人报告说心流状态能够产生内在激励，并且这种状态不需要外在力量，会自行结束。[4]

了解心流发生的原因和过程，使教师能够知道如何帮助学生进入心流状态。齐克森米哈里提出了心流模型如图4-3所示，该模型描述了心流发生的条件、心流状态下的特征，以及心流对人的影响结果。下面以课堂教学为例，对整个模型进行解释。[5]

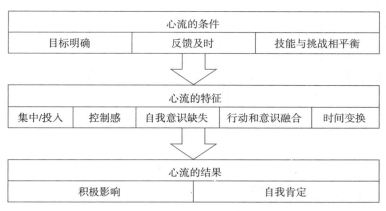

图4-3　心流模型[5]

（1）**心流的条件**　心流发生的首要条件是要有明确的目标，如让学生知道本节课的

---

[1] CSIKSZENTMIHALYI M. Flow and education [J]. NAMTA Journal，1997，22（2）：2-35.

[2] CSIKSZENTMIHALYI M. Motivation and creativity：toward a synthesis of structural and energistic approaches to cognition [J]. New Ideas in Psychology，1988，6（2）：159-176.

[3] WEBSTER J，TREVINO L K，RYAN L. The dimensionality and correlates of flow in human-computer interactions [J]. Computers in Human Behavior，1993，9（4）：411-426.

[4] BONIWELL I. Satisfaction with time use and its relationship with subjective well-being [D]. Milton Keynes：The Open University，2006.

[5] CSIKSZENTMIHALYI M. Flow and the foundations of positive psychology [M]. Dordrecht：Springer，2014：227-238.

学习目标是什么，并且明白自己需要做什么。其次，需要给予学生及时的反馈，使其明白自己的想法是否正确，以及是否在进步。另外，在心流体验中，技巧与挑战是影响心流状态的两个非常重要的因素，如图4-4所示。当技巧水平高于挑战难度时，人们会感到厌倦情绪；当技巧水平低于挑战难度时，人们会出现焦虑情绪；只有当技巧和挑战达到平衡时，才能进入和保持心流状态。

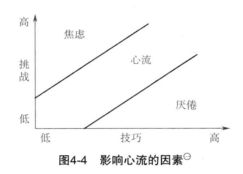

图4-4　影响心流的因素①

（2）**心流的特征**　处于心流状态时，个体注意高度集中，全神贯注地投入任务，感受到很强的控制感，并且过滤掉所有与任务不相关的知觉，甚至改变了时间感（如感觉好像时间过得很快）。个体的行动与意识高度融合，能够完成平时不可能完成的任务，但是他们完全没有意识到任务带来的挑战早已超过以往所能处理的程度，这种感受会让他们对自己更有信心，并促使他们更加努力学习新的技能。

（3）**心流的结果**　齐克森米哈赖认为，心流的功能应是引导个体发展，发掘其潜能，心流的结果应该是积极的、使人快乐的，并且让人想要重复刚才的行为以保持心流状态。②例如当你在课堂上使用了一个非常有趣的教学游戏，你和学生都沉浸于这个活动中，课后学生很可能会反馈说："刚才的活动太好玩了，还能学到知识，希望之后的课堂都能有相应的游戏设计。"你自己也很可能想再次达到这样的效果，会努力完善和发展之后的教学设计，以实现这样的状态。

4.1.3　学习动机的设计模型

学习动机的培养能够激发学生，使其持续产生学习行为，有助于增强学习努力和学习效果。通过分析影响动机的因素，美国教育心理学家凯勒（Keller）提出了ARCS动机设计模型，为教师激发学生学习动机提供了参考。③该模型认为，注意（Attention）、关

---

① CSIKSZENTMIHALYI M. Flow and the foundations of positive psychology [M]. Dordrecht：Springer，2014：239-263.
② CSIKSZENTMIHALYI M. Motivation and creativity：toward a synthesis of structural and energistic approaches to cognition [J]. New Ideas in Psychology，1988，6（2）：159-176.
③ KELLER J M. Development and use of the ARCS model of instructional design [J]. Journal of Instructional Development，1987，10（3）：2-10.

联性（Relevance）、自信（Confidence）和满足感（Satisfaction）是影响学习动机的四个因素。为了在教学中激发学生的学习动机，首先要引起学生对学习任务的注意和兴趣，并使其理解任务与自身的关联性；其次让学生对任务的学习产生信心，相信自己有能力完成；最后让学生体验学习结果带来的满足感。

图4-5展示了ARCS动机设计模型的各个方面。学习动机的激发与个体和情境之间的交互作用有关。**个体因素**主要包括个体需要、情绪状态和动机信念。**情境因素**主要包括学习任务、评定与反馈和社会支持。所有因素交互作用对学生的学习动机产生不同的影响。

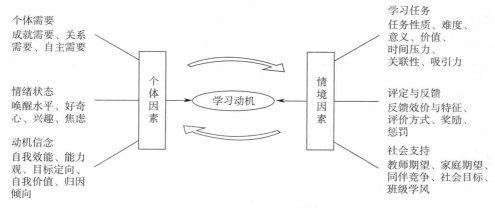

图4-5　ARCS动机设计模型①

1. 个体需要

个体需要是激发学生进行各种活动的内驱动力，包括成就需要、关系需要和自主需要。**成就需要**是指克服障碍，施展才能，力求尽快、尽好地解决某一难题的内部动力倾向。**关系需要**是指渴望与他人建立密切的情感纽带和联系。**自主需要**是指个体希望具有控制事情发生、发展及其结果的能力，即希望能够更多地依赖自己而不是他人做出决定。

2. 情绪状态

与动机关系紧密的情绪状态有唤醒水平、好奇心、兴趣和焦虑。唤醒水平是指一个人警觉、清醒及活跃的水平，是对某一行为的生理和心理的准备状态。美国心理学家耶基斯（Yerkes）和多德森（Dodson）发现：任务难度、唤醒水平和任务绩效三者的关系呈现出倒U形曲线关系。②③**好奇心**是指一个人探索和认识外界环境的内在需要，表现为求知

---

① 陈琦，刘儒德. 教育心理学[M]. 2版. 北京：高等教育出版社，2011：211.
② YERKES R M，DODSON J D. The relation of strength of stimulus to rapidity of habit-formation [J]. Journal of Comparative Neurology & Psychology，1908，18（5）：459-482.
③ TEIGEN K H. Yerkes-Dodson：a law for all seasons [J]. Theory & Psychology，1994，4（4）：525-547.

欲。**兴趣**是指一个人经常趋向于认识、掌握某种事物，力求参与某项活动，并且有积极情绪色彩的心理倾向。**焦虑**是指一种普遍的不自在和紧张的感觉，包含了部分害怕的情绪，与学习成就具有一定程度的负相关。

3. 动机信念

除了需要和情绪，个体的信念和价值观也会影响其对待事物的动机，包括自我效能、能力观、目标定向、自我价值和归因倾向。

自我效能，如前文所述，是指人对自己是否有能力完成某一行为的主观判断，是人对自身能力的信念，认为自己是否有能力识别、组织、发起、实施那些能达到预期结果的活动。[1]例如学生在上完课后，相信自己有能力完成课堂作业。自我效能较高的学生会接受挑战性任务，并付出更大的努力，具有很强的意志力，且相信自己会取得成功，能控制自己的焦虑和紧张等负面情绪，达到更好的学习成效；自我效能较低的学生则反之。

能力观一般分为两种：一种是能力实体观，认为能力是恒定的、不可改变的；另一种是能力增长观，认为能力是可以通过努力学习而增强的。持有能力实体观的学生会选择成功可能性较大的任务，而避免失败；持有能力增长观的学生倾向于选择真正锻炼能力和提升技能的任务。

目标定向分为四种：第一种是学习目标导向，又称掌握目标导向，认为学习是为了个人成长，期望扎实地学习和理解新材料，关心能否掌握任务；第二种是表现导向，认为学习是为了向其他人证明自己的能力，更关心是否能够展现自己；第三种是回避工作目标，这些学生既不想学习，也不想向他人展现自己的能力，只想匆匆完成所有学习任务，逃避认真学习；第四种是社会目标，这些学生学习是为了社会需要。

自我价值可以分为掌握导向、避免失败导向和自甘失败导向三种。掌握导向的学生期望追求成就，努力提高自己的能力；避免失败导向的学生为了维持良好的自我感觉，倾向于选择很容易就成功的任务，确保自己不失败；如果避免失败导向的学生每次都无法避免失败的发生，可能最终承认自己的无能，成为自甘失败导向的学生。

归因倾向包括内控型和外控型。内控型的学生认为行为的结果是由自己能力等内部因素造成的，外控型的学生认为行为的结果是外部因素造成的。

利用个体因素促进学习动机的教学策略[2]

● 让学生觉得安全、自在、被人理解和接纳。如果学生的基本需要即低层次的需要没有被满足，就不可能有强烈的动机去实现较高层次的成长目标了。

---

[1] BANDURA A. The anatomy of stages of change [J]. American Journal of Health Promotion：AJHP，1997，12（1）：8-10.
[2] REEVE J. Motivating others：nurturing inner motivational resources [M]. Boston：Allyn & Bacon，1996：52-67.

- 根据内容难度水平，适当控制学生的动机水平。如内容比较容易时，可以让学生紧张一些；内容比较难时，就要创造轻松的课堂气氛，避免学生焦虑和紧张。
- 制造悬念，将学生的注意集中于没有确定答案的假设上。
- 让学生猜测，教师提供正确反馈。
- 基于学生已有知识，提出一些难度更大的问题，激发求知欲。
- 讨论争议性问题以及制造矛盾，让学生发现与自己结论相反的信息。
- 根据学生的年龄特征来提高学生的学习兴趣，例如在小学课堂中，采用灵活多样的教学方式、生动活泼的教学内容和新颖的教具；在年级较高学生的课堂中，注意从教材内容中挖掘深度，创设一定的问题情境，保持学生对学习的兴趣。
- 强调学习内容的价值和意义，淡化分数和其他奖励。
- 指导学生进行积极的归因训练，尽量引导学生将失败的原因归结为努力。
- 利用归因训练、设立榜样和言语劝说等多种方式提升学生的自我效能感。

4. 学习任务

学习任务本身的性质、难度以及对学生的意义和价值等也会影响学生的学习动机，例如任务性质包括记忆任务、程序任务、理解任务和评价任务。不同任务的失败概率和答案的明确性不同，就会对学生产生不同影响，如评价任务的答案没有正误之分，风险性小，不过答案并不明确。

另外，美国心理学家威格菲尔德（Wigfield）和埃克尔斯（Eccles）认为，学习任务对学生的主观价值由三类基本因素决定。[1][2]第一种是**成就价值**（Attainment Value），指从完成任务或者实现目标中获得的满足感。例如学生能够从解决复杂数学应用问题中获得满足感。第二种是**内在价值**（Intrinsic Value），指人们的满足感来自从事的任务本身，而非特定的任务结果。例如设计师夜以继日地描绘设计图稿，花艺师花费大量心血设计和完成一个创意作品，科研人员刻苦钻研自己感兴趣的研究问题等。第三种是**工具性价值**（Instrumental Value），指一种活动或目标能够帮助人们实现其他重要目标的程度。例如一些选择学医的学生是因为毕业后能够成为声誉很高的医生。

在实际生活中，价值的各种因素交互作用，甚至有可能相互强化，综合对动机产生影响。例如一些大学生虽然一开始是基于工具性价值来选择专业的，随着领域内知识的

---

[1] WIGFIELD A，ECCLES J S. The development of achievement task values: a theoretical analysis [J]. Developmental Review，1992，12（3）：265-310.
[2] WIGFIELD A，ECCLES J S. Expectancy–value theory of achievement motivation [J]. Contemporary Educational Psychology，2000，25（1）：68-81.

积累和能力的提升，内在价值逐渐呈现出来。

5. 评定与反馈

评定与反馈包括评定方式、反馈方式和奖惩方式。**评定**是指教师进行得分评价和给出评语，可以反映学生进步情况。另外，对学习结果进行**及时反馈**能够有效激发学生的学习动机。**奖励与惩罚**的运用也是激发学生动机的方式之一，一般来说，奖励的成功运用比惩罚更能有效激发动机，不过要注意：①奖励良好的行为表现，而不是行为参与；②奖励代表着对能力的认可；③奖励可针对学生不感兴趣但需要完成的任务；④奖励的内容尽量是非物质性的，可采用社会性的。

6. 社会支持

社会支持涉及学生的家庭、教师和同学等。首先，学生的学习动机在很大程度上受**父母的态度和信念**的影响。例如美国心理学家凯尔（Kahl）和赫尔（Hull）对一组希望上大学和另一组不希望上大学的男生的学习动机进行调查，结果发现，虽然两组男生的智力水平和家庭背景等相同，不过希望上大学的男生家庭经常鼓励孩子认真学习、做上大学的准备，而不希望上大学的男生家庭从未想过自己孩子有上大学的可能。

其次，教师对学生未来的行为或成绩的期望也会影响学生的动机和发生的结果，这被称为**教师期望效应**。一类教师期望效应为**自我应验效应**，指由错误期望引起的，将这个错误的期望变成现实的行为。例如一名学生的父亲是著名钢琴家，教师可能就会默认这名学生也有很强的音乐潜力，经常鼓励他向音乐方面发展，虽然这位学生天赋平平，在不断地努力和练习下，也成了优秀的音乐家。另一类教师期望效应为**维持性期望**，指教师认为学生未来将维持目前的发展模式。例如教师可能会产生对差生和优等生的不同期望，忽略差生的进步和潜在发展。

另外，**同伴竞争**的正确运用也能达到激发动机的效果，在组织方式上可以：按照能力分组竞赛，让学生都有施展自己才能的机会；鼓励学生和同学比较，激发其掌握目标倾向的学习动机。

> 🔒 **利用情境因素促进学习动机的教学策略**
>
> - 学生倾向于选择失败概率低和明确性高的任务，教师可以通过提供示范和公式等降低复杂任务的失败概率和答案的模糊性。
> - 创设问题情境，善用启发式教学。

㊀ HIDI S, RENNINGER K A. The four-phase model of interest development [J]. Educational Psychologist, 2006, 41（2）：111-127.
㊁ 陈琦，刘儒德. 教育心理学 [M]. 2版，北京：高等教育出版社，2011：236.
㊂ 陈琦，刘儒德. 教育心理学 [M]. 2版，北京：高等教育出版社，2011：231-245.

- 适当地掌握和设计任务评分标准,使学生感受到要得到好成绩是可能的,但也不是很轻易就能得到的。
- 在课堂教学中多采用真实性任务,促进学生了解学习任务的价值。
- 除了评定得分或等级外,为学生提供有针对性的评价也能够激励学生学习。
- 利用学习结果进行反馈的原则:①要及时提供反馈信息;②反馈内容要具体和具有针对性与启发性;③要经常提供反馈。

4.1.4 学习动机与学习投入

1. 学习投入的概念与发展

学习投入(Learning Engagement)起源于对学业倦怠和基础教育辍学问题的研究。[1][2]早在20世纪30年代,美国教育家泰勒(Tyler)就提出了任务时间(Time on Task),指出学生投入到学习中的时间越多、学到的越多。[3]

在1992年,学习投入研究的代表学者之一美国威斯康星大学麦迪逊分校教授纽曼(Newmann)对学习中的投入(Engagement)进行了定义,指出投入是用于掌握知识、技能或工艺的心理投入和努力。[2]而后,肖费勒(Schaufeli)率先将有关工作投入的研究扩展到学生群体,提出学习投入是一种与学习相关的积极的精神状态,包括愿意为学业付出努力的活力、饱满的学习热情和全身心投入的愉悦状态。[4]

弗雷德里克斯(Fredericks)等人基于学校教育研究,采用另外的方式来界定学习投入,提出学习投入包括行为投入、认知投入和情感投入三个维度。[5]其中,**行为投入**是指学生参加在校学业或非学业活动的高度投入,如在课堂上的努力与坚持、专注和提问,以及在校的高出勤率;**认知投入**是指学生使用认知策略和心理资源的高度投入,如对学习策略的使用;**情感投入**是指学生对学业任务或其他人(教师和同学)的积极情感,以及对学校的归属感。这三个维度既相互独立也相互影响,学生在单一维度上投入越多,其总学习投入也就会越多。

---

[1] FINN J D. School engagement & students at risk:NCES-93470 [R]. Washington Dc: National Center for Education Statistics,1993:117.
[2] NEWMANN F M. Student engagement and achievement in American secondary schools [M]. New York:Teachers College Press,1992:62-91.
[3] 陈琼琼. 大学生参与度评价:高教质量评估的新视角 [J]. 高教发展与评估,2009,25(1):24—30.
[4] SCHAUFELI W B, MARTINEZ I M, PIATO A M, et al. Burnout and engagement in university students:a cross-national study [J]. Journal of Cross-Cultural Psychology,2002,33(5):464-481.
[5] FREDRICKS J A, BLUMENFELD P C, PARIS A H. School engagement:potential of the concept, state of the evidence [J]. Review of Educational Research,2004,74(1):59-109.

后来,库(Kuh)等人认为学习投入是学生在校学习经验的反映,提出学习投入是学生在学习中行为、感觉与思考的过程,是在教育活动中花费的时间与投入的精力。[1]学习投入较多代表着个体的学业收获较多,反之则少。

2. 动机和投入轮理论

在心理学者看来,学习动机和学习投入是密不可分的:学习动机促进学生产生学习行为,而学习投入是学生产生学习动机的行为表现。对学习投入的研究应同时考虑这两个方面。因此,澳大利亚教育心理学者马丁(Martin)提出了动机和投入轮理论(Motivation and Engagement Wheel,MEW)。

动机和投入轮理论认为学习投入包括**内在动机和外部投入**两部分,共有11个要素。[2]与其他学习动机理论和学习投入理论不同的是,该理论认为,学习投入不仅存在少或多的数量上的差异,而且存在正向和负向的性质上的区分。

如图4-6所示,"动机-投入"和"正向-负向"构成了一个双轴矩阵,与11个要素共同组成了一个轮状的概念框架。具体来看,反映支持学生学习的正向动机要素包括自我效能感、掌握型目标、价值评估(判断学习价值,如学习是否重要或有意义);反映学生对学习进行积极正向投入的要素包括毅力(或坚持)、计划和任务管理;反映阻碍学生学习的负向动机要素包括焦虑、躲避失败和不确定性控制感;反映学生不良学习行为的负向投入要素包括自我设限和习得性无助。

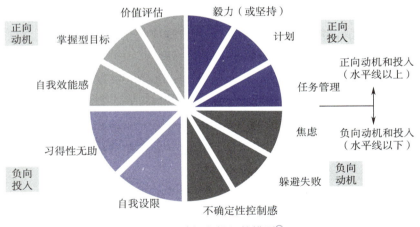

图4-6 动机和投入轮模型[2]

---

[1] KUH G D,KINZIE J,CRUCE T,et al. Connecting the dots:multi-faceted analyses of the relationships between student engagement results from the NSSE,and the institutional practices and conditions that foster student success [R]. Bloomington:Indiana University Center for Postsecondary Research,2007.

[2] MARTIN A J. Examining a multidimensional model of student motivation and engagement using a construct validation approach [J]. British Journal of Educational Psychology,2007,77(2),413-440.

3. 动机、投入和兴趣的概念辨析

动机、投入和兴趣几个概念相互联系，常常被放在一起讨论，也存在混淆的情况。因此，下面将描述兴趣的定义，以及与动机和投入的区别与联系，帮助教师进一步厘清这些概念的含义和关系。

学习兴趣是一种随着时间的推移不断重新接触特定学科内容的**心理倾向**，即学生是否愿意再次投入特定学习内容中。**兴趣是一个动机性变量**，会从触发开始逐渐发展为成熟的个体兴趣，其经历的四个阶段是触发、保持、形成和成熟。表4-5展示了一名学生天文学兴趣的形成过程案例。

表4-5　天文学兴趣的形成过程案例

阶段	过程事件
触发	一名学生偶尔看到了闪亮的星星，感觉受到吸引，从而触发了兴趣
保持	而后这名学生在翻看相关材料时对研究天文的活动非常感兴趣，保持了兴趣
形成	这名学生随后报名了天文社，与同学一起讨论相关话题、开展相关活动，他对天文学的兴趣逐渐在形成
成熟	随着逐渐深入了解，这名学生明确了自己去了解和解决天文学问题的愿望，并积极寻找解决天文学问题的办法，甚至最终可能成为天文学家，这就是兴趣成熟的表现

兴趣是可塑的，可以在任何年龄被多个变量触发和支持，包括新颖性、挑战性、惊奇性、复杂性和不确定性，并能够被不断培养和发展。[1]此外，与学习环境中的其他人和任务进行交互、为兴趣提供支持性的活动，能促进兴趣的发展。例如刚才提到的那名学生可以与天文学教师交流，探讨自己感兴趣的天文学问题，或使用天文学模拟软件观察星空等。如果缺乏相应的触发机制和活动支持，学生的兴趣就会降低、转移甚至消失[2]。

学习动机、学习投入和学习兴趣的联系与区别

一般提到学习投入多的学生，我们会默认他们的学习兴趣与学习动机都很高；而学习投入少的学生则相反。实际上，加大学习投入的确有可能促进学习兴趣和学习动机的发展，例如福尔克（Falk）和尼德姆（Needham）的调查研究结果显示，参观科学中心能够帮助人们建立与科学内容的联结，从而增强其对科学学习的兴趣和动机。不过学习投入并不能完全预测学习兴趣与学习动机的程度。[3]

有研究结果发现，学生的情感、价值判断和知识可以共同预测其所在的兴趣阶

---

[1] BERLYNE D E. Conflict, arousal, and curiosity [M]. New York: McGraw-Hill Book Company, 1960: 350.

[2] HIDI S, RENNINGER K A. The four-phase model of interest development [J]. Educational Psychologist, 2006, 41(2): 111-127.

[3] FALK J H, NEEDHAM M D. Measuring the impact of a science center on its community [J]. Journal of Research in Science Teaching, 2011, 48(1): 1-12.

段，而学生所在的**兴趣阶段则是预测其动机和投入程度的变量**。当学生有更高阶段的学习兴趣时，就具备了更充分的学习动机，能够对学习行为进行自我调节，并自己设定、达成学习目标。因此，**学习动机和学习投入都不是完全预测学习兴趣阶段的变量**，即使某个学生的学习动机较低或学习投入很少，也有可能对某门学科产生和发展学习兴趣。

虽然学习兴趣能够促使学习动机的产生，不过学习动机的产生也不仅取决于学习兴趣，也有其他因素影响。另外，与学习兴趣相比，学习动机不局限于某一学科内容。

4.2 元认知

早在2000多年前，苏格拉底的一句话便引发了大家对元认知的思考——"认识你自己"。对自己的认识是我们自我发展的基础。20世纪70年代，美国发展心理学家弗拉维尔（Flavell）提出了**元认知**的概念，认为元认知是对自身认知的认知，在学生学习过程中起着非常重要的作用，因为其能够指导和调整学生对学习材料的认知加工过程。

随着个体的成长，个体所承担的任务越来越复杂，对元认知技能的要求也越来越高。例如与高中生相比，大学生往往需要独立完成复杂的学习、研究项目，管理自己的学习。在完成任务的过程中，学生需要识别自己还需要学习什么技能、判断自己能够完成项目的范围，以及调控自己采用的方法等。因此，元认知能力在人们成为一名高效的自主学习者的过程中起关键作用，也是自我调节学习能力的基础。

元认知和认知

元认知和认知都是人的认识和活动，两者的区别体现在对象、活动目的、活动内容、作用方式、发展速度五个方面。

---

① RENNINGER K A，SU S. Interest and its development [M]//RYAN R M. The Oxford Handbook of Human Motivation. Oxford:Oxford University Press，2012：167-187.

② HARACKIEWICZ J M，DURIK M A，BARRON K E，et al. The role of achievement goals in the development of interest：reciprocal relations between achievement goals，interest，and performance [J]. Journal of Educational Psychology，2008，100(1)：105-122.

③ SANSONE C，HARACKIEWICZ J M. Intrinsic and extrinsic motivation：the search for optimal motivation and performance [M]. Cambridge：Academic Press，2000：373-404.

④ PASCARELLA E T，TERENZINI P T. How college affects students：a third decade of research [M]. California：Jossey-Bass，2005：416-470.

⑤ 汪玲，方平，郭德俊. 元认知的性质、结构与评定方法 [J]. 心理学动态，1999，7（1）：6-11.

> 1）**从对象上看**，认知活动的对象外显而具体，例如观看的某一幅画作、聆听的某一首乐曲、回忆过去经历的事件等。元认知的对象则内隐而抽象，如写作构思中不断的修正、调节等。
>
> 2）**从活动目的上看**，认知活动的目的在于使认知主体取得认知活动的进展，而元认知的目的是监测认知活动的进展。例如认知的目的是流利朗读英语课文，元认知的目的在于通过调节、修正，确保流利朗读英语课文。认知活动的目的和元认知活动的终极目的是一致的，都是使认知个体完成和实现认知目标。
>
> 3）**从活动内容上看**，认知活动的内容是对认知对象的某种智力操作，而元认知活动的内容是对认知活动进行调节和监控。例如阅读课文是认知活动，而确定阅读目的、通过习题和自我提问检查阅读效果、发现错误进行纠正的过程则是元认知活动。
>
> 4）**从作用方式看**，认知活动是直接影响认知主体的认知活动；而元认知是通过调节、监控认知活动，间接影响主体的认知活动。
>
> 5）**从发展速度看**，认知先于元认知的发展。有研究结果表明，婴儿出生后就有一定认知能力，而元认知能力的发展则始于学前期。
>
> 综上可知，元认知不同于认知，它反映了认知主体对个人认知的认知。

随着信息社会的发展，人们也逐渐认识到教会学生如何学习和培养终身学习的能力比教会学生知识更重要，教育的主要目标之一就是帮助学生成为一个具备自我调节能力的学习者。

4.2.1 元认知的定义与分类

元认知是指个体对自己认知过程的认识和控制。[1]从学习层面上看，元认知包括元认知意识和元认知控制。元认知意识是学生关于自己如何学习的知识，或者说"知道做什么"。元认知意识存储了和自己以及各种任务、经验等有关的知识，有助于分析有效完成学习任务所需的技能、策略以及来源。例如学生知道向别人解释概念有助于自己更深入地理解概念，并以判断认知事件（如自身的知识与技能是否可以完成认知任务）。**元认知控制**是学生对学习过程的控制，评估目前使用的认知策略是否合适，以及是否有提升学习过程的替代性策略，确保个体能够完成学习任务，或者说"知道何时、如何做什么"。例如学生注意到何时产生了学习困难，并采取相应策略解决学习困难。

---

[1] 理查德 E. 梅耶. 应用学习科学：心理学大师给教师的建议 [M]. 盛群力，丁旭，钟丽佳，译. 北京：中国轻工业出版社，2016：42-43.

认知心理学家从三种不同知识形式的角度对**元认知意识**进行了讨论，包括陈述性知识、程序性知识和条件性知识。[1]**对陈述性知识的元认知意识**就是对获取了该知识的认知，以及对任务及其情境和对策略适用性的认知和判断。[2]例如一名学生知道他会加减法计算，不过认为自己不擅长从应用题中提取信息，因此他认为不应在测试中投入太多精力来解决应用题，而是做好计算题。

相对而言，**对程序性知识的元认知意识**是比较弱的，原因是，随着学生逐步掌握程序的要素，有关任务完成的行为序列逐渐内化，程序达到不需要意识的注意或控制就可以被自动执行的状态，学生的元认知意识由一开始的强烈逐渐转弱。高度自动化的行为往往是内隐性的，对程序性知识的元认知在熟悉的问题解决情境中成为自觉的知识。[3][4]在学习有关程序性知识的元认知中，应引导学生意识到相关的元认知知识，理解这些自动化执行的程序性知识是如何影响他们行为的。

对条件性知识的元认知意识是有关与任务关联的陈述性知识和程序性知识的适用时机和原因的知识的认知和判断，特别是对学习的影响因素的知识和意识。[5]例如学生知道为什么某一策略是有效的，在什么情境下应采用这种策略，何时使用最为合适。

元认知控制可以根据其涉及的思维形式分为三种，包括元认知监测、元认知调控和自我调节学习。**元认知监测**是让学生意识到将事物的元认知与该事物知识的标准之间相匹配的过程，即对认知行为的评估和对认知活动影响因素的监控。**元认知调控**是以元认知监测的结果作为依据，生成意向性的指导思维和行为，以达成目标的过程，即学生对元认知监测的回应，以不断调整未来的行为。例如"正向迁移"（Forward-Reaching Transfer），学生反思并评估某个认知事件，以决定在未来类似任务中，是否再次采用相同的行为策略。**自我调节学习**是学生在参与不断拓展的复杂任务，如元认知监测和元认知调控的多个事件案例中，随着时间的推移不断塑造和调节思维的过程。在学习过程中，学生将陈述性知识、程序性知识和条件性知识结合起来，通过元认知监控，调整学习方式，提升自身能力，以达到任务目标。[6]

---

[1] R. 基思·索耶. 剑桥学习科学手册：第2版 [M]. 徐晓东，等译. 北京：教育科学出版社，2021：70-75.

[2] JACOBS J E, PARIS S G. Children's metacognition about reading: issues in definition, measurement, and instruction [J]. Educational Psychologist, 1987, 22 (3-4): 255-278.

[3] GARNER R. Metacognition and reading comprehension [M]. New Jersey: Ablex Publishing, 1987: 14-56.

[4] SLUSARZ P, SUN R. The interaction of explicit and implicit learning: an integrated model [C].California: Proceedings of the Annual Meeting of the Cognitive Science Society, 2001, 23.

[5] SCHRAW G. Promoting general metacognitive awareness [J]. Instructional science, 1998, 26 (1): 113-125.

[6] BOEKAERTS M, PINTRICH P R, ZEIDNER M. Handbook of self-regulation [M]. Cambridge: Academic Press, 2000: 451-502.

4.2.2 自我调节学习的概念及发展

自我调节学习（Self-Regulated Learning，SRL）要求学生能够主动且积极地设定学习目标，选择学习策略，理解和监测自己的学习过程，并在适当的时候进行调节和控制。

因此，自我调节学习者同时具备元认知意识和元认知控制的能力。一方面自我调节学习者具有学习策略的知识储备，另一方面自我调节学习者能够甄别运用相应策略的恰当时间。这样的学生能够评估任务的要求，分析影响学习的条件，评价自己的知识和技能，设置目标和规划以达成目标，随着任务的执行，监控计划的进展、诊断错漏，根据需要不断调整自己的学习策略，并对后续类似的学习任务进行规划和部署。①例如一个自我调节学习的学生可能一开始使用搜索引擎，希望获取关于基因的知识，但当他发现许多材料需要更多的解释和学习才能理解时，可能会转向其他方法，如询问自己的生物教师、寻求知识渊博的同学帮助等。

自20世纪50年代开始，文化历史学派（以维果茨基为代表）、行为主义学派、社会认知学派和信息加工学派等都从不同的角度对自我调节学习进行了讨论，也提出了许多相关术语，如自主学习（Autonomic Learning）、主动学习（Active Learning）和自我教育（Self-Education）等。

20世纪70年代，美国心理学家班杜拉提出了自我调节学习的概念以后，人们进行了大量的理论与实证研究，研究的重心从早期只重视学习者的内部认知，逐渐转移到同时强调要重视学习者的动机、情感、意志控制行为等因素的相互关系。②③

20世纪90年代，著名的自我调节学习研究者之一美国教育心理学家齐默尔曼（Zimmerman）提出了如图4-7所示的自我调节学习**三阶段循环模式**：**在计划阶段**，个体进行任务分析、确定清晰合理的目标、选择学习策略、建立信心和学习动机；**在行为表现阶段**，个体观察和控制自己的学习过程，并根据学习效果调整相应的学习策略；**在自我反思阶段**，个体反思自己的学习成果，并且能将成败正确归因，调整自己的情绪，从而产生令人满意的自我效能。④

---

① R. 基思·索耶. 剑桥学习科学手册：第2版 [M]. 徐晓东，等译. 北京：教育科学出版社，2021：76-79.
② WEINERT F E, KLUWE R. Metacognition, motivation and understanding [M]. New Jersey：Lawrence Erlbaum Associates, 1987：21-29.
③ ZIMMERMAN B J, SCHUNK D H. Self-regulated learning and academic achievement：theoretical perspectives [M]. 2nd ed. New Jersey：Lawrence Erlbaum Associates, 2001：191-225.
④ ZIMMERMAN B J. Becoming a self-regulated learner：an overview [J]. Theory into Practice, 2002, 41（2）：64-70.

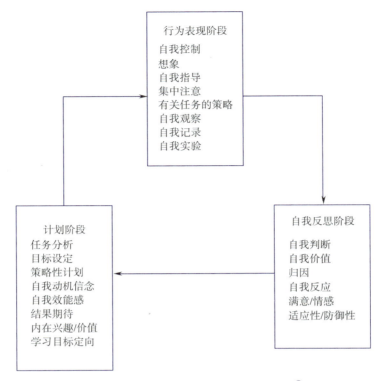

图4-7　自我调节学习的三阶段循环模式[1]

自主学习、自我调节学习和元认知

在阅读相关材料时,教师有时候会发现,自我调节学习在某些语境下与自主学习的内涵完全相同,似乎讲的都是自我调节学习的事,这两个概念经常被混淆。

实际上,自主学习的英文为autonomic learning,指的是一种学生主导的学习方式,强调学生能够在学习过程中自我决定,并对自己的学习负责。[2]而本书中提到的自我调节学习指的都是self-regulated learning,我们可以将其理解为利用自我调节学习实现自主学习。

在自我调节学习中,学生需要能够理解自己的学习方式,并调节和控制自己的学习过程,同时具备元认知意识和元认知控制的能力。因此,元认知在自我调节学习中起关键作用。不过,学生的自我调节能力还受其他因素影响,如意志力、自我意识、自我概念和自我效能感等。

---

[1] ZIMMERMAN B J. Becoming a self-regulated learner:an overview [J]. Theory into Practice,2002,41(2):64-70.
[2] HOLEC H. Autonomy and foreign language learning [M]. Oxford/New York:Pergamon Press,1979:3.

4.2.3 自我调节学习的理论及应用

了解了自我调节学习的概念及其发展，那么我们要如何判断学生是否在进行自我调节学习以及处于什么阶段呢？下面就来回答这两个问题，介绍自我调节学习的概念框架与模型，为各位教师提供抓手。

1. 自我调节学习概念框架

我们如何判断学生的学习是否是自我调节学习呢？齐默尔曼建立了一个系统的自我调节学习概念框架，见表4-6，解释了自我调节学习的六个学习议题，我们可以根据这些学习议题来逐项进行判断。[1]如果学生自己能够控制六个学习议题，那他的学习就是充分自我调节的；反之，其学习就不是自我调节的，受外控或他控。

实际上，我们很难在真实的学习情境中遇到完全进行自我调节和完全不进行自我调节的学生，多数学生介于两者之间。[2]因此，我们应首先明确学生在哪些学习议题上是自我调节的，哪些不是，而后开展有针对性的教育支持和发展干预。

表4-6 自我调节学习概念框架

学习议题	学习维度	学生条件	自我调节属性	自我调节过程
为什么学	动机	选择参与	内在的或自我激励的	自我目标、自我效能、自我价值和归因等
如何学	方法	选择方法	有计划的或自动化的	策略运用或习惯化操作
何时学	时间	选择时限	定时而有效的	时间规划和管理
学什么	学习结果	选择学习结果	对学习结果的自我意识	自我监控、自我判断、行为控制、意志等
在哪里学	环境	选择物理环境	对物理环境的敏感和对资源的充分利用	选择、构建学习环境
与谁一起学	社会性	选择社会环境	对社会环境的敏感和对资源的充分利用	选择伙伴、榜样或教师，寻求帮助

2. 自我调节学习模型

一些研究者也尝试将诸多影响自我调节学习过程的因素整合起来，以解释自我调节学习是如何发生的。科尔诺（Corno）和曼迪纳赫（Mandinach）提出了一个自主学习模型，说明了自主学习的产生、保持与学习成绩的关系[3]。加拿大教育心理学家巴特勒

---

[1] ZIMMERMAN B J, RISEMBERG R. Self-regulatory dimensions of academic learning and motivation [M] // Handbook of academic learning:Construction of Knowledge. Cambridge: Academic Press, 1997: 105-125.

[2] ZIMMERMAN B J, BANDURA A. Impact of self-regulatory influences on writing course attainment [J]. American Educational Research Journal, 1994, 31（4）: 845-862.

[3] CORNO L, MANDINACH E B. The role of cognitive engagement in classroom learning and motivation [J]. Educational Psychologist, 1983, 18（2）: 88-108.

（Butler）和温妮（Winne）基于这个模型，从信息加工角度提出了更为系统的自我调节学习模型，如图4-8所示，解释了自我调节学习的内在机制，认为自我调节学习存在四个阶段，包括**任务界定、目标设置和计划、策略执行和元认知调节**。

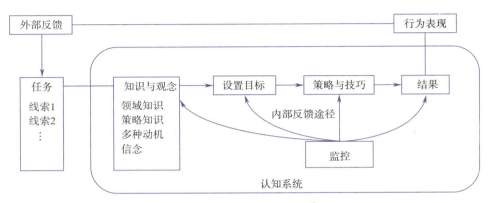

图4-8　自我调节学习模型

（1）**任务界定阶段**　任务界定指的是，学生运用已有的知识与观念，解释学习任务的特征和要求，以及相关支持、限制条件。界定过程会受到学生的领域知识、策略知识和多种动机信念等因素影响，例如领域知识丰富、策略知识储备充足、动机信念（自我效能感）高的学生，往往认为任务相对简单些。

> **任务界定引导策略**
>
> 在实践中，学生可能会易于错误评估当前的学习任务，因此教师应引导学生：
> - 学习如何评估任务，例如跟学生一起将学习要求的重点勾画出来。
> - 练习将任务评估整合到自己的学习计划中，养成习惯。
> - 在开始学习任务前，获得关于任务评估准确性的反馈。

（2）**目标设置和计划阶段**　在此阶段，学生会通过评估自己的知识、技能来确认自身标准，并结合对学习任务的界定、分析制订自己的学习目标、规划学习计划和选择相应的学习策略。这个过程主要会受到自我效能感、目标定向和元认知水平的影响，自我效能感较高、目标取向准确、元认知水平较高的学生，其目标设定、学习策略的选择和学习时间规划等一般都较为合理。

BUTLER D L, WINNE P H. Feedback and self-regulated learning: a theoretical synthesis [J]. Review of educational research, 1995, 65（3）: 245-281.

（3）**策略执行阶段**　在这一阶段，学生的元认知开始工作，对学习过程进行监测和控制。首先，元认知监测学习进程和学习目标的匹配程度，为元认知控制提供依据；而后，元认知控制根据元认知监测结果调整学习策略或目标；同时，元认知控制也对付出努力多少等进行调节。

（4）**元认知调节阶段**　在元认知调节阶段，学生在收到外部、内部反馈后，调整内部的认知系统。具体表现为，评估学习结果、反思学习方法的有效性，从而调整策略与技巧，并据此指导下一轮的自我调节学习。例如学生可能会重新界定任务成分，调整学习目标和重新选择学习策略，制订新的学习计划，以期获得与任务要求相匹配的学习结果。

自我调节学习模型的反馈原则

尼科尔（Nicol）和麦克法兰-迪克（Macfarlane-Dick）提出，反馈是自我调节学习模型的核心，他们强调外部反馈和内部反馈的重要性，并确认了七个支持良好自我调节学习反馈实践的原则：
- 帮助学生明确什么是好的表现（目标、标准、期待的水准）。
- 促进学生对学习进行自我评估（反思）。
- 为学生的学习传递高质量信息。
- 鼓励教师和同学就学习展开对话。
- 鼓励积极的动机信念和自尊。
- 提供机会缩小目前表现与期望表现之间的差距。
- 为教师完善教学提供相关信息。

4.2.4　自我调节学习策略及能力发展

在学生自我调节学习的过程中，教师有必要适当给予支持，以促进学生自我调节学习能力的提升。本小节将介绍相关内容，为各位教师提供参考。

1. 自我调节学习策略

自我调节学习策略，主要指的是学生在自我调节学习过程中使用的各种认知和元认知策略，是自我调节学习的重要条件，也是发展自我调节学习能力的重要元素。因此，许多学者对自我调节学习策略进行了探讨。例如齐默尔曼等人归纳了14种不同的自我调

○ NICOL D J, MACFARLANE-DICK D. Formative assessment and self-regulated learning: a model and seven principles of good feedback practice [J]. Studies in Higher Education, 2006, 31 (2): 199-218.

节学习策略，包括自我评估、组织和转化（重新安排和重组教材）、目标设定和规划等[1]；美国心理学家麦基奇（Mckeachie）等人将自我调节学习策略系统地分为三种（见表4-7），包括认知策略、元认知策略和资源管理策略。

表4-7 自我调节学习策略

类别	策略	案例
认知策略	复述策略	如重复、抄写、做记录、画线等
	精细加工策略	如释义、口述、总结、做笔记、类比、举例、提问、答疑等
	组织策略	如组块编码、选择要点、列提纲、制作关系图等
元认知策略	计划策略	如设置目标、浏览、设疑等
	监控策略	如自我查测、集中注意、监察领会状态等
	调节策略	如调整阅读速度、重新阅读、复查、使用应试策略等
资源管理策略	时间管理策略	如建立时间表、设置进度目标
	学习环境管理策略	如寻找固定地点、安静地点、有组织的地点等
	努力状态管理策略	如将成败归因于努力、调整心境、自我强化、自我坚持等
	社会支持管理策略	如寻求教师/伙伴帮助、获得个别辅导、采用同伴/小组学习等

认知策略是信息加工的一些方法和技术，帮助学生有效地从记忆中提取信息，包括：①**复述策略**，指运用内部语言在大脑中重现学习材料或刺激，使注意维持在学习材料上，以在工作记忆和长时记忆中保持信息；②**精细加工策略**，指将新信息与已有知识联系起来，以增加新信息的意义，并进行深层加工，是一种理解性记忆策略；③**组织策略**，是建立新知识与新知识之间以及新知识与旧知识之间的内在联系，以建立新的知识结构。

元认知策略帮助学生对学习过程进行监测和控制，包括：①**计划策略**，指在学习开始前，根据学习目标，计划学习活动、预计学习结果和选择学习策略等；②**监控策略**，指在学习过程中，参考学习目标，评估、分析、反馈学习结果与不足，以及评价认知行为和策略的效果；③**调节策略**，指根据监控结果，对认知策略进行修正和调整。

资源管理策略辅助学生对可用的学习环境和资源进行管理，帮助学生调节环境以适应其学习需要，同时对学习动机有重要影响，包括：①**时间管理策略**，是指认识、计划和合理安排时间情况；②**学习环境管理策略**，即选择适合学习的环境；③**努力状态管理策略**，即排除学习干扰，将注意集中于学习任务；④**社会支持管理策略**，如在遇到困难时向他人寻求帮助。

---

[1] 李子建，邱德峰. 学生自主学习：教学条件与策略 [J]. 全球教育展望，2017（1）：49-59.

时间管理策略

如图4-9所示,我们可以根据事情的重要程度和紧急程度将其分成四种类型。普通人通常会在第三象限(不重要不紧急)上花时间最多,因为这些事情不费力,比较轻松,其次在第二象限(不重要但紧急)上花时间多。成功人士在第一象限(重要又紧急)上和普通人投入的精力差不多(大约20%~30%),但是在第四象限(重要但不紧急)上差异比较大,成功人士会投入60%~68%的精力,普通人则只有20%左右。

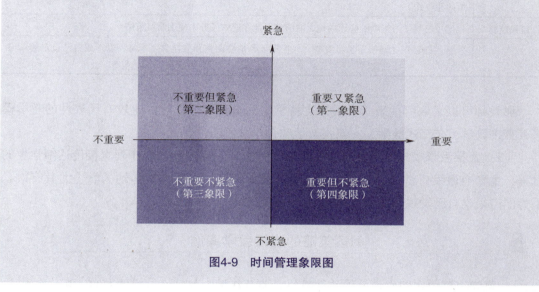

图4-9 时间管理象限图

2. 自我调节学习能力发展

在了解了自我调节学习以后,回归我们教育的目标——帮助学生发展自我调节学习能力。我们不仅要帮助学生了解不同的学习策略,还要培养学生的自主性,教会学生如何积极地、适时地选用有效的策略进行学习。

首先,我们要意识到,自我调节学习是可以习得并提高的,而且是可迁移的。例如齐默尔曼认为学生可以通过来自教师的示范、脚手架,以及来自同学、教师及父母的支持等来发展自我调节学习能力。[1][2]

其次,教师可以在什么时候给予学生帮助呢?齐默尔曼和申克(Schunk)认为,自我调节学习能力的获得,将经历观察、练习、模仿、自我控制和自主五个阶段,见

---

[1] ZIMMERMAN B J. A social cognitive view of self-regulated academic learning [J]. Journal of Educational Psychology,1989,81(3):329-339.

[2] ZIMMERMAN B J. Becoming a self-regulated learner: an overview [J]. Theory into Practice,2002,41(2):64-70.

表4-8，才能将外部学习技能内化为自身能力[1][2]。教师可以在每个阶段中结合示范、脚手架等方式，提供有针对性的支持。

表4-8　自我调节学习能力的发展阶段

阶段	特征
观察	学生在教师的示范、指导和鼓励下观察学习策略的运用，归纳学习策略的主要特征
练习	学生经过实际的练习，将学习策略整合到自身的认知结构中；同时，教师给学生提供指导、反馈和社会性强化，提升其练习的准确性
模仿	学生不再照搬教师的学习表现（如提问的原话），而是接近教师表现的模式或风格（如提问的类型和模式）
自我控制	学生已将学习策略的应用内化，能够独立地在迁移任务中使用学习策略
自主	学生能够自觉地使用学习策略，并根据任务情境调整和变换学习策略，以达成自己设定的学习目标

那教师可以采取哪些教学模式来支持学生的自我调节学习？比较有代表性的教学模式有直接教学、交互式教学、支架式教学和合作学习四种。

（1）**直接教学模式**　直接教学是指教师将事实、规则和动作序列直接传达给学生的过程，主要有激发、演讲、练习、反馈和迁移等环节。该模式对年幼的学生尤其有效，因为他们很难自己发展和运用策略知识。

> **阅读策略的直接教学案例**[3]
>
> **首先**，教师向学生讲解阅读策略的含义与作用、如何使用阅读策略、在什么时候运用什么样的阅读策略以及阅读策略的效果评价等。
>
> **然后**，教师向学生讲解阅读过程中的策略运用，包括阅读的思维推理过程和策略应用的自我监控过程，将整个过程中的心理活动外显地展现给学生，使其准确、恰当地把握阅读策略及其运用。
>
> **最后**，教师在讲解和示范后，给学生提供练习，并根据学习情况提供适当的支持和辅导，如解释或类比，帮助学生逐渐熟练掌握阅读策略。

（2）**交互式教学模式**　交互式教学（Reciprocal Teaching）是由美国教育心理学家布朗（Brown）和帕林克萨（Palincsar）提出的，指由教师和学生轮流承担教学角色的课堂

---

[1] SCHUNK D H. Learning theories：an educational perspective[M]. 2nd ed. New Jersey：Merrill，1996：53.
[2] 庞维国. 90年代以来国外自主学习研究的若干进展 [J]. 心理学动态，2000（4）：12-16.
[3] DUFFY G G, ROEHLER L R. Why strategy instruction is so difficult and what we need to do about it [M]// Cognitive Strategy Research. New York：Springer Publishing Company，1989：133-154.

组织形式,一般为小组讨论,包含教师和一个小组的学生(大约六人)。○

在交互式教学的过程中,教师先做出一些自己的做法,为学生进行示范。而后,教师改变自己的角色,让学生充分参与学习活动,并在学生尝试使用学习策略时提供必要的学习支持和帮助,将任务逐渐转给学生,教师起促进者和组织者的作用。

> **阅读策略的交互式教学案例**
>
> **首先**,教师阅读一段课文,示范阅读策略。
> **然后**,指定一名学生扮演"教师",模仿教师的示范步骤,带领其他同学一起阅读和分析文章后面一段的内容。
> **最后**,让学生们轮流担当"教师",充分参与学习活动。

(3)**支架式教学模式** 支架式教学是指教师在学生的现有知识水平和目标水平之间搭建帮助学生理解的学习支架,促进学生逐步提升自身水平,最终实现自我调节学习。整个过程中,教师逐步撤去学习支架,并逐步将学习任务交给学生自主完成。

> **阅读策略的支架式教学案例**○
>
> 教师在教学如何列出阅读提纲时:
> **首先**,给学生提供一个完整的提纲,并讲解这些提纲是如何统领阅读材料的。
> **然后**,给学生提供一个几乎完整的提纲,要求学生补充一些支持性细节。
> **而后**,给学生一个只包含主要观点的提纲,让学生补充所有的支持性细节。
> **最后**,给学生一个只有支持性细节的提纲,要求学生补全主要观点。

(4)**合作学习模式** 合作学习,又称"脚本式合作"(Scripted Cooperation),是指学生两两配对进行讨论、交流和学习的方式。例如在训练阅读技能时,学生两两一组,分段轮流向彼此总结阅读材料,相互指出错误和建议。

4.3 学习动机与元认知的关系

作为激发、维持和指导认知与学习过程的两大基石,学习动机与元认知存在怎样的

○ BROWN A L,PALINCSAR A S. Reciprocal teaching of comprehension strategies:a natural history of one program for enhancing learning [M]. New Jersey:Ablex Publishing,1987:81-132.
○ 陈琦,刘儒德. 教育心理学 [M]. 2版.北京:高等教育出版社,2011:351-352.

关系呢？我们知道，学习动机涉及改进学习所付出的努力，元认知涉及关于如何改进学习的知识。

一方面，学习动机会对元认知产生影响，为元认知活动"供能"。马扎诺（Marzano）描述了当学习处于自我系统阶段时的个体决策过程。他认为：当个体动机较强，认为新任务很重要，而且成功的可能性很大，就会有动力从事该任务，能够监控自己的行为向个人目标努力，并且在遇到问题时及时做出调整，以完成任务；而当个体动机较弱，认为新任务与自己具有较低的关联性，而且成功的可能性不大时，就会对元认知系统产生消极影响，例如缺乏个人努力目标、在遇到问题时可能会轻易放弃等，造成无法完成任务的情况。

另一方面，元认知能够反映出学生的学习动机，甚至能够激发学生的学习动机、实现学习动机的内外转化。例如当学生具有较高的元认知水平、能够有效地自我调节时，即使对于某些要学习的内容不是很感兴趣（内部动机不足），也能够控制自己的学习行为，较认真地参与到活动中，从而实现比较好的学习结果、获得好的成绩（外部动机发挥作用）。[1]从这个例子中，我们可以看出学生进行元认知调节时，肯定是有学习动机在"供能"的，无论是内部动机还是外部动机。在此基础上，学生认真参与到学习活动中，取得了良好的结果，往往在加深了对学习内容理解的同时，也会产生较高的自我效能感，从而激发自己对所学内容的兴趣，实现外部动机向内部动机的转化；反之，操作不当则会外化，如学生感到挫败、自我效能感低，就将学习活动归于外部动机。[2]

整体而言，学习动机和元认知关系密切，两者的关系也是目前教育领域研究的热点内容。[3]我们目前可知的是，学习动机和元认知共同推动与指导学习过程。然而，这是否对每名学生的每个阶段都适用？两者究竟是如何相互作用的？是否中间存在着我们可以进行干预的变量？未来研究还将提供更多证据来回答这些问题。持续关注对这些问题的研究，有助于教师进一步了解学习动机和元认知的交互作用，为学生提供更具针对性的个性化指导。

4.4 本章结语

学习动机与元认知，可能乍听起来，是两个很陌生、很高级的词汇，但其实在教学中经常用到。例如"有志者，事竟成"，这是我们经常用来激励学生的古人智慧，实则

---

[1] SANSONE C, THOMAN D B. Interest as the missing motivator in self-regulation [J]. European Psychologist, 2005, 10（3）：175-186.
[2] 肖武云, 曹群英, 欧阳苹果. 元认知策略训练对激发英语学习动机的影响 [J]. 四川外语学院学报, 2008, 24（1）：134-137.
[3] 汪玲, 郭德俊. 元认知与学习动机关系的研究 [J]. 心理科学, 2003, 26（5）：829-833.

也是持续"强"动机的体现;"考试期间要注意分配答题时间""不要犯低级错误",这是我们在学生上考场前,常常给予学生的叮嘱,实际上都是在发展学生的元认知意识。可以说,学习动机、元认知这两个概念就存在于我们的教学生活当中,并无时无刻不在发挥着作用。

通过本章的学习,教师了解了学习动机是学习的内在驱动力,能够引发与维持学习活动,促使学生向学习目标不断努力。学习动机可以分为内部动机和外部动机两个部分,并且可以用成就动机理论、自我决定理论、自我效能理论、内在动机理论和心流理论进行解释。在有关学习动机的影响因素方面,ARCS动机设计模型提出了影响动机的个体因素和情境因素,有助于指导学习动机的培养。通过将内部的心理动机状态和外显的投入行为相结合,动机和投入轮理论进一步解释了学习投入的11个要素。

元认知在指导和调节学习过程中起着关键作用。它包括元认知意识和元认知控制。当学生能够具备和应用元认知意识和元认知控制能力理解和调控自己的学习过程时,就成了自我调节学习者。教师可以通过自我调节学习的概念和框架判断学生的自我调节学习程度,结合自我调节学习模型了解自我调节学习是如何发生的,基于自我调节学习应掌握的学习策略和教学发展模式对学生的自我调节学习能力进行有针对性的培养。

总体来说,学习动机激发、引导和保持着学习和认知加工过程,元认知对学习和认知加工过程起到认识、监督和引导的作用,两者都在学习过程中起着关键作用并彼此影响,帮助学生向着学习目标不断迈进。

相信通过本章的学习,各位教师对学习动机和元认知都有了更深刻的理解。各位教师不妨在日常的教学中多多关注学生的学生动机和元认知,帮助他们进步;作为教师,我们也可以向内省察自己的学习动机与元认知,提升我们的教学水平、师生关系甚至生活等人生的方方面面。

拓展阅读

[1] 理查德 E. 梅耶. 应用学习科学:心理学大师给教师的建议[M]. 盛群力,丁旭,钟丽佳,译. 北京:中国轻工业出版社,2016.

[2] R. 基思·索耶. 剑桥学习科学手册:第2版[M]. 徐晓东,等译. 北京:教育科学出版社,2021.

[3] 陈琦,刘儒德. 教育心理学[M]. 2版. 北京:高等教育出版社,2011.

[4] 巴克勒,卡斯尔. 写给教师的心理学[M]. 张浩,等译. 上海:华东师范大学出版社,2016.

[5] 庞维国. 90年代以来国外自主学习研究的若干进展[J]. 心理学动态,2000(4):12-16.

[6] 霍秉坤，徐慧璇，黄显华. 学生自主学习的概念及其培养[J]. 全球教育展望，2012，41（7）：18-25.

[7] 李子建，邱德峰. 学生自主学习：教学条件与策略[J]. 全球教育展望，2017（1）：49-59.

思考题

1. 请用自己的话说出什么是动机、产生动机的因素，并以学习动机的产生为例加以说明。

2. 试说出心流发生的条件。

3. 请结合学习动机的相关理论和模型，分析影响学生学习动机的因素，并思考如何提升学生的学习动机。

4. 试说出学习动机、学习投入和学习兴趣的区别与联系。

5. 请结合案例说明元认知的分类。

6. 请例举身边两名学生的自我调节学习案例：利用自我调节学习概念和框架，分析这两名学生在哪些方面是自我调节的、哪些不是自我调节的，并谈谈如何提升其自我调节学习能力。

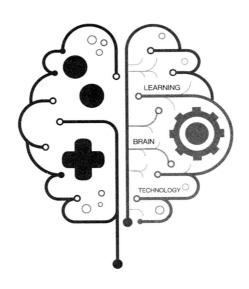

第5章

深度学习与项目式学习

【本章导入】

随着21世纪科技与数字媒体的高速发展，社会各行各业对于人才的要求也在不断提升。批判性思维、解决问题的能力、创新思维、沟通技能等已然成为新时代青年必备的核心素养。那么我们究竟应该如何培养新型可持续人才呢？如何提升青年一代的核心能力从而帮助他们适应社会的多元变化呢？

经济合作与发展组织（Organization for Economic Co-operation and Development, OECD）在描述全球化时指出："我们生活在一个瞬息万变的世界中，产生更多相同的知识和技能不足以应对未来的挑战。以前，教师可以期望他们所教的内容将持续一生。今天，由于经济和社会的快速变化，学校必须为学生准备尚未创建的工作、尚未发明的技术以及将会出现的我们尚不知道的问题。"

可以发现，传统的学习方式已经不能应对目前对个体的高要求。传统的学习方式中学生作为知识的被动接收者，对于知识的理解也停留在较浅的层面上，仿佛没有思想的收纳机器。这样方式下培养出来的学生显然无法具备创新创造能力、良好的思维能力，这与我们的发展目标是相悖的。因此，时代的发展形势迫切地要求我们进行学习方式的变革。

学习方式泛指学生在各种学习情境中采取的具有不同动机取向、心智加工水平和学习效果的学习方法和形式，既包括学习方法，又包括学习形式。①近几十年来，教育学界涌现了许多形式多样、概念新颖的学习方式，如协作学习、探究式学习、项目式学习、深度学习、基于问题的学习等。其中，深度学习和项目式学习凭借其先进的教育理念、应用于教学的潜力、良好的教学效果，吸引了教育研究者的广泛关注。因此，本章将重

---

① 庞维国.论学习方式[J].课程·教材·教法，2010，30（5）：13-19.

点介绍这两种学习方式。

【内容导图】

本章内容导图如图5-1所示。

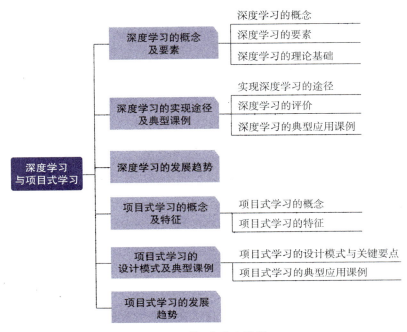

图5-1　第5章内容导图

5.1　深度学习的概念及要素

在高度信息化的知识经济时代背景下，深度学习作为一种全新的教育理念吸引了教育研究者的广泛关注。深度学习是学习科学领域的重要研究内容之一。学习科学旨在探讨深度学习是如何发生的，并借此研究如何设计深度学习。本章将从深度学习的含义、要素和理论基础出发，概括深度学习的实现途径，同时提供一些深度学习的典型案例以供参考，最后简要阐述深度学习的发展和应用前景。

5.1.1　深度学习的概念

深度学习（Deep Learning）的概念可以追溯到1956年美国心理学家、教育家布鲁姆（Bloom）所撰写的《教育目标分类学》，在该书中布鲁姆对于认知维度层次的划分中就包含了"学习有深浅之分"的观点。在1976年，美国心理学家马顿（Marton）等针对孤立记忆和非批判接受知识的浅层学习，首次提出了深度学习的概念。随后多位学者从不同的角度进行了深度学习的探索，发展了相关概念和理论。进入21世纪，众多教育领域研究者开始重视在什么样的环境中学习者的学习是更加有效的，自此开启了21世纪深度学习的浪潮。不同的学者对于深度学习的定义不尽相同，但大致可以归纳为学习方式说、学习过程说和学习结果说三类。

1. 学习方式说

在早期的研究中，深度学习往往是和浅层学习相对的一种学习方式。如果说浅层学习是了解事物的表层特征，那么深度学习就是掌握事物核心内容。如澳大利亚教育学者比格斯（Biggs）认为，相对浅层学习采用的低水平认知加工（如简单记忆或机械记忆），深度学习包含的是高水平、主动的认知加工。也有学者认为，深度学习意味着学习者为了理解而学习，强调和已有知识经验的连接，是对学习内容的批判性理解。国内学者黎加厚进一步强调了深度学习中的批判性理解，指出深度学习是将新知识融入原有的认知结构中，或将已有的知识迁移到新的情境中的一种学习方式。例如仅仅掌握了矩形的定义和特征不能称为深度学习，而深度学习应该包括将"矩形"这一概念整合进"平行四边形"这个大家族中等。

2. 学习过程说

伴随着深度学习研究的发展，学术界对于深度学习的关注从学习方式转移到深度学习发生的过程。如美国国家研究委员会（National Research Council，NRC）认为，深度学习是个体将学习的知识从一种情境应用到另一种新的情境的过程，即迁移。我国学者蔡少明和赵建华从学习科学视角诠释了深度学习，他们认为深度学习需要连接真实世界的、有意义的、面向问题解决的学习任务，完成这类学习任务可以促进学生的深度学习。

3. 学习结果说

从学习结果这一维度来看，深度学习的根本目标是培养学生适应社会发展的核心能力。如威廉和弗洛拉·休利特基金会（William and Flora Hewlett Foundation）在美国深度

---

① MARTON F，SALJO R. On qualitative difference in learning. I . outcome and process [J]. British Journal of Educational Psychology，1976，46（1）：4-11.
② 卜彩丽，冯晓晓，张宝辉. 深度学习的概念、策略、效果及其启示——美国深度学习项目（SDL）的解读与分析 [J]. 远程教育杂志，2016，34（5）：75-82.
③ BIGGS J. Individual differences in study processes and the quality of learning outcomes [J]. Higher Education，1979，8：381-394.
④ BEATTIE V I，COLLINS B，MCINNES B. Deep and surface learning：a simple or simplistic dichotomy [J]. Accounting Education，1997，6（1）：1-12.
⑤ 何玲，黎加厚. 促进学生深度学习 [J]. 现代教学，2005（5）：29-30.
⑥ 柴少明，赵建华. 面向知识经济时代学习科学的关键问题研究及对教育改革的影响 [J]. 远程教育杂志，2011（2）：3-10.

学习（Study of Deeper Learning：Opportunities and Outcomes，SDL）项目中对深度学习做出了如下界定："深度学习是学生胜任21世纪工作和公民生活必须具备的能力，这些能力可以让学生灵活地掌握和理解学科知识以及应用这些知识去解决课堂和未来工作中的问题，主要包括掌握核心学科知识、批判性思维和复杂问题解决、团队协作、有效沟通、学会学习、学习毅力六个维度的基本能力。"[1]

虽然由于界定的视角不同，深度学习的各种定义有所差异，但深度学习的本质可以从其发展的理论基础一窥究竟。从教学目标看起，布鲁姆的教学目标分类理论将认知层次分为记忆、理解、应用、分析、评价和创造。据此，我国何克抗教授认为，对知识的记忆、理解属于初步的浅层认知，而后面的四个环节则属于较高级别的深层认知。[2]深度学习正是要通过全新的理念、方式，以及必要的工具、资源、手段来使学生掌握这些高级的深层认知能力。

综上，本书将深度学习界定为一种主动的、探究式的、理解性的学习方式，这种学习方式能够帮助学生从多个角度批判性地学习新知识、建立新旧知识之间的联系并将知识应用迁移到真实情境中来，在这个过程中锻炼学生的问题解决能力、批判性思维等高阶思维能力。

> **教育中的深度学习与人工智能中的深度学习**
>
> 教育中的深度学习和人工智能中的深度学习虽然名称完全相同，但其内涵却大不相同。人工智能中的深度学习是机器学习的研究方向之一，目标是利用神经网络技术训练人工智能模型，使得计算机能够像人脑一样思考。教育中的深度学习面向的对象是学生，而人工智能中的深度学习面向的对象是计算机；教育中的深度学习的根本目标是让学生的学习更加高效，而人工智能中的深度学习的根本目标则是让计算机自动提取、识别、判断信息。

5.1.2 深度学习的要素

通过对深度学习含义的分析，我们可以总结出深度学习的三个要素，如图5-2所示。

---

[1] William and Flora Hewlett Foundation. Deeper learning competencies [EB/OL].（2013-04-23）[2023-04-19]. http：//www.hewlett.org/wp-content/uploads/Deeper_Learning_Defined__April_2013.pdf.
[2] 何克抗. 深度学习：网络时代学习方式的变革 [J]. 教育研究，2018，39（5）：113-117.

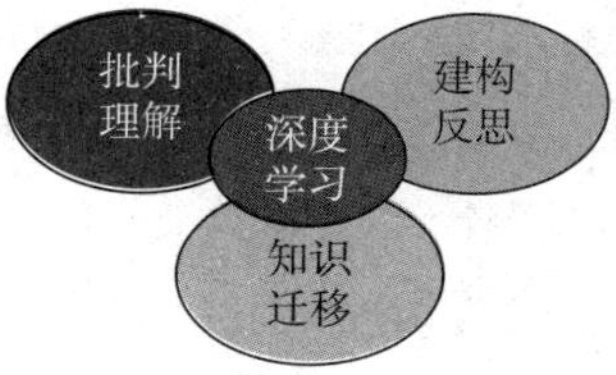

图5-2 深度学习的三要素

1. 深度学习注重批判理解

深度学习是一种基于理解的批判式学习，提倡学生在学习过程中始终保持存疑的态度，即对于轻易得来的知识不能不做任何理解就全盘接受。只有始终保持着疑问、从多个角度审视问题并进行深入思考，才能够加深对于知识的理解进而形成深度学习。例如当学生学习到人类的生长发育知识时，教师不能仅停留在不同动物成长周期不同，还应该引导学生思考其中的一些问题：为什么人刚生下来都不会站立，而别的哺乳动物如鹿出生没多久就会跑了呢？经过进一步的探究，学生可以得知，这种现象是人类进化的结果。原来，人类和其他哺乳动物相比都是"早产儿"，骨盆减小、脑体积增大、直立行走等种种原因会导致女性分娩困难，因此只能牺牲婴儿在体内的发育时间来获得更高的存活率。

2. 深度学习重视建构反思

深度学习中的知识建构是指利用新旧知识间的有机联系来调整原有的认知结构，实现知识的同化和顺应。我们在学习的过程中一定对建构反思有所感悟，有些复杂抽象的知识难以理解，过了一阵子仿佛懂了，再仔细思考又有不懂的地方。由此可见，知识建构并不是一蹴而就的，往往需要学生循环往复的理解、分析与调整，是一个在反思中不断进化的过程。

3. 深度学习强调知识迁移

学了但不会应用，这是困扰很多学生和教师的问题。深度学习的重要学习目标之一即锻炼学生在真实情境中的问题解决能力，改变过去那种机械式的、复制的、无意义的学习方式。真实情境中的问题不同于课本当中利用公式解题，它要求学生能够根据待解决问题的不同，高效地提取相关知识并加以变化和应用，如从"杠杆的原理"到"设计一款省力小推车"。

5.1.3 深度学习的理论基础

在学习科学的领域中，建构主义学习理论、情境认知理论、分布式认知理论以及元认知理论是深度学习的主要理论基础。其中，**建构主义学习理论**为深度学习过程中的双向建构、知识迁移提供了理论依据；**情境认知理论**则为深度学习解决复杂、真实情境中的问题提供理论支撑；**分布式认知理论**可以为构建良好的认知情境提供参考，帮助学生发展高阶思维和高水平认知；**元认知理论**则为深度学习的监控、反思和调节奠定了理论基础。要想真正掌握深度学习理论的内涵与本质，可以从以上理论入手，了解支撑深度学习的理论。其中，建构主义学习理论、情境认知理论和元认知理论已经在以前章节中详细阐述，这里我们主要介绍分布式认知理论。

分布式认知理论

分布式认知（Distributed Cognition）是认知科学的一个新分支，是从传统的认知理论中发展而来的新产物。传统的认知理论只关注个体内部的认知过程，忽视了复杂的外部环境对人类认知活动的影响。据此，美国加利福尼亚大学认知科学系教授赫钦斯（Hutchins）在20世纪80年代首次提出了分布式认知的理论。

分布式认知是一个包括认知主体和认知环境的系统化分析方法，该理论认为认知可以分布在个体内部、群体之间、社会文化、媒体甚至时间当中。[①]分布式认知理论强调认知受外部环境的影响，认为认知不仅仅是个体头脑内部的心理过程，更是个体内部与外部表征之间相互作用的过程。例如儿童在使用算盘进行计算时，认知不仅分布在儿童的头脑中，也分布在算盘上和儿童对算盘的操作上。

分布式认知的研究对象从单一的个体转移到了新的分析单元——功能系统（Functional System）上。一个功能系统包括参与者、人工制品以及他们在情境中的相互作用关系。举例来说，在线学生的认知分布在学生本身、教学媒体、学生与教学媒体的交互之中。

最后，我们认为，深度学习相比于拥有详细模式、框架的学习方式（如项目式学习等），更接近于一种学习理念。在这种学习理念的引导下，学生应不满足于知识的简单记忆，从"是什么"的浅层解释逐步转移到"为什么""怎么做"等的深层理解上来，我们鼓励学生具有一种"打破砂锅问到底"的精神。教师则应从教学目标、教学策略、教学资源等多个维度进行转变，创设有助于深度学习的多种多样的学习情境。

5.2 深度学习的实现途径及典型课例

深度学习作为一种主动的、探究式的、理解性的学习方式，能够帮助学生建立新旧知识之间的联系，批判性地理解知识内容、构建知识框架。在上一节中我们已经探讨了深度学习的含义、要素及其理论基础，那么我们又应该如何围绕深度学习的理论框架

[①] COLE M, ENGESTRÖM Y. A cultural-historical approach to distributed cognition [M]//Salomon. Distributed Cognitions: Psychological and educational considerations.Cambridge: Cambridge University Press, 1993: 1-46.

展开具体的教学实践呢？本节就将从深度学习的实现途径出发，例举深度学习的典型课例，以期帮助教师在掌握深度学习基本理论的同时，培养具体操作的实践观念。

5.2.1 实现深度学习的途径

美国国家研究委员会将深度学习能力划分为三个领域：认知领域、人际领域和个人领域。三个领域可以与威廉和弗洛拉·休利特基金会定义的深度学习六个基本能力[1]相结合，形成深度学习的能力框架，见表5-1。

表5-1 深度学习的能力框架

领域	能力
认知领域	掌握核心学科知识
	批判性思维和复杂问题解决
人际领域	团队协作
	有效沟通
个人领域	学会学习
	学习毅力

根据这个能力框架，我们可以总结出促进深度学习的一些有效途径。

1. 认知领域

（1）**运用多种教学模式/教学策略** 传统的讲授式教学法往往只能让学生掌握浅层的知识，并不能促进学生对知识的深度理解。因此，我们需要变革现有的教学策略，实现课堂教学结构的根本变革。

课堂结构的变革应从四个方面入手：教师、学生、教学内容和教学媒体。教师应该是课堂的引导者，学生应该是知识的主动建构者，教学内容要突破教材、内涵丰富，教学媒体应既辅助教师的"教"，也帮助学生的"学"。

目前，典型的用于深度学习的教学策略包含翻转课堂、项目式学习等。例如教师在讲授"保护生物多样性"时，就可以改变传统的讲授式教学法，将学习内容以项目、主题的形式展开，也可以采取实地调研、开展研讨会等丰富多样的方式、方法。

（2）**整合有意义连接的学习内容** 传统课堂将分离的、孤立的、非情境化的知识传递给学生，导致学生无法完成有意义的知识连接，在解决问题时无法将知识联系起来。

深度学习实际上是复杂的知识建构过程，需要建立新旧知识之间的有机联系，完成知识的迁移。这也就要求教师在进行教学内容分析时不能从单一知识点片面考虑，而是

---

[1] William and Flora Hewlett Foundation. Deeper learning competencies April 2013 [EB/OL]. （2013-04-23）[2023-04-19]. https：// hewlett. org/wp-content/uploads/2016/08/Deeper_.Learning_Defined__April_2013. pdf.

应将孤立的知识点联系起来，甚至可以综合不同学科相关的知识点，从而引导学生在学习新知识时将其整合到原有的认知结构中。例如在教授某地区的地理特征时，教师鼓励学生分析该地区生物的特征与气候环境的关系等。

2. 人际领域

（1）**建立新型"学习共同体"** 深度学习倡导在学习的过程中建立学习共同体，强调资源共享、共同学习。新型的学习共同体不应局限在学生内部，学生和教师之间、学生和家长之间、学生和专家之间都可以建立学习共同体。在协作学习的过程中，学生不再作为独立的个体，而是作为集体的一部分去探究讨论、分享观点、解决问题，在集体中获得反馈从而提升自己，同时提升自己的协作交流能力。

（2）**提供展示交流的机会** 学生只会"听""写"还不够，教师需要让学生会"表达"。表达的内容可以是对于某个知识点的理解、自主制作的项目成品、对某个问题的困惑等，表达的形式可以是小组汇报、辩论赛等。表达的过程就是将内在的知识结构外化的过程，通过与教师、同学的交流讨论可以深化学生的理解，与同伴间的交流互动也可以提升学生的沟通能力。

3. 个人领域

（1）**创设智慧学习环境** 学生在深度学习的过程中需要学习工具的支持，因此需要教师创设智慧学习环境。目前已有的一些先进技术可以有效帮助学生达到深度学习的目标，如人工智能教师、虚拟现实技术（Virtual Reality，VR）、增强现实技术（Augmented Reality，AR）等。在智慧学习环境中，学生能够获得更加快速的反馈、更真实的体验交互、更有针对性的学习指导，从而促使高阶认知能力的生成。这类环境不仅可以帮助学生更轻松地获得知识信息，而且能够培养学生的信息检索、自主学习等这些新世纪十分重要的技能。

（2）**促进学生个性化学习** 个性化学习是指根据每名学生的需求和能力而设计的教育环境和课程。在传统教学中，学生学习接受程度不一致是困扰很多教师的问题，而个性化学习可以帮助解决这个问题。教师可以根据学生发展水平的不同、兴趣特长的不同等，帮助学生制订个性化学习计划，让学生充分掌握学习的主动权。

必须指出的是，个性化学习并不是遥不可及的未来的学习方式，现今大数据、学习分析技术的发展极大地促进了个性化学习的发展。通过学生学习数据的分析可以制定学生个性化学习系统，据此个性化学习系统做出决策，为学生提供不同的学习资源、学习活动。

（3）**促进学生开展自主探究** 我国新课程改革中强调要重点培养学生的自主探究能力，指出这是我国青少年未来发展中必不可缺的一部分。在实践中，培养学生自主探究的能力可以分为课内和课外两个部分。

在课内，教师不仅要注意用启发的方式引导学生思考问题，提升学习和研究的兴趣，还要锻炼学生自主解决问题的能力，通过脚手架（详细介绍见第3章）等方式使学生掌握更高层次的技能。在课外，教师可以积极组织形式多样的探究活动，从观察生活中寻常的小事到开展小组合作探究专题，不应拘泥于探究的形式，而应将探究的理念融入学生的日常生活中。

（4）**提升学生的自我调节水平**　学习毅力是决定学生能否取得良好的学业成就的关键因素之一。有些学生天赋高、学习环境好，却惰性强、玩心重、抗挫折能力差，他们的学业成绩往往不如天赋较差却勤奋刻苦、坚忍、顽强的同学。可见，学习毅力能够帮助学生克服心理困难、保持内在动机、调整学习状态。

那么教师应该如何培养学生的学习毅力呢？答案是提升他们的自我调节水平。教师应积极帮助学生制订合理、可行的学习目标，该目标应引导学生整个学习过程；在学生遇到挫折、困难时，教师应及时提供帮助、给予建议，锻炼学生良好的情绪控制能力。

5.2.2　深度学习的评价

在了解深度学习的实现路径之后，下一个问题自然就是，如何评价深度学习是否发生？深度学习的评价不能局限于学生的学业水平、知识能力上，更要考查学生的理解运用等能力。刘哲雨等人提出了深度学习的"3+2"评价模式，如图5-3所示。⊖

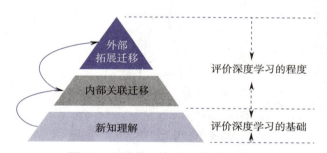

图5-3　深度学习的"3+2"评价模型

该"3+2"评价模式包括3个维度（新知理解、内部关联迁移、外部拓展迁移）和两大方面（评价深度学习的基础和评价深度学习的程度）。其中，新知理解是评价深度学习的基础，是对知识的深层次掌握，即与原有认知结构建立联系。良好的新知理解如在科学讲授"三角形的结构稳定性"时，学生能将这个知识与之前数学中学习过的三角形的相关概念关联起来。从内部关联迁移开始则是评价深度学习的程度，内部关联迁移是在新知识体系内部完成的迁移，如基于知识原始形态的结构良好的问题解决。如在学习了三角形的受力结构后，学生能以此类推思考正方形、平行四边形等的受力结构。而外

⊖ 刘哲雨，郝晓鑫. 深度学习的评价模式研究 [J]. 现代教育技术，2017，27（4）：12-18.

部拓展迁移的要求更高,需要学生突破新知识结构范围的局限,在综合考核任务中解决复杂的情境性问题、非结构良好的问题。如为学生创设一个"搭建房子"的情境,让学生兼顾美观、实用、牢固性等方面,运用不同的结构框架搭建自己的房子并进行比赛,以此判断学生的综合掌握程度。通过以上3个维度和两大方面,我们可以整体判断学生的深度学习的基础和程度。

5.2.3 深度学习的典型应用课例

促进学生深度学习的方式有很多,为了帮助教师进一步了解深度学习的实践应用,本节分别用数学学科、语文学科、生物学学科的四个课例为大家做简要介绍。

1. 数学学科——二次函数的翻转课堂教学

本课例是由苏州大学李利教授制作的深度学习翻转课堂,介绍了数学学科中二次函数的深度学习活动。[①]该课例的课前学习是基于一款互动软件——几何画板实施的,这款软件能够帮助学生探索二次函数的规律和特点,如图5-4所示。

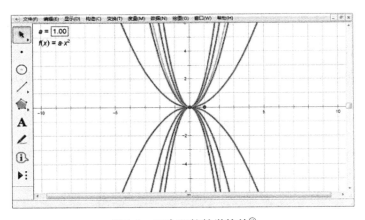

图5-4 二次函数教学软件[②]

在学习过程中,学生围绕着以下问题开展探究活动:二次函数的开口与哪个变量有关;改变参数c,函数曲线会发生什么变化;二次函数的对称轴与什么有关,等等。学生可以通过改变a、b、c三个参数的取值,观察二次函数图形的变化。学生在探索的过程中记录实验表格,总结二次函数的探究结果。

该课程与传统关于二次函数的课程不同,传统课程中直接告知学生二次函数三个参数所代表的特征,而在此案例中,学生借助软件自行归纳总结。从"被动告知"到"主动探索",学生在学习的过程中能够获得对该知识点的更加深刻的认识,从而实现深度

---

① 李利. 旨向深度学习的翻转课堂设计 [J]. 现代教育技术,2017,27(4):67-73.
② 几何画板. 强大的数学课件制作软件 [EB/OL]. [2021-08-27]. https://www.jihehuaban.com.cn/.

学习。

2. 语文学科——《范进中举》

本课例由北京门头沟区大峪中学分校吴亚滨、胡娜教师设计[1]，讲解的内容是中学语文中的《范进中举》，采用了翻转课堂的学习方式。

首先，该课例通过整体设计，细分了课前和课堂的学习任务。学生在课前自主进行背景资料、文章结构和人物特点等相关分析，而课堂上则聚焦在文本理解的问题情境上，针对范进喜极而疯的情节冲突焦点进行深入探究。课堂学习围绕着一个完整的问题系统展开：①情节设计是否合理，范进该不该疯？②情节设计是否有其他可能，是否可以不疯？③总结"喜极而疯"情节设计的意义。其次，在课后任务设计中，教师要求学生阅读《儒林外史》的另一个章节，运用课上学习的方法，梳理情节，分析人物特点。

这是深度学习的一个典型案例，我们可以从中发现深度学习的理念及其要素。首先，该课例应用翻转课堂的模式为学生的深度学习提供了支撑。课前学习的阶段中，学生收集资料、初步分析，为课堂的深度讨论、交流做准备。而在课堂中，以三个问题为核心，逐步引导学生对故事情节的冲突有更深刻的认识，领悟浅层文字下的深层意义。在探究的过程中，促进学生的知识建构过程，为后续的迁移应用奠定基础。最终，在课后任务中教师布置了《儒林外史》另一个章节的阅读任务，为学生学习的进一步迁移提供了应用情境。

3. 生物学学科——体验"人类大拇指的作用"

在初中学习"灵长类动物"时[2]，为了帮助学生深度理解"人类大拇指的作用"，可以安排学生参与下列体验活动。①轻轻地用绳子绑住常用的那只手，使大拇指与其他手指方向相同；②分别尝试完成以下动作：试着拿起笔写一个句子，把课本或锤子递给另一个同学，把网球投入2m远的垃圾桶中，在操场较低单杠上做几个引体向上动作，和没有束绑五指的同学试打乒乓球；③松开绳子，再重复上述动作；④请学生描述活动感受和体会，分析并回答"为什么说大拇指是灵长类动物的一种重要适应性特征"的问题。

在该课例中，学生通过体验多个关于大拇指的动作，切身体会"灵长类动物"这一课中的相关知识点，促进了深层理解。

4. 生物学学科——生物多样性的保护

在高中学习"生物多样性的保护"时[2]，首先向学生呈现两则真实的案例：

案例一：1998年3月，美国鱼类与野生生物保护管理局将11只墨西哥灰狼放归到亚利桑那州的森林中。这种灰狼于20年前已经在这个区域灭绝。依据濒危物种条例，牛仔们禁止杀害这些放归的灰狼。然而，当地法律规定，如果这些灰狼伤害家畜，牛仔们仍可

---

[1] 李利. 旨向深度学习的翻转课堂设计 [J]. 现代教育技术，2017，27（4）：67-73.
[2] 吴举宏. 促进深度学习的中学生物学教学策略 [J]. 生物学教学，2017，42（10）：18-20.

以将它们杀死。

案例二：1995年，一群灰狼在加拿大被捕获，然后被引入美国黄石国家公园。一段时间后，灰狼的数目迅速增长，而且咬死了许多奶牛。1997年12月，美国众议院法庭裁定这些灰狼必须立即迁出黄石国家公园。然而，一些社团对此裁定表示不服，继续上诉，而灰狼未来的家在哪里至今仍未定夺。

然后，组织学生思考问题：①假设你是案例一中的一个牛仔，对1998年的放归项目，你将提出哪些疑问？②在案例一中，请提出你支持放归项目的观点和论据。③在案例二中，请描述科学家在灰狼未来住所的选择中扮演怎样的角色。④请你分别扮演案例一、案例二中的一只灰狼向法官申诉。

在此课例中，教师以两则灰狼的故事为引入教学，促进学生在思考问题的过程中理解"生物多样性的保护"。值得肯定的是，教师在创设问题情境时始终将学生的身份放在当事人这个维度上，大大提升了学生解决问题的真实性。同时，从牛仔、科学家、灰狼等不同的角度提出问题，这种方式可以促进学生多方面思考，而不是在某一个层次做片面理解，有助于深度学习的发生。

5.3 深度学习的发展趋势

深度学习作为一种新兴的学习方式，能够有效培养学生的自主学习、批判性思维等能力。21世纪的今天，无论是想要高效提升教学效果，还是想要塑造不被时代淘汰的新时期人才，这一切的根本方法都指向了一个要素——深度学习。

随着深度学习理论和相关技术的不断发展，深度学习的应用领域也将趋于广泛。除了学校的课堂之外，家庭教育、社会教育也是深度学习的重要用武之地。学校、家庭、社会三者将形成深度学习共同体，为学生打造三位一体的沉浸式学习环境。

同时，教师应将深度学习与信息技术相结合，探索技术领域下深度学习的新型发展模式。对于技术带给教育的影响，我们有目共睹，我们应该进一步探索哪些技术能够促进学生的深度学习，以及在深度学习的教学模式中应该如何应用这些技术、借助何种手段。如将虚拟仿真技术应用在教育中就是促进深度学习的有效途径之一，身临其境的情境有助于学生的理解和迁移。目前，人工智能、大数据的高速发展促使教育领域发生重大变革，教师也可以借助这些技术更加高效地获知学生的特点并施以教学。可以肯定的是，技术的更新必将促进深度学习的发展，而如何应用技术是教师需要思考的重要问题。

未来，教师应进一步开展深度学习的实践探索，厘清深度学习的有效实践模式，探索深度学习的相关学习规律，助力自己的教与学。教师更应将深度学习理论应用到课堂之中，培养具备批判性思维的高素质人才，并且帮助学生养成终身学习的能力。

5.4 项目式学习的概念及特征

随着21世纪科学技术的高速发展、社会环境的飞速变化，社会对于人才的要求也越来越高。过去学校教授的浅层知识显然不足以适应新时代的发展，教育界迫切需要找到一种能够帮助学生达到深层理解的学习方式。其中，项目式学习作为一种易于操作、模式新颖的学习方式，能够提升学生必备的21世纪核心能力，从而引起了教师的广泛关注。本章接下来将讲述项目式学习的含义，简要介绍项目式学习的模式、框架与关键环节，同时为教师提供项目式学习的典型应用课例以供参考，最后进一步阐述项目式学习的应用场景。

5.4.1 项目式学习的概念

项目式学习（Project-Based Learning，PBL，也称项目学习）的理念最早可以追溯到美国著名教育家和哲学家杜威（Dewey）的"做中学"（Learning by Doing）理念，杜威认为在活动、专题中进行问题解决是一种高效的学习方法。在1969年，项目式学习在医学学习中崭露头角，由美国神经病学教授巴洛（Barrows）首创并加以推广修正。最初在医学教育中，项目式学习强调以病案为先导、问题为基础、学生为主体，是当时医学界很有特色的教学模式。随着人们对于学习科学领域的关注，越来越多的学者开始探索什么样的学习方式是最有效的，以及在什么样的方式下深度学习最容易发生，项目式学习继而走进了更广泛的研究视野中。

国内外众多学者在项目式学习的定义方面并未完全达成一致，根据界定视角的不同，项目式学习的众多定义有一定的差异。有学者从学习模式的角度出发对于项目式学习进行界定。例如刘景福认为，项目式学习就是以学科的概念和原理为中心，以制作作品并将作品推销给客户为目的，在真实世界中借助多种资源开展探究活动，并在一定时间内解决一系列相互关联问题的一种新型的探究性学习模式。⊖还有学者从学习过程的角度出发对于项目式学习进行界定，认为项目式学习需要复杂的任务，学生在解决有挑战性的问题的过程中设计、决策、调查活动；整个过程中要充分发挥学生的自主性，项目式学习最终以产品或者陈述等形式结束。⊜

总体来说，项目式学习就是一种以项目为依托，强调学生在真实问题情境中进行探究学习，最终在掌握知识的基础上提升多元能力的学习方式。正如美国学者托马斯（Thomas）所强调的一样，项目式学习的核心组成部分就是"项目"，即项目是课程的中心，而不是课程的外围和边缘，学生的发现与探究、问题解决过程都是围绕着项目进

⊖ 刘景福，钟志贤. 基于项目的学习（PBL）模式研究 [J]. 外国教育研究，2002，29（11）：18-22.
⊜ 黄明燕，赵建华. 项目学习研究综述——基于与学科教学融合的视角 [J]. 远程教育杂志，2014（2）：90-98.

行的。

基于问题的学习

基于问题的学习（Problem-Based Learning，PBL）是一种以问题为核心的学习方式。它强调学生在解决问题的过程中学习知识，从而促进知识的理解、掌握和灵活运用。基于问题的学习十分强调"问题"的重要性，问题是学习的起点和核心，解决问题是整个学习活动的根本目标。而问题的优劣往往在很大程度上决定了学习质量的好坏，基于问题的学习必须采用真实、非结构化的问题，问题没有固定的解决方案，需要学生在探索中找到答案。

看到这里可能读者会问，**项目式学习和基于问题的学习有什么区别呢？**事实上，两者的确有很多相似的地方，在研究中也时常同时被提起，很容易让教师混淆两者的概念。

本书编者认为，项目式学习和基于问题的学习之间存在交叉，也存在一定的差异。

二者之间存在交叉。二者都强调学习是在真实的情境中发生的，项目和问题都应该从现实出发；二者对解决方案和手段都不做唯一明确的规定，这种开放式的解决方式能够鼓励学生发展发散思维和创造思维；二者都强调学生的主体性，教师不再是知识的提供者，学生也不再是知识的接受者，学习就是师生共同进行知识建构的过程；二者都以协作学习的方式开展学习活动，学生需要以小组的形式完成项目、解决问题。

二者也存在差异。第一，**学习结果的不同**。项目式学习的标志之一就是学习成果的呈现，如产品、报告、展示等，而基于问题的学习没有这方面的要求。第二，**学习目标的不同**。基于问题的学习的目标是通过解决设定的问题来促进学生的知识理解，而项目式学习的目标不再局限于掌握学科知识，对于课外知识内容的体验也是项目式学习很重要的组成部分。第三，**学习时间的不同**。基于问题的学习持续的时间不应过长；而项目式学习的时间限制较少，有些项目式学习的学习时长可能达到一学期甚至一年。

通过以上对于项目式学习和基于问题的学习的辨析，希望教师对这两个类似的概念有更加清晰、明确的认知。其实教师可以发现，项目式学习的内涵在很大程度上是包含基于问题的学习的。教师可以说，一个项目式学习活动也是一个基于问题的学习活动，但反过来一个基于问题的学习活动并不一定是一个项目式学习活动。在真实的学习活动设计中，可以灵活运用二者的理念，重点在于掌握项目式学习和基于问题的学习的相关模式与策略，不必过于在意两者概念之间的差异。

5.4.2 项目式学习的特征

《剑桥学习科学手册》将项目式学习的显著特征概括为以下六点。[1]

（1）**从驱动性问题开始**　驱动性问题是项目式学习的标志特征。一个良好的驱动性问题就像"锚"一样，能够帮助学生认识到该项目的价值，从而提升学生参与项目的积极性。同时，该问题应该立足于真实情境，而不是与学生毫不相干的问题。良好的驱动性问题应该具有可行性、价值性、情境性、意义性、伦理性的特征。如在"蚊子问题"的课例中，驱动性问题就是"你所在小镇的居民深受蚊子泛滥问题的困扰，请为居民制定一份经济可行的驱蚊方案。"

（2）**关注学习目标**　项目式学习的标准和评价是整个学习过程中很重要的一环。在项目式学习的学习过程中，开展的各个学习环节应该能够匹配关键的学习目标。教师在学生学习过程中需要观察他们是否达成了相应的目标，如观察是否存在能够表明预期任务已达成的学习表现，这也就需要教师制订相应的"学习表现目标"。

（3）**参与科学实践**　"像科学家一样学习"，这句话大家一定不陌生。项目式学习的目标之一就是培养学生具有科学家一般的思维能力、探究能力、解决问题能力。通过效仿真实的科学研究过程，学生不仅能够了解科学探究的基本步骤、方法等，还能够在学习过程中培养和科学家一样的探索精神。做一些科学实验、实地调查等，都是参与科学实践的方式。当然，教师必须承认，对于中小学生而言独立开展科学研究是相当困难的一件事。而这也就要求教师在设计项目式学习活动时，需要有意识地为学生提供脚手架，为学生的科学探究提供相应的支持。

（4）**在协作中学习**　项目式学习十分强调学习共同体，学习共同体不仅仅是生生（学生与学生）共同体，也是师生共同体、社区共同体。在协作学习中，学生可以探讨存在的问题、互帮互助、调查问题、分享发现等，个体作为学习共同体的一部分在集体中得到发展和提升。

（5）**技术工具支持学习**　技术工具可以为学生的知识建构提供很大的帮助。学生利用有效的技术工具可以接触到网络上真实的科学数据、与他人协作、收集分析数据、绘制图表、制作多媒体作品、理解抽象概念等。技术工具不仅能够拓展学生的课堂视野，也能够促进学生在高级认知领域的知识建构。

（6）**创造人工制品**　人工制品是知识建构的外在表现，也是学生调查问题的衍生结果。创造人工制品的过程往往就是学生探索学习、归纳总结的过程，能够表现出学生对于知识的逐步理解。同时，人工制品也是项目式的学习重要评价标准之一，学生可以利用人工制品展示自己学习的成果，教师可以依据人工制品为学生提供反馈。学生创造

---

[1] R. 基思·索耶. 剑桥学习科学手册 [M]. 徐晓东，等译. 北京：教育科学出版社，2010：285-307.

的人工制品可以包括实体模型、计算机模型、报告、录像带、游戏、网站、计算机程序等。

5.5 项目式学习的设计模式及典型课例

项目式学习从驱动性问题开始,以具体的人工制品结束,以完整项目的形式开展整个学习活动。项目式学习强调学生在真实问题情境中进行探究学习,目前已经在众多中小学里得到了广泛的实践与应用。我们在上一节中了解了项目式学习的含义与特征,那么在实际教学中教师应该如何应用这些特征展开教学设计呢?项目式学习在不同的学科领域中又有哪些具体的教学课例呢?本节就将为大家介绍项目式学习的具体设计模式以及典型课例。

5.5.1 项目式学习的设计模式与关键要点

我们已经了解了项目式学习的内涵及其特征,那么在一线的教学实践中应该如何去设计这样的项目式学习课堂呢?众多学者基于不同学科、线上线下教学等视角对于项目式学习的模式做出了归纳总结。例如叶青、李明认为,项目式学习的教学模式主要包括项目设计、项目实施、项目评价等三个主要环节。[1]张文兰等人从课程重构的视角出发,设计了网络环境下的项目式学习实施流程——确定项目、制订计划、活动探究、作品制作、成果交流、总结评价。[2]严寒冰则从信息技术学科的角度出发,将项目式学习划分为设计项目、分组分工、制订计划、探究协作、制作作品、汇报演示和总结评价七个基本步骤。

本书基于先前学者们提出的项目式学习实施模式和具体实践情况,进一步归纳总结了适用性强的项目式学习的设计模式,该模式包括六个步骤,如图5-5所示。

图5-5 项目式学习的设计模式

1. 确定项目

在此步骤中,教师需要完成项目活动的课前准备工作。**首先**,教师需要确定项目的主题,该主题可以是某个学科的某个知识点,也可以是生活中的某些问题,等等。**其**

---

[1] 叶青,李明. 高校传统教学与翻转课堂对比的实证分析 [J]. 现代教育技术,2015,25(1):60-65.
[2] 张文兰,张思琦,林君芬,等. 网络环境下基于课程重构理念的项目式学习设计与实践研究 [J]. 电化教育研究,2016,37(2):40-47;55.

次，在确定好主题后，教师需要进一步考量此项目式学习所包含的学习内容。学习内容应与项目式学习的教学目标相呼应，在能够承载预期知识的基础上拓宽学生的视野。如张文兰教授带领设计的小学数学项目式学习活动就选取了"选购礼物"㊀这一主题，整合了小学数学"小数乘法"和"折扣"与"统计"等单元的学科知识，设计了结合数学、美术、信息技术的跨学科项目。

选定主题和学习内容的目的是确定一个完整的框架，项目式学习最重要的特征之一——驱动性问题就要围绕着主题和学习内容进行选择。驱动性问题的选择是项目式学习活动设计中核心的一环，该问题应该像"锚"一样，既能够准确概括本次活动的主体内容，又能够吸引学生探究的兴趣，引导他们发现学习的意义。"锚"问题的设计应该兼顾可行性与复杂性。问题的解决应该在学生的能力范围之内（或学生借助一定的资源和帮助能够达到的能力范围之内），而不应该天马行空、不切实际；同时问题也不能太简单，如果学生能够轻松获得答案而无须探究获得答案，那这次学习活动就称不上项目式学习；问题应该允许多个答案的存在，没有"标准答案"。例如在"选购礼物"这一项目式学习中，驱动性问题就是"节日快来了，设计一份你喜爱的、省钱的礼物的购买方案"。该问题清晰、明确，与学生的实际生活相结合，同时也具有很大的探索与发挥空间。

确定好驱动性问题之后，教师应以该问题为核心和方向设计教学活动，准备教学资源。项目式学习的主体部分交给学生去探究交流，教师既是他们的引导者也是学习同伴。因此，教师应该提前预设学生可能出现的状况并做好准备，同时为学生提供必备的脚手架。

2. 制订计划

在教师发布项目式学习的任务之后，下一步需要学生完成项目任务的分解和小组的分工。小组成员的确定可以由学生自由选择，也可以由教师根据学生的特点分组。学生小组获知本次项目式学习的任务后，首先需要仔细思考该问题，罗列解决该问题需要的子任务、步骤。例如"选购礼物"中，主要的步骤可以包括搜集各个网购平台中的礼物清单、对比分析各个网购平台的礼物价格、制作采购方案等。在理解该项目式学习需要完成的主要任务之后，根据小组成员的特点分工协作。

在此步骤中，教师应该为学生提供必备的资源和工具，如项目记录单。项目记录单可以包括学生划分的子任务、所需的资源材料、完成时长、存在的问题及解决办法、人员分工等。

㊀ 张文兰，苏瑞，张思琦. 混合式学习环境下学科课程项目式学习研究 [J]. 中小学数字化教学，2018（3）：10-13.

3. 协作探究

制订计划之后，学生可以着手进行协作探究。学生可以对收集到的资源材料进行整理归纳，在协作的过程中完成循环往复的分析、决策、修正等工作。例如在"选购礼物"这一主题中，学生就以小组协作的方式，从各个网购平台中调查礼物的价格，并结合数学学科的相关知识点进行对比分析，最终形成采购方案。

在这个步骤当中需要注意的是，我们所倡导的协作学习并不是"分别学习"，完全独立的分工学习可能会导致最终成果的拼凑、不和谐。学生在协作学习中所承担的任务并不是一个人的工作，遇到的问题也不是一个人的困难，小组成员是以一个整体完成项目的，过程中的交流、沟通甚至争论都是不可或缺的。

教师在此步骤中应密切注意各个小组推进项目的情况。如果部分学生存在其无法解决的困难，教师应该及时提供建议、资源和帮助。同时教师还应关注学生完成项目的积极性，避免学生因项目的难度、组员的协作等问题而出现厌学情绪。

4. 作品制作

作品（人工制品）是项目式学习中必不可少的一部分。它的形式可以多种多样，具体要求应该和项目式学习的主题和内容相呼应。例如"制作太阳能炊具"这个主题下的作品就应该是学生制作的实物模型，而"校园跳蚤市场活动策划书"这个主题下的作品就应该是学生设计并撰写的策划书文稿，"选购礼物"这个主题下的作品则是学生制作的礼物采购方案。

5. 成果展示

完成协作探究和作品制作后，学生需要向班集体展示自己的项目成果。在这个步骤可以应用PPT等媒体，也可以应用其他方式更加生动、形象地展示成果，如讲故事、角色扮演等。教师应注意学生展示内容的完整性、逻辑性。

6. 评价反馈

项目式学习的评价应采取形成性评价和总结性评价相结合的方式，充分利用组内互评和组间评价，参与评价的主体要多元化。评价应不仅有针对小组整体的评价，还要有针对学生个人的评价。对小组整体的评价由组间评价、教师评价两部分组成，主要考查团队最终产品的质量（如"选购礼物"的性价比、实用性、采购方案的合理性等）、展示效果、团队协作程度等内容。而对学生个人的评价可以参考自我评价、组内互评等，主要考查学生个体在整个团队中的贡献程度以及其认知、技能、态度、协作与沟通等。

评价最终的得分并不是项目式学习的根本目的，通过同伴间的评价、教师的评价，学生可以获得及时的反馈并修正改进，对其深度反思有很大的助益。

通过以上项目式学习的模式，我们可以归纳概括项目式学习的几个关键点。

首先，关注学生的角色转变。纵观整个项目式学习的模式，我们可以发现学生是整个学习活动的不二主体，由学生进行探究、合作、展示。学生不再是知识的被动接受者，而是学习的主动参与者。学生应该自己去检索信息、深度思考、选择决策，教师则应该引导学生积极探究，适当"放手"和给学生提供合适的"抓手"都必不可少。

其次，关注学生的创新实践。真实情境中引出的问题可以促进学生的思考与创新，本书提出的"锚"问题就是让学生借助一定的资源从来激发深层的思考，发挥自己的创造性，最终的成果制品则是学生的思考结晶。在这个创新实践的过程中，学生不仅对于预期掌握的知识有了更加深刻的理解，而且培养了自身的问题解决能力、创新创造能力。

最后，关注学生的协作交流。学习共同体是项目式学习的组成部分，本书编者认为学生在小组协作中获得的知识和能力远大于个体独立学习中获得的。在协作交流中，学生可以进行思维的碰撞，集思广益，完成项目。这种方式也可以培养学生的沟通能力、协作能力，为学生日后进入社会做准备。

5.5.2 项目式学习的典型应用课例

1. 从测影计时到铜壶滴漏

我国学者张辉蓉等将STEAM教育理念与项目式学习模式相结合，基于"从测影计时到铜壶滴漏"开发设计了一个项目式学习的应用课例。⊖该课例涉及数学、物理、工程、艺术等多个学科的相关知识，可以促进学生综合能力的培养。整个课例可以分为项目活动启动、项目任务规划、项目活动开展、项目作品展示评价四部分。

（1）**项目活动启动** 在这个环节中，主要确定了该项目式学习的主题，即"看，时间在溜走——从测影计时到铜壶滴漏"，并设计了相应的教学目标。

（2）**项目任务规划** 首先由教师进行整个项目的问题引入，从"古代人都是怎么记录时间的？"这一问题出发，组织学生自主查阅关于计时器的资料然后由教师播放相关视频，由学生总结归纳后进行汇报交流。学生观察总结记录所用表格见表5-2。

表5-2 学生观察总结记录表

计时器	组成结构	计时原理	计时单位
圭表			
日晷			
铜壶滴漏			

⊖ 张辉蓉，冉彦桃. STEAM教育理念落地：数学文化项目学习模式构建及案例开发 [J]. 中国电化教育，2020（7）：97-103.

以古代三种计时器的组成结构、计时原理、计时单位为基础，确定本次项目式学习的主要任务——制作简易计时器。教师引导学生分析项目包含的子任务，并且制订详细的任务计划。

任务计划主要包括五项内容。①需要做哪些调研工作，如调研有哪几种古代计时器，选择制作何种计时器，查找如何制作简易的计时器，需要准备哪些制作原材料。②需要完成哪些工作，如完成观察记录表，填写活动记录表，制作简易计时器，汇报交流展示。③做什么、怎么做和完成时间，如通过观看视频记录填写有哪几种古代计时器，5min；根据制作指南，制作简易计时器，记录活动过程，25min；选择小组代表或全组一起汇报交流，15min。④需要哪些资源和支持，如计时器制作原材料，三种计时器的制作指南，作品制作记录表。⑤在项目结束的时候，将展示什么，怎么展示，如小组展示，以及每个人的角色和责任分工。

（3）**项目活动开展**　将学生分为多个小组。学生在小组内交流讨论，分配工作以及时间，然后运用手中的材料、制作指南来制作简易计时器，并且填写作品记录表（包含作品名称、人员分工、所需工具材料、时间安排、制作步骤、遇到的问题、解决方案等）。在制作的过程中教师需要适时提供指导帮助。

（4）**项目作品展示评价**　以小组为单位展示简易计时器作品，包括简易计时器模型、活动过程记录单等。教师组织学生进行作品的互评，最终由教师进行总结提升，对整个项目活动进行评价，评价量规见表5-3。

表5-3　评价量规

评价对象	指标（权重）	有待进步	入门	良好	优秀
简易计时器模型	模型色彩搭配（10%）				
	模型结构完整（30%）				
	模型计时功能（40%）				
	模型外部美观（20%）				
活动过程记录单	过程记录详细（40%）				
	记录条理清晰（30%）				
	记录结果明确（30%）				
小组汇报发言	语言流畅（20%）				
	陈述逻辑（10%）				
	内容丰富（30%）				
	方式多样（20%）				
	交流互动（20%）				

2. 我是鸟类学家

该课例来自于美国加利福尼亚州三年级的一个科学课堂。整个课堂活动围绕一个知识点：动物和植物的形态特征是为了帮助它们在特定环境中生存繁衍。该课例可以分为三个部分，首先是教师对于知识的引入和讲解，然后提出了一个项目式问题，最终由学生完成学术报告。

（1）**知识引入和讲解**　首先教师给学生看了不同鸟类的照片，教师和学生共同讨论这些鸟类的不同之处。在讨论完各种鸟类的不同形态特征后，教师展示了这些鸟类的栖息地图片，请学生根据不同鸟类的形态特征来猜测它们各自的栖息地。学生分组讨论，写下猜测结论和分析的理由。小组讨论结束后，分享各小组的结论，教师揭晓答案并讲解其中的理由。

（2）**提出项目式问题**　接下来，教师正式引出这次项目式学习要解决的问题：如果你是一名鸟类学家，你在某个地方发现了一种未曾被发现过的鸟，请画出这种鸟以及它的栖息地并为它命名。从学生给这种新"发现"的鸟类设计的形象和栖息地中，教师可以去观察学生是否贯彻了"特定的形态特征是为了帮助生物在环境中生存繁衍"这一思路。

（3）**完成学术报告**　学生需要以鸟类学家的身份写一篇"学术报告"，在报告中分析这种鸟类的各部分形态特征和环境之间的联系，向大众汇报这一重大发现。在设计自己"发现"的新鸟类时，学生可以上网查询相关信息，或去图书馆借阅书籍查找资料。

分析这个项目式学习的经典课例，我们可以发现其涵盖了项目式学习中的几个非常重要的特征。**首先**是本课例的驱动性问题。这显然是一个开放式问题，没有所谓的标准答案，需要学生经过不断探索得到答案。从驱动性问题出发，学生开展项目式学习活动。**其次**是自主探索。在学习的过程中，学生自主地查询相关信息资料，整理归纳完成报告。**最后**是完成学术报告。该学术报告即人工制品，是学生学习过程的体现，能够展示学生的学习成果，同时为教师的评价提供依据。

3. 僵尸地理学

僵尸地理学是由一名美国西雅图地理教师亨特（Hunter）创设的初中地理项目式学习课程，他还为自己的课程创设了Zombie-Based Learning网站（https：//zombiebased.com/）。亨特用自己的漫画代替了课本，漫画中的章节描述了僵尸危机爆发的不同阶段，如图5-6所示。学生则需要思考如何利用地理知识完成任务，如危机爆发前的准备、哪里适合藏身、危机爆发后应该沿着什么路线逃生、僵尸危机过后如何选址重建新的社区，等等。

图5-6　僵尸地理学中的漫画①

以"僵尸危机过后如何选址重建新的社区？"这个问题为例，这个任务涉及多学科多领域的知识，如自然、人口分布、人文、交通等。如拉文斯坦人口迁移法则：长距离的人口迁移一般只倾向于迁移到大的工商业中心，迁移的主要动机是经济问题，两地间的净迁移量在总迁移量中所占比重不大，等等。亨特在拉文斯坦人口迁移法则的基础上制定了僵尸迁移法则，学生需要根据该法则收集、分析、整理知识，在团队中共同评估与决策，最终得出结果。

可能有读者感到疑惑，项目式学习的基本特征之一不是基于真实情境的学习吗？那"僵尸"显然不是真实情境中的啊？然而，在僵尸地理学中亨特创设的问题是在虚拟情境中的真实问题，学生本身对于"僵尸"就有浓厚的兴趣，同时对迁移相关的背景有丰富的了解，因此其驱动性问题不仅可以将学生代入"真实"情境中，同时还能够有效激发学生的学习兴趣。

4. 驱蚊大战

此课例来自上海市教育科学研究院夏雪梅著的《项目化学习设计：学习素养视角下的国际与本土实践》一书中上海市民办协和双语尚音学校的跨学科项目式学习设计。②该课例融合了生物、地理、化学的学科知识，以"驱蚊"为整个项目的主题，提出了有趣又指向现实情境的驱动性问题：校园中哪些地方是蚊子的聚集地？蚊子偏爱的生存环境是怎么样的？哪些人比较"吸引"蚊子呢？

根据驱动性问题，学生将开展一系列的项目活动。在以小组为单位讨论出校园中的10个蚊子聚集地之后，学生将据此绘制校园俯瞰图，描绘蚊子的主要栖息地。在此基础

---

① Zombie-Based Learning. PBL Geography in a zombie apocalypse [EB/OL]. [2021-08-27]. https：//zombiebased. com/.
② 夏雪梅. 项目化学习设计：学习素养视角下的国际与本土实践 [M]. 北京：教育科学出版社，2018：200-205.

上,学生进一步探讨蚊子栖息地的特点,完成蚊子的生存环境调查报告。随后,学生将分析如何避免成为蚊子"最爱的人",制订一系列的防蚊计划或完成作品,如倡议书、驱蚊神器等。在制作驱蚊神器时,学生将学习溶液相关的知识与技能,完成配制后还将举行义卖等活动。

纵观整个"驱蚊大战"的项目式设计,我们可以发现该课例紧密围绕"驱蚊"这一主题展开,任务之间环环相扣。该课例不仅选题实际有趣,而且其逻辑结构也是层层递进的。从发现蚊子、探讨特征到如何防治,每一个步骤都是下一个步骤的基础,一步步地带领学生解决驱蚊问题。在这个过程中,学生将用到不同学科的知识解决问题,运用到的各种探究方法、媒体设备更是提升了学生的信息检索、语言表达等能力。

5. City Life vs Country Life(城市生活和乡村生活)

"City Life vs Country Life"[1]是由陕西师范大学张文兰教授带领的"基于国家课程的项目式学习"研究团队与广州市越秀区农林下路小学共同设计实施的小学英语学科的项目式学习活动。该项目整合了小学英语教材六年级上册两个单元中的内容,选取了"City Life"和"Country Life"作为项目式学习的主题,进而提出"Country Life and City Life, which one do you prefer?"(你更喜欢城市生活还是乡村生活?)的驱动性问题,整个项目式学习活动以辩论会的形式进行。协作探究环节主要包括应用网络媒体等资源了解城市与农村的生活现状,找出论据进而形成论点。在此环节中学生可以用所学的词汇、句式进行沟通探讨。然后,学生以思维导图、手抄报、PPT等形式写出反映农村和城市生活面貌的语句,最终在辩论会中表达自己的观点,展示发现的内容。

该课例选用教材中的两个单元内容为主题,创意性地以辩论会的形式设计了整个项目式学习活动。在此过程中,学生不仅获得了城市与农村的生活现状等知识,而且锻炼了英语的口语表达能力及写作能力,并且培养信息检索能力、协作交流能力。

5.6 项目式学习的发展趋势

项目式学习作为实现深度学习的重要方式之一,目前已经在中小学中得到了广泛的应用。例如北京市中关村第三小学以"真实的学习"为导向,将原有的十几个学科整合成六大课程群,将六大课程群按照三层结构管理,重构了学校的课程结构。其中,第三层是跨学科的学习与国家课程的结合,项目式学习是其重点开展形式。北京顺义国际学校未来学院、北京市中关村第四小学、重庆市巴蜀小学等学校也将项目式学习作为学校的主要教学方式。一线教育工作者在不同学科中开展了项目式学习的实践活动,验证了项目式学习对于培养学生高阶思维能力的效果。可以预见的是,未来项目式学习在学前

---

[1] 张文兰,苏瑞,张思琦.混合式学习环境下学科课程项目式学习研究[J].中小学数字化教学,2018(3):10-13.

教育阶段、中小学教育阶段、高等教育阶段的应用前景十分广阔。

随着信息技术的高速发展，如何将项目式学习与新兴技术相融合是我们需要思考的问题。诚然，新兴技术是备受关注的，但是技术应该用在实处，而不应该成为华而不实的摆设。这就要求我们在项目式学习的实践中验证新兴技术的使用效果，探究"如何选、怎么用"，真正实现让技术助力教育。

同时，我们也应不断探索项目式学习的新模式，拓展项目式学习的教学内容、实施环境、评价方式等。**首先**，项目式学习的教学内容可以突破原有的学科知识，从真实的环境出发，结合多类学科内容共同建设内容体系。**其次**，项目式学习的实施环境也可以从多方面加以创新，如选择新式学习环境、运用独特的展示方式等。**最后**，项目式学习的评价方式也将趋于多元化，不仅是评价方面的多元化，也要评价主体的多元化。教师可以邀请领域专家、同校师生甚至家长等共同参与学生的成果展示并给予评价，从而促进学生的巩固提升。

5.7 本章结语

促进学生的深度学习是21世纪十分重要的教育议题。过去，学生学习的知识往往停留在了解、知道这一层次上，知识的创造性运用能力近乎为零，而这显然不符合新时代对人才的发展要求，所以深度学习这一概念应运而生。我们认为，深度学习更像是一种学习理念，其旨在改变"只习得皮毛"的浅层学习，帮助学生养成批判理解、自主探究的学习习惯，使学生在对知识的深度探究中发展多元化能力。

那么如何培养学生的深度学习能力呢？项目式学习是十分有效的方式。项目式学习是一种新型教育模式与方法，很多中小学、高校都已经展开了探索，它们以驱动性问题为引，以某一主题为中心，开展多项项目式主题活动。在此过程中，学生的组织交流能力、问题解决能力都得到了很大的提升。

对于一线教师而言，理解深度学习和项目式学习的内涵、理念并将其融入课堂之中，对自身的专业发展、学生的素质培养都有很重要的作用。在实际运用的过程中，教师应该从实际情况出发，结合学生的学习特点，开发制作项目式学习的系列课程，在实践中摸索深度学习的有效路径。

拓展阅读

[1] 吴秀娟，张浩，倪厂清. 基于反思的深度学习：内涵与过程[J]. 电化教育研究，2014（12）：23-28；33.

[2] 刘哲雨，任辉，刘拓，等. 深度学习核心要素的提取、论证和运用[J]. 天津师范大学

学报（基础教育版），2018，19（3）：19-24.

[3] 秦瑾若，傅钢善. 基于深度学习理论的MOOC学习活动设计——以"现代教育技术"课程为例[J]. 现代教育技术，2017，27（5）：12-18.

[4] 何克抗. 深度学习：网络时代学习方式的变革[J]. 教育研究，2018，39（5）：111-115.

[5] 冷静，吴小芳，顾小清. 面向深度学习的在线课程活动设计研究——基于英国开放大学的案例剖析[J]. 远程教育杂志，2017，35（2）：56-65.

[6] 卜彩丽，冯晓晓，张宝辉. 深度学习的概念、策略、效果及其启示——美国深度学习项目（SDL）的解读与分析[J]. 远程教育杂志，2016，34（5）：75-82.

[7] 张浩，吴秀娟. 深度学习的内涵及认知理论基础探析[J]. 中国电化教育，2012（10）：7-11；21.

[8] 夏雪梅. 项目化学习设计：学习素养视角下的国际与本土实践[M]. 北京：教育科学出版社，2018.

[9] 巴克教育研究所. 项目学习教师指南——21世纪的中学教学法[M]. 2版. 任伟，译. 北京：教育科学出版社，2008.

[10] 黄明燕，赵建华. 项目学习研究综述——基于与学科教学融合的视角[J]. 远程教育杂志，2014（2）：90-98.

[11] 张辉蓉，冉彦桃. STEAM教育理念落地：数学文化项目学习模式构建及案例开发[J]. 中国电化教育，2020（7）：97-103.

[12] 张文兰，苏瑞. 境外项目式学习研究领域的热点、趋势与启示：基于CiteSpace的数据可视化分析[J]. 远程教育杂志，2018，36（5）：91-102.

[13] 曲茜美，秦红斌. 重新审视项目学习[J]. 中小学信息技术教育，2016（8）：48-51.

思考题

1. 你认为深度学习的内涵是什么？
2. 想要促进学生的深度学习，教师可以从哪几个方面入手？有哪些有效途径？请结合身边的案例谈谈。
3. 请简要阐述项目式学习的定义与特征。
4. 请辨析项目式学习与基于问题的学习有哪些联系和差别。
5. 请基于深度学习的理念或者项目式学习的理念，简要设计一个教学活动。

第6章

技术促进认知与学习

【本章导入】

　　元宇宙、5G技术、人工智能、虚拟现实/增强现实技术、大数据技术、互联网技术、智能导师系统、电子游戏、3D打印机、机器人……想必各位教师近些年都曾被其中至少一种技术名词刷屏过。

　　技术如此蓬勃发展，我们不禁联想到这样的问题：技术对于我们的教育有作用吗？答案是肯定的，大到大规模的在线学习，小到备课常用的多媒体课件，都体现了技术对教育的保障和促进作用。

　　技术能够促进教育，但比起这一宏观的结论，教师可能更关注技术对实际学习的改进效果。所以，问题来了，再微观一点：技术能够促进学生的认知发展和学习吗？是如何促进的？这一学习科学领域的重要研究问题[1]，好像太过庞大，毕竟技术类型那么丰富，我们很难一步到位给出统一定论。

　　我们要想回答好这个问题，就需要对这个问题进行清晰的界定。我们可以看到这个问题包括三个关键词——技术、认知、学习。**首先**，我们需要明确技术在教育中的内涵是什么，都有哪些形式的技术。**其次**，我们需要明确作为学习的基础，认知是什么，如何应用技术来促进学生的认知。**最后**，我们需要明确学习是什么，如何应用技术来提升学生的学习。因此，本章会先从技术在教育中的基本内涵入手，再分别介绍技术促进认知、学习的相关内容，并在此基础上，结合具体的学习情境和技术，给各位教师提供具体的研究与应用案例，帮助各位教师从理论、案例两个层面，快速建立起对"技术促进认知与学习"这一热点问题的初步了解。

---

[1] 赵兴龙，王冰洁，张俊.技术促进语言运用的五个假设[J].中国电化教育，2011（4）：13-20；31.

【内容导图】

本章内容导图如图6-1所示。

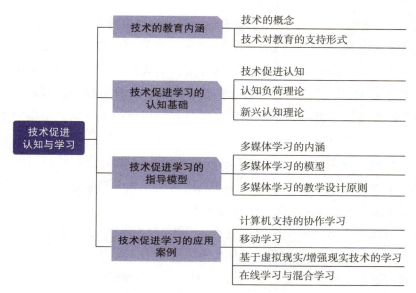

图6-1　第6章内容导图

6.1　技术的教育内涵

6.1.1　技术的概念

在学术界中，技术有两种解释。一种解释认为技术泛指根据生产实践经验和自然科学原理，发展成的各种工艺、操作方法与技能，以及相应的生产工具和其他物资设备，如捕鱼的技巧、捕鱼的工具，都属于技术。另一种解释认为技术是供人类利用和改造自然的物质手段、智能手段和信息手段的总和，是为人类社会生产和物质文化生活服务的。如物质手段像是前面提到的渔网等实际物体，智能手段像是捕鱼的技巧等抽象知识，信息手段像是烽火狼烟、互联网等传递信息方法。○

从这两种解释中都可以看出，技术包括有形的和无形的两种形态。落到教育领域中，技术同样分为有形的、无形的两种形态，即物化形态和智能形态。物化形态的技术是指实体硬件，如幻灯片、机器人、计算机、黑板、粉笔等，也可以称为媒体技术；智

○ 卓发友. 正确理解现代教育技术的涵义 [J]. 电化教育研究，2002（5）：9-11.

能形态的技术是指抽象知识，如教学策略、教学设计原则、评价方法等，能够在教育过程中实现有效的教学目标。

6.1.2 技术对教育的支持形式

与物化形态、智能形态两种技术形态对应，技术对教育的支持形式也有两种。

一种是**从技术中学习**（Learn from Technology），主要对应物化形态的技术，物化形态的技术本身蕴含知识内容、教学顺序。这种支持形式由来已久，相信教师并不陌生。例如15世纪的印刷术，20世纪的幻灯片、广播、动画、计算机程序，都是"让技术做教师、像教师一样教学"。其中技术的作用主要是将知识传递给学生，学生学习技术所呈现的内容。

另一种是**用技术学习**（Learn with Technology），主要对应智能形态的技术，将技术作为工具，来支持学生的知识建构。例如利用游戏化教学策略、认知负荷理论改进教学，利用思维导图来支持学生对知识进行梳理等。

用技术学习相比于从技术中学习，更看重学生的自我建构，强调将技术作为强有力的学习工具。当技术作为学习工具时，主要有六大类型，即评价工具、效能工具、信息获取工具、情境创设工具、交流工具、认知工具，如图6-2所示。◯

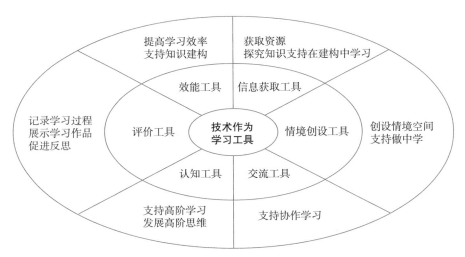

图6-2 技术作为学习工具

评价工具，是指能够记录学生的学习过程、展示学习作品、促进反思的平台，如能够显示视频完成率的中国大学慕课；**效能工具**，是指提高学生的学习效率、能够支持知识建构的工具，如思维导图、在线共享文档等；**信息获取工具**，主要是指能够帮助学生

◯ 钟志贤. 面向知识时代的教学设计框架促进学习者发展 [D]. 上海：华东师范大学，2004.

获取资源、探究知识，支持学生在建构中学习的工具，如百度、谷歌等搜索引擎；**情境创设工具**，主要是指能够创设情境空间、支持在做中学的工具，如虚拟现实/增强现实技术、项目式学习等；**交流工具**，主要是指能够支持协作学习的工具，如即时通信工具（微信、QQ等）、异步通信技术（邮件）等；**认知工具**，主要是指能够支持学生高阶学习、发展高阶思维的工具，如建模软件等。

6.2 技术促进学习的认知基础

上一节介绍了技术的概念、技术对教育的支持形式，以及技术作为学习工具的六大类型。但如何应用各种各样的技术促进学习呢？对于这个问题，我们需要从学生的认知基础谈起。因此，本节会先通过案例整体介绍"技术促进认知"，然后重点介绍认知负荷理论，最后简要介绍新兴认知理论——具身认知理论、情境认知理论、延展认知理论，以及三者的关系。

6.2.1 技术促进认知

技术能够促进认知吗？又是如何促进的？要想回答好这两个问题，就需要先明确认知是什么。简单来讲，认知是指人们接受外界输入的信息，经过头脑的加工处理，转换成内在的心理活动，进而支配人的行为的过程，即信息加工的过程；它是人的最基本的心理过程，包括感觉、知觉、记忆、思维等。与认知相关的能力叫作认知能力，是指人脑加工、储存和提取信息的能力，如知觉能力、记忆能力、空间思维能力等都属于认知能力。[1]我们不妨以典型的心理旋转能力和记忆为例，来看技术对思维、记忆等认知的促进作用。

心理旋转（Mental Rotation）能力是一种空间思维能力，具体来讲，它是在头脑中将自己或者客体进行旋转的能力，在认知领域备受关注。例如我们在玩魔方时，经常会想象如何旋转才能把每一个面对齐；我们在玩俄罗斯方块游戏时，通常会想一下如何旋转方块才能恰当地填补下面的空缺，然后再快速旋转方块。可以发现，心理旋转是一个非常有趣的现象，我们首先在大脑中形成某一具体实物的初步映象，然后将这个映象以相对稳定的速度进行旋转。在这一过程中，技术可以通过外化图形的平面与立体运动，来加速心理旋转过程。如柯什（Kirsh）等就以《俄罗斯方块》电子游戏的技术形式进行了试验。在《俄罗斯方块》电子游戏中，我们可以通过按键来控制方块的旋转。实验结果发现，参与者在玩《俄罗斯方块》这款实时互动电子游戏时，在现实世界中做出行动（按键控制），比仅在大脑中"想"效率要高，即技术通过外化图形运动，使得心理旋

---

[1] 卢乐山，等. 中国学前教育百科全书：心理发展卷 [M]. 沈阳：沈阳出版社，1995：121.

转的过程变得更快、更容易、更可靠。[1]

记忆（Memory），包括感觉记忆（瞬时记忆）、短时记忆（工作记忆）和长时记忆三阶段。其中，感觉记忆是人对事物的形象记忆，短时记忆是事物进入感觉记忆后在短时间被加工的记忆，长时记忆则是被永久保留的记忆。我们记忆新的内容之后，从感觉记忆到短时记忆再到长时记忆，总会有遗忘这个"拦路虎"。技术如何来解决遗忘问题呢？有一个很典型的规律叫作艾宾浩斯遗忘曲线，它揭示了人类的遗忘规律：遗忘是在记忆完后立即开始的，20min后遗忘比例高达41.8%，以后逐渐缓慢直至不再遗忘。例如陈莉斯等人便依据此遗忘规律，开发了背单词的软件，依据遗忘规律提醒学生进行更有效的复习[2]；耿秀双等人依据艾宾浩斯遗忘曲线设计健康教育的软件，定期提醒患者吃药，结果发现患者对吃药一事的记忆率明显提高[3]。

综上所述，认知是心理过程；技术如何促进认知，似乎也据此找到了切入口，也就是通过支持心理过程，如将内部的心理过程外化呈现、应用科学规律促进信息加工等方式，来促进更高效的认知的发生。对于如何利用技术更好地促进认知，我们就需要从认知负荷理论等多种理论来做进一步解析了。

6.2.2 认知负荷理论

20世纪80年代末，澳大利亚心理学家约翰·斯威勒（John Sweller）提出了认知负荷理论，打破了传统教学关于"教得越多越好"的错误观念，提出了认知资源合理分配的观点，为教学实践提供了基本原则。

1. 认知负荷的内涵

作为教师，我们总是希望让自己的学生在短时间内学到更多的东西，所以往往会在一定的时间里给学生提供很多的信息，但最后效果真的如我们所愿吗？好像未必。专家、学者发现实际教学情况并非如此，学生无法承受教师"无限地知识投喂"，人的记忆和认知似乎是有上限的，有关记忆容量和认知负荷的研究就此展开。20世纪50年代，美国普林斯顿大学心理学教授米勒（Miller）提出：人的短时记忆的容量是有限的，同一时间内学习者只能加工一部分材料，这个数量大概是"7 ± 2"个组块；组块是指若干个小单元组合成的单元，例如组块可以是单词，也可以是多个单词组成的词组。20世纪60年代后，更多心理学家对这一问题进行了研究，指出如果在单位时间内，教学提供的信息超过学习者短时记忆容量，那么就会造成多余信息无用甚至有害，使得学习者出现认知过载，进而影响其认知加工过程和学习效果。

---

[1] KIRSH D, MAGLIO P. On distinguishing epistemic from pragmatic action [J]. Cognitive Science, 1994, 18 (4): 513-549.
[2] 陈莉斯, 王耀晖. 移动微型学习理论指导的英语单词记忆研究 [J]. 现代教育技术, 2012, 22 (9): 70-74.
[3] 耿秀双, 李巧香. "艾宾浩斯"遗忘曲线在高血压健康教育中的应用 [J]. 中国实用护理杂志, 2011, 27 (2): 60-61.

>
> **经典案例：7±2组块**
>
> 7±2组块的意思是，短时间内学习者只能记住5~9个组块，不能够过多。
>
> 这一经典的发现是由米勒于1956年提出的。他通过定量的方法，对短时记忆能力进行了研究，研究结果发现人的记忆能力多维持在"7±2"个组块的水平。在此基础上，美国密苏里大学心理学教授纳尔逊·考恩（Nelson Cowan）于2001年指出，实际上年轻人的记忆能力只有4个组块左右，儿童和老人的记忆容量则更差。⊖
>
> 但无论是"7±2"，还是4个组块，研究结果都告诉我们：人的记忆容量、认知资源是有限的，我们不应该在短时间内向学习者灌输大量的内容，而是应该向学生提供适量的组块内容。

后来，20世纪80年代末，在前人研究的基础上，斯威勒等人提出了"认知负荷"的概念及认知负荷理论，旨在从认知资源有限的角度来解释教育实践中的教学设计，并通过充分优化教学设计中认知资源的合理分配，来实现复杂任务中的有效学习。斯威勒将认知负荷定义为**人类信息加工过程中能够加工的信息总量**，主要包括工作记忆对信息进行存储和加工的总量。

2. 认知负荷的分类

早期研究中，认知负荷主要有内在认知负荷和外在认知负荷两种类型。

内在认知负荷是由学习材料的复杂程度和学生的知识建构能力决定的。学习材料的复杂程度高，学生已有知识不足，在进行信息加工时就会加重工作记忆负担，产生较高的内在认知负荷。

外在认知负荷是由教学内容呈现方式引起的。当学习材料的呈现方式、学生的学习活动忽略知识或认知架构时，外在认知负荷形成，这是一种我们需要避免的认知负荷。如果多媒体包含的文字、图片，与教学内容没有直接关系，那么这些无关的材料就会占用认知资源，从而阻碍有效学习。例如在幻灯片课件中插入无关的、动态的小狗动画，这些与教学内容并不相关的材料可能会吸引学生的注意力，影响学习效果。

随着研究的深入，心理学家又引入了"相关认知负荷"，认为相关认知负荷是由学习过程中图式⊖的建构引起的。具体来讲，如果多媒体材料能够激发人的学习动机，且新信息通过工作记忆编码，能够形成更高级、更复杂的新图式，那么这在一定程度上会对其包含的教学内容的学习产生积极影响，这一阶段产生的认知负荷则为相关认知负荷。

⊖ COWAN N. The magical number 4 in short-term memory: a reconsideration of mental storage capacity [J]. The Behavioral and Brain Sciences, 2001, 24（1）: 87-114.
⊖ 图式，是指一种特殊的心理结构，或一种组织起来的理解经验的方式。

相关认知负荷的产生有助于问题解决,能够促进有意义学习,是教师在教学中应该积极建立起的认知负荷。

3. 认知负荷的应用

认知负荷的应用,围绕着"促进学习"的目的展开,主要有降低内在认知负荷、降低外在认知负荷、提高相关认知负荷三部分。

在**降低内在认知负荷**方面,需要选择与学生水平匹配的教学内容,并将教学内容加以细化和组织——教学内容之间的交互性越弱,内在认知负荷就越小。教师在日常的教学中,要注意"降低内在的认知负荷",如在讲授新课的时候,通常会先讲简单的内容,再讲复杂的内容。提炼一下,便是可以将教学内容划分为单一知识点,采取先简单、后复杂的内容组织形式,逐一呈现,降低学生的内在认知负荷。另外,教师还可以通过分层教学,给予不同层次的学生不同的教学任务和学习目标,如布置不同类型的选做作业,让学生选择契合其水平的学习内容,降低内在认知负荷。○

在**降低外在认知负荷**方面,需要合理化活动的设计和呈现,可以从斯威勒提出的认知负荷效应入手进行调整。○如通道效应,利用双通道理论○,结合动画与声音,让学生的视觉和听觉同时得到刺激,激发学生的学习兴趣,也进一步促进学生的认知加工。

降低外在认知负荷:七大认知负荷效应

(1)**目标自由效应(Goal-Free Effect)** 用学习目标明确的题目取代学习目标不明确的题目,更有利于学习的迁移。

(2)**样例与问题解决效应(Worked Example and Problem Completion Effect)** 与直接解决问题相比,提供问题解决的样例会产生更好的学习效果。

(3)**注意力分散效应(Split-Attention Effect)** 当图片与相应的文字解释在空间或时间上分离呈现时,容易导致学生注意分散;而将这些信息整合在一起,可以减少外在认知负荷。

(4)**通道效应(Modality Effect)** 与单独用文字、图表呈现学习内容相比,多种形式的信息(如视觉信息和听觉信息)更有利于学生对认知信息的处理。

(5)**冗余效应(Redundancy Effect)** 无益于认知的冗余信息会降低学习效果。

(6)**能力反转效应(Expertise Reversal Effect)** 对初学者有帮助的信息,

○ 汪明,曹道平. 基于认知负荷理论的有效教学设计研究[J]. 现代教育技术,2013,23(5):16-19.
○ SWELLER J. Cognitive load theory[J]. Psychology of Learning and Motivation,2011,55:37-76.
○ 双通道理论,是指人脑对视觉信息和听觉信息的加工是分离的,同样的信息用多种形式呈现可能会比单一形式呈现更容易整合或加工。

对已经有专业知识的学生来说可能是无效的，甚至是反作用的。

（7）**指导消退效应（Guidance Fading Effect）** 随着学生专业知识的增加，在呈现示例后，学生应该开始尝试解决部分问题，并慢慢尝试解决整个问题。

在**提高相关认知负荷**方面，教师需要帮助学生建立图式。例如当讲解物理中静电的知识点时，教师可以在学生学习基本内容之后，给出多个问题情境，让学生进行解释。这样的训练有利于学生识别情境中的共同特征，建立起解决问题的图式。但值得注意的是，引导学生提炼的图式特征一定要准确，不能似是而非，从而产生"思维定式"。同时可以在学生建立相关认知负荷的过程中，适当给予学生鼓励，提高学生建立相关认知负荷的成就感。

6.2.3 新兴认知理论

认知负荷理论属于第一代认知科学——主张身心分离，它没有办法解释人在现实情境中的认知问题。第二代认知科学则以"情境认知"为核心，主张身心合一，有具身认知理论、情境认知理论、延展认知理论三个主流理论，为技术促进学习提供了认知方面的新依据。

1. 具身认知理论

具身认知（Embodied Cognition）是近些年学习科学领域十分关注的话题，因此在本书10.1节将进行具体介绍。本小节中我们重点介绍具身认知的模型、核心理念，以及对"技术促进认知与学习"的启示与相关实例。

如图6-3所示，具身认知模型揭示了认知在本质上是具身的，强调认知是在身体和现实环境的动态互动过程中产生的，身体的生理结构和神经活动在这个过程中起着关键作用，由此产生的身体体验（感知、动作）将身体和现实环境联系在一起。

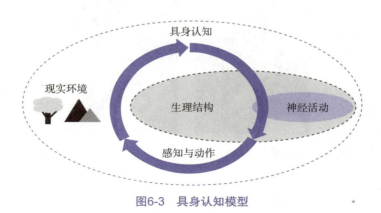

图6-3 具身认知模型

美国加利福尼亚大学圣克鲁兹分校心理学院教授威尔逊（Wilson）在前人的基础

上，提出了具身认知的六个核心理念[1]。

> **具身认知的六个核心理念**
>
> （1）**认知是情境的** 认知活动发生在现实环境中，这一过程涉及感知与动作。
>
> （2）**认知是有时间压力的** 必须将认知置于与现实环境实时互动的框架中，才能真正理解认知的运作方式。
>
> （3）**将认知工作转移到环境** 由于人类信息处理能力的限制（如有限的注意和工作记忆），充分利用现实环境可以减少认知负荷。现实环境可以帮助保留和处理信息，人只需要知道如何获取这些信息。
>
> （4）**环境是认知系统的一部分** 在心智和现实环境之间，信息的流动具有密集性和连续性。因此研究认知活动的本质时，心智不能作为单独的部分进行分析。
>
> （5）**认知是为了行动** 心智的功能是指导行动，对认知机制（如感知、记忆）的理解，必须考虑它们是否能产生适应环境的行为。
>
> （6）**线下认知是基于身体的** 即使脱离了现实环境，认知活动仍然离不开与现实环境互动的机制，如感知处理和动作控制。

具身认知理论给予"技术促进认知与学习"这一命题很多设计和应用思路，其效果也得到了一些研究验证。例如在语言学习中，教师可以让学生用手势和身体姿态动作进行第二语言学习，如数字、方向路标内容的学习，如图6-4所示，当学生用第二语言去描述位置时，会用手势做出相应方位的动作。相关研究结果发现用手势和身体姿态动作能够显著提高学生的学习效果和注意力[2]。

图6-4 具身认知在第二语言学习中：手势和身体姿态动作[2]

---

[1] WILSON M. Six views of embodied cognition [J]. Psychonomic Bulletin & Review，2002，9（4）：625-636.

[2] ESKILPSEN S W，WAGNER J. Embodied L2 construction Learning [J]. Language Learning，2015，65（2）：268-297.

基于具身认知理论的教学设计，其核心是通过具身的互动促进经验的建构。教师在利用技术促进学习时，可以充分考虑这一点：利用体感、手势互动等人机交互技术，让学生通过身体与现实环境互动；利用三维模拟技术创造出逼真的情境，支持更深入的具身互动，从而促进学生的认知与学习。

2. 情境认知理论

情境认知（Situation Cognition）理论认为认知发生在身体与物质、社会环境动态的交互过程之中。我们在第1章学习建构主义理论时，曾经介绍过情境认知理论的核心思想，在本小节中我们进一步从"技术促进认知与学习"的视角来看情境认知理论对创设情境的两大要求、设计情境的九大要素，以及对"技术促进认知与学习"的启示与相关实例。

（1）**对创设情境的两大要求** 首先，我们来看"什么是一个好的学习情境"，即情境认知理论对创设情境的两大要求[⊖]。

1）**能够支持学生知识建构的"假设提出-资源支持-实例迁移"的全过程。** 情境应该为学生创造机会，让他们产生相关的学习问题并提出各种假设，并为学生解决问题提供丰富的支持性资源，还应该提供丰富的实例，使学到的知识和技能能够更好地迁移，即提供支持学生知识建构的物理情境。

2）**能够支持学生合法地边缘性参与共同体的学习活动。** 情境应提供实践共同体，来支持学生"个人身份"的构建，即为每名学生提供合法地边缘性参与（允许新手可以部分地参与）的社会文化环境。

（2）**设计情境的九大要素** 知道了"好"情境的标准，那么我们如何设计情境呢？澳大利亚莫道克大学教授哈灵顿（Herrington）在前人研究的基础上，提炼出情境学习的框架如图6-5所示[⊖]。

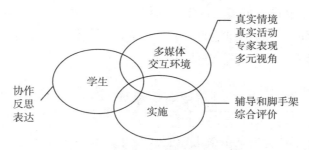

图6-5 哈灵顿情境学习的框架[⊖]

⊖ 刘义，高芳. 情境认知学习理论与情境认知教学模式简析[J]. 教育探索，2010（6）：88-89.

⊖ HERRINGTON J, OLIVER R. Critical characteristics of situated learning: Implications for the instructional design of multimedia [C] // ASCILITE 1995 Conference. Melbourne: University of Melbourne, 1995: 253-262.

设计情境的九大要素

1）提供真实的学习情境，反映知识在现实生活中的应用。
2）提供真实的活动。
3）提供接触专家及其工作过程的机会。
4）提供多样的角色和视角。
5）支持通过协作构建知识。
6）通过反思促进抽象思维的发展。
7）通过表达促进隐性知识的外显化。
8）在关键时刻提供辅导与脚手架。
9）在任务范围内提供全面的学习评估。

（3）情境认知理论对"技术促进认知与学习"的启示与相关实例　我们可以发现借助九大要素，技术手段能够更好地实现"好的学习情境"。如**在支持学生知识建构全过程方面**，美国贾斯珀系列（Jasper Series）便利用多媒体技术，为学习者创设真实的认知情境。[1]情境以视频故事的形式呈现，并附有真实的场景、学习资源。虽然并不完全真实，但其已经在很大程度上还原了现实生活，为激励学习者的主动学习创造了条件。在**支持学习者合法地边缘性参与共同体的学习活动方面**，贾斯珀系列的研究人员为相关的研究者、教师和学习者搭建了一个共同的互动交流平台[2]，形成了基于网络平台和即时通信软件的教师专业发展共同体、实习共同体等，促进学习者合法地边缘性参与活动。

与"好的学习情境"以及上面的例子相对应，教师要想用技术促进情境学习，也可以从两方面入手：一方面，利用多媒体技术为情境学习创设真实的情境，如利用虚拟现实和增强现实技术，创设更加逼真的学习情境；另一方面，利用互联网通信技术促进学习共同体的形成，如可以利用即时通信工具，为学生提供更加多元、便捷的沟通交流方式，推动学习实践共同体的形成、维持与发展。

贾斯珀系列

贾斯珀系列是由美国范德堡大学"认知与技术小组"开发设计的，共有12个历险故事。历险故事以光盘的形式提供，每张光盘包括一段约17min的历险录像，

---

[1] BRANSFORD J D, GOLDMAN S R, HASSELBRING T S, et at. The Jasper series as an example of anchored instruction: theory, program description, and assessment data [J]. Educational Psychologist, 1992, 27（3）: 291-315.
[2] 李翠白. 西方情境学习理论的发展与应用反思 [J]. 电化教育研究, 2006（9）: 20-24.

> 每段录像都以具有挑战性的问题结束。历险故事为学习者进行学习和探索创设了学习情境。该情境包括了原始数据、解决问题所必需的数据和一些问题解决的方法示范,学习者需要不断地学习知识、提升技能,从而解决真实情境问题,最终完成挑战任务。
>
> 例如在《邦尼牧场的救援》这一历险故事中,在历险开始前,先呈现了会开飞机的拉里教艾米莉如何开飞机,拉里陈述的内容包括飞机自身的重量、有效负荷、汽油消耗量、无缝速度、起飞场地要求等属性特征,为之后进行问题解决和完成任务进行了铺垫和情境创设。在历险故事中,贾斯珀在邦尼牧场钓鱼时,救了一只中弹的老鹰,他向希尔达加油站寻求帮助,希尔达加油站将这个消息告诉了艾米莉。得到消息的艾米莉先去了医生家,确认了邦尼牧场的具体位置,然后准备开飞机赶去救援,拉里也同时参与了救援。学习者需要根据先前学到的知识,结合故事中给出的医生家、希尔达加油站的位置和起飞场地要求等数据,进行问题的求解,从而提升自己在真实情境中的问题解决能力。

3. 延展认知理论

在延展认知(Extended Cognition)理论部分,我们将着重介绍延展认知理论的核心思想、最具代表性的模型——分布式认知(Distributed Cognition),以及其对"技术促进认知与学习"的启示与相关实例。

首先,在延展认知理论看来,认知不仅包括发生在大脑与身体内部的过程,还包括现实环境或情境本身。也就是说,该理论打破了"认知只发生在大脑内部"的传统界限,将认知界限向外扩展,认为认知不仅包含大脑知识的内部表征,还包含现实环境的外部表征。[1]

其中,分布式认知是延展认知最具代表性的表征模型。早在20世纪80年代,美国加利福尼亚大学认知科学系教授赫钦斯明确提出了分布式认知概念。如图6-6所示,该模型体现了延展认知的核心特点——延展了认知的边界,强调认知是分布的。[2]例如我们有的时候并不需要记住很多信息,如珠穆朗玛峰的海拔高度,这个信息存在于搜索引擎及数据库中,我们只需要知道如何利用搜索引擎获得相关信息就足够了。这其实也体现了技术对于人类工作、学习、生活的渗透作用——技术在提高人类工作、学习和生活效率的同时,也影响着人类的认知和思维方式。

---

[1] HEYLIGHEN F,HEATH M,VAN OVERWALLE F. The emergence of distributed cognition:a conceptual framework [C] // Collective Intentionality IV Siena:Cognitive Systems Research,2004:1-18.
[2] 于小涵,盛晓明. 从分布式认知到文化认知 [J]. 自然辩证法研究,2016,32(11):14-19.

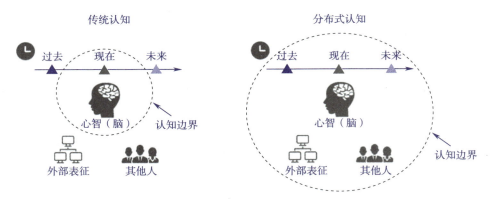

图6-6 分布式认知对传统认知边界和主体的延展

认知的"分布"特征在多个方面都有体现。赫钦斯认为，分布式认知的"分布"主要体现在三个方面：社会群体的成员、内外部表征的交互协调、时间（即先前发生的事件结果可以改变后续事件的性质）。[1]美国加利福尼亚大学圣地亚哥分校人类比较认知实验室教授科尔（Cole）对其进行了细化，认为分布式认知的"分布"体现在个体内、个体间、媒介、社会、文化和时间等多个方面[2][3]。

> ### 分布式认知的"分布"的六大体现
>
> （1）**在个体内** 大脑内部的认知表征依赖一系列相对独立又相互联结的大脑结构和功能联结。
>
> （2）**在个体间** 知识经验在个体间的分布也是不均匀的，如教师和学生之间，这为学习交流的产生奠定了基础。
>
> （3）**在媒介中** 分布在人工制品中（物质人工制品与符号媒介），如计算机、工具、设备及表情、动作等。
>
> （4）**在社会中** 认知还广泛存在于社会中逐渐形成的分工和规则之中。
>
> （5）**在文化中** 不同的文化造就了人们活动方式的不同含义。
>
> （6）**在时间中** 人类的过去、现在和将来都有认知分布，意味着人们先前的经验会影响现在及未来的认知活动。

正如前面提到的，分布式认知体现了技术对人类工作、生活、学习的渗透作用，但

---

[1] HOLLAN J, HUTCHINS E, KIRSH D. Distributed cognition: toward a new foundation for human-computer interaction research [J]. ACM Transactions on Computer-Human Interaction, 2000, 7（2）: 174-196.

[2] COLE M, ENGESTRÖM Y. A cultural-historical approach to distributed cognition [M] // Salomon. Distributed cognitions: Psychological and educational considerations. Cambridge: Cambridge university Press, 1993: 1-46.

[3] 刘革, 吴庆麟. 情境认知理论的三大流派及争论 [J]. 上海教育科研, 2012（1）: 37-41.

同时也给了教师"如何应用技术促进学习"一些启示：一方面，我们可以更加关注认知工具对于学生认知的促进作用，如利用已有的思维导图、概念图等知识可视化工具，让学生能够将隐性知识显性化[一]；另一方面，我们可以更加关注如何设计和呈现去中心化的学习资源（包括教师、线上多媒体学习资源、学习伙伴等），如可以利用基于分布式认知的计算机支持的协作学习来促进学生的学习[二]。

具身认知、情境认知和延展认知

三者都是第二代认知科学中的重要理论流派，体现了"合一"思想，但三者的侧重点不同。

具身认知侧重"身心合一"，强调身体在认知过程中的参与；情境认知侧重"情境"，强调外部环境（自然、社会与文化环境）对认知过程的塑造；而延展认知侧重"全面合一"，强调情境已经不再是对认知加工的被动辅助，而是学生认知过程中的主动支持者，即将认知边界向外进行了延展，追求更大范围内的"合一"。

从"技术促进认知与学习"的角度来看，具身认知给予教师"交互设计"方面的启示；情境认知给予教师"情境搭建"方面的引导；而延展认知则给予教师"技术重新定位"的意识，让教师认识到技术在认知活动中扮演的重要角色，它不仅是知识的传递工具、认知负荷的优化工具，技术工具本身也可以对学生的学习、分布式协作起到主动促进与支持作用。

6.3 技术促进学习的指导模型

在上一节中，认知相关理论为我们提供了基础，让我们理解了学习的认知过程、技术应用的依据和方向；在此基础之上，我们将进一步探索如何将技术科学地应用到学习过程之中，使得学习效果最大化，即技术促进学习的指导模型。其中，"多媒体学习理论"（Theory of Multimedia Learning）是应用得最多的模型之一。接下来，我们将主要围绕多媒体学习理论，介绍多媒体学习的内涵、模型以及衍生的教学设计原则。

[一] 赵国庆，黄荣怀，陆志坚. 知识可视化的理论与方法 [J]. 开放教育研究，2005，11（1）：23-27.
[二] 柳瑞雪，骆力明，石长地. 分布式学习环境下的协作学习交互类型研究 [J]. 中国远程教育，2017（1）：30-36；76；80.

6.3.1 多媒体学习的内涵

多媒体学习是由美国著名教育心理学家理查德·E.梅耶（Richard E. Mayer）提出的，它的定义包含多媒体、多媒体学习两个概念。多媒体是指将文字和图片组合起来的呈现形式，其中文字通常包括言语材料，图片通常包括图形、线条、录像等静态和动态的内容。而多媒体学习，则是人们对文字和图片产生心理表征的过程。该定义的背后蕴含着两种取向——以技术为中心的取向、以学生为中心的取向。

以技术为中心的取向，指的是以技术（多媒体）的功能为根本。如我们常关心的，用幻灯片教学、视频教学、教材教学，学生的学习效果有没有差别，差别又有多大。在这种取向中，学习往往被看作一个获得信息的过程；在此过程中应用技术时，我们考虑更多的会是如何应用新的技术（多媒体）及其功能，如虚拟现实/增强现实技术等，来实现信息的传递，考虑信息传递的速度、准确性等问题。

以学生为中心的取向，指的是以学生的需要为根本，以认知为出发点来考虑如何利用技术（多媒体），帮助学生更有效地学习。[1]在这种取向中，学习是学生从信息中主动建构知识的过程，在此过程中教师应用技术更多的是为学生的主动建构提供支持和帮助。

这两种取向在一定程度上也能回答本章中的核心问题——"技术能不能促进认知与学习""技术如何促进认知与学习"。如果纯粹地以技术为中心，将电影、广播、电视、计算机等应用到教学中，则可能会被证明是没有优势或是无效的，和教师的"讲授式学习"相比没有差别。[2]这也是为什么教师需要以学生为中心，根据学生的需求来选择技术，例如学生有协作交流的需求，需要即时通信，教师便选择即时通信工具，而非迫使学生纯粹使用电子邮件，让学生去适应新技术的要求。但并不是说技术的功能没有价值，而是说在应用技术的过程中要充分考虑学生的需求，只有这样技术的应用才能够真正促进学生的有效学习。

6.3.2 多媒体学习的模型

多媒体学习的模型建立在双重通道假设、主动加工假设和容量有限假设三个假设的基础之上。

（1）**双重通道假设**　双重通道假设认为，人对视觉表征和听觉表征的材料拥有独特的信息加工通道：当信息以图像或文字的形式呈现给眼睛时，人在视觉通道加工信息；当信息以声音的形式呈现给耳朵时，人在听觉通道加工信息。

---

[1] 理查德·E. 梅耶. 多媒体学习 [M]. 牛勇，邱香，译. 北京：商务印书馆，2005：10-16.
[2] CUBAN L. Teachers and machines: the classroom use of technology since 1920 [M]. 60355th ed. New York: Teachers College Press，1986：9-33.

（2）**主动加工假设**　主动加工假设认为，学习是一种生成活动，在这一过程中，学习者会通过主动参与认知加工来将新知识与已有经验建立一致的心理表征。具体来讲，学习者的主动加工能够帮助其将新材料与原有经验相联系，以尝试理解、掌握新的材料内容。

（3）**容量有限假设**　容量有限假设认为，人们在工作记忆中加工信息的容量是有限的。正如前面提到的，人在短时间内的记忆容量大概是7±2个信息组块。要想在工作记忆中有效处理更多的信息，我们必须运用原有知识来创造更大的组块。○

在这三个假设的理论基础上，结合相关实证研究，梅耶提出了多媒体学习理论，并认为多媒体学习有五个主要认知步骤：**选择相关词语，选择相关图像，组织所选择的词语，组织所选择的图像，整合以词语为基础和以图像为基础的表征**。多媒体学习理论模型示意如图6-7所示。

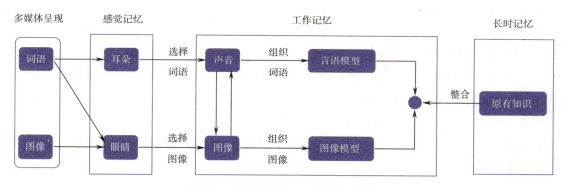

图6-7　多媒体学习理论模型示意○

下面我们具体来看多媒体学习的主要认知步骤。**首先**，信息以词语和图像的形式呈现给学生，其中词语可以是口头语言或书面语言，图像可以是静态形式或动态形式。**其次**，经由**选择**的词语进入耳朵，在听觉记忆系统中表征为声音；词语或图像等进入眼睛，在视觉记忆系统中表征为图像。**再次**，当学生注意到感觉记忆中的某些声音或某些图像时，这些声音或图像就会在工作记忆中进行深入加工。从次，学生有意识地将工作记忆中的声音和图像分别**组织**成言语模型和图像模型。**最后**，学生激活长时记忆中存储的原有知识，将其与工作记忆中的言语模型和图像模型**整合**，再将整合结果存入到长时记忆中。我们可以将上述认知步骤提炼为三个过程，即选择、组织与整合，这三个过程并不总是按顺序进行的，而是可以交叉反复进行。而且值得一提的是，梅耶认为，促进

○ 理查德·E. 梅耶.应用学习科学：心理学大师给教师的建议 [M].盛群力，丁旭，钟丽佳，译.北京：中国轻工业出版社，2016：32.

○ WILSON M. Six views of embodied cognition [J]. Psychonomic Bulletin & Review，2002，9（4）：625-636.

学生有意义学习的关键是教给他们相应的学习策略[注]，让其知道如何对学习材料进行合理的选择、组织和整合，从而提升其知识与技能。

6.3.3 多媒体学习的教学设计原则

基于多媒体学习理论模型及相关实证研究，梅耶在其著作中提出了多媒体教学的12条教学设计原则，指出教师可以从减少无关认知加工、调节基础认知加工、促进生成认知加工三个方面规避学生认知负荷超载的情况，促进学生的有效学习，本小节将具体阐述这12条原则。

1. 减少无关认知加工的原则

无关认知加工是由不合理的教学设计、不良的学习策略引起的，对应着认知负荷理论中的外在认知负荷。有些时候，教师要教授的某节课内容量可能会超过学生的认知容量范围。在这样的情况下，教师在进行课堂教学时，需要帮助学生减少与教学目的、教学内容相关性不强的无关认知加工。针对这一目标，梅耶提出了一致性、提示、空间邻近、时间邻近、明确期望五条原则。

（1）**一致性原则** 一致性原则也被称为聚焦要义原则，是指删除学习材料中的无关内容，如无关的文字、声音、画面等。因为无关的学习材料会占用学生工作记忆中的认知资源，分散对重要学习材料的注意，干扰学生对学习材料的组织加工，所以无关学习材料会影响学生的学习效果。例如在设计教学幻灯片时，去除那些与教学内容无关的图片和音频，能达到更好的教学效果，使学生学得更好。

（2）**提示原则** 提示原则也被称为标记结构原则，是指突出学习的关键材料，在学习过程中给予提示。例如教师在设计课程幻灯片或撰写教案时，可以将学生要重点掌握的知识点，用红色、蓝色等不同的颜色标记出来，这能够使他们将注意集中在关键要素上，减少对次要要素的认知加工。

（3）**空间邻近原则** 空间邻近原则，是指将图片与对应的文字说明相邻呈现，而非分离呈现在不同页面。这是因为当图片与对应的文字说明在空间上邻近时，学生不需要再支配额外的认知资源去寻找它们，可以减少无关的认知加工。我们在平常制作课件时就可以应用该原则，如图6-8所示的两类"闪电雷暴形成原理"的教学课件。图6-8a中，文字说明位于屏幕的下方，文字说明和图片是分离的，学生需要在文本和图片之间来回阅读，我们将这种呈现形式称为"**分离呈现**"。而在图6-8b中，文字说明直接呈现在图片附近，学生不需要去寻找文本说明，这种"**整合呈现**"的呈现形式，能够减少无关认知加工。

[注] 刘儒德，赵妍，柴松针，等. 多媒体学习的认知机制[J]. 北京师范大学学报（社会科学版），2007（5）：22-27.

图6-8 空间邻近原则示例：分离呈现和整合呈现○

（4）**时间邻近原则** 时间邻近原则是指将图片与对应的语音解说同时呈现，而非相继呈现。当两者同时呈现时，学生更有可能在工作记忆中同时保持两种材料的心理表征，从而在言语表征和视觉表征之间建立心理联系，这样学生的学习效果会更好。

（5）**明确期望原则** 明确期望原则是指当学生提前得知测试题目的类型时，他们的学习效果会更好。这一原则非常有趣，临近期末考试，学生会问"教师这次考试都考什么题，教师不妨告诉他们，因为学生提前得知题型，便可以提前规划考场上的时间分配，无须在考场上翻看试卷确定题型、分配时间，这在一定程度上能够帮助学生减少无关的认知加工。

2. 调节基础认知加工的原则

基础认知加工是指对学习内容本身进行认知的过程，对应着认知负荷理论中的内在认知负荷。学习材料本身很复杂时，对其的认知负荷也可能会超过学生认知系统的限度。在这样的情况下，教师需要调节学生的基础认知加工。基于这一目标，梅耶提出了切块呈现、提前准备、调整通道三个原则，下面将逐个阐述。

（1）**切块呈现原则** 切块呈现原则是指按照学生的步调，将学习材料分割成其可以掌握的若干片段加以呈现。通过切块呈现，学生可以按照自己的步调进行学习。如图6-9所示，在学习"闪电雷暴形成原理"时，可以将动画分割成16个片段，每个片段播放完

○ 理查德·E. 梅耶. 应用学习科学：心理学大师给教师的建议 [M]. 盛群力，丁旭，钟丽佳，译. 北京：中国轻工业出版社，2016：67.

后，屏幕右下方会出现"继续"按钮，在学生单击该按钮后呈现下一段动画。这样的呈现形式不仅调节了学生的基础认知加工，还允许学生能够按照自己的速度播放动画、学习相关知识。

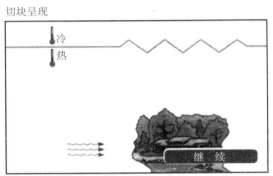

图6-9 "切块呈现原则"示例○

（2）**提前准备原则** 提前准备原则是指当学习内容复杂难懂时，可以在学习之前，让学生预先了解一些关键概念的名称和特征。例如教师讲解一篇较为复杂的古文时，可以在教学前，提取出重点的助词、较为生疏的字词和读音等，让学生提前熟悉，减轻、调节学生的基础认知加工，这样学生的学习效果会更好。

（3）**调整通道原则** 调整通道原则是指在呈现教学内容时，图片和语音同时呈现要比图片和文字同时呈现的效果好。这是因为，当画面和文字都以视觉形式呈现时，视觉通道过度负荷，而听觉通道闲置；但当文字以听觉形式呈现时，学生可以利用双通道对其进行加工，获得更好的学习效果。

3. 促进生成认知加工的原则

生成认知加工是由学习者在学习过程中，将新的知识结合已有的知识并进一步加工的过程，对应着认知负荷理论中的相关认知负荷。为促进学习者的生成认知加工，梅耶提出了多媒体、人性化、具体化、抛锚式四个原则。

（1）**多媒体原则** 多媒体原则是指当使用文字和图片的方式一起呈现教学内容，相较于单纯使用文字呈现，具有更好的学习效果。例如教师在讲解"自行车打气筒原理"时，可以在原有解说的基础上添加相应的图像，形成带有解说的动画片段，如图6-10所示。这与单纯使用文本相比，可以让学生更深入地理解所学内容。

○ 理查德·E.梅耶.应用学习科学：心理学大师给教师的建议[M].盛群力，丁旭，钟丽佳，译.北京：中国轻工业出版社，2016：69.

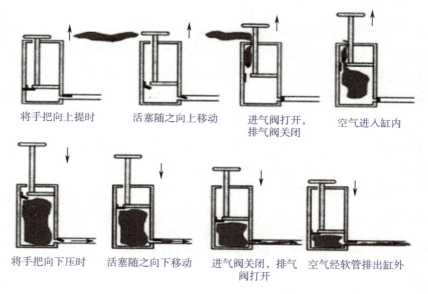

图6-10 "多媒体原则"示例⊖

（2）**人性化原则** 人性化的原则是指使用对话风格的教学方式相较于使用正式风格的教学方式，会有更好的学习效果。例如在课堂教学中，教师可以多采用第一、第二人称，减少第三人称的使用，增加与学生之间的对话与交互，促进生成认知加工。

（3）**具体化原则** 具体化原则是指把已有知识与新知识联系起来时，学习效果会更好。教师可以通过提供具体案例，鼓励学生将之前掌握的知识与新学的知识之间建立联系。

（4）**抛锚式原则** 抛锚式原则是指当学习者在自己熟悉的学习情境中学习时，学习效果会更好。教师可以为学生适时创设他们熟悉的场景来进行教学，如创设一个真实的生活情境，让其进行加减法的学习等。

有效学习的教学设计原则

除了多媒体教学的12条教学设计原则之外，梅耶从开展练习和实现生成两个方面提出了相应的8条教学设计原则，为教师引导学生的成功学习提供思路。

1. 开展练习的教学原则

开展练习方面主要有分步练习、即时反馈、提供样例、指导发现四条原则。

（1）**分步练习** 将练习任务分成几个部分，让学生分段完成，会比让学生一次集中练习的效果更好。

⊖ 理查德·E. 梅耶. 应用学习科学：心理学大师给教师的建议 [M]. 盛群力，丁旭，钟丽佳，译. 北京：中国轻工业出版社，2016：71.

（2）即时反馈　教师通过即时反馈，能了解到学生的"薄弱环节"和个人优势，针对学生不足再刻意练习，可以促进学生从新手向专家的转换。

（3）提供样例　提供样例，不仅可以调节学生的认知加工，也可以让学生将具有相同本质特征、不同特征的知识点进行分类和对比，从而改变其知识组织结构，引导更好的学习。

（4）指导发现　在解决较为困难的问题时，与学生讨论或者告知学生可以采用的解决方案，能够调节学生的认知加工，促进其有效学习的能力。

2. 实现生成的教学原则

实现生成主要是促进学生的知识生成。这部分主要有检查验证、自我解释、设问质疑、精细加工四条原则。

（1）检查验证　相比于简单重复的学习，使用实践测验的方法可以达到更好的学习效果。

（2）自我解释　学生对上课内容进行自我解释，学习效果会更好。

（3）设问质疑　学生提出深层次的问题，并做出回答，可以更好地促进其进行认知加工。

（4）精细加工　学生列出提纲、总结或者详细阐述所学知识，都可以辅助和促进其深层次的认知加工过程。

6.4　技术促进学习的应用案例

在前面的介绍中，教师了解了技术、认知与学习的内涵，也了解了技术促进认知与学习的理论依据，那实际应用案例中的促进效果如何呢？在通过各个案例回答这一问题之前，教师需要先了解技术在学习中应用的独特价值。

在技术对教育的支持形式部分，本书归纳了六大类学习工具，其实单从技术来看，技术形式多种多样，诸如教育游戏技术、移动技术、虚拟现实/增强现实技术、人工智能技术、大数据技术等层出不穷，每一种技术都有其特点，应用在学习中都有自己的优势和价值。例如大数据技术能够分析学生的海量数据，让教师能够更有效地指导学生的学习。李昕等人利用数据挖掘相关技术分析学生的学习日志，诊断学习过程，为学生制定更加个性化的教学策略[一]。再例如教育游戏技术能够以趣味的学习形式激发学生的学习动机，李海峰等人开发单词记忆游戏并进行应用，使学生的学习动机和记忆效果得到明显

[一] 李昕，荆永君，王鹏. 智能授导系统中的教学策略研究 [J]. 中国电化教育，2012（10）：126-130.

提升。多种多样的技术为变革教学形式、创建学习环境、促进学习迁移和能力发展、建构新的知识、建立学习共同体提供了支架工具和新的机遇，为学生的生活带来了无限的可能和惊喜。

本书将在第7~9章详细介绍人工智能、大数据与游戏化学习等技术，本节主要选择计算机支持的协作学习、移动学习、虚拟现实/增强现实技术、在线学习与混合学习四个方面，为各位教师介绍技术促进学习的相关案例，以期为教师的课堂教学提供参考。

6.4.1 计算机支持的协作学习

计算机支持的协作学习（Computer Supported Collaborative Learning，CSCL），是随着技术的发展而提出的新型学习方式，探讨的主要问题是如何利用计算机开展协作学习，实现对学习过程的支持。

经过了30年左右的发展，计算机支持的协作学习逐渐成为教育领域的重点研究问题和重要学习方式，它可以通过创设学习社区，促进个体之间的交互，帮助学生找到归属感。下面我们来看一个典型案例，该案例利用知识论坛（Knowledge Forum，KF），为小组成员提供协作的平台，支持各成员一同开启主题探索，进行资源和观点的分享、连接、交互甚至质疑，实现知识分享与构建。

计算机支持的协作学习：知识论坛

知识论坛是以知识建构理论（Knowledge Building Theory）为指导，搭建的网络协作学习平台，能够支持集体知识的建构。

知识论坛的设计以"观点"（Idea）为中心，将其物化成具有可操作性的问题讨论列表。知识论坛还提供了记录、视窗、阅读、点评等功能，来支持学生在协作学习的过程中进行知识建构。记录功能，让学生能够分享自己的观点、提出问题、贡献个人经验；视窗功能，让学生能够将记录内容，通过可视化的方式在窗口中呈现出来，保证观点的多样性；阅读、点评等功能，让学生能够在观点之间建立联系，在别人的观点上增加自己的新观点，从而引导学生主动思考、多角度思考。知识论坛界面示例如图6-11所示。

○ 李海峰，王炜. 基于具身认知理论的教育游戏设计研究——从EGEC框架构建到"环卫斗士"游戏的开发与应用[J]. 中国电化教育，2015（5）：50-57.

○ KREIJNS C J. Sociable CSCL environments: social affordances, Sociability, and social presence [D]. Heerlen: Open Universiteit Nederland, 2004.

○ 知识建构理论认为知识不是存储于个人大脑中的所谓真理，而是通过学习者群体探讨、共同创造而形成的集体知识，它大于成员各自知识的总和。知识建构的过程即修正和改进集体知识的过程。

⑩ 喻芹芹，张义兵，刘瑶. 基于知识论坛的建构学习实证研究[J]. 现代远程教育研究，2014（2）：68-75.

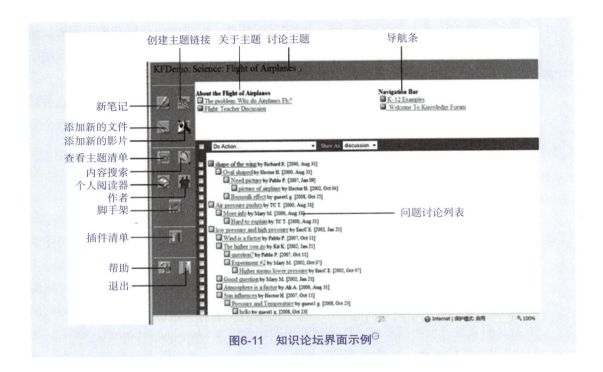

图6-11 知识论坛界面示例①

6.4.2 移动学习

移动学习（Mobile Learning），指的是利用无线移动通信网络技术和无线移动通信设备，来获取教育信息、教育资源和教育服务的新型学习形式。相比于其他学习形式，移动学习具有便捷性、个性化、交互丰富性等特点，是移动计算技术与数字化学习技术相结合的产物，在中小学教育、高等教育、社会教育、职业教育、远程教育等领域中都有所普及，代表着未来学习的趋势。②北京大学尚俊杰研究员将移动学习分为碎片式学习、情境感知学习、基于电子书包的课堂互动式学习三种模式。③

（1）**碎片式学习** 碎片式学习模式利用了移动设备"随时随地"的特征，能够让学生有效利用自己的零散时间，如利用坐公交、走路、洗漱等零散的时间进行学习。

（2）**情境感知学习** 情境感知学习模式利用了移动设备的"定位"功能，当学生到达一个地方时，智能设备可以感知其所在位置，为其推送相关的信息或学习资源，让其在具体情境中感知、体验和学习。

（3）**基于电子书包的课堂互动式学习** 基于电子书包的课堂互动式学习模式常用于学校的课堂教学中，学生能在平板电脑上实时看到教师写的内容或题目，学生将自己

---

① 喻芹芹,张义兵,刘瑶.基于知识论坛的建构学习实证研究[J].现代远程教育研究,2014（2）：68-75.
② 郭绍青,黄建军,袁庆飞.国外移动学习应用发展综述[J].电化教育研究,2011（5）：105-109.
③ 尚俊杰.移动学习有什么用？[J].中国信息技术教育,2015（Z1）：35.

在平板电脑上写好的内容上传至服务器,可供教师阅读和点评,从而实现教学、管理和互动。

接下来,我们介绍两个典型的移动学习案例,以此来看技术对学习的促进作用及其影响因素。

移动学习①:EduVenture户外实地考察学习

EduVenture是一套支持学生户外实地考察学习的平板教学系统(如图6-12所示),由香港中文大学学习科学与科技中心总监庄绍勇教授研发推出。该系统可以在智能手机及平板电脑上使用,通过全球定位系统(GPS)让学生亲身探索指定地点,回答预设的问题。学生完成探索后,该系统会自动储存答案,获得与众不同的户外移动学习体验。

图6-12 学生使用EduVenture在户外移动学习

移动学习②:提升实习教师的教学热情与自我效能感

瑞士苏黎世大学的研究人员开发了一款实习教师移动学习软件,助力于实习教师的学习与成长。在该软件中,如图6-13所示,教师可以:通过添加笔记、拍照、录音、录像的形式收集教学时刻;添加自己的反思、形成自己的作品集;邀请其他教师访问自己的作品集,互相讨论、点评。研究结果显示,该软件的应用对实习教师的教学热情和自我效能感有正向影响。

○ 香港中文大学. EduVenture官网 [EB/OL]. (2021-02-01) [2022-07-14]. https://ev-cuhk.net/cn/.
○ MICHOS K, CANTIENI A, SCHMID R, et al. Examining the relationship between internship experiences, teaching enthusiasm, and teacher self-efficacy when using a mobile portfolio app [J]. Teaching and Teacher Education, 2022, 109:103570.

图6-13　实习教师移动学习软件：建立、记录教学时刻

6.4.3　基于虚拟现实/增强现实技术的学习

基于虚拟现实/增强现实技术的学习，包含虚拟现实与增强现实两种技术形式。

虚拟现实（Virtual Reality，VR）技术通过计算机仿真等模拟出一个三维的可交互的虚拟环境，能够让用户在其中自主探索，与虚拟对象进行自由、实时的交互，进行自主学习、问题解决等活动。

增强现实（Augmented Reality，AR）技术是在虚拟现实技术基础上发展起来的新兴技术，能够在真实环境中叠加虚拟信息，为用户创造一种虚实并存的环境，从而在一定程度上实现提升用户的思维和能力等。例如增强现实技术最早应用于教育领域中的形式，便是比林赫斯特（Billinghurst）制作的魔法书（Magic Book，见图6-14），比林赫斯特根据书本内容制作成3D场景和动画，学习者借助特殊的"眼镜"，就可以直接看见栩栩如生、活灵活现的形象。

图6-14　魔法书

○ MICHOS K, CANTIENI A, SCHMID R, et al. Examining the relationship between internship experiences, teaching enthusiasm, and teacher self-efficacy when using a mobile portfolio app [J]. Teaching and Teacher Education, 2022, 109: 103570.

○ 何聚厚, 黄秀莉, 韩广新, 等. VR教育游戏学习动机影响因素实证研究 [J]. 电化教育研究, 2019, 40（8）: 70-77.

○ BILLINGHURST M, KATO H. Collaborative augmented reality [J]. Communications of the ACM, 2002, 45（7）: 64-70.

○ 蔡苏, 张晗, 薛晓茹, 等. 增强现实（AR）在教学中的应用案例评述 [J]. 中国电化教育, 2017（3）: 1-9; 30.

除了虚拟现实和增强现实之外，还有混合现实（Mixed Reality，MR）技术。混合现实借助计算机技术、图像处理技术等，生成具有虚实融合、虚实难分的可视化环境，在该环境中虚拟和真实对象可以同时存在，学生可与之实时交互。虚拟现实、增强现实、混合现实三者有什么区别？虚拟现实打造出的学习环境是虚拟世界；增强现实则是在真实世界中叠加虚拟信息；混合现实除了在真实世界中叠加虚拟信息外，必要时还需要将真实对象在虚拟世界中建模呈现，从而实现虚实世界中的无衔接互动。但无论是哪种技术，它们都能够为学生创设三维注册、实时互动的学习情境，来支持学生的学习活动。

我们可以在课堂中应用虚拟现实或增强现实技术吗？当然可以，例如中国移动的"5G智慧课堂"，便利用增强现实技术，将"彩虹"搬进了教室。

基于增强现实技术的学习：彩虹的秘密

2019年7月26日，中国移动在深圳举行"5G+智慧教育"开课仪式，课堂内容便是利用增强现实技术呈现小学科学知识——"彩虹的秘密"，如图6-15所示，可以让学生模拟天气条件来"制造彩虹"，从而理解彩虹产生的原理，学生反响极佳。

图6-15 "彩虹的秘密"课堂现场

我们来看另外一个典型的案例，由美国自然科学基金支持、哈佛大学教育学院开发和实施的EcoMUVE课程项目。

○ 孔玺，孟祥增，徐振国，等. 混合现实技术及其教育应用现状与展望[J]. 现代远距离教育，2019（3）：82-89.
○ 中国移动.《彩虹的秘密》直播链接 [EB/OL].（2019-09-20）[2022-07-15]. https://hezhibo.migucloud.com/watch/X1ZMZNGePyg.

基于虚拟现实技术的学习：EcoMUVE课程项目

EcoMUVE课程项目旨在让中学生通过两周的时间去了解和掌握生态系统科学的相关知识，并提升学生探索和解决问题的能力。如图6-16所示，EcoMUVE课程项目创设了一个三维的虚拟世界，使用了沉浸式虚拟环境来教授中学生有关生态系统和其因果模式的知识。学生可以通过计算机来访问这个类似于电子游戏的世界，重建真实的生态环境，在其中探索和收集信息。学生在计算机前独立工作，但在虚拟世界中进行团队协作；学生借助沉浸式界面，在环境中发现问题、分析问题、解决问题，最终了解和掌握相关的学科知识。EcoMUVE课程项目是一个极好的通过虚拟现实技术实现情境化学习的案例。

图6-16　EcoMUVE课程项目

6.4.4　在线学习与混合学习

在线学习（Online Learning）与混合学习（Blended Learning），也是随着多媒体和互联网技术的发展而迅速发展起来的新型学习方式。其中，在线学习没有统一的定义，可以是微课、慕课、互联网的学习形式；混合学习指的是将面授学习（传统学习）和在线学习（网络学习）优势相结合的学习方式。这两种学习形式近年来备受关注，在本书第10章中会有单独一节来做介绍。因此，本小节重点为教师介绍在线学习与混合学习的典型代表——可汗学院（微课）、翻转课堂、慕课（MOOC），以说明技术对学习的促进作用。

可汗学院的创建：在线微视频的应用

可汗学院（Khan Academy）是由美国科技教育实践家萨尔曼·可汗（Salman

---

① 张又予.哈佛大学EcoLearn项目：AR/VR支持下的沉浸式生态探究 [J].上海教育，2021（11）：38-39.

Khan)创建的教育组织。可汗拥有麻省理工学院的数学学士学位,数学极佳,但有一次他发现自己侄女的数学成绩并不非常理想。

为了帮助侄女更有兴趣地学习、提高学习成绩,可汗录制了一些10min左右的教学视频,这些教学视频由手写内容与语音讲解(类似于图6-17所示内容)组成。可汗将其放在了网络上,没想到受到了广泛的好评,教师和家长认为这种学习方式非常简单且低成本,学生可以根据自己的学习情况和接受能力来循序渐进地学习,甚至弥补或替代学校教学。受到鼓励,可汗决定在2009年辞去工作,全职从事课程视频的录制,创立自己的在线教学网站和组织——可汗学院。

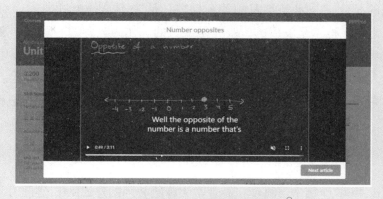

图6-17 可汗学院在线课程视频实例①

可汗学院的出现和兴起,催生了翻转课堂(Flipped Classroom)这一学习的新形式——学生在家观看教师提前录制好的视频来学习,到了教室后与教师交流之前学习的内容,并完成教师布置的作业。翻转课堂在一定程度上能够实现学生的个性化学习②,因为学生可以根据自己的接受程度,控制学习知识的进度。

最后简单介绍一下慕课。慕课是大规模开放在线课程,它起源于美国大学公开课的视频化,任何人都可以在上面免费学习。我国也推出了中国大学慕课,上传了一批精品课程视频。值得一提的是,慕课除了自学外,也可以与翻转课堂相结合,来提高学生的学习兴趣、培养学生学习的自主性。③

---

① Khan Academy.Khan Academy[EB/OL].(2022-07-15)[2022-07-15].https://zh.khanacademy.org/.
② 尚俊杰.可汗学院和翻转课堂究竟有什么价值[J].中国信息技术教育,2015(22):10.
③ 田爱丽."慕课加翻转课堂教学"成效的实证研究[J].开放教育研究,2015,21(6):86-94.

6.5 本章结语

技术能够促进教育，这一结论无可争议；但再微观一些，教师更关心的问题是技术对认知与学习的作用如何。

因此，本章聚焦"技术促进认知与学习"这一命题，和教师一起按照技术、认知、学习、案例的次序，从理论、示例两方面尝试回答这一问题。在回答的过程中，我们发现在研究者、教育者的研究与工作中我们很容易找到很多肯定的答案，但同时也发现了要警惕的地方——技术的应用有很多注意事项，如"要以学生的需求为出发点"、采集数据时"注重保护教师和学生的隐私"等。

最后想说的是，"技术与学习的关系探究"从来不是一个过去式，而是一个进行式。时代是变化的，技术是发展的，眼光是成长的。作为教育的一线工作者，教师既要勇敢探索新技术的可能价值和教育应用场景，也要努力跨越技术推广过程中的困难和阻碍。教师可以大胆地实践、专业化地研究，从一门课做起、从一堂课做起、从一个学习活动做起，秉持"以学生为中心"的理念，发挥好技术对认知与学习的促进作用。

拓展阅读

[1] 理查德·E. 梅耶.应用学习科学：心理学大师给教师的建议[M]. 盛群力，丁旭，钟丽佳，译.北京：中国轻工业出版社，2016.

[2] 叶浩生.身体与学习：具身认知及其对传统教育观的挑战[J].教育研究，2015，36（4）：104-114.

[3] 王建中，曾娜，郑旭东.理查德·梅耶多媒体学习的理论基础[J].现代远程教育研究，2013（2）：15-24.

[4] 理查德·E. 梅耶.多媒体学习[M].牛勇，邱香，译.北京：商务印书馆，2005.

[5] 赵建华.CSCL研究的现状及发展趋势[J].中国电化教育，2009（5）：7-14.

[6] 彭绍东.从面对面的协作学习、计算机支持的协作学习到混合式协作学习[J].电化教育研究，2010（8）：42-50.

[7] 杨刚，徐晓东.计算机支持的协作学习研究现状与发展趋势——关于CSCL的定量与定性分析[J].远程教育杂志，2010，28（3）：93-101.

[8] 喻芹芹，张义兵，刘瑶.基于知识论坛的建构学习实证研究[J]. 现代远程教育研究，2014（2）：68-75.

[9] 尚俊杰.移动学习与未来教育[J]. 中小学信息技术教育，2013（12）：15.

[10] 尚俊杰.移动学习有什么用？[J]. 中国信息技术教育，2015（Z1）：35.

[11] 叶成林，徐福荫，许骏.移动学习研究综述[J].电化教育研究，2004（3）：12-19.

[12] 蔡苏，张晗，薛晓茹，等.增强现实（AR）在教学中的应用案例评述[J]. 中国电化教育，2017（3）：1-9；30.

[13] 王辞晓，李贺，尚俊杰.基于虚拟现实和增强现实的教育游戏应用及发展前景[J]. 中国电化教育，2017（8）：99-107.

[14] 尚俊杰.新技术距离教育还有多远？[J]. 中国信息技术教育，2015（2）：20.

思考题

1. 请结合实例说出技术作为学习工具的六种类型。

2. 用自己的话说出认知、认知负荷的基本内涵，以及具身认知理论、情境认知理论、延展认知理论的核心观点。

3. 请尝试用自己的话描述多媒体学习的模型。

4. 请结合您所教的课程，思考如何将多媒体学习的教学设计原则应用到课堂之中，以改进原有的教学设计。

5. 请尝试举出一个技术促进学习的案例，并用自己的话对该案例中技术的作用进行分析。

6. 畅想一下未来技术将如何促进认知与学习，您期待其如何促进？

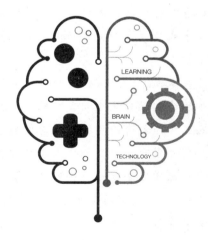

第7章

人工智能与学习

【本章导入】

最近几年，我们看到人工智能在语音识别、图像处理、自动翻译、自动驾驶等多个领域取得了突破性进展，伴随着移动互联网、物联网、大数据、云计算等新技术的快速发展，人类正在加快进入智能时代。

面对这样的情境，教育领域的管理者、研究者和实践者自然希望借此实现智能化教学，实现个性化自适应学习，实现科学决策和科学管理。①②人工智能也是学习科学研究领域的一个重要分支，目前，国内外许多教育研究者都开展了人工智能相关的研究，与人工智能相关的教育研究机构也纷纷成立，如北卡罗来纳州立大学建立的人工智能参与式学习研究所、北京师范大学未来教育高精尖创新中心成立的人工智能实验室、华东师范大学成立的上海智能教育研究院等。

此外，如何利用人工智能技术促进学习不仅是很多学者研究的内容，也在国内外引起了社会上的广泛关注。例如联合国教科文组织发布的《教育中的人工智能：可持续发展的挑战和机遇》就总结了人工智能教育应用的现状与发展前景，充分肯定了人工智能教育应用的未来。我国也于2017年发布了《新一代人工智能发展规划》，指出要利用智能技术加快推动人才培养模式、教学方法改革，构建包含智能学习、交互式学习的新型教育体系，为我国"人工智能+教育"的发展奠定了基础。2019年5月16日国际人工智能与教育大会在北京召开，国家主席习近平向大会致贺信。他强调，中国高度重视人工智能对教育的深刻影响，积极推动人工智能和教育深度融合，促进教育变革创新，充分发挥人工智能优势，加快发展伴随每个人一生的教育、平等面向每个人的教育、适合每个

---

① 雷朝滋. 智能时代的教育变革 [J]. 中小学数字化教学，2019（9）：30-32.
② 杨宗凯，吴砥，郑旭东. 教育信息化2.0：新时代信息技术变革教育的关键历史跃迁 [J]. 教育研究，2018，39（4）：16-22.

人的教育、更加开放灵活的教育。

在社会各界的高度关注下，人工智能、大数据等技术在教育领域也取得了一些引人注目的成就，许多大中小学正在尝试将人工智能应用到学校中，以方便学生的学习和生活。例如南京理工大学利用大数据技术自动分析甄别贫困学生，然后将补助款自动充到贫困学生的饭卡中，深受社会各界好评。还有很多学校采用"刷脸吃饭""刷脸门禁"等，确实方便了学生。

不过，就如以往新技术的到来一样，人们一定会质疑：与电影、电视、计算机、互联网相比，人工智能对教育究竟有什么样的特殊价值？人工智能一定能改变教育吗？本章就从人工智能的概念和历史发展谈起，系统梳理人工智能教育应用的现状，分析其核心价值及发展前景，探讨可能面临的困难及应对策略，并展望未来发展之路。

【内容导图】

本章内容导图如图7-1所示。

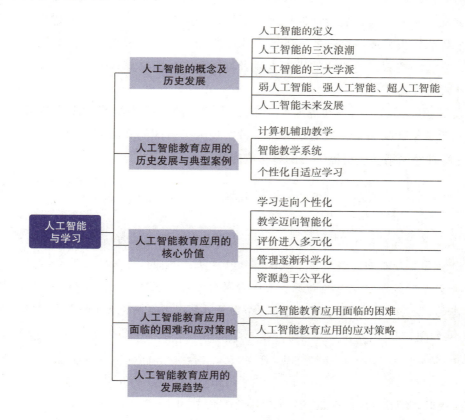

图7-1　第7章内容导图

7.1 人工智能的概念及历史发展

人工智能起源于英国计算机之父图灵（Turing）在1950年提出的设想：机器真的能思考吗？而公认的人工智能概念的提出则是在1956年的达特茅斯会议上，美国斯坦福大学人工智能实验室主任麦卡锡（McCarthy）、美国工程院和美国科学院院士明斯基（Minsky）以及美国数学家香农（Shannon）等人在这一次研讨会上提出了"人工智能"（Artificial Intelligence，AI）的概念。①下面我们就来看看人工智能的定义、三次浪潮、三大学派等重要内容。

7.1.1 人工智能的定义

关于人工智能，人们很难给出一个精确的、权威的定义，主要是人们对人工智能有不同的理解。李开复等人在《人工智能》一书中曾经给出了五种历史上有影响的，或者是目前仍流行的定义。②③中国人工智能学会会长李德毅院士也给人工智能下了一个比较详尽的定义：探究人类智能活动的机理和规律，构造受人脑启发的人工智能体，研究如何让人工智能体去完成以往需要人的智力才能胜任的工作，形成模拟人类智能行为的基本理论、方法和技术，所构建的机器人或者智能系统，能够像人一样思考和行动，并进一步提升人的智能。④

在人工智能领域，有三个常见的名词：**人工智能、机器学习和深度学习**。可以认为，这三者是包含的关系，机器学习是一种实现人工智能的算法或方法，深度学习是一种基于深度神经网络实现机器学习的算法或方法。

深度学习

深度学习（Deep Learning，DL）由神经网络的基本单元（人工神经元）构成，并采用了分层的网络连接方式和感知机算法，也被称为深度机器学习。

李开复曾经用水流系统的原理来比喻深度学习的原理，深度学习要处理的数据是信息的"水流"，深度神经网络是一个由管道和阀门组成的巨大的水管网络，这个网络有若干入口，也有若干出口。水管网络有很多层，每一层有许多控制水流的流向和流量的调节阀。每一层的每个调节阀都和下一层的所有阀门相连接，这样就组成一

---

① 祝智庭，魏非. 教育信息化2.0：智能教育启程，智慧教育领航 [J]. 电化教育研究，2018，39（9）：5-16.
② 书中给出的人工智能的五种定义：人工智能就是让人觉得不可思议的计算机程序；人工智能就是与人类思考方式相似的计算机程序；人工智能就是与人类行为相似的计算机程序；人工智能就是会学习的计算机程序；人工智能就是根据对环境的感知，做出合理的行动，并获得最大收益的计算机程序。
③ 李开复，王咏刚. 人工智能 [M]. 北京：文化发展出版社，2017：21-37.
④ 李德毅. 人工智能：经济发展新引擎、社会发展加速器 [J]. 科学中国人，2018（10）：58-60.

个从前往后、逐层完全联通的水流系统。例如现在让这个像水管网络一样的神经网络学习认识汉字,先给它一张写着"田"字的图片,这张图片的信息(图片上的每个颜色点都用0或1表示)就变成水流,从入口灌进神经网络,在出口处事先插好每个汉字的牌子,在出口处查看是否"田"字牌子处流出的水最多。如果是,说明符合要求;如果不是,就给计算机下命令,让它调节那些阀门,直到"田"字牌子处流出水最多。"田"字调好后,可以接着去调节"甲"字,当然,前提是不要影响"田"字。所有汉字都调节好以后,这个模型就训练好了,可以用来自动识别汉字了。

这是一个简化的比喻,在真实的神经网络中拥有无数的函数和参数,调节阀门就是调节参数,当然,这个调节过程是非常复杂的,复杂到连设计这个神经网络的人都说不清其中的调节过程和因果关系,因此,有史以来最神奇也最有效的深度学习方法就成了一个知其然不知其所以然的"黑盒子"。

7.1.2 人工智能的三次浪潮

人工智能的发展大约经过了三次浪潮:第一次浪潮是20世纪50—60年代。在1950年,图灵发表了一篇名为《计算机械和智能》(Computing Machinery and Intelligence)[注]的论文。该论文探讨了到底什么是人工智能,其中有一个有趣的实验——著名的"图灵测试",掀起了第一次人工智能的浪潮。

在20世纪50—60年代,人们普遍对人工智能抱乐观态度,也产生了许多所谓的人工智能程序。例如1966年,美国麻省理工学院约瑟夫·维森鲍姆(Joseph Weizenbaum)发明了Eliza,这是一个可以和人对话的小程序,堪称微软的小冰、苹果的Siri等聊天机器人的鼻祖。[注]此外,在这个时期,人工智能在数学定理证明方面也取得了突破性进展,当时的人们惊呼:人工智能再有10年就要超越人类了。不过20世纪70年代后期,人们发现人工智能只能解决一些非常简单的问题,从而进入了第一次低潮期。

人工智能第二次浪潮发生在20世纪80—90年代。1982年Hopfield神经网络的提出,掀起了人工智能的第二次浪潮,语音识别、语言翻译等计划相继推出。在这个时期,虽然人工神经网络已经出现了多层的概念,但是受限于计算能力和算法策略,多数都是2~3层的浅层神经网络,未能扮演人工智能的主角。在此时期,符号推理方法继续得到发展和应用,发端于模式识别领域的基于统计推理的机器学习方法也取得了比较大的发展和成果,最具代表性的就是各个领域出现了比较实用的专家系统。其中最具影响力的事件就是1997年5月11日,IBM研发的人工智能计算机"深蓝"战胜当时的世界国际象棋棋王、

⊖ TURING A M. Computing machinery and intelligence [J]. Mind,1950(59):433-460.
⊜ 李开复,王咏刚. 人工智能 [M]. 北京:文化发展出版社,2017:51-53.

苏联棋手加里·卡斯帕罗夫（Garry Kasparov）。当时人们又以为人工智能要来了，但是很快人们发现人工智能距离他们的日常生活仍然很遥远，因此，在2000年左右人工智能再一次进入低潮期。○

人工智能第三次浪潮发生在2006年至今。加拿大计算机科学家杰弗里·辛顿（Geoffrey Hinton）在2006年提出了深度信念网（Deep Belief Net，DBN），解决了深度神经网络中原来无法优化的问题。随着深度学习技术的发展、计算机运算速度的大幅提升、分布式并行图形处理单元（Graphics Processing Unit，GPU）的采用，以及互联网积累起来的海量数据，基于深度神经网络的深度学习逐渐成为可能，并由此使得人工智能进入了深度学习时代，从而掀起了更加猛烈的第三次浪潮。2016年3月由谷歌子公司DeepMind研发的围棋人工智能计算机阿尔法狗（AlphaGo）以4∶1的成绩战胜韩国围棋高手李世石，成为人工智能第三次浪潮的标志性事件。2022年11月，由OpenAI公司研发的聊天机器人ChatGPT（全名：Chat Generative Pre-trained Transformer）一经发布，就引发了社会上的广泛关注。ChatGPT是生成式人工智能的代表，它可以撰写会议通知、新闻稿、新年贺信，还可以作诗、写文章，甚至可以撰写学术论文，是人工智能自然语言处理领域中里程碑式的产物。这一轮人工智能浪潮的特点是百度、阿里巴巴、腾讯、谷歌等大型企业纷纷投入其中，初创公司也不断成立，人工智能似乎迎来了真正的高潮。

7.1.3 人工智能的三大学派

在人工智能发展历程中，逐渐形成了具有代表性的三大学派，分别是符号主义学派、联结主义学派（也称连接主义学派）、行为主义学派。

1. 符号主义学派

符号主义学派基于符号表达和数学逻辑推理的智能模拟方法。符号主义学派认为人类认知和思维的基本单元是符号，而认知过程就是在符号表示上的一种数理运算。○该学派在数学定理证明、专家系统、知识工程方面取得了一些标志性成果，在20世纪80—90年代走到了顶峰，其中1997年IBM研发的"深蓝"战胜卡斯帕罗夫是一个标志性事件。不过，因为该学派的方法过分依赖专家知识模型的构建，能解决的问题有限，所以发展缓慢。○

"深蓝"与认知系统"Watson"

"深蓝"是美国IBM公司创造的一台超级国际象棋计算机，1997年版本的"深

○ 李开复，王咏刚. 人工智能 [M]. 北京：文化发展出版社，2017：51-53.
○ 余胜泉. 人工智能教师的未来角色 [J]. 开放教育研究，2018，24（1）：16-28.
○ 李开复，王咏刚. 人工智能 [M]. 北京：文化发展出版社，2017：60-61.

蓝"的运算能力就达到了每秒2亿步棋。为了训练"深蓝",IBM公司请来了众多国际象棋大师,根据象棋大师的对弈生成决策树。在1996年,"深蓝"就尝试挑战过卡斯帕罗夫,但以2∶4落败;而到了1997年,经过改良后的"深蓝"再次挑战卡斯帕罗夫,这次卡斯帕罗夫以2.5∶3.5(1胜2负3平)的比分输给了"深蓝"。这是人工智能领域中的里程碑事件,也是符号主义学派取得的巨大成果。但有趣的是,"深蓝"在1997年战胜卡斯帕罗夫之后就退役了。

除了"深蓝",IBM公司推出的认知系统"Watson"也是符号主义学派的经典案例之一。"Watson"具有强大的理解能力、逻辑思考能力、学习能力,它不仅知识面广,还能理解和分析包括俗语、俚语在内的复杂的人类语言,并且能准确、快速回答各种问题。"Watson"具备"深蓝"不曾拥有的强大理解能力,它不仅能识别语言,还能分析这些语言的含义,哪些是双关、哪些是反讽,给出正确的答案。在2011年,"Watson"参加了综艺节目《危险边缘》来测试自己的能力,最终打败了该节目的最高奖金得主和连胜纪录保持者,赢得了100万美元奖金。

2. 联结主义学派

联结主义学派基于神经网络以及神经网络间的联结机制与学习算法的智能模拟方法。该学派认为智能活动的基元是神经细胞,过程是神经网络的动态演化,神经网络的结构与智能行为密切相关,不同的结构表现出不同的功能和行为,人工智能是对人的生理神经网络结构的模拟。联结主义的核心方法是构建人工神经网络(Artificial Neural Network,ANN)以及其联结机制与学习算法。其代表性技术成果包括感知机(Perceptron)脑模型、误差逆传播算法(BP)、深度神经网络等技术。最典型的应用就是2016年阿尔法狗在围棋比赛中战胜李世石,另外,科学家吴恩达2011年创立了"谷歌大脑"项目,设计了当时世界上最大的人工神经网络,并让它自主学会了识别猫,也曾轰动一时。2022年以来引发热议的ChatGPT也采用了深度学习中的神经网络模型。

围棋大师阿尔法狗

2016年3月,阿尔法狗与围棋世界冠军、职业九段棋手李世石比赛,以4∶1的总比分获胜,引发了国际上的轰动。此后,阿尔法狗与中日韩数十位围棋高手进行快棋对决,连胜60局无一败绩;2017年,在中国乌镇围棋峰会上,与当时排名世界第一的世界围棋冠军柯洁对战,最终以3∶0获胜。柯洁坦言:"在我看来,它就是围棋上帝,能够打败一切。"后来,谷歌人工智能团队又推出了升级版本

㊀ 余胜泉. 人工智能教师的未来角色 [J]. 开放教育研究,2018,24(1):16-28.

"AlphaGo Zero",它以100∶0打败了之前版本的阿尔法狗。

谷歌人工智能团队在权威期刊Nature介绍了他们设计阿尔法狗的原理,即以人类棋谱为样本,运用复杂的人工神经网络进行有监督的学习,从而使阿尔法狗学会了与人类棋手对弈的走法。㊀阿尔法狗这种深度学习的方式与"深蓝"不同,"深蓝"需要依靠国际象棋大师的决策生成决策树,而阿尔法狗可以通过自身的归纳、演绎学习出一个新的系统,进而挑战围棋的极限。

3. 行为主义学派

行为主义学派基于"感知—行动"的行为智能模拟方法。该学派认为人工智能源于行为动作的感知与控制,主要思想是应用控制论把神经系统的工作原理与信息理论、控制理论、逻辑以及计算机联系起来,从而模拟人类行为活动中表现的智能。其中,反馈是控制论中的基石,没有反馈就没有智能。㊁行为主义学派认为功能、结构和智能行为是不可分的,不同行为表现出不同的功能和不同的控制结构,智能是对外界复杂环境的适应,而这种适应取决于感知和行动。行为主义学派的代表性技术成果包括"感知—行动"模型、强化学习等。在应用领域的代表性案例是波士顿动力公司推出的Atlas机器人和谷歌推出的机器狗等。㊂此外,我们日常生活中可见的扫地机器人也是行为主义学派的一个案例。

 Spot机器狗

波士顿动力公司先后推出了多个机器狗,如Big Dog、Cheetah、LS3等,并且于2015年推出了新款的四足机器狗——Spot机器狗,如图7-2所示。Spot机器狗能够在负重45kg的基础上走路、跑步、上楼梯,甚至在被踢倒之后仍然能够自行调整,恢复到正常状态。

图7-2 Spot机器狗㊃

㊀ SILVER D,HUANG A,MADDISON C J,et al. Mastering the game of go with deep neural networks and tree search [J]. Nature,2016,529(7587):484-489.
㊁ 李德毅. 人工智能研究与发展——兼谈计算机辅助决策系统的构造方法 [J]. 科技进步与对策,2001(10):31-35.
㊂ 余胜泉. 人工智能教师的未来角色 [J]. 开放教育研究,2018,24(1):16-28.
㊃ BOSTON DYNAMICS. Spot [EB/OL]. [2021-08-27]. https://bostondynamics.com/products/spot/.

7.1.4　弱人工智能、强人工智能、超人工智能

随着人工智能的快速发展，有些人不免开始担忧："人类是否要被人工智能机器人毁灭了。"这就需要了解弱人工智能、强人工智能及超人工智能的概念。[1]

所谓**弱人工智能**，也称为专用人工智能，指的是这类计算机的智能主要体现在某一个特定领域，如阿尔法狗只会下围棋，在下围棋这件专门事情上它可能超过了人类，但是它并不能做别的事情，连摆棋子都要别人帮忙。一般来说，弱人工智能是相对容易控制和管理的，更容易被我们当作工具。

所谓**强人工智能**，也称为通用人工智能，指的是可以胜任人类所有工作的人工智能。如有一个长得像人一样的阿尔法狗，可以走到你面前，摆出棋子，然后和你下棋，一边下棋一边和你聊天，就像一个真人一样。

超人工智能指的是人工智能的智能水平已经远远超过了人类最聪明的大脑，它几乎可以解决任何复杂的问题。

7.1.5　人工智能未来发展

对于不同类型的人工智能，我们最为关心的事情是究竟它们什么时候会真的到来，什么时候真的会超过人类的智能？美国未来学家雷·库兹韦尔（Ray Kurzweil）提出了人工智能奇点理论，该理论预言：在2045年计算机的智能将超越人类智能。[2] 当然，这只是一家之言，事实上，虽然现在人们总体上对人工智能的发展抱乐观态度，但是也有学者在质疑，他们认为人工智能目前在语音识别、图像识别、自动驾驶等部分领域确实有突破性发展，但是在其他领域遇到了瓶颈，短期内很难再有质的突破。

总而言之，人工智能究竟会怎么发展，会以多快的速度发展，对人类的生存来说是好还是坏，我们到现在为止很难给出一个权威的结论。不过，追溯过去人工智能的发展历程，可以看出这样的发展趋势：早期的人工智能（第一次和第二次浪潮），解决的是确定性问题，是机器擅长的抽象和形式化问题，依靠的是人工知识、逻辑推理、知识系统，采用指令编程，也就是说人先弄懂基本原理和推理模型，再用计算机指令写出的程序告诉计算机怎么去计算推理并得到结论；现代的人工智能（第三次浪潮），解决的是不确定性问题，是知识获取和学习的自动化问题（直观的、经验的、非形式化的问题），依靠的是数据和模型（映射），采用数据编程，也就是说由机器自动从数据中发现规律、建立模型。未来人工智能真正解决问题的出路在于：逻辑+数据，指令编程+数据编程。从数据中学习知识，从知识推理出结果。也可以简单地说，或许只有很好地融合三大学派的优势，才能更好地解决涉及认知的复杂问题。

---

[1] 李开复，王咏刚. 人工智能 [M]. 北京：文化发展出版社，2017：46.

[2] 何怀宏. 奇点临近：福音还是噩耗——人工智能可能带来的最大挑战 [J]. 探索与争鸣，2018（11）：50-59；117.

7.2 人工智能教育应用的历史发展与典型案例

人工智能教育应用的发展几乎是和人工智能的发展同步的,只是在不同的时期,强调了不同的重点,使用了不同的概念,但是本质上二者都希望借助计算机人工智能提升教学成效。

7.2.1 计算机辅助教学

从20世纪50年代开始,随着计算机的发展,计算机辅助教学(Computer Assisted Instruction,CAI)也开始蓬勃发展。**计算机辅助教学**是指用计算机帮助或代替教师执行部分教学任务,传递教学信息,向学生传授知识和进行训练技能的活动。其中PLATO(Programmed Logic for Automatic Teaching Operation,可编程自动教学)系统是最具代表性的应用。

PLATO系统

PLATO系统的兴起可以追溯到1960年,此时美国伊利诺伊大学联合科学实验室(The Coordinated Science Laboratory)负责人毕泽尔(Bitzer)博士联合教育学家、物理学家、心理学家和电子学家,提出利用计算机进行自动化个性化教学的计划。1967年,伊利诺伊大学扩大了此计划,并新组建了计算机辅助教育研究实验室(Computer-Based Education Research Laboratory,CERL)。到1973年PLATO系统就已经比较完美了,并在美国、加拿大及北欧等地区得到了应用。至20世纪90年代,PLATO系统已经连接千台以上教育终端,可提供200多门课程、共10000多学时的教学服务。目前,PLATO系统还在与时俱进地发展着。

PLATO系统基于斯金纳的程序教学理论而开发。PLATO系统向课件开发者提供写作者语言Tutor和写作系统Aids,并向教师、学生提供电子邮件等实用程序,使课件开发者、教师、学生之间可以开展咨询、课堂讨论等教学活动。PLATO系统遵循"训练和实践"相结合的教学原则,学生如果发现学习材料简单,就可以"跳过"课程以节省时间,从而将时间花在更有深度或者更难掌握的材料上。在互联网出现之前,PLATO系统就添加了在线聊天、公告板等功能,学生和教师都可以在系统网络内实时讨论任何问题。PLATO Ⅱ系统示意如图7-3所示。

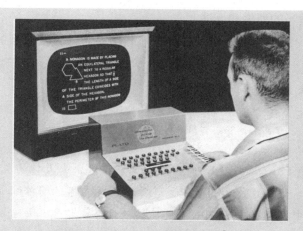

图7-3　PLATO II系统示意图[一]

应该说，PLATO系统就是人类尝试实现智能化、个性化教学的探索，只不过最初版本的智能程度比较低，主要是根据学生答题情况进行适当的跳转，以便提供合适的题目。之后，随着人工智能领域对专家系统的重视，教育领域的专家系统即智能教学系统（Intelligent Tutoring System，ITS，智能导师系统）开始蓬勃发展。

7.2.2　智能教学系统

所谓**智能教学系统**（Intelligent Tutoring System，ITS），就是借助人工智能技术，让计算机像人类教师或助教一样能够指导和帮助学生学习，甚至在一定程度上能够替代教师，实现最佳教学。[二] 美国学者哈特利（Hartley）和斯莱曼（Sleeman）在1973年提出了智能教学系统的基本架构，认为智能教学系统必须处理三方面的知识：①**领域知识**，即专家模型（Expert Model），它主要解决教什么的问题，包含系统推理和判断学生的回答与问题解决的步骤合适与否；②**学生知识**，即学生模型（Student Model），它主要解决教谁的问题，即判断学生当前的理解和认知水平以及学生的认知特点；③**教学策略知识**，即导师模型（Tutor Model），它要解决怎么教的问题，主要提供有针对性的教学策略，使系统提出合理的辅导动作，如提供有效的反馈或调整下一个任务。[三] 一个优秀的智能教学系统应该像一名优秀的教师一样，熟悉所要教授的学科内容，对学生的理解和认知水平及学习进度非常了解，能够根据学生的情况给予个性化的学习内容和学习指导，对学

[一] 张安生. 柏拉图系统 现代远程教育系统之源 [J]. 文明，2020（6）：9；136-151.
[二] 刘德建，杜静，姜男，等. 人工智能融入学校教育的发展趋势 [J]. 开放教育研究，2018，24（4）：33-42.
[三] 陈仕品，张剑平. 智能教学系统的研究热点与发展趋势 [J]. 电化教育研究，2007（10）：41-46；50.

生的学习情况进行适当的评价和反馈。

自20世纪70年代以来，涌现出了很多智能教学系统，比较典型的如用于南美洲地理教学的Scholar[1]，用于物理、数学、编程等教学的AutoTutor[2]，用于数学、物理等理工科问题解决的Cognitive Tutor系列[3]等等。

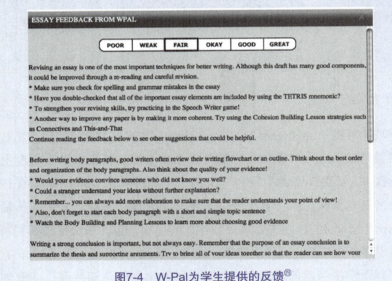

The Writing Pal

The Writing Pal（W-Pal）®是由美国亚利桑那州立大学的威斯顿（Weston）等人开发的训练学生写作能力的智能教学系统，旨在通过明确的策略指导、基于游戏的练习、论文写作练习和自动形成性反馈的结合来提高学生的写作能力。W-Pal能够为学生提供以下策略模块的指导：随笔、计划、引入写作、正文写作、结论写作、核心论点写作和评论修改。学生根据这些策略尝试完成一篇文章的写作，然后通过详细的反馈（见图7-4）评价进一步修改。W-Pal还为学生提供了丰富的游戏写作场景、游戏扩展练习，以提升学生的学习兴趣。

图7-4　W-Pal为学生提供的反馈[4]

---

[1] CARBONELL J R. AI in CAI：an artificial-intelligence approach to computer-assisted instruction [J]. IEEE Transactions on Man-Machine Systems，1970，11（4）：190-202.

[2] GRAESSER A C. Conversations with autotutor help students learn [J]. International Journal of Artificial Intelligence in Education，2016（26）：124-132.

[3] VANLEHN K. The relative effectiveness of human tutoring，intelligent tutoring systems，and other tutoring systems [J]. Educational Psychologist，2011，46（4）：197-221.

[4] WESTON-SEMETELLI J L，ALLEN L K，MCNAMARA D S. Comprehension and writing strategy training improves performance on content-specific source-based writing tasks [J]. International Journal of Artificial Intelligence in Education，2018（28）：106-137.

陈仕品和张剑平曾经总结了智能教学系统的研究重点与典型系统。在20世纪70年代，主导的学习理论是行为主义学习理论，该理论强调"刺激—反应"的联结，因此计算机中体现出"问题—答案"的模式，这时期的研究重点是问题产生（Problem Generation），研究方向集中于学生模型、知识表示、技能与策略知识、错误库等。在20世纪80年代，主导的学习理论逐步转向认知主义学习理论，该理论强调信息加工，重视学生与信息交互、解释信息并建构个人的知识表示。这一时期的研究重点是模式跟踪，研究方向集中于错误库、基于案例的推理、模拟、自然语言处理和著作工具等。20世纪90年代以后，主导的学习理论是建构主义学习理论，该理论强调学生自身的经验、社会和文化背景的影响以及协商的作用。这一时期的研究重点是学生控制，研究方向集中于个别化学习、协作学习、情境学习、虚拟学习环境等；进入21世纪以来，建构主义仍然流行，研究重点则转向自适应学习支持（Adaptive Learning Support），研究方向集中于教学代理、教学游戏、元认知技能支持等等。⊖

应该说，在几十年的智能教学系统探索过程中，确实取得了重要的研究进展，确实为促进认知和学习提供了一些有效的工具。但是，这些智能教学系统未能很好地整合教师开发的有价值的学习原则和学习策略。另外，和教师丰富的教育智慧和策略相比，这些教学系统中的自适应学习行为目前还很有限。简单地说，这些系统相比于优秀教师，差得还比较远。不过，近年来随着基于深度神经网络的人工智能技术取得突破性进展，出现了一些令人激动的案例，人类对人工智能教师又展示了浓厚的兴趣。

7.2.3 个性化自适应学习

前面都是从教师教的角度来说的，事实上从学生学的角度来看，应关注个性化自适应学习。人们希望**基于人工智能、大数据及学习分析技术实现个性化自适应学习**。

> **学习分析、个性化学习、自适应学习**
>
> 所谓**学习分析**（Learning Analytics，LA）技术，2011年首届学习分析与知识国际会议将其定义为：测量、收集、分析和报告关于学生及其学习情境的数据，以便了解和优化学习和学习发生的情境。⊜⊜
>
> 所谓**个性化学习**（Personalized Learning，PL），美国教育部2016年发布的《国家教育技术计划》中将其定义为：根据学生的个性化需求和特点，采取适合的方法和手段来满足学习者需求的学习过程，让学生主动或被动地构建和内化知识系

⊖ 陈仕品，张剑平. 智能教学系统的研究热点与发展趋势 [J]. 电化教育研究，2007（10）：41-46；50.
⊜ 吴永和，陈丹，马晓玲，等. 学习分析：教育信息化的新浪潮 [J]. 远程教育杂志，2013，31（4）：11-19.
⊜ 关于学习分析的具体定义，请参见本书8.4节。

统的学习方式。

所谓**自适应学习**（Adaptive Learning），也常被称为自适应学习系统（Adaptive Learning System，ALS）。其实它是从智能教学系统、自适应超媒体系统（Adaptive Hyper-Media System，AHS）和学习管理系统（Learning Management System，LMS）发展而来的。1996年，美国匹兹堡大学信息科学学院的布鲁希洛夫斯基（Brusilovsky）提出了自适应学习系统的初步定义：收集学生在学习过程中的信息，并对获取的信息进行分析，然后为学生定制符合其学习能力和水平的模型，以解决教育原来缺乏针对性的难题。⊖可以看出，自适应学习系统充分考虑了教学行为的个人化与学习行为的个人化特征，打破了传统学习群体的结构，把学生作为个体，置于一个更为个人化的情景之中。⊜

从以上的表述中，我们可以看出人工智能和大数据是更基础的技术，而学习分析和自适应学习有一些相似之处，都是对学习数据进行分析的技术。两者也存在一些区别：学习分析侧重于对学习数据进行分析，发现规律；自适应学习则侧重于系统实现，给予学生个性化指导。

个性化学习和自适应学习的关系也很密切，个性化学习是一种学习方式、一种理念，而自适应学习是实现个性化学习的技术。在实践中，人们一般采用个性化自适应学习。张剑平认为，自适应学习是在线教育开展个性化学习的产物，在线教育具备课堂教学所不具备的教学行为和学习行为的个人化特点，在线教育、个性化学习、自适应学习具备天然的相互依赖的关系。综上所述，我们可以简单地理解为：**利用人工智能和大数据技术，对海量的学习过程数据和结果数据进行学习分析，借此实现个性化自适应学习。**

为了实现个性化自适应学习，很多学者提出了不同的自适应学习模型，如领域模型、教育学模型、学生模型和接口模型等。**领域模型**提供了相关学科知识的结构和概念；**学生模型**提供了每名学生的基本信息，如认知风格、学习水平、学习特征等；**教育学模型**提供了学生访问领域模型各部分的规则；**接口模型**则是学生与整个系统交互的基础。⊜2001年，美国匹兹堡大学的布鲁希洛夫斯基教授提出了一个可交互的智能网络教学系统——ELM-ART并取得了不错的教学效果。ELM-ART提供了个性化知识导航、对学生作答的个性化分析，同时增加练习环节并根据练习结果收集信息，根据学生练习结果呈

⊖ BRUSILOVSKY P. Methods and techniques of adaptive hypermedia [J]. User Modeling and User-Adapted Interaction，1996（6）：87-129.
⊜ 余胜泉.适应性学习——远程教育发展的趋势 [J]. 开放教育研究，2000（3）：12-15.
⊜ 徐鹏，王以宁，刘艳华，等.大数据视角分析学习变革——美国《通过教育数据挖掘和学习分析促进教与学》报告解读及启示 [J]. 远程教育杂志，2013，31（6）：11-17.

现练习的内容。在内容的自适应呈现上，则采用了颜色标注的办法。○在我国，北京师范大学教授余胜泉等人较早研究自适应学习，从学习诊断、学习策略及学习内容的动态组织三个关键环节提出了自适应学习模式，○并将其应用在了他们研发的学习元平台中。姜强等人在借鉴国际多种能力构建模型的基础上，提出了一种包含个性特征、知识水平、个人能力应用的情境三个维度的学习者学习能力模型并研发了相应的学习系统。○

不过，或许受限于技术，之前个性化自适应学习发展得比较缓慢。最近几年，随着人工智能技术、大数据技术的迅猛发展，个性化自适应学习的发展也进入了快车道，新技术、新概念层层出不穷，其中尤以**学习仪表盘**最为吸引人。

学习仪表盘

学习仪表盘（Learning Dashboard）也称为学习分析仪表盘等。它最初起源于车辆仪表盘这一反映车辆运转信息的可视化支持工具，21世纪后逐渐被引入教育领域。结合网页记录等多种信息跟踪技术，学习仪表盘对学生的在线学习行为、习惯、情绪、兴趣等信息进行跟踪和记录，并按照使用者的需求进行数据分析，分析结果以数字和图表等可视化形式呈现出来，从而为在线教育的学生、教师、研究者以及教育管理者提供帮助。例如可汗学院2013年9月就推出了数学课程的学习仪表盘，知识被精细切割为上百个知识点并可视化为由549个小格组成的任务进度图（见图7-5a）。学生既可以设计个性化的学习路径并自由选择想要学习的知识点，也可以通过练习或测试提升对某一知识点的掌握程度（见图7-5b）。○

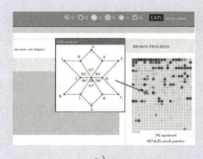
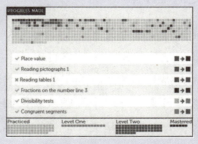

a）　　　　　　　　　　　　　　　　b）

图7-5　可汗学院数学课程学习仪表盘的学习任务进度图和知识点掌握程度图

○ 姜强，赵蔚，李松，等. 个性化自适应学习研究——大数据时代数字化学习的新常态 [J]. 中国电化教育，2016（2）：25-32.
○ 余胜泉. 适应性学习——远程教育发展的趋势 [J]. 开放教育研究，2000（3）：12-15.
○ 姜强，赵蔚，刘红霞，等. 能力导向的个性化学习路径生成及评测 [J]. 现代远程教育研究，2015（6）：104-111.
○ 张振虹，刘文，韩智. 学习仪表盘：大数据时代的新型学习支持工具 [J]. 现代远程教育研究，2014（3）：100-107.

客观地说，学习仪表盘最初提供的是学习分析技术中呈现数据的那一部分功能，但是因为它的可视性比较好，所以广为人知，现在俨然成为整个学习分析系统的代名词了。当然，对于学习行为数据的分析不应该局限于学习仪表盘，而应该加入更多的人工智能决策能力，形成学习行为数据的人工智能分析引擎。

7.3 人工智能教育应用的核心价值

如果希望将人工智能有机地融入教育中，从理论上说，我们应该知晓教育中到底存在哪些问题，以及人工智能在教育中到底有哪些应用价值，可以解决哪些问题。综合前面对人工智能教育应用的发展历史的分析，结合其他专家学者[①②]的建议，本书编者认为人工智能教育应用的核心价值如图7-6所示。

图7-6　人工智能教育应用的核心价值

7.3.1 学习走向个性化

自从捷克教育学家夸美纽斯（Komenský）提出班级式教学以后，教育领域逐渐形成了以班级授课、学校学制为主的教育模式，并逐步演变成现代主流的学校管理模式。这种方式确实大大提升了效率，为工业革命培养了大量急需的人才，但是这种整齐划一的培养方式必然会带来另外一个问题，**就是如何因材施教、实现个性化学习的问题**。爱因斯坦曾经说过：每个人都是天才。但如果你以爬树的本领来判断一条鱼的能力，那么它终其一生都会以为自己是个笨蛋。随着时间推移、时代变革，当今个性化学习越来越受重视。我们知道，如果真想"一个都不能少"，就需要仔细分析每一名学生的每一个学习行为，然后给予精心的个性化指导，这样才能尽可能地确保每一名学生都能成才。可是一位教师要面对几十名学生，即使他再勤奋、再敬业，可能也分析不过来。

人脑不行，借助计算机行不行？人工智能也许会为教师提供实现个性化学习的一个

---

① 黄荣怀. 人工智能促进教育发展的核心价值 [J]. 中小学数字化教学，2019（8）：1.
② 曹培杰. 智慧教育：人工智能时代的教育变革 [J]. 教育研究，2018，39（8）：121-128.

新思路,使学习方式从统一步调、统一模式、统一内容的集体学习向个性化学习转变。具体来说,人工智能主要可以作用在这两个方面:资源推送、自动诊断。

首先是资源推送。每名学生的学习风格、知识水平、学习目标都是不同的,要想实现个性化学习,教师就需要为学生提供有针对性的教学资源。过去,学生想要从网络上搜集到合适的学习资源可能会浪费大量的时间,但是借助人工智能技术,教师可以实现资源的自动汇聚,从"人找资源"走向"资源找人"。根据学生的个性化特征、能力目标等属性,教师可以建立每名学生的精准画像,继而从建立的资源库中提取符合其特定风格、特定能力结构、特定学习终端、特定学习场景、特定学习策略的个性化学习内容,⊖从而实现学生和学习资源的双向匹配,满足学生的个性化学习需求。

课本的个性化定制⊜

有一种名为"Cram101"的软件能够根据学生希望的阅读方式呈现课本内容。例如它能够根据学生不同的阅读目的(略读、复习或者深度阅读)自动对课本呈现内容进行全新的编排。如果是略读,课本内容会呈现概要、重点等内容;如果是复习,则能提醒学生之前忽略、遗漏的内容;如果是深度阅读,则能出现测验或者理解检查等内容。

其次是自动诊断。在过去的传统教学中,一位教师需要同时关注几十名学生,在这样的条件下要求教师对每名学生都给予及时的反馈是不现实的。然而,借助人工智能,教师可以解决学习过程缺乏反馈这一难题。人工智能可以追溯学生学习过程中的多模态数据(行为、心理、生理等,有很多是教师肉眼难以发现的),并且对这些数据进行记录和分析。人工智能可以建立学科的知识图谱,通过数据分析学生的能力达到了哪一种水平,然后对学生的知识能力结构进行表征。借助生成的学生模型,教师可以发现学生现阶段所处的位置、存在的问题等,从而及时干预和反馈。

综上所述,教师可以设想一下未来的学习场景:计算机系统借助人工智能技术和大数据技术,基于学生以往的成绩和课堂表现给学生讲合适的学习内容,学生在学习过程中会根据自己的表现和反馈适当调整(教师也会根据系统的提示进行调整),下课后会基于每名学生的水平、课堂表现来布置适合的、个性化的作业,计算机也会精心批改学生的作业,发现学生存在的问题,并给教师提供学习报告。

简而言之,实现个性化学习基本上是教育领域终极追求目标,依靠传统教育方法很

⊖ 余胜泉. 人工智能教师的未来角色 [J]. 开放教育研究,2018,24(1):16-28.
⊜ 何克抗. 21世纪以来的新兴信息技术对教育深化改革的重大影响 [J]. 电化教育研究,2019(3):5-12.

难实现，依靠人工智能技术也未必就能实现，但是目前看来人工智能技术是最具可能性的方法（当然，需要结合小班教学等方法），所以实现个性化自适应学习也是人工智能教育应用最重要、最核心的价值。

7.3.2 教学迈向智能化

虽然个性化学习是教育领域最"高大上"的追求目标，但是从前面所讲的人工智能教育应用历史发展可以看出，人们最初最看重的是利用人工智能来辅助教师工作，让人工智能像教师一样来指导学生。原因也很简单，虽然人们对教育质量的追求是没有止境的，但是社会对教育的投入是有一定限度的，这中间就有一个矛盾，而解决的办法或许就是让人工智能来辅助教师。

人工智能可以将教师从很多烦琐的工作中解放出来。事实上，有很多学者研究了中小学教师乃至大学教师工作负担的问题，例如邵忠祥等人对贵州省部分农村小学教师的调查结果显示，因为工作负担比较重，工作压力比较大，超过20%的小学教师表现出职业倦怠。[1]国家教育督导团在2008年的抽样调查结果就显示，教师工作时间长、压力较大。[2]当然，要解决教师压力大的问题：一方面可以加大教育投入，增加教师编制，缩小班级规模、优化工作流程等；另一方面可以利用人工智能帮助教师完成一些事务性、辅助性工作。

教师可以借助人工智能技术完成日常工作。例如教师可以应用智能备课技术：人工智能可以根据教师的课堂教学进度、教学需求，为教师推送相应的、优质的、有针对性的备课资源，从而满足教师的个性化备课需求。此外，教师还可以利用人工智能技术来批改作业，例如一些App就可以帮助教师批改小学的数学作业，仅需拍照就能直接得到最终的分数，大大减轻了教师的工作负担。

教师还可以利用"AI教学助理"或者"机器人教师"。AI教学助理可以帮助教师完成一些简单、机械、重复的任务，如批改作业、寻找教育资源、收发作业等。这样，教师就可以集中精力在"育人"方面，对学生进行一对一辅导，更好地与学生交流情感。在机器人教师方面，2009年日本出现了机器人"萨亚"教师，它可以对简单的词语和问题做出回应，受到五年级学生的欢迎。2018年，芬兰佩雷的一所小学，引进了几位"全能型"机器人教师。其中一位机器人教师掌握多种语言，并且会跳舞蹈。[3]在我国，

---

[1] 邵忠祥，凌琳，范涌峰.民族地区农村小学教师职业倦怠现状及对策研究——基于贵州省黔东南民族地区的调查[J].教师教育论坛，2018，31（4）：71-73.
[2] 国家教育督导团.国家教育督导报告2008（摘要）[EB/OL].（2008-12-05）[2023-09-15]. https://www.gov.cn/zwgk/2008-12/15/content_1178668.htm.
[3] 托比·沃尔什.人工智能会取代人类吗？[M].闫佳，译.北京：北京联合出版公司，2018：137.

余胜泉等人尝试开发基于人工智能的育人助理系统——"AI好老师"①，汪时冲等人也在探索人工智能教育机器人支持下的"双师课堂"②。

 "未来教师"机器人

网龙华渔教育研发了一种"未来教师"机器人（见图7-7）。这种机器人可以接管日常性事务，如朗读课文、点名、监考、收发试卷等，还可以帮助教师收集整理资料，辅助备课。这种助理型的机器人能够大大减轻教师的负担，解放教师的精力。

图7-7 "未来教师"机器人③

人机协同是未来的发展趋势。人工智能教师可以协助人类教师自动出题、自动批阅作业、自动诊断学生存在问题、对学生进行个性化的教学指导、对学生的心理和身体健康进行评测、对学生的生涯发展进行规划等。④简而言之，让人工智能教师做机器该做的事情，让人类教师做人该做的事情。⑤

7.3.3 评价进入多元化

人工智能可以实现多元化、即时性的教学评价。首先是**多元化**，在人工智能时代，教师的教学评价也应该从"结果"走向"过程"。除了要收集过程性数据以外，教师的

---

① 余胜泉，彭燕，卢宇. 基于人工智能的育人助理系统——"AI好老师"的体系结构与功能 [J]. 开放教育研究，2019（1）：25-36.
② 汪时冲，方海光，张鸽，等. 人工智能教育机器人支持下的新型"双师课堂"研究——兼论"人机协同"教学设计与未来展望 [J]. 远程教育杂志，2019，37（2）：25-32.
③ 闫志明，唐夏夏，秦旋，等. 教育人工智能（EAI）的内涵、关键技术与应用趋势*——美国《为人工智能的未来做好准备》和《国家人工智能研发战略规划》报告解析 [J]. 远程教育杂志，2017，35（1）：26-35.
④ 余胜泉. 人工智能教师的未来角色 [J]. 开放教育研究，2018，24（1）：16-28.
⑤ 赵勇，等. 不要让人去做机器的工作 [M]. 杨浩，等译. 上海：华东师范大学出版社，2018：3.

教学评价也不能简单通过"ABCD"来评级，而是需要一个多维度综合的"报表"，包含学生的学科素养水平、学习状态、认知能力等要素。人工智能技术通过伴随式的数据采集和自动化的数据分析，能够为学生和家长提供全面、客观、有科学数据支撑的综合素质评价报告。⊖

除了多维度外，人工智能时代的教学评价还应该具备**即时性**的特征。学生在学习过程中应该能够获得即时的反馈，及时了解自身存在的问题并加以改正。例如批改网就是以自然语言处理技术为基础的作文在线自动测评系统，学生上传自己的作文就能够获得即时的评分；又如托福等大型考试广泛应用的E-rater也是一个自动评分系统。

7.3.4 管理逐渐科学化

对于教学来说，技术促进教师的教和学生的学确实是最重要的价值，但也是相对比较难实现的，而最容易实现的可能是在管理方面的应用。江凤娟和吴峰曾经说到，信息技术对高校的变革首先是从管理领域开始的，管理信息化可以降低高校管理的成本，提高管理的效益，促使高校走内涵式发展道路。⊖

人工智能在教育管理方面的价值可以分为宏观和微观两个维度。**首先在宏观上**，人工智能可以改进教育信息管理系统，收集并自动分析来自各学校、各省市甚至国家的教育大数据，生成相应的报告。数据是教育管理的基础，能够帮助教育管理部门和学校实现数据驱动的决策，以便更好地制定、实施并适时改进决策。⊖之后，教育信息管理系统可以基于人工智能算法做出适合的教育决策，从而帮助教学管理者制定科学有效的教学管理计划与政策，因地制宜地改善各地区的教育。**然后在微观上**，教学管理者可以应用人工智能技术建设一体化的校园信息服务系统，该系统涵盖教学、管理、资源等多维度信息，通过该系统能够直观了解教师的教学信息、学生的学习信息、设备的借用信息、人事的调动考评信息等。通过这种信息的联结，能够更好地联结教学与管理，提升管理效率。事实上，目前众多的大中小学学校正在努力将人工智能应用到食堂、购物、门禁等领域，实践证明这确实提高了管理效率，一定程度上也有助于提升决策水平。此外，人工智能在学校排课领域也有突出贡献。人工智能可以运用先进的算法实现"一人一课表"，从而满足分层教学的要求。现在市场上已经出现了如启智达云排课、云校排课、正达排课等智能排课系统。

总而言之，人工智能可以通过精致化管理实现**"看不见的服务和管理"**，让服务和管理无处不在但是又不可见，使得教学管理从"主观化"走向"科学化"。

⊖ 余胜泉. 人工智能教师的未来角色 [J]. 开放教育研究，2018，24（1）：16-28.
⊖ 江凤娟，吴峰. 信息技术对高等学校的影响 [J]. 北京大学学报（哲学社会科学版），2018，55（4）：152-158.
⊖ 李宏堡，袁明远，王海英. "人工智能+教育"的驱动力与新指南——UNESCO《教育中的人工智能》报告的解析与思考 [J]. 远程教育杂志，2019，37（4）：3-12.

7.3.5 资源趋于公平化

教育公平一直是人们热议的话题。地区的发展影响教育的发展,部分偏远山区的学生可能无法获得良好的学习资源,从而失去获得知识的机会。在人工智能高速发展的当下,我们也许可以尝试应用人工智能来帮助这些学生。

一方面,人工智能技术能够帮助偏远地区的学生获得一流的教学资源。偏远地区的师资较为匮乏,而人工智能教师能够像人类教师一样分析学生的学习特征、提供相应的教学资源与学习指导,任何学生在任何地区,只要有网络信息,就能够享受有针对性、个性化的教育。

另一方面,人工智能技术能够依据数据进行科学决策,从而优化各地区的资源配比。基于人口信息、经济发展信息、地理位置信息和基础教育质量信息等多层次多维度的大数据,人工智能可以综合评价资源配置合理性,提高资源配置的有效性,真正落实教育公平。⊖

7.4 人工智能教育应用面临的困难和应对策略

虽然我们看到了人工智能在教育领域的光明前景,但是回顾人工智能教育应用几十年来曲折而艰难的发展历史就可以看出,未来一定仍然存在很多困难,这些困难大概可以归纳为图7-8所示的四个层次。

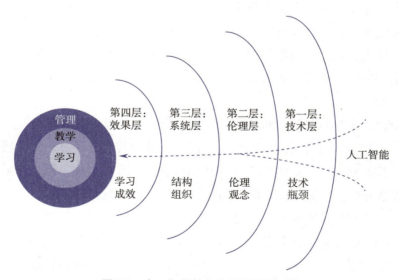

图7-8 人工智能教育应用面临的困难

⊖ 张慧,黄荣怀,李冀红,等. 规划人工智能时代的教育:引领与跨越——解读国际人工智能与教育大会成果文件《北京共识》[J]. 现代远程教育研究,2019,31(3):3-11

7.4.1 人工智能教育应用面临的困难

1. 技术层：人工智能需要突破自身技术瓶颈

人工智能的发展大约经过了三次浪潮，前两次浪潮潮起又潮落，现在正在高涨的第三次浪潮究竟会怎样呢？[一]当然，这一次浪潮确实与前二次浪潮不太一样，人工智能在语音识别、图像识别、自动翻译等领域确实达到了实用级水平，而且，这一次人工智能浪潮的特点是百度、阿里巴巴、腾讯、谷歌等大型企业纷纷投入其中，初创公司也不断成立，人工智能似乎迎来了真正的春天。不过，也有一些学者开始质疑，他们认为虽然人工智能在语音识别、图像识别等部分领域确实有突破性发展，但是人工智能在其他领域遇到了瓶颈，短期内很难有质的突破。

在教育领域，目前看起来困难更大，亟待在语音识别、自动翻译、自动识别和输入公式、智能阅卷、自然语言理解等领域有质的突破。例如语音识别、自动翻译、智能对话对于教育的意义非常大，但是如果准确率不能达到100%，就很难得到广泛和深入的应用；又如要想对学生进行个性化指导，就需要给学生布置个性化作业，并自动批阅学生完成的作业。自动布置个性化作业相对比较容易，但是要完全自动批阅作业就比较困难，这就需要能够自动输入和识别公式，目前仍然是难题；再如要想真正实现智能导师系统，就有赖于自然语言理解技术的突破性进展，目前自然语言理解技术仍然达不到实用级水平。

2. 伦理层：人工智能需要突破传统伦理观念

目前，人工智能尚未完全突破技术瓶颈，就已经在伦理层上碰到了问题。例如某小学引进的一种能够监测学生注意的"头环"就引发了社会争议。其实，类似的事件之前也时有发生，如有学校通过摄像头即时捕捉、分析学生的表情来判断学生的学习状态，也几乎受到了一边倒的质疑。就是普通的刷脸买饭和刷脸门禁也有人提出质疑——个人隐私是否会泄露？

客观地说，技术本身是没有价值观的，可以作恶也可以扬善，但是一旦考虑到人的因素，就会产生复杂的伦理问题。例如希望促进个性化自适应学习，自然需要了解学生的个体情况，那么捕捉学生的表情、大脑活动状态就是有意义的，但是如果有一天其他人希望通过表情分析、大脑分析了解我们的工作状态，我们会同意吗？

鉴于此，人工智能伦理现在也备受社会各界重视，2019年欧盟提出发展"可信赖人工智能"（Trustworthy AI）的倡议。2019年5月联合国教科文组织在北京召开了首届人工智能与教育大会，发布了成果文件，即《北京共识——人工智能与教育》。该文件指出要高度重视人工智能促进教育发展的伦理问题，要有效发挥人工智能的潜能，避免消极

[一] 李开复，王咏刚. 人工智能 [M]. 北京：文化发展出版社，2017：42-46.

影响，实施教育视角下的可信赖人工智能，尽快制定人工智能应用于教育的伦理框架，从学生和教师的需要出发去研究和应用，让学生和教师参与决策制定过程，要恰当使用教育数据、教师和学生的个人数据，以保护学生和教师的隐私和个人数据安全。㊀概而言之，如果我们不能尽快制定一套受到各方认可的人工智能教育应用伦理框架，那么人工智能教育应用一定还会步履维艰。

3. 系统层：人工智能需要重新构建周围结构组织

在教育乃至其他领域，我们经常会看到这样的情景：一项技术真的很好，但是却很难快速推广，例如美国一家运输公司的老板马尔科姆·麦克莱恩（Malcolm McLean）于1953年发明集装箱，20多年后集装箱才得到了广泛应用。这是什么原因呢？

美国著名经济学家布莱恩·阿瑟（Brian Arthur）认为阻碍新技术和新原理取代旧技术和旧原理的主要原因有三个：①经历反复的过程后，成熟的旧技术反而表现得比新技术好。②新技术发展得很好，表现也很好，但是采用它需要改变周围的结构和组织。因为成本太高，所以可能不会很快替换。③心理上的原因，旧技术可以持续下去是因为从业者不认可新技术带来的愿景和承诺。㊁在这三个原因中，就人工智能而言，第二个原因可能更为重要。人工智能新应用发展得很好，表现也很好，但是如果要应用这一个新应用，可能需要更新软硬件设备，重新布线，甚至调整组织管理结构，而这些难度都非常大，最后可能使事情不了了之。

总之，现在人们的目光可能都在人工智能技术本身上，都在期待人工智能技术的突破性发展，但是事实上从现在开始我们也应该考虑，要将人工智能应用到教育中，周围的结构和组织应该同时做哪些改变呢？

4. 效果层：人工智能需要解决教育的学习成效

回顾教育技术几十年的发展历史，可以看出横亘在技术变革教育道路上最大、最根本的困难就是技术的学习成效。美国斯坦福大学的拉里·库班（Larry Cuban）就曾多次撰文阐明这一点，他认为学校是一个相对稳定的系统，教育的发展是一个缓慢的过程，所以技术很难在短期内变革教育。经济合作与发展组织于2015年9月发布了一个研究报告，报告指出，世界各国、各地区在学校大量应用信息技术，但是并未在学生阅读、数学及科学的测试成绩上有明显改善，甚至还发现，学生在学校经常使用计算机，成绩反而会更差。㊂杨浩和郑旭东等人也提到，自1928年开始，一直到现在，均有研究发现：不同的技术手段在对教育与学习结果的影响上不存在显著差异，这被称为"非显著性差异

㊀ 张慧，黄荣怀，李冀红，等. 规划人工智能时代的教育：引领与跨越——解读国际人工智能与教育大会成果文件《北京共识》[J]. 现代远程教育研究，2019，31（3）：3-11.

㊁ 布莱恩·阿瑟. 技术的本质：技术是什么，它是如何进化的：经典版 [M]. 曹东溟，王健，译. 杭州：浙江人民出版社，2018：155-156.

㊂ OECD. Students, computers and learning: making the connection [EB/OL].（2015-09-14）[2023-05-03]. https://www.oecd-ilibrary.org/education/students-computers-and-learning_9789264239555-en.

现象"。[1]

对于以上现象，虽然有学者认为用传统的成绩测量方法无法准确评估信息化教学的成效，如信息技术可以激发动机、促进创造能力和问题解决能力等高阶能力，而这些是用传统的成绩测量方法无法测量出来的。[2]但是我们也不得不承认教育是非常复杂的，技术似乎尚未有效地解决教育的学习成效，那就是"人究竟是怎么学习的，怎样才能促进有效的学习？"当然，归根结底，技术能否有效解决教育的学习成效是由教育对象的复杂性决定的，教育对象是"人"，不是"物"，而"人"恐怕是世界上最复杂的对象。康德早就讲过，能够对人提出的最大、最难的问题就是教育，教育和艺术是对人类来说最困难的发明之一。[3]

事实上，学生的学习是由智力、环境、教师、家长、动机、情绪等多种复杂的因素共同决定的，不是一项技术能够单独影响的。澳大利亚墨尔本大学墨尔本教育研究所所长约翰·哈蒂（John Hattie）团队曾历时15年，对52637项研究、数亿名学生学习相关的800多项元分析进行综合，提取了138个影响学业成就的因素以及它们的效应量，其中家庭、学生、学校、教师、教学、课程是六大影响因素，其中最大的影响因素是教师，这也从另外一个侧面说明技术并不是影响学业成就的最重要因素。

人工智能虽然看起来比过去的教育技术更加先进，更加富有潜力，但是相信它也一定会碰到这一层困难，也极有可能陷入"非显著性差异现象"中。

7.4.2 人工智能教育应用的应对策略

面对人工智能教育应用的美好前景和重重困难，我们到底应该怎么发展人工智能教育应用呢？或许我们可以采用以下四种发展策略，如图7-9所示。

1. 加强人工智能基础研究，突破技术瓶颈

对待技术层困难，主要需要人工智能技术的突破性进展。因此，一定要加强人工智能基础研究，期待尽快突破技术瓶颈。这也是许多高校目前建设人工智能学院的基本原因。当然，就教育来说，需要加强与教育相关的人工智能技术基础研究，如自然语言处理、自动翻译、自动输入和识别数学公式、自动阅卷等相关技术研究。

在这个层次，教育可以为人工智能基础研究贡献大量数据，可以促进人工智能技术发展。此外，或许可以通过观察儿童的学习来推动人工智能技术的发展。

---

[1] 杨浩，郑旭东，朱莎. 技术扩散视角下信息技术与学校教育融合的若干思考 [J]. 中国电化教育，2015（4）：1-6；19.
[2] 顾小清，王春丽，王飞. 信息技术的作用发生了吗：教育信息化影响力研究 [J]. 电化教育研究，2016，37（10）：5-13.
[3] 康德. 康德论教育 [M]. 李其龙，彭正梅，译. 北京：人民教育出版社，2017：9.

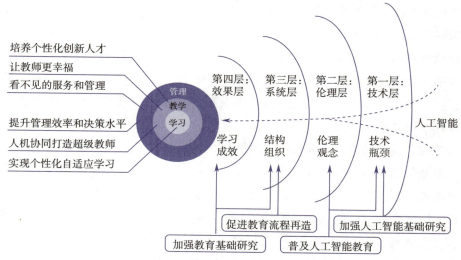

图7-9 人工智能教育应用的发展策略

2. 普及人工智能教育，构建人工智能伦理框架

国务院2017年印发的《新一代人工智能发展规划》中指出：实施全民智能教育项目，在中小学阶段设置人工智能相关课程，逐步推广编程教育，鼓励社会力量参与寓教于乐的编程教学软件、游戏的开发和推广。在现实中，我们也可以看到计算思维、编程教育、机器人等人工智能教育项目层出不穷。

之所以大家会如此重视人工智能教育，是因为普及人工智能教育有两个重要的价值：一是让孩子从小了解人工智能，产生对人工智能的好奇心，从而成长为社会所需的人工智能创新人才，这有助于未来突破技术瓶颈；二是当全民具备基本的人工智能素养后，大家可能会对"表情分析""头环"等技术有新的认识，这有助于构建人工智能理论框架，也有助于人工智能教育应用的推广和普及。

3. 促进教育流程再造，重构周围结构组织

要突破系统层的困难，就需要围绕人工智能重新构建周围结构和组织，因此就需要重新思考：教育领域的一些约定俗成的规范和规定是否真的可以改变？教育流程是否可以优化、再造呢？⊖

这里说的流程再造实际上是借用了企业中的"业务流程再造"（Business Process reengineering，BPR）的提法，它指的是为了显著改善成本、质量、服务、速度等现代企业的主要运营基础，必须对工作流程进行根本性的重新思考并彻底改革。其基本思想是必须彻底改变传统的工作方式，从根本上重新思考，进行彻底的变革，以求得显著的进

⊖ 张魁元，尚俊杰. 非核心教学社会化："互联网+"时代的教学组织结构变革 [J]. 开放教育研究，2018，24（6）：29-38.

步，并从重新设计业务流程入手。例如余额宝就是对传统理财理念和模式的业务流程再造，结果取得了巨大的成功。

教育流程再造，可以从教师角色再造、课程教学再造、学习方式再造、组织管理再造四个方面入手。注重发挥人工智能技术的优势；注重结合大数据、云计算、机器人等新技术；注重发挥移动学习、游戏化学习等优势；注重组织管理再造，优化管理流程，提升管理效率和决策水平。

4. 加强教育基础研究，探究人类学习机制

要突破效果层的困难，就需要加强教育基础研究，探究人类学习机制，从而解决教育的学习成效问题。教育部、国家自然科学基金委员会非常重视这一点，在2017年9月18日—19日于浙江大学举行的国家自然科学基金委员会第186期双清论坛中，教育部副部长做了题为《加强教育科学基础研究，共同推进教育改革发展》的讲话，强调要注重自然科学与人文科学相结合，新技术的突破与应用和教育变革的需要相结合，科学的理论方法和中国独特的文化传统和思维相结合。自2018年开始，国家自然科学基金委员会也专门设立支持教育基础研究的项目（代码F0701），鼓励各领域的学者共同开展研究，尤其期望用自然科学的方法来破解一些教育中的基础性难题。

当然，加强基础研究并不是一件容易的事情。首先，要清楚这里强调的是"基础研究"，是一些不经过大量的实证性实验研究无法证明或无法说清楚的问题，如儿童认知和学习规律、在线学习行为、游戏化学习的脑机制，又如纷繁复杂的知识点之间的内在关系究竟是什么，人们的社会化学习的机制和原理等。其次，要清楚这里强调的是"教育科学"中的基础研究，不是认知科学、脑科学的基础研究，也不是信息技术、人工智能的基础研究。再次，虽然教育科学的基础研究与实践的关系不太直接，它不以某个具体的实际问题为研究对象，而是对学科领域内的重大理论问题（或基本问题、核心问题）做出解释，其研究成果主要是某种科学发现、某种理论的建立和发展。但是这里需要特别强调的是：一定是问题导向的基础研究，是未来有助于解决教育中实际问题的基础研究。

此外，这里要特别强调：**教育发展急需加强基础研究，基础研究可从学习科学开始！**学习科学是20世纪80年代发展起来的跨学科研究领域，它就是研究人究竟是如何学习的、怎样才能促进有效的学习。注重学习科学研究，有助于探究人类学习机制，重新设计更科学、更富吸引力的学习环境，让学习更加有效。这样才可以从根本上发挥人工智能技术的价值。

---

① 葛红光，张承巨. 业务流程再造理论研究 [J]. 科技与管理，2000（2）：70-72.
② 靳玉乐，张家军. 加强基础研究 推进教育科研创新 [J]. 教育研究，2008（12）：25-27.
③ 尚俊杰，裴蕾丝，吴善超. 学习科学的历史溯源、研究热点及未来发展 [J]. 教育研究，2018，39（3）：136-145；159.
④ 尚俊杰，庄绍勇，陈高伟. 学习科学：推动教育的深层变革 [J]. 中国电化教育，2015（1）：6-13.

7.5 人工智能教育应用的发展趋势

综合人工智能的发展趋势与应用现状,我们可以预见人工智能技术将在未来教育中发挥巨大的作用。

1. 人工智能促进个性化学习的落地

我们在前文中提到,个性化自适应学习是人工智能教育应用的重要核心价值之一。当下的信息时代对社会上的人才提出了更高的要求,原有的大规模、集体化的教育模式显然已经不能满足学生的需求,我们需要借助新型技术手段实现个性化教育。借助人工智能技术的有效应用,我们可以收集并分析学生数据并做出即时反馈,为学生设计不同的教学环节、提供不同的教学资源。未来随着人工智能技术的高速发展,我们可以进一步完善智能系统的设计,综合收集学生的全方位数据,从而做出更加科学、具体的决策,真正实现个性化学习。

2. 人工智能打造人机协同新生态

人工智能会取代教师吗?这一直都是人们十分关注的问题。我们认为,人工智能与教师从来都不是"非此即彼"的关系,而是相互补充、互相帮助的关系。

在未来,教师至少应学习并掌握以下五种有关人工智能的能力:第一,了解如何运用人工智能系统促进学生学习,学会对人工智能教育产品进行合理评估与应用;第二,学会数据分析,了解如何解释人工智能系统所收集到的学生数据并提供有效反馈,以推进后续的学习与教学;第三,学会管理人力资源和人工智能资源;第四,能够利用人工智能应对日常的重复性任务;第五,指导学生习得一些未来不易被机器所取代的技能和能力。[⊖]

在未来,拥有高速算力、持久精力的人工智能可以帮助教师完成一些琐碎重复的工作,而情感交互、道德培育、人格塑造这些十分重要的工作则仍由人类教师完成。目前,类似于"双师模式"的教育应用正在探索的过程中,并已经取得了较好的成果。相信随着时间的推移,"双师模式"会不断完善更新,从而构建人机结合的和谐新生态,促进人机协同的教师转型。

3. 人工智能重塑教学管理与教学评价

人工智能技术离不开数据的支持,借助收集到的学习数据我们可以进一步优化教学管理与教学评价。我们已经了解了人工智能在食堂、购物、门禁、排课等方面的应用,未来技术将会被进一步融合到每一个管理过程中,构建新型高效教育生态。同时,借助人工智能技术,教学评价也将从主观走向客观、从结果走向过程、从人工走向自动化,助力形成全方位、多维度的学生评价体系。

⊖ 李宏堡,袁明远,王海英. "人工智能+教育"的驱动力与新指南——UNESCO《教育中的人工智能》报告的解析与思考[J]. 远程教育杂志,2019,37(4):3-12.

综上所述，我们或许可以用"仰望星空，脚踏实地"来总结人工智能教育应用的前景、困难和发展策略。在人工智能技术的支持下，我们可以去"仰望星空"，充分想象未来的教育：人工智能可以帮助教师从烦琐、重复、机械的体力和脑力劳动中解脱出来，甚至教师可以成为无所不知、无所不会，且可以一天24小时不知疲倦地关心每一名学生的"超级教师"。人工智能会全面地收集、分析、评估学生的各种行为数据，协助教师给予学生个性化评估及指导。

但是我们也要清楚教育是非常复杂的，学习更是非常奥妙的，在人工智能发展的道路上，还需要突破技术层、伦理层、系统层和效果层多层困难。和人类教师丰富的教育智慧和策略相比，现有人工智能系统的个性化自适应学习行为还是很有限的，能解决的教育问题也是有限的。面对这些困难，我们要"脚踏实地"，一步一个脚印地解决教育面临的实际问题。首先，实现自动化，协助师生完成一些考勤、日常管理、批作业等枯燥的事务性工作；其次，实现智能化，帮助教师实现智能阅卷、智能分析、学生学习行为跟踪等工作，培养学生的高阶思维、推荐适合个体认知特点的个性化学习等。

7.6 本章结语

在本章中，我们首先讲解了人工智能的定义、三次浪潮与三大学派。然后从教育领域入手回顾了人工智能教育应用的发展历史，并且阐述了人工智能教育应用的五个核心价值：学习走向个性化，即实现个性化自适应学习；教学迈向智能化，即人机协作打造超级教师；评价进入多元化，即提供即时多元的教学评价；管理逐渐科学化，即提升管理效率与决策水平；资源趋于公平化，即平衡优化教学资源分配。最后，进一步探讨了人工智能教育应用面临的困难以及相应的应对策略。

人工智能的时代已经来临。但我们也需要认识到，人工智能教育应用仍处于初始阶段，在这一领域中还有许多命题需要进一步探索，其中最重要的就是如何应用人工智能技术改善学习。对于一线教师而言，我们可以在教学中应用一些目前较为成熟的人工智能技术（如语音识别学口语、文字识别批改作业等），在提升教学效率的同时减轻自身的负担。同时，我们也可以在线上教育中应用人工智能，利用教学平台中的数据可视化、学习仪表盘、自动反馈系统等技术发现每名学生存在的优势劣势、所处水平，参考人工智能给出的建议及时地进行干预。

无论如何，我们始终对人工智能教育应用保持积极乐观的心态，并且相信终有一天人工智能会被常态地应用到教育领域中，让学生的学习更科学、更快乐、更有效，也让教师更幸福。

拓展阅读

[1] 祝智庭，魏非.教育信息化2.0：智能教育启程，智慧教育领航[J].电化教育研究，2018，39（9）：5-16.

[2] 黄荣怀.智慧教育的三重境界：从环境、模式到体制[J].现代远程教育研究，2014（6）：3-11.

[3] 余胜泉.人工智能教师的未来角色[J].开放教育研究，2018，24（1）：16-28.

[4] 肖睿，肖海明，尚俊杰.人工智能与教育变革：前景、困难和策略[J].中国电化教育，2020（4）：75-86.

[5] 刘清堂，毛刚，杨琳，等.智能教学技术的发展与展望[J].中国电化教育，2016（6）：8-15.

[6] 吴永和，刘博文，马晓玲.构筑"人工智能+教育"的生态系统[J].远程教育杂志，2017，35（5）：27-39.

[7] 闫志明，唐夏夏，秦旋，等.教育人工智能（EAI）的内涵、关键技术与应用趋势——美国《为人工智能的未来做好准备》和《国家人工智能研发战略规划》报告解析[J].远程教育杂志，2017，35（1）：26-35.

[8] 胡永斌，黄荣怀.智慧学习环境的学习体验：定义、要素与量表开发[J].电化教育研究，2016，37（12）：67-73.

[9] 刘清堂，吴林静，刘嫚，等.智能导师系统研究现状与发展趋势[J].中国电化教育，2016（10）：39-44.

[10] 陈仕品，张剑平.智能教学系统的研究热点与发展趋势[J].电化教育研究，2007（10）：41-46；50.

[11] 徐鹏，王以宁.国内自适应学习系统的研究现状与反思[J].现代远距离教育，2011（1）：25-27.

思考题

1. 请分析人工智能的三次浪潮。
2. 请阐述人工智能教育应用发展的三个阶段，并分析不同阶段所强调的重点。
3. 请阐述人工智能教育应用的核心价值。
4. 在你的日常工作中，是否存在人工智能与教育相结合的应用案例？如果存在，你认为该应用有哪些优点，又有哪些可以改进的地方呢？
5. 结合你对人工智能与教育的理解，思考一下在未来的教育中学生、教师、学校都会产生哪些改变。

第8章

教育大数据与学习分析

【本章导入】

提起大数据,大家一定不陌生。近年来,伴随着移动通信、云计算、物联网等一系列新兴技术的快速发展,大规模的数据正在急速产生。联合国在2012年发布的大数据白皮书《大数据促发展:挑战与机遇》中指出,大数据时代已经到来,大数据的出现将会对社会各个领域产生深刻影响。[①]2015年,我国国务院印发了《促进大数据发展行动纲要》,指出数据已成为国家基础性战略资源。以上种种,足以彰显信息时代中大数据的重要性。

在日常生活中我们也可以发现,大数据正在潜移默化地影响着我们生活中的方方面面。购物中的精准推送、出行时的拥堵预警、特殊时期的健康信息等繁多的数据推进了我们生产生活的巨大革新。大数据也因其在教育领域中的良好发展前景、巨大应用潜力,引起了教育研究者的广泛关注。

从时间上来看,自2013年大数据迅猛发展,自2015年教育大数据迅猛发展。大数据技术被广泛地应用在教育的各个方面——教学过程评价、教学资源管理、教育政策研究等。正确地使用大数据能够提升教学的有效性,推进教育决策的科学性,助力智慧教育的产生。

那么,大数据究竟有什么样的"魔力",能够帮助我们实现教与学的变革呢?我们又应该通过哪些方式和手段发现教育大数据的潜在作用呢?在教育大数据投入使用的过程中,我们又会面临哪些困境与阻碍呢?本章将从大数据、教育大数据的概念谈起,带领大家一起探索这些问题的答案。

---

① UN Global Pulse. Big data for development: challenges & opportunities [EB/OL]. (2012-05-01) [2021-08-27]. https://unglobalpulse.org/wp-content/uploads/2012/05/BigDataforDevelopment-UNGlobalPulse May2012.pdf.

【内容导图】

本章内容导图如图8-1所示。

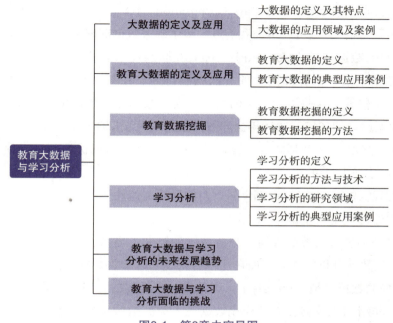

图8-1 第8章内容导图

8.1 大数据的定义及应用

在信息媒体高速发展的今天，大数据（big data）显然已经成为新时代的宠儿，并且与我们每个人的生活密切相关。那么，究竟什么是大数据呢？大数据又对我们的生活产生了哪些具体影响呢？本节就为大家介绍大数据的定义、特点，以及其在多个领域中的应用。

8.1.1 大数据的定义及其特点

大数据的概念起源于IT行业。最早提出大数据时代到来的是全球知名的咨询公司麦肯锡（Mckinsey），麦肯锡称："数据，已经渗透到当今每一个行业和业务职能领域，成为重要的生产因素。人们对于海量数据的挖掘和运用，预示着新一波生产率增长和消费者盈余浪潮的到来。"2009年，奥地利数据科学家迈尔-舍恩伯格（Mayer-Schönberger）和法国大数据发展评论员库克耶（Cukier）编写了《大数据时代：生活、工作与思维的大变革》一书，自此大数据成为互联网和信息技术行业的流行词语。

麦肯锡在2011年给出了大数据的定义：大数据是指数据量极大，以至于无法使用常规数据软件进行获取、存储、管理和分析的数据。[⊖]此定义与维基百科中的定义相似，都在强调大数据的巨大规模以及其复杂多变的数据类型。

国际数据公司（International Data Corporation，IDC）归纳了大数据的四个重要特点，简称"4V"特征[⊜]，这可以帮助我们进一步了解大数据的内涵：

（1）**海量的数据规模（Volume）** 随着互联网技术的发展，我们生活中的方方面面都可以被数据记录下来，如网上的一次购物行为、在某时某地浏览的某一篇文章、"健康码"的行程等。这些生活中、网络上丰富的数据导致数据集的爆发性增长。过去10年堪称是数据爆炸的10年，2010年全球数据量刚刚突破1ZB（泽字节），而2020年全球数据量已经超过40ZB。大数据的存储容量极大，计量单位可以达到EB（艾字节）、ZB、YB（尧字节）[⊕]甚至以上的级别。

（2）**高速的数据流转（Velocity）** 大数据的高速性体现在两个方面：数据的增长速度和数据的处理速度。生活中的人和事物无时无刻不在积累数据，这使得数据量快速增长，而这将进一步要求数据传播、分析速度的提升。当前，大数据可以在很短的时间范围内给出大量数据分析的结果，如在几秒内完成上亿条数据的分析。

（3）**多样的数据类型（Variety）** 大数据包含的数据类型十分多样，大致可以分为结构化数据、非结构化数据和半结构化数据三大类。结构化数据之间因果关系较强，如财务系统数据、用户日志数据等；而非结构化数据之间不存在因果关系，需要人工进行标注，如图片、视频等；半结构化数据之间因果关系较弱，如网页、邮件等。

（4）**巨大的数据价值（Value）** 我们在提及"大数据"这个概念时，往往会更加关注其海量的数据规模，但事实上大数据背后蕴含的**巨大的数据价值**才是我们应关注的重点，也是在具体应用中需要仔细挖掘的部分。大数据的特点表现为其价值密度的高低与数据总量的大小成反比，即数据价值密度越高、数据总量越小，数据价值密度越低、数据总量越大。什么是数据的价值密度呢？所谓**数据的价值密度**就是指单位数据所产生的有价值的信息量。让我们来回顾一下传统的结构化数据（如员工信息的表格，列有性别、年龄、工作年限等字段），这其中每一个字段都是有价值的；再来看现在以半结构化和非结构化为主的大数据（如完整的一条用户购买某件物品的数据，包括用户id、与客服的对话、停留时间、点击次数、支付方式等字段），这其中大部分数据都是没有价值

⊖ MANYIKA J，CHUI M，BROWN B，et al. Big data：the next frontier for innovation，competition and productivity [EB/OL]. （2011-05-12）[2023-05-02]. https：//www. mckinsey. com/ capabilities/mckinsey-digital/our-insights/big-data-the-next-frontier-for-innovation.

⊜ BARWICK H. IIIS：The "four Vs" of Big Data [EB/OL]. （2011-08-05）[2023-09-14]. http：//www2. computerworld. com. au/article/396198/iiis_four_vs_big_data/.

⊕ 1EB是1MB的2^{50}，ZB、YB是比EB更大的计量单位。

的，即数据的价值密度较低。目前大数据领域需要攻克的难关之一就是如何在海量数据中完成数据价值的提纯。

8.1.2 大数据的应用领域及案例

在讲解大数据的应用领域之前，先让我们看一个十分经典的案例。

尿布和啤酒

在美国的一家沃尔玛超市里，有一个奇怪的摆放：尿布和啤酒赫然摆在一起出售。但是这个奇怪的摆放却使尿布和啤酒的销量双双增加了。这是为什么呢？原来沃尔玛超市拥有世界上最大的数据仓库系统，经过对顾客购物行为数据的分析挖掘，沃尔玛发现买尿布的人经常买啤酒，于是决定将尿布与啤酒摆放在一起出售。至于具体原因，据说是美国有一些父亲在下班后经常要去超市购买婴儿尿布，而他们中的一部分人会顺便为自己购买一些啤酒。

这个经典的小故事让我们看到了大数据在销售这一领域的巨大作用。通过对消费者数据的分析，超市能够调整货品的陈列、打包促销等，还可以进行库存和采购的管理。这不仅方便了消费者，同时也增加了超市的营业额。

事实上，大数据不仅可以促进超市管理的优化，它在整个销售行业，甚至金融、医药医疗、交通、通信等领域都有十分重要的作用。下面将通过几个典型的不同领域的大数据应用案例，帮助教师理解大数据究竟对我们的生活产生了哪些潜移默化的影响。

1. "飞行"中的大数据

2019年9月25日，北京大兴国际机场正式投入使用。截至2020年底，大兴机场的旅客吞吐量已经突破了1600万人次，单日最高航班量更是突破了790架次。那么，机场是如何调控如此庞大的旅客吞吐量、配置航班的呢？这其中，我们不能忽视大数据的功劳。大数据分析可以有效地提升航空公司的运营效率，增强机场的吞吐能力，进行航路优化，等等。大数据技术的应用对于航空业来说无疑意义重大，如何应用大数据技术"将飞机在空中花费时间最优化"是航空业发展必须考虑的问题。

大数据还可以帮助我们直观了解民航运力并且进行准点率分析。例如提供民航数据分析服务的平台——"飞常准"，在该平台上可以直接查询航线单日、历史、未来运力，同时可以综合整体准点率、平均延误时长、航班量等信息来分析准点率，为旅客预测航班未来状态。

通过大数据分析，航空公司还可以在正确的时间内为旅客提供其需要的服务。例如日本航空公司在2018年投入8.28亿美元建设新的云服务系统，通过对旅客数据的分析，来确定具体航线和航班上旅客的餐食偏好，这样便可以有针对性地制定菜单，满足旅客需求。此外，我国大兴机场等的"刷脸"登机、利用大数据进行旅客数据挖掘从而精准营销，都是大数据在航空业的应用。

2. 大数据将电信诈骗"扼杀"于摇篮中

电信诈骗形式多样，无孔不入，随着时间的推移"骗术"不断更新，已经成为严重损害群众财产安全的威胁之一。据统计，我国约有1/3的群众接到过电信诈骗电话，每年造成的经济损失约百亿元。过去，打击电信诈骗主要是对公安局等通报的疑似诈骗号码进行处理，具有较强的滞后性和不全面性。

然而，大数据为我们防治电信诈骗提供了新思路。2020年8月，我国工业和信息化部印发的《关于运用大数据推进防范治理电信网络诈骗长效机制建设工作方案》（后简称《方案》），该《方案》提出逐步在全国范围内推进反诈大数据平台建设，建立全网疑似涉诈网络资源交叉核验机制，对高危号码、IP地址、域名等及时清理整顿，探索实施行业涉诈失信企业"黑名单"。

如今利用大数据分析，诈骗短信、诈骗网站很容易被识别拦截。通过分析诈骗分子的"伪基站"地址、登录网址信息也能很快锁定诈骗分子的藏身之处。例如河北保定移动技术人员就建立了七级预警模型：根据诈骗号码的主要特征如主叫占比高、异地号码占比高等赋予该号码告警级别，提前进行预警处理，有效减少了电信诈骗案件的发生。

以上的三个案例展示了大数据在商业、通信、安全等方面的应用。当然，大数据的应用远不止于此，可以说我们生活的方方面面都有大数据的身影。值得指出的是，大数据本身没有好坏之分，大数据对我们生活产生的影响取决于应用它的目的。如何发掘大数据中有益的价值、遏止运用大数据的新型犯罪，是大数据未来发展需要考虑的重要问题。

8.2 教育大数据的定义及应用

随着大数据技术的高速发展，大数据的子集——教育大数据的应用引起了人们的广泛重视。2013年，大数据技术开始初步应用于教育领域，世界各地的教育研究者对大数据在教育中的应用开展了探究。2014年，《新媒体联盟地平线报告（2014高等教育版）》指出，大数据与学习分析将在短时间内对教育产生深刻影响。2016年，我国发布了《中国基础教育大数据发展蓝皮书（2015）》（以下简称《蓝皮书》），该蓝皮书指出发展教育大数据决定着教育的未来，也是我国深化教育领域改革与推进教育创新演进的必由之路，凸显了教育大数据的重要地位。那么，究竟什么是教育大数据？它又具备哪些特征？我们又应该如何应用教育大数据？

8.2.1 教育大数据的定义

对于教育大数据的概念，国内不同的学者定义不同。杨现民等人从数据采集的角度出发，认为教育大数据是根据教育需要进行采集、从整个教育活动中产生的具有巨大潜在价值的数据集合。[1]孙洪涛等人从数据和技术两个层面将教育大数据定义为：服务于教育主体与过程，具有强周期性和高教育价值的复杂性数据集合。[2]综合来看，对于教育大数据的定义都强调了其对于教育活动的巨大价值。也就是说，我们认为教育大数据的应用前景广泛并不是因为其巨大的数据量，而是其**潜在的教育价值**。

一般而言，教育大数据具备三个特征，即全面性、复杂性、周期性。首先是教育大数据的**全面性**，全面性表现在三个方面：对象的全面性（从中小学生到成人）、时间的全面性（从学前教育到终身教育）、方位的全面性（从个体、学校到家庭、社会）。其次是教育大数据的**复杂性**，教育大数据的数据量可能达不到商业领域那样的庞大数目，但数据量的减少并未降低教育大数据的复杂性。由于教育本身灵活性强的特点，我们收集到的教育数据大部分都是非结构化数据，如课堂录像、音视频资源等，还需要对它们做进一步的人工处理。最后是教育大数据的周期性，与持续时间短、步骤明确的交易活动不同，教学活动不是一蹴而就的简单过程，只依据即时的少量数据很难对学生进行精准分析。因此，教育数据的收集往往需要较长的周期，数据的复杂性又进一步导致了分析时间较长。

孙洪涛等人认为，教育大数据可以分为四个层次和六大类型。四个层次包括个体、学校、区域和国家，而六大类型包括基础数据、管理数据、教学数据、科研数据、服务数据和舆情数据，如图8-2所示。[3]**基础数据**即学生的人口学基本数据，如学生的年龄、家庭情况等；**管理数据**主要包括教育管理系统中记录的数据，如学生的学籍、档案等；**教学数据**是教学中的过程、内容和结果数据，如学生的课堂成绩、表现等；**科研数据**包括教育教学实验、项目中产生的数据；**服务数据**主要包含服务系统中记录的数据，如图书档案；**舆情数据**则包括各类媒体发布的教育相关的数据，如各类教育新闻。

大数据在教育领域的应用前景十分广阔。教育大数据可以促进教育领域的综合改革，通过对混杂数据的深度挖掘发现深层规律，以此指导教与学的发展，促使教育从数字化教育转向智慧教育。未来的教育模式将从大众化走向个性化，利用大数据分析得出学生的个性化画像，实现因材施教；教育决策将不是依据经验、"拍脑袋"形成的结果，而是经过对数据的科学分析、统计得出的正确决策；教育评价将以综合评价为主，

---

[1] 杨现民，唐斯斯，李冀红.发展教育大数据：内涵、价值和挑战 [J].现代远程教育研究，2016（1）：50-61.
[2] 孙洪涛，郑勤华.教育大数据的核心技术、应用现状与发展趋势 [J].远程教育杂志，2016，34（5）：41-49.
[3] 孙洪涛，郑勤华.教育大数据的核心技术、应用现状与发展趋势 [J].远程教育杂志，2016，34（5）：41-49.

整合学生学习过程中的数据信息进行全方位评价。

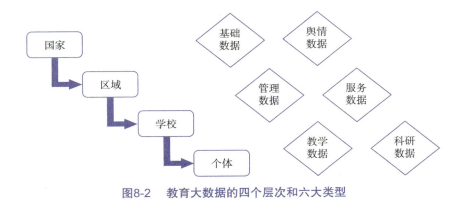

图8-2　教育大数据的四个层次和六大类型

8.2.2　教育大数据的典型应用案例

1. 大数据"精准扶贫"

2016年，有媒体报道说南京理工大学的学生反映自己的饭卡中凭空多了一笔钱，有的人十几元，有的人几百元。然而，他们并未主动申请助学金或贷款等，那么这笔钱从何而来呢？

原来，这批被学校资助的学生是学校根据学校食堂大数据筛选出来的。南京理工大学根据学校食堂的大数据，分析学生在食堂刷饭卡的记录，筛选出每月食堂吃饭60次以上，吃饭花销低于平均值7块钱的学生，将这部分学生列为补助对象，学校按照每月30天、每天3顿、每顿7元、每月630元的标准给予他们补助。这种根据数据进行筛选的方式能够避免给非贫困生资助，从而真正做到"精准扶贫"。

无独有偶，这种根据食堂大数据筛选贫困生进行补助的事2019年再次发生于西安电子科技大学。过去，可能有部分贫困学生由于自尊等原因不愿意申请补助，而这种"精准扶贫"的方式能够借助大数据的力量，让真正有困难的学生得到切实的帮助。

2. 大数据预防心理疾病

某学校曾做过一个课题——寻找校园中最孤独的人。他们从3万名在校生中，采集到了2亿多条行为数据，数据来自学生选课记录，进出图书馆、寝室，以及食堂用餐、超市购物等行为。通过对校园一卡通"一前一后刷卡"的记录进行分析，可以发现一名学生在学校有多少亲密朋友。

最后，通过这个课题找到了800多个校园中最孤独的人，数据显示他们平均在校两年半时间，一个知心朋友都没有。这些人需要学校和家长重点予以关爱。这种大数据分析的方式可以帮助学校了解学生的心理健康状态，提前预防学生可能会发生的心理健康问题，并及时地加以干预。

3. 大数据提升学生成绩

希维塔斯学习（Civitas Learning）是一家专门聚焦于运用预测性分析、机器学习提高学生成绩的公司。该公司提供了一套应用程序，学生和教师可以在其中规划自己的课程和课余学习。希维塔斯学习的各种基于云的智能手机第三方应用程序都是用户友好型的，能够根据高校的需要个性化设置。这意味着不同的高校能聚焦于不同的对象，互不干扰地用这家公司的分析工具开展大数据工作。

该公司在高等教育领域建立起大规模的跨校学习数据库。通过这些海量数据，能够看到学生的分数、出勤率、辍学率和保留率的主要趋势。通过使用100多万名学生的相关记录和700万个课程记录，这家公司的软件能够让用户及时发现导致学生辍学和学习成绩表现不良的警告性信号，此外还允许用户发现那些导致无谓消耗的特定课程，并且看出哪些资源和干预是最成功的。

4. 大数据辅助教育决策

教育大数据不仅能够识别特殊群体、提供个性化服务，这些海量数据还可以借助可视化的方式直观地呈现出来，从而实现教育决策的科学化。例如广州思迈特软件有限公司就开发了一套大数据教育应用方案，该方案提供了教学质量分析的"领导驾驶舱"，可实时展示教学状态的核心指标，从而为决策提供数据支持。

图8-3展示的就是该公司大数据服务平台中的"领导驾驶舱"，它提供了某所高校的研究生可视化的教学状态，页面中包含师资结构、办学资源、就业分析等板块，给教育管理者进行分析决策时提供参考。

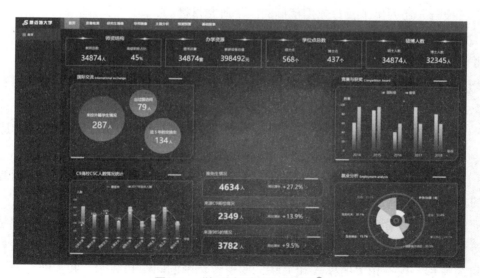

图8-3 "领导驾驶舱"示意图⊖

⊖ 图片来源为https：//www.smartbi.com.cn/fa/school.

8.3 教育数据挖掘

在上一节中，我们一起探讨了什么是教育大数据以及教育大数据的典型应用案例。这时，你可能会产生一个问题：虽然我们已经掌握了教育中产生的复杂、庞大的数据，但是我们又应该如何去分析这些数据呢？这时就涉及了本节介绍的内容——教育数据挖掘（Educational Data Mining，EDM）。下面，就让我们来了解一下，如何应用教育数据挖掘技术发现我们想要的教学规律吧！

8.3.1 教育数据挖掘的定义

20世纪80年代，研究者就开始将数据挖掘技术应用到教育领域，利用调查问卷和信息软件进行了简单的统计分析。进入21世纪后，随着互联网技术的高速发展，教育数据挖掘的技术变得更加多样化。2012年，美国教育部发布了《通过教育数据挖掘和学习分析促进教与学》（后简称《报告》）。[⊖]该《报告》指出，目前教育大数据的应用主要有教育数据挖掘和学习分析两大方向，标志着教育数据挖掘这一领域已经受到了广泛关注。

那么，什么是教育数据挖掘呢？教育数据挖掘是运用教育大数据进行统计分析的重要方法，综合运用数学统计、机器学习算法和数据挖掘技术，对教育大数据进行处理和分析，通过建模发现学习者的学习结果与学习内容、学习资源与教学行为等变量之间的关系，进而预测学习者未来的学习趋势。[⊖]

该《报告》还列出了教育数据挖掘的四个研究目标。

1）**构建学习者模型**：通过整合学习者知识、动机、元认知和态度等方面的内容进行学习者模型的构建，据此预测学习者未来的学习趋势。

2）**改进教学模式**：分析已有的教学内容和教学顺序的领域模型，探索教学内容的最佳组织方式。

3）**分析教学支持的有效性**：针对各种教育软件，分析其所提供的教学支持的有效性。

4）**建立系统教育模型**：整合一系列学习者模型、领域模型和教育软件等形成综合、系统的教育模型，从而促进有效学习的产生。

简单来说，教育数据挖掘技术就是综合运用教育学、计算机科学、认知心理学和统计学等多个学科的理论和技术来解决教育实践中的问题。教育数据挖掘可以探索教育变量之间的关系，挖掘相关的模式和关联，发现教育中的问题和规律，并为教育教学发展

⊖ 徐鹏，王以宁，刘艳华，等.大数据视角分析学习变革——美国《通过教育数据挖掘和学习分析促进教与学》报告解读及启示[J].远程教育杂志，2013，31（6）：11-17.

提供支持和依据。总而言之，教育数据挖掘可以通过教育大数据，帮助我们发现那些仅靠人眼观察难以得出的规律，将蕴含在数据底层的联系展现出来，从而为教育教学提供一种新思路。

8.3.2 教育数据挖掘的方法

我们已经了解到了教育数据挖掘就是依据大数据、应用各种算法技术来发现学习中的规律与关系的手段。那么，教育数据挖掘都有哪些方法呢？本小节我们就将介绍教育数据挖掘中常见的几种方法：回归分析、分类分析、聚类分析、关联规则挖掘、序列模式挖掘和文本挖掘。

1. 回归分析

回归分析（Regression Analysis）是一种预测型的统计学方法，用于确定两种或两种以上变量间相互依赖的定量关系。回归分析中常见的线性回归和逻辑回归是教育数据挖掘中最基础的两种方法，二者的区别在于，线性回归要求因变量必须是连续性数据变量（如百分制成绩），而逻辑回归要求因变量必须是离散性数据变量（如优、良、中、差）。根据自变量的数量，我们还可以将回归分析分为一元回归（如分析学习时长与学习成绩之间的关系）和多元回归（如分析学习时长、年龄、性别与学习成绩之间的关系）。

例如现在我们需要制定一组体测的标准，但我们只拥有7~12岁年龄组的若干样本，怎样才能获得全年龄范围内（0~16岁）的标准呢？这时，我们就可以采用线性回归的方法，从样本得到不同年龄与体测成绩之间的表达式，据此推测未知年龄组应有的标准水平。年龄与肺活量之间的线性回归如图8-4所示。

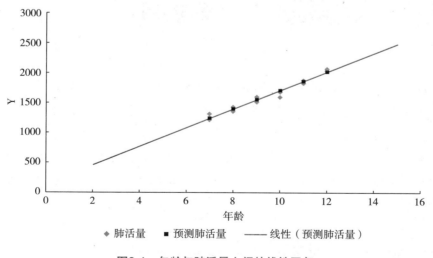

图8-4 年龄与肺活量之间的线性回归

2. 分类分析

分类（Classification）是教育数据挖掘中常用的方法之一，是指按照一定的分类体系自动地将对象划分至某一个类别中。它也是预测方法之一。常见的分类算法包括决策树法（Decision Trees）、随机森林法（Random Forest）、逐步回归分析法（Stepwise Regression）等。

决策树法

什么是决策树呢？其实，顾名思义，决策树就是一棵树，一棵决策树包含一个根结点、若干个内部结点和若干个叶结点。其中，根结点包含了全部的样本，叶结点就是决策结果，其他每个内部结点则对应一个属性测试，从根结点到每个叶结点的路径则对应了一个判定测试序列。在每个子结点中都需要进行判定，根据判定的结果将样本划分到不同的子结点中。

图8-5是一个简化的例子。其中，椭圆形代表根结点，平行四边形代表内部结点，圆角矩形代表叶结点。如果现在我们已知一名学生的信息——"按时上课但不提交作业"，那我们就可以根据这个决策树将该学生划分到"有学习风险"的类别中。

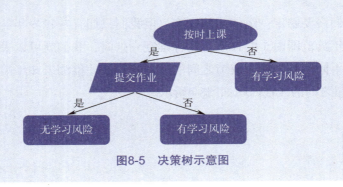
图8-5 决策树示意图

典型的分类方法的应用案例就是MOOC辍学预测。MOOC的高辍学率一直是困扰远程教育研究者的主要问题，如何预估学生的学习行为并及时加以干预就显得格外重要。通过抽取学习者行为特征，如点击流、作业测试、论坛行为等，研究者可以构建有效的预测模型（分为有辍学风险和无辍学风险），判断学生是否存在辍学的倾向，据此施以干预。有学者通过自动分类算法对MOOC课程学习中每周的辍学率进行自动预测。⊖

⊖ KLOFT M, STIEHLER F, ZHENG Z, et al. Predicting mooc dropout over weeks using machine learning methods [C/OL] // Proceedings of The EMNLP 2014 Workshop on Analysis of Large Scale Social Interaction in MOOCs. Doha: Association for Computational Linguistics, 2014: 60-65. https://aclanthology.org/W14-4111/.

3. 聚类分析

所谓聚类分析（Cluster Analysis），就是指根据数据的特性将完整的数据集分成不同的子集。读到这里教师可能会存在疑问，聚类和分类都是将数据集划分为不同的类别，那二者有什么区别呢？其实，聚类可以算作是分类的一种，也就是"无监督分类"。应用聚类时，数据本身并没有明确的分类标准，需要借助计算机从众多数据中自动分析数据的特征与相似情况，从而将其分为不同的类别，例如我有一篮子水果，我并不知道其中有哪几种水果，通过聚类可以发现一共有三种——苹果、香蕉和梨，如图8-6所示。而分类则具有明确的标准，如在MOOC辍学预测模型中，我们已知学生有两种类型——不会辍学的和会辍学的。

图8-6 聚类示意图

在教育数据挖掘中，聚类分析常常用于分类学生或者分类学生行为，例如王改花等人通过对学生行为数据（如学习时间跨度、学习总时长等）的分析，将网络学生分为高沉浸型、较高沉浸型、中沉浸型和低沉浸型四种群体。根据学生不同的类型和特征，推送具有适应性的、个性化的服务，实现因材施教。

4. 关联规则挖掘

关联规则挖掘（Association Rule Mining）是指一旦确定了某些变量的值，那么就可以推断出另一个变量的值，它属于关系挖掘中的一种。关联规则挖掘能够发现数据集中变量之间的相互关系，"尿布和啤酒"的案例就是关联规则挖掘的典型体现。关联规则挖掘中常用的算法是Apriori算法。

> **Apriori算法**
>
> 我们还是用"尿布和啤酒"的案例来讲解Apriori算法。先来看一组超市购物的商品清单：
>
> 清单1：面包，牛奶。

○ 王改花，傅钢善. 数据挖掘视角下网络学习者行为特征聚类分析 [J]. 现代远程教育研究，2018（4）：106-112.

清单2：面包，尿布，啤酒，鸡蛋。
清单3：牛奶，尿布，啤酒，可乐。
清单4：面包，牛奶，尿布，啤酒。
清单5：面包，牛奶，尿布，可乐。

根据上面的购物清单，我们来说一说Apriori算法中的几个重要概念——项集、支持度、置信度。其中，项集就是**项的集合**，如{面包}{面包，牛奶}都是一个项集；支持度则是**项集A、B同时发生的概率**，如{尿布}{啤酒}同时发生的概率就是3/5；置信度则是**项集A发生的情况下项集B也发生的概率**，如在{尿布}出现的项集中，同时出现{啤酒}的概率是3/4。

那我们如何判断在这些数据集中存在可靠的关联规则呢？一般来说，该算法中还有两个重要的定义——最小支持度和最小置信度。最小支持度和最小置信度都是人为按照实际意义规定的阈值，例如我们设置该案例的最小支持度为0.3，最小置信度为0.7。**如果支持度与置信度同时满足大于最小支持度与最小置信度，那么这条关联规则就是强规则**，是有意义的规则。所以，根据我们先前得出的支持度0.6＞0.3，置信度0.75＞0.7我们可以得知{尿布}{啤酒}是一条强规则。

发掘教育中的关联规则对于指导教学是很有意义的，如教师可以通过关联规则挖掘找出更容易成功的学生模式，并对存在困难的学生提供帮助；还可以发现学生在访问某个内容的同时还会访问哪些内容，借此可以更好地组织页面分布、提供便捷的路径指引。

5. 序列模式挖掘

序列模式挖掘（Sequential Pattern Mining）也是关系挖掘中的一种，借助序列模式挖掘可以发现时间上先后出现的连续事件之间的关联关系。常用的序列模式挖掘方法是滞后序列分析法。序列模式挖掘与关联规则挖掘虽然都属于关系挖掘，但这两者之间存在一定的区别。序列模式挖掘更倾向于事务间的关系，从时间先后的角度出发构成一个个的行为序列；而关联规则挖掘则更倾向于事务内的关系，从同时发生的角度出发寻找强度较高的关联规则。

 滞后序列分析法

滞后序列分析法（Lag Sequential Analysis，LSA）主要用于检验一种行为之后另外一种行为出现的概率及其统计学意义上的显著性。目前，常用的滞后序列分析软件有GESQ。应用这个软件时，需要先对学习行为数据进行编码（如EC代表编辑内容），然后软件会得出行为与行为之间的转换率，进一步得出残差表、绘制行为转换图，如图8-7所示。

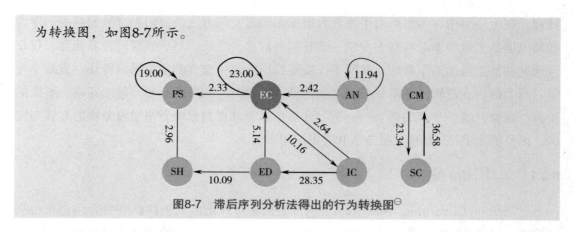

图8-7 滞后序列分析法得出的行为转换图○

通过学习行为序列我们可以发现学生的学习行为模式，从而发现不同学生、不同学习阶段中学习行为上的差异。如在网络学习中，"查看学习任务→观看讲解视频→阅读任务资料→完成练习题"就构成了一名学生的行为序列。通过行为序列分析，我们可以发现一些学生表现出的典型序列模式，如A类学生学习的模式是"查看学习任务→观看讲解视频→阅读任务资料→完成练习题"，而B类学生学习的模式是"观看讲解视频→查看学习任务→阅读任务资料→完成练习题"。江波等人利用滞后序列分析法对DEEDS平台上的数据进行分析得知，通过行为序列数据可以较为准确地预测学生的学习成就。○

6. 文本挖掘

在教育教学过程中，教师和学生会产生大量的文本类学习过程数据，这些数据一般都是非结构化的，如讲义、作业、讨论等。**文本挖掘**就是从这些非结构化数据中发现和提取有用的模式、模型、方向、趋势或者规则，最终形成用户可理解的信息与知识的过程。文本挖掘可能会用到多种类型的技术，如数理统计、自然语言处理、文本聚类等，是集多种技术于一体的综合化手段。例如吴林静等人通过文本分类算法将MOOC的评论分为三种类型：内容相关类、情感相关类和其他类。通过对内容相关类评论的分析可以得知学生的关注热点；通过对情感相关类评论的分析可以评价学生对课程的情感倾向；通过其他类评论的分析可以分析学生求助信息，从而完善相关的支持服务。○

8.4 学习分析

随着大数据时代的到来，不断涌现的海量学习数据需要使用新的方法与工具进行

○ 杨现民，王怀波，李冀红. 滞后序列分析法在学习行为分析中的应用 [J]. 中国电化教育，2016（2）：17-23；32.
○ 江波，高明，陈志翰，等. 基于行为序列的学习过程分析与学习效果预测 [J]. 现代远程教育研究，2018（2）：103-112.
○ 吴林静，刘清堂，毛刚，等. 大数据视角下的慕课评论语义分析模型及应用研究 [J]. 电化教育研究，2017，38（11）：43-48.

处理。在上一节中，本书介绍了教育数据挖掘的定义与方法，应用教育数据挖掘的手段教师能够从大量的学习数据中发现一些有用的信息。然而，对于教育研究者而言，仅仅发现这些信息是远远不够的。教师不仅需要找出数据中蕴含的学生学习特征、发现学生学习行为的内在逻辑，还需要根据这些结果进行及时、有效的干预，做出正确、科学的决策。这就涉及一个新的概念——学习分析。本节就将为教师介绍学习分析的起源与定义，简要阐述学习分析的主要方法和典型应用案例。

8.4.1 学习分析的定义

学习分析（Learning Analytics，LA）的概念可以追溯到美国高等教育信息化协会（EDUCAUSE）提出的"下一代学习挑战"，其中将学习分析定义为"使用数据和模型预测学生收获和行为，具备处理这些信息的能力"。[①] 2010年，西门子（Siemens）提出了他的学习分析定义，他认为学习分析是使用智能化数据、学习者数据以及分析模型发掘信息和社会性连接，以此进行对学习的预测与建议。2011年，学习分析领域知名的国际会议——学习分析技术与知识国际会议（Learning Analytics & Knowledge，LAK）提出了较为权威的学习分析定义：**"测量、收集、分析和报告有关学习者及其学习情景的数据集，以理解和优化学习及其发生情景。"** 新媒体联盟（New Media Consortium，NMC）则认为学习分析是利用松散耦合的数据收集工具和分析技术，研究、分析学习者在学习参与、学习表现和学习过程中的相关数据，进而对课程、教学和评价进行实时修正。以上三种定义（Siemens、LAK以及NMC）被学习分析领域的研究者广泛采用。

虽然众多学者对于学习分析的定义不尽相同，但从以上定义中我们可以得知，学习分析的对象是学生与学习环境，学习分析的基础是学习过程中产生的学习数据以及分析过程的中间数据，学习分析的目标是为教育工作者提供决策支持，实现学习过程和情境的优化，而学习分析的方法是各类工具技术。

学习分析俨然已经成为学习科学的重要组成部分。新媒体联盟连续三年发布的地平线报告中都将学习分析视为未来几年内影响学习科学技术发展的主要技术之一。应用学习分析相关技术可以构建学生模型、分析学生的行为和情感，教师可以了解不同学生的学习特征，从而做出科学的教学决策。学习分析创建的预测模型还可以使教师提前进行干预，为学生提供帮助。同时，学习分析报告能为学生提供更加个性化的服务，有助于学生的反思与提升。

[①] BROWN M. Learning analytics: the coming third wave [EB/OL]. （2011-04-01）[2023-05-02]. https://library.educause.edu/-/media/files//library/2011/4/elib1101-pdf.pdf.

> **教育数据挖掘与学习分析**
>
> 教育数据挖掘与学习分析同为教育大数据的应用领域,都是数据驱动下的教育领域的分析技术,二者既有着密切的联系,也存在一定的差异。
>
> 教育数据挖掘与学习分析的目标都是通过数据分析指导教与学,然而二者在侧重点上有所不同。教育数据挖掘主要关注的问题是"如何从大量的数据集中提取有用的信息",强调自动发现,依赖于模型和技术手段,倾向于把学习分解为一个个因素然后探索各因素间的关系;而学习分析则更加关注"如何应用数据优化教学",强调情境和社会干预,将已知的预测模型应用到教学系统中,并且倾向于把整个学习系统作为一个复杂的整体考虑。
>
> 总而言之,教育数据挖掘侧重于找出规律,解决"为什么、是什么"的问题;而学习分析则侧重于应用发现的规律,落实"如何用"的场景。学习分析的结果将用于指导学习,强调的是为不同的学生提供相适应的教学。[⊖]
>
> 此外,在学习分析的领域内,教育数据挖掘也是其很重要的一种分析方法。在这个层次上,教育数据挖掘是进行学习分析的手段之一。

8.4.2 学习分析的方法与技术

学习分析中可以采用的方法与技术非常多,简单到我们常见的统计分析方法,如用Excel、SPSS等软件统计分析学生的成绩,复杂到用教育数据挖掘技术,如依据大量的学生行为数据利用聚类方法获得几种学生类型。总体来说,学习分析就是综合使用多种方法和技术的分析过程,其根本目的是借助分析的结果指导教与学。在这里,本书将为教师讲解学习分析中常见且重要的三种方法,即内容分析法、话语分析法、社会网络分析法,并且补充说明一些其他方法。

1. 内容分析法

内容分析法(Content Analysis)是一种对传播内容进行客观、系统和定量描述的研究方法。

内容分析法适用的分析领域十分广泛。如我们经常阅读的综述类文章就是内容分析法的应用典型。通过对搜集到的某个领域的文章进行编码、分类、分析、统计,我们可以得到该领域的研究热点、研究趋势、研究主题等。同理,内容分析法也可以用于对学生的学习过程数据进行编码量化、定量分析,描述各个维度之间的关系,建构学生

⊖ 孙曙辉,刘邦奇,李鑫. 面向智慧课堂的数据挖掘与学习分析框架及应用[J]. 中国电化教育,2018(2):59-66.

的行为模式。例如仝冲等人开展了以内容分析法为基础的弹幕视频网站用户动机和行为研究，以弹幕信息资源作为分析样本，探究用户的动机和行为。此研究归纳概括了14种相关的弹幕行为，并将弹幕的用户动机分为信息需求、娱乐需求和社交增强需求三类。[1]

2. 话语分析法

话语分析法（Discourse Analysis）是对学习过程中的语言交流进行分析的方法。话语分析法的分析对象不仅包括线下面对面的对话内容，也包括交流中产生的文本内容和网络上的异步交流内容。运用话语分析法标注语言文本的认知编码，我们可以发现语言文本中的深层含义，探究知识建构是如何发生的，如周平红等人开展了小学科学课程中的协同知识建构话语分析研究。[2]将教师话语分为权威型话语和对话型话语两类，并且依据学生回答问题时涉及的认知过程、理解水平、科学知识类型三个维度进行编码，其中基于理解水平的学生话语编码见表8-1。该研究结果表明，教师在课堂中容易使用权威型话语，通过引导学生以反驳、推断、类比的方式回答问题能推动对话情境走向高阶思维层次。

表8-1 基于理解水平的学生话语编码[2]

维度	含义
前结构水平	学生的回答不超过一个或两个词语或一个简单名词短语
单点结构水平	学生的回答中至少有一个句子
多点结构水平	学生的回答中不止有一个句子
关联结构水平	学生的回答中给出了具体现象与一个或多个概念之间的联结
扩展抽象水平	学生的回答中表现了超出情境的对概念的高层次理解

3. 社会网络分析法

社会网络分析法（Social Network Analysis）是研究社会成员关系的一种定量方法，关系是分析的基本单位。运用社会网络分析法，不仅可以探究网络学习过程中的联系、关系、角色以及网络形成的过程与特点，还可以了解人们如何在网络学习中建立并维持关系从而为自己的学习获得支持。顾小清等人指出，当以学生个体为研究对象时，可以通过社交网络分析法判断哪些学生从哪些人那里得到了启示、学生个体在哪里遇到了认

---

[1] 仝冲，赵宇翔. 基于内容分析法的弹幕视频网站用户使用动机和行为研究 [J]. 图书馆论坛，2019，39（6）：80-89.
[2] 周平红，张屹，杨乔柔，等. 智慧教室中小学生协同知识建构课堂话语分析——以小学科学课程为例 [J]. 电化教育研究，2018，39（1）：20-28.

知困难、哪些情境因素影响了学生个体的学习过程等。当以整个网络为研究对象时,社会网络分析法可以帮助我们了解网络学习中信息的分布和学习的进展情况。社会网络分析法常用的分析角度包括中心度、强度、密度等。

  中心度、强度、密度

我们将用图论的形式来讲解社会网络分析法中这三个概念。首先我们要明确图论中点与线的意义:点就是图论中的要素(如每名学生),线就是图论中的关系(如学生与学生之间的回帖关联),将所有要素以及要素之间的关系整合成图,就可以描述该群体的社会网络关系。

那么什么是中心度呢?中心度(局部中心度)就是某一个点的中心程度,一般可以用一个点的度数表示,即与其直接相连的其他点的度数。如图8-8a中,A的中心度是3,B的中心度是2,而E的中心度是0。强度则用于形容点与点之间的关系强弱,如图8-8b中线上的数字表示的就是强度,A与B之间的强度就是3,B与D之间的强度则是1。密度则用于描述一个图中各个点之间关联的紧密程度,用实际拥有的连线数与最多可能拥有的连线数之比衡量。如图8-8c和图8-8d中都有5个元素,最多可以有10条连线。图8-8c中每个点与其他点都存在关系,我们称之为完备图;图8-8d中只存在5条连线,因此它的密度就是5/10=0.5。

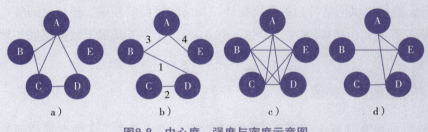

图8-8 中心度、强度与密度示意图

例如宋学峰等人以知乎社区"在线教育"为例,开展了社交问答网站的社会网络分析研究。该研究从网络基本属性、凝聚子群和中心性三个维度出发,发现社交网站的成员之间联系与交互较少,主要是以小团体为主的内部交流,而知识的分享和讨论大多集中在少数的核心成员身上。

○ 顾小清,张进良,蔡慧英.学习分析:正在浮现中的数据技术[J].远程教育杂志,2012,30(1):18-25.
○ 宋学峰,赵蔚,高琳,等.社交问答网站知识共享的内容及社会网络分析——以知乎社区"在线教育"话题为例[J].现代教育技术,2014,24(6):70-77.

4. 其他学习分析方法

值得指出的是，数据可视化的技术也成为学习分析的重要手段。数据可视化技术将高级计算方法与复杂图形引擎相融合，可以将抽象的复杂数据转化为直观的清晰图像，帮助人们分析和理解数据。教育中常用的数据可视化技术包括热区图、学习曲线等。目前，数据可视化的实时交互操作已经得以实现，可以追踪学生的学习行为，能够帮助教师将学生数据分析的结果快速应用到课堂当中；同时，数据可视化还可以为教育决策提供直观的依据，为教育宏观调控提供参考。

学习仪表盘（Learning Dashboard）就是教育数据可视化应用的典型工具，内容可参见本书7.2.3小节。

5. 学习分析工具

根据侧重的分析对象与类型，可以将学习分析工具大致分为以下五种：学习网络分析工具、学习内容分析工具、学习能力分析工具、学习行为分析工具和其他综合性学习分析工具。[1]

其中，**学习网络分析工具**主要包括SNAPP、Gephi、NetMiner等，用于分析各种网络和复杂系统；**学习内容分析工具**主要包括Wmatrix、CATPAC、LIWC等，主要供各类文本分析使用，通过词频统计、语义分析提炼关键信息；**学习能力分析工具**主要包括ELLIment、Enquiry Blogger、Socrato等，该类工具可以根据学生的数据判断学生的能力水平，明确指出学生的知识掌握情况；**学习行为分析工具**主要包括Google Analytics、Mixpanel等，能够提供网络行为的数据统计，如访问页面的频率、停留时间等；**其他综合性学习分析工具**主要包括WEKA、SPSS、SSAS等，此类工具用于数据挖掘和数学统计相关工作。

8.4.3 学习分析的研究领域

学习分析的研究领域十分广泛，从线上教育到传统课堂、从师生互动到学生交流，都能发现学习分析的相关研究。吴永和等人在对2017年学习分析与知识国际会议发表论文的总结中提到，学习分析领域内的研究可以分为四大类型，即追踪学习、理解学习、改进学习和学习分析领域的可持续发展保证。[2]在这里我们选取了近几年常见的、重要的四个研究领域做简单介绍。

1. 学生行为分析

我们刚刚提到，学习分析的研究领域跨越了线上、线下多个维度，学习分析中的学

---

[1] 孟玲玲, 顾小清, 李泽. 学习分析工具比较研究 [J]. 开放教育研究, 2014, 20（4）: 66-75.
[2] 吴永和, 李若晨, 王浩楠. 学习分析研究的现状与未来发展——2017年学习分析与知识国际会议评析 [J]. 开放教育研究, 2017, 23（5）: 42-56.

生行为分析也涵盖了非常多的方面，从线下课堂的视频数据到线上课程的点击流数据，都可以帮助我们发现学生行为的规律。在对学生行为的分析中，比较典型的就是大规模在线课程（MOOC）的行为分析。这里我们也以MOOC为例，简要讲解学生行为分析的相关研究。

随着网络技术的高速发展，MOOC以其方便快捷、资源丰富的形式迅速获得了大批网络学生的关注。但是，MOOC也存在一些无法回避的问题，如高选课率的同时伴随着的高辍学率、学习质量无法保证等。那么，我们应该如何提升MOOC的教学质量，防止学生辍学呢？多位学者应用学习分析的方法、以学生行为数据为基础开展了不同的实践研究，以学习投入、学习交互、学习资源等为变量探索MOOC教学的规律以及网络学生表现出的特征。

有研究者对在线学习中的学生行为进行聚类，从而分析不同类型学习模式的影响，如李爽等人探讨了在线学习的注意力投入与学习完成度的关系。[1]该研究以内容访问、任务参与和绩效表现三个维度作为聚类特征，发现了五种在线学习模式：系统学习型、绩效驱动的测试型、全面视听型、选择视听型和访客型。该研究还探讨了不同的学习行为模式的注意力投入特征，如系统学习型和全面视听型的学生能够保持较长的学习时间，而绩效驱动的测试型和选择视听型学生在注意力方面表现出更多元的分配和更频繁的跳转特征。

还有研究者从MOOC的高辍学率这一问题出发，探究了影响辍学行为的不同因素，如徐振国等人在一项研究中探讨了MOOC学习者辍学行为的影响因素。[2]该研究结果发现，影响辍学行为的因素可以分为四类：学习者自身因素、教师因素、教学内容与视频因素、MOOC教学支撑平台因素。其中，学习者自身因素是导致MOOC学习者辍学行为的主要因素。

此外，还有学者关注MOOC中的学生求助行为。有研究者制定了一套学生求助行为的定性编码方案，包含寻求帮助、提供帮助、解释、回应和社交五个标签，该编码方案可用于学生寻求帮助的行为模式的自动分类。[3]应用该求助行为的编码方案，学习平台可以自动甄别学生的求助行为并及时反馈给教师，教师就可以根据反馈信息发现学生存在的困难并及时提供帮助。

2. 文本与话语分析

在学习分析中，文本与话语分析的对象不仅包含在线教育中的讨论交互文本，

---

[1] 李爽，郑勤华，杜君磊，等. 在线学习注意力投入特征与学习完成度的关系——基于点击流数据的分析 [J]. 中国电化教育，2021（2）：105-112.
[2] 徐振国，张冠文，石林，等. MOOC学习者辍学行为的影响因素研究 [J]. 现代教育技术，2017，27（9）：100-106.
[3] CROSS S，WATERS Z，KITTO K, et al. Classifying help seeking behaviour in online communities [C]// LAK'17.The Seventh International Learning Analytics & Knowledge Conference. Brisbane:ACM，2017：419-423.

也包含线下课堂中师生实时交流的话语。下面就围绕这两个方面简要阐述近年来的研究。

（1）在线学习社区的讨论文本　在线课程中的论坛、社区、留言板中会留存大量的学生讨论数据，依据这些数据教师可以从中发现学习的规律。许多研究者应用社会网络分析法、内容分析法等方法展开了研究，如郑勤华等人针对MOOCs中学习者论坛开展了学习者交互中心度与交互质量的关系实证研究。该研究运用社会网络分析法获取了学习者的交互中心度，使用出度（即学习者指向其他结点的连线数量）和入度（即其他结点指向该学习者的连线数量）来表征学习者的交互中心度；运用内容分析法对讨论文本的质量进行编码，从而得出学习者的交互质量。[1]研究结果表明：学习者在MOOCs课程中的交互中心度与交互质量不存在明显的关联，即交互数量的增多并不会带来交互质量的提升；学习者进行深入、充分的交互（交互质量提高）也不会促进社会网络的扩展（交互中心度的提升）。因此，在MOOCs教学中我们应该促进学习者进行有意义的社会性交互，真正实现在交互过程中的意义建构，而不是无意义、机械性的问答。

（2）真实课堂情境中的师生话语　在教学过程中，教师的语言表达（如提问、鼓励、分享等）会在一定程度上影响学生的学习效果。教师鼓励学生分享、讨论、争论、推理问题的话语方式能够促进学生的思维发展，有助于学生的学习。课堂话语分析相关的研究能够通过语义编码等形式判断教师的话语策略，并探讨这类话语策略对学生学习效果的影响。如香港大学陈高伟等人开发了一种课堂话语的可视化工具——课堂话语分析器（Classroom Discourse Analyzer，CDA），旨在为教师提升课堂话语策略提供帮助，如图8-9所示。[2]该研究将教师分为两组，一组在教师专业研讨会上使用CDA，一组则不使用。在使用CDA的小组里，教师利用CDA分析课堂教学视频，进行合作学习和讨论，进一步改进他们的话语教学策略。研究结果表明，相对于没有使用CDA的教师，使用CDA的教师在课堂教学中明显增加了"有助于学业发展的谈话"。此类谈话包含四种类型，分别为鼓励学生分享观点、深化推理、倾听彼此的意见、参与他人的想法。此外，研究还发现使用CDA的教师的学生数学考试成绩也明显高于未使用CDA的教师的学生成绩，这表明引发思考的教师话语策略会对学生产生积极的影响。

---

[1] 郑勤华，李秋劼，陈丽. MOOCs中学习者论坛交互中心度与交互质量的关系实证研究 [J]. 中国电化教育，2016（2）：58-63.
[2] CHEN G，CHAN C K K，CHAN K K H，et al. Efficacy of video-based teacher professional development for increasing classroom discourse and student learning [J]. Journal of the Learning Sciences，2020，29（4-5）：642-680.

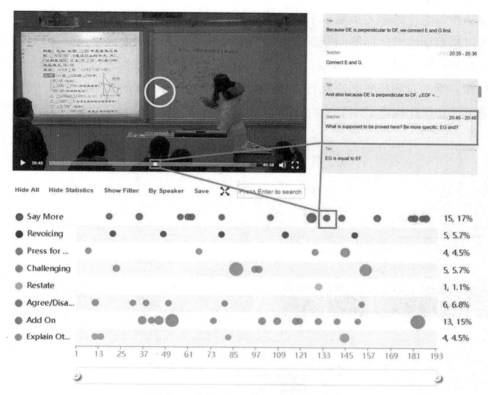

图8-9 应用CDA进行课堂话语分析

再如王陆等人从课堂大数据分析的视角对课堂教学提问的倾向性和价值取向开展了研究。[⊖] 通过对视频案例的分析，该研究对108节课程样本的教师提问问题类型进行八种类型的分类：是何问题、为何问题、如何问题、若何问题、记忆性问题、推理性问题、创造性问题和批判性问题。这八种问题类型又分别代表了三种不同的教师提问倾向：开放性教学倾向、问题解决教学倾向、教师提问的批判性及创造性教学倾向。研究结果表明，教师课堂提问的价值取向仍常常注重提问的局部价值、工具价值、浅层价值，而忽视了能够提升学生积极性、促进学生深入思考的整体价值、目的价值和深层价值。

3. 心理和情感分析

学生情绪是影响学习效果的重要因素之一。自动识别学生的情绪状态、情感变化不仅可以帮助教师更好地理解学生、及时调整教学计划，还有助于师生之间建立良好的社会情感关系。目前，研究者不仅可以利用传统的心理量表来了解学生，还可以借助信息化设备、人工智能等手段来识别学生的情感变化。例如，徐（Xu）等人借助面部表情的自动监测软件iMotions追踪学生的情感状态及其变化，发现眉毛上扬、嘴唇紧绷和抿嘴唇

⊖ 王陆，蔡荣啸. 课堂大数据视角下的提问倾向研究 [J]. 电化教育研究，2016，37（7）：82-92.

等面部动作与学生的学习策略、学习成绩之间存在显著的相关关系,眉毛上扬这一面部动作可以预测学生尝试回答问题的次数,嘴唇紧绷和抿嘴唇的面部动作则可以预测学生完成任务的数量。[1]扎亚(Zaouia)等人则综合应用多模态的数据进行情感分析,结合音频、视频、学生自我报告和交互行为轨迹来探究学生三种维度的情绪状态(中性、积极和消极),并据此构建了一个学生情绪可视化分析仪表盘,即EMODA仪表盘,如图8-10所示。[2]

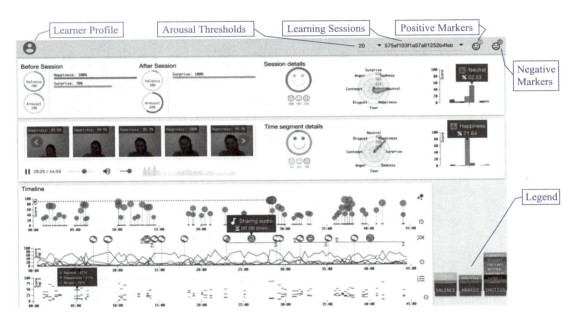

图8-10 EMODA仪表盘

4. 视频课件分析

教学视频是学习分析领域的重点研究对象。近年来,MOOC的兴起使得教学视频成为网络学生的主流学习资源之一。对教学视频进行学习分析,可以探究教学视频中的哪些因素会对学生产生影响,进一步指导如何设计一个好的教学视频。

---

[1] XU Z, WOODRUFF E. Person-centered approach to explore learner's emotionality in learning within a 3D narrative game [C] // LAK'17 The Seventh International Learning Analytics & Knowledge Conference. Brisbane: ACM, 2017: 439-443.

[2] EZ-ZAOUIA M, ELISE LAVOUÉ. EMODA: a tutor oriented multimodal and contextual emotional dashboard [C]// LAK'17.The Seventh International Learning Analytics & Knowledge Conference. Brisbane: ACM, 2017: 429-438.

在教学视频分析中，追踪学生的眼动数据是主流的研究方式之一。有研究结果表明，学生的注视可以直观地反映其视觉注意分配情况，学生对某一特定区域的注视时间越长、注视次数越多，则表示其对该区域的关注越多。[1]因此，借助收集到的眼动数据，教师可以客观地了解到学生对哪些内容产生了注意，注意转移的时间顺序等，如通过眼动数据教师可以发现学生是对教学内容的关注更多，还是对教师形象的关注更多。例如杨九民等人就基于眼动的证据，通过实证研究探讨了教学视频中教师的目光对学生的影响。[2]该研究将教师的目光分为五种类型，即无目光、直视目光、持续引导目光、间断引导目光和回避目光，通过眼动证据、测验和问卷探究了教师不同类型的目光对学生学习效果、拟社会互动、学习体验以及注意分配的影响。研究结果表明，教师的持续引导目光使学生获得了最高的保持和迁移成绩，而教师的回避目光对学生的学习效果、注意分配都有明显的负面影响。

8.4.4 学习分析的典型应用案例

1. 美国在线学习平台——牛顿平台

牛顿平台（Knewton Platform）是在教育学界内被广泛认可的自适应学习平台，其平台部分界面如图8-11所示。牛顿平台拥有上千万个学习模块（学习视频、资料、题目等），想要全部推送给学生进行学习是不可能的。因此，牛顿平台要解决的主要问题就是判断应该给学生推荐什么资源，即根据学生的特点使其自适应学习。

牛顿平台通过在学习中不断监测学生的学习情形，利用"数据收集与处理——学习分析——学习推荐"这三个环节循环往复，为学生提供预测性分析及个性化推荐，引导学生完成下一步的学习内容和活动。例如当学生被一系列问题困扰时，牛顿平台能够发现与这些问题相关的概念中学生的薄弱之处，从而推送相应的内容来加强学生对这些概念的学习。牛顿平台推荐的内容是持续更新的，如学生的作业序列集能够根据学生的学习活动进展及时更新，学生的学习档案也会随着学习进程的推进而更加清晰。

2. "数镜"基础教育大数据平台

"数镜"基础教育大数据平台是北京师范大学基础教育大数据应用研究院开发的一款学习分析平台。该平台能够利用学生现有数据进行学情诊断分析，借助个体发展的综合素质模型、身心健康模型、学业水平评估模型，全方位、立体化地评估学生发展。通过收集学习过程中的学习行为、学业成绩、学习状态等数据，基于成绩预测模型、学

---

[1] PI Z, XU K, LIU C, et al. Instructor presence in video lectures: eye gaze matters, but not body orientation [J]. Computers & Education, 2020, 144: 103713.
[2] 杨九民, 皮忠玲, 章仪, 等. 教学视频中教师目光作用: 基于眼动的证据 [J]. 中国电化教育, 2020 (9): 22-29.

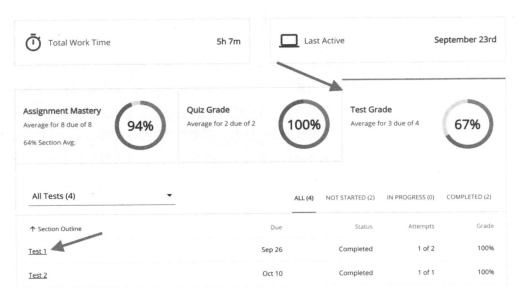

图8-11 牛顿平台中学生学习成绩示意图

业表现预警模型等,该平台能够推测学生未来学业发展水平,有利于教师及时发现问题并干预,提升学生的学习效果。此外,该平台还具有选科推荐建议、高考成绩预测等功能。

3."智慧学伴"自适应学习平台

智慧学伴(Smart Learning Partner)是北京师范大学未来教育高精尖创新中心研发的一款自适应学习平台,具有"全学习过程的数据采集、知识与能力结构的可视化、学习问题的诊断与改进、学科优势的发现与增强"等特征,[①]目前已经得到了众多一线教师的实际应用。智慧学伴构建了学科能力素养表征模型,汇聚了学生学习过程的多元数据,能够诊断学生的知识掌握水平,从而帮助教师根据可视化报告制定有针对性的教学策略。图8-12就展示了应用"智慧学伴"平台的数学学科学习分析,呈现了某名学生在两次测验中的学科能力表现与主题能力表现以及相应的学习建议。

4.澳大利亚伍伦贡大学的学习网络可视化评估工具(SNAPP)

澳大利亚伍伦贡大学开展了一个学习网络可视化与评估项目,开发了一款可视化评估工具——SNAPP。该工具能够获取学生的学习行为数据(如点击流、访问时间、下载频次等)、交流互动数据(如发帖量、回帖量、交互中心点、讨论内容等),为学生和教师呈现出其行为模式。

通过SNAPP提供的信息,教师可以及时进行教学干预。如该工具能够根据某个用户的发帖量等交流互动数据绘制该用户的社交网络图,如图8-13所示,教师就可以观测该用

---

① 余胜泉,李晓庆.基于大数据的区域教育质量分析与改进研究[J].电化教育研究,2017(7):5-12.

测评成绩总体报告

总分100	班级平均分68.9	班级前14%	学校前17%	学区前9%	区县前9%	总分100	班级平均分79	班级前7%	学校前2%	学区前1%	区县前1%
本次测试显示你在数学的学习中处于优秀水平，表现太棒了，继续努力哦！你的学习理解、应用实践、迁移创新能力超出年级平均水平。学科素养方面，你的运算、推理、直观、建模这些素养优于年级的平均水平。本次测试涵盖本学期学习的两个内容主题：数与代数、图形与几何。你在数与代数、图形与几何内容上均表现良好						本次测试显示你在数学的学习中处于优秀水平，表现太棒了，继续努力哦！你的学习理解、应用实践、迁移创新能力超出年级平均水平。学科素养方面，你的运算、推理、直观、数据处理、建模这些素养优于年级的平均水平。本次测试涵盖本学期学习的三个内容主题：数与代数、图形与几何、统计与概率。你在数与代数、图形与几何、统计与概率内容上均表现良好					

学科能力表现

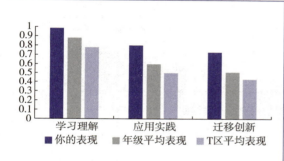
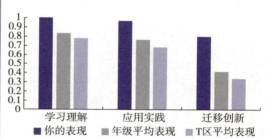

主题能力表现

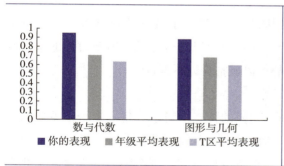
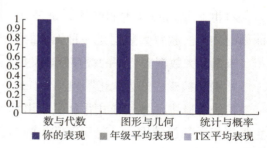

图8-12　应用"智慧学伴"平台的数学学科学习分析

户处于群体交互的什么位置，是接近中心的，抑或是远离群体的。若存在远离群体、交互很少的学生，教师应该及时识别并关注，防止发生辍学现象。

○ 綦春霞，何声清.基于"智慧学伴"的数学学科能力诊断及提升研究[J].中国电化教育，2019（1）：41-47.

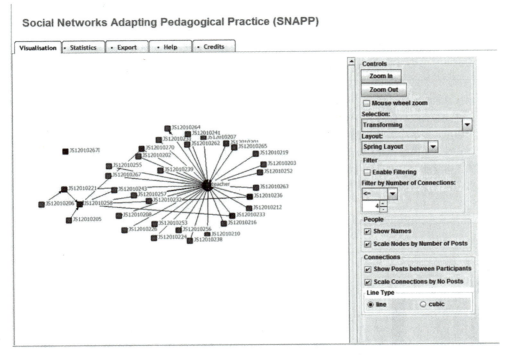

图8-13　SNAPP呈现的用户社交网络图○

8.5　教育大数据与学习分析的未来发展趋势

21世纪是信息技术的时代，也是数据的时代，数据对于教育的影响教师已经有了深刻的体会。教育大数据是一种无形的资产，有效的学习分析可以助力新时代的教育改革。未来，大数据支持下的教育领域发展趋势可以概括为以下五点。

1. 教学模式："大众化"到"个性化"

传统课堂中的教学模式往往呈现出单一、刻板的特点，对于具备一定个体差异的学生采用相同的教学模式，忽视了学生的知识结构、学习兴趣等重要特征。进入21世纪，我们显然不再需要这类"流水线人才"，培养具备创新思维、创造能力的人才才是我们的根本目标。

应用大数据技术对教学数据进行分析与预测，可以改变传统的"大众化"教育，推进"个性化"教育的实施。借助学习分析的相关技术手段，教师可以及时获取学生行为数据并基于此进行数据分析，确定学生的学习需求、学习风格、学习进展、知识缺陷

○ 赵艳，赵蔚，姜强，等. 学习分析视域下教师在线学习社区实时社会网络分析研究——以《英语教学理论与实践》课程为例 [J]. 现代远距离教育，2016（1）：37-43.

等因素，进而根据学生的个性化特点制定独特的教学方案，设计更加有针对性的教学活动。

大数据还可以为学生提供一种自我评估工具，帮助学生分析自身的优劣势、发展情况，提供合适的个性化建议，从而使学生认识并发展自我；大数据也可以用于帮助学生分析自己的学习需求，根据每名学生的学习情况智能化分配学习活动、学习资源、学习路径等。总而言之，教育大数据改革教学模式的根本目标是促进学生的个性化学习，提升教学的质量。

2. 教学评价："单一化"到"综合化"

过去片面化的教学评价很难准确衡量学生的能力知识水平，教育评价仅代表几个时间节点上学生的发展水平，而无法展现学生的发展进程。应用大数据技术，可以将网络教学数据、学习情境数据整合进学生的"数据档案"，全面客观地记录学生成长轨迹，通过科学的评估模型对这些数据进行定期评估，并提供有针对性的发展建议。

3. 教学管理："传统化"到"智能化"

大数据可以推动教育管理从传统化走向智能化，提升教育管理的水平和效率。大数据可以采集并汇总教学活动、人员信息、资产设备等数据，进行智能化的监控和管理，降低教学管理负担。大数据将推进数字校园、智慧校园的建设，实现学校管理的数字化和网络化。大数据还可以通过对实时收集到的信息进行监控和对比分析，来改善校园安全环境。

4. 教育政策："经验化"到"科学化"

过去教育数据的采集十分受限，数据的预测、评估等价值难以发挥，而国家教育政策的制定急需科学证据的支撑。而在大数据时代，基于人口分布、经济发展、地理环境等客观因素的整合数据而进行的数据挖掘能够发现教育领域多个因素之间的内在联系，直观展示各个地区的教育水平、教育政策的实施成果等，促进教育政策由经验主义决策走向科学决策。

5. 教育资源分配："差异化"到"均衡化"

区域经济发展的不平衡会造成教育资源分配不均，如果城乡教育水平存在巨大差异将不利于教育公平的实现。应用大数据技术可以准确把握区域教育发展动态和影响其均衡发展的关键因素，从教育环境均衡、教育资源均衡、教育机会均等、教育质量均衡等方面推进区域教育的均衡发展。[○]根据不同区域的教育发展现状，大数据技术还可以促进地区形成特色的区域教育发展路径。

○ 刘雍潜，杨现民. 大数据时代区域教育均衡发展新思路 [J]. 电化教育研究，2014（5）：11-14.

8.6 教育大数据与学习分析面临的挑战

教育大数据与学习分析纵然有着广阔的发展前景，但其应用也面临一些挑战。主要表现为技术方面的挑战、数据方面的挑战和伦理安全方面的挑战。

首先是技术方面的挑战。美国教育部发布的《通过教育数据挖掘和学习分析促进教与学》中指出，目前教育大数据应用的技术挑战主要包括三个部分。其一，大数据的应用基础是海量的数据，这就依赖于数据存储技术、数据处理和分析技术的发展，包括计算机硬件、算法等；其二，数据采集和分析技术仍在发展之中，还未达到智能化、自动化的标准；其三，教育大数据面临兼容性的挑战，不同数据存储系统在格式上的差异造成共享困难。[1]并且，随着大数据的爆炸式增长，非结构化数据占据的比例将越来越大，而对此类数据进行人工分析和编码十分耗时耗力。如何使计算机理解这些复杂的非结构化数据并进行自动化处理，也是教育大数据与学习分析应用的重要挑战。

其次是数据方面的挑战。数据方面的挑战表现在三个方面。其一是数据共享意识薄弱。目前大量的数据未能实现互联，学生的相关信息分散在各个不同的管理系统中，这直接导致学习分析的角度较为片面，应用范围也较为狭隘。其二是缺乏统一的数据标准。数据汇集没有统一的标准与规范是教育大数据应用的瓶颈之一，缺乏统一的标准导致数据之间无法流通。其三是数据的采集范围较小。目前我国收集的教育数据大多集中在教育管理方面，对学生的学习过程数据采集较少，教学过程记录不完整，而这部分数据又是学习分析的重中之重。

最后是伦理安全方面的挑战。近年来，人们越来越关注大数据中的隐私问题。大数据能够为我们的生活带来便利，但似乎我们也需要付出失去部分隐私的代价。大数据的教育应用同样面临隐私和数据泄露的挑战，数据收集和应用过程中必然会涉及隐私问题。通过学习分析做出的预测和推荐会增强学生活动的透明性，产生一系列社会伦理道德问题，如我们通过分析，对不同的学生采取不同的干预措施，这是否存在给学生"贴标签"的问题？以上挑战都需要我们在大力推进教育大数据发展的同时仔细思考。

目前教育大数据与学习分析领域仍处于高速发展的阶段，大数据在教育领域的应用和实践模式还有待摸索。教师需要正视大数据为教育带来的变革，正确应用教育大数据与学习分析优化教学，同时也需要意识到大数据的局限性，警惕可能存在的隐患问题，从数据的分析中找到教学问题的关键点，真正让数据为我所用。

---

[1] 徐鹏，王以宁，刘艳华，等.大数据视角分析学习变革——美国《通过教育数据挖掘和学习分析促进教与学》报告解读及启示[J].远程教育杂志，2013，31（6）：11-17.

8.7 本章结语

大数据的高速发展对我们的日常生活产生了翻天覆地的影响。现在，国内国外众多企业、政府都充分认识到了大数据对未来发展的重要性，而作为教师更应该正视大数据对教育行业产生的重大影响。

目前，教育大数据与学习分析技术的应用还在探索实践之中，大部分一线教师还停留在"只闻其声，未见其物"的阶段，对教育大数据与学习分析又好奇又疑虑。一方面是新技术带来的新鲜感，使教师想要探究其在实际教学中的应用；另一方面，教师对如何使用新技术、新技术有没有作用又会产生困惑，甚至部分教师可能会对看起来十分"高深"的大数据技术产生畏难情绪。然而，随着进一步的实践和技术的高速发展，在可以预见的未来，此类技术必将深度融入课堂教学，进一步提升教师的教学效果并助力学生的学业发展。因此，对于一线教师而言，掌握大数据学习分析技术就显得尤为重要。

一线教师可以先从应用一些学习分析软件开始。如通过某一次的试卷分析全班的答题情况，回答以下问题：全班整体得分情况如何？学生的易错题是哪个？易错题关联的又是哪个知识点？当然，只利用此类软件提供的分析功能得出一些图表的结果是远远不够的，学习分析的根本目标并不在于"分析"，而在于应用分析结果去改进教学。因此，教师应该在分析结果的基础上进一步去思索现存的问题，以及如何去干预、调整。调整之后得到新一轮的反馈，再次进行学习分析，在此种循环往复的过程中不断提升教学质量，从而真正使教育大数据与学习分析的应用落地。

拓展阅读

[1] 戴维·涅米，等.教育领域学习分析[M].韩锡斌，韩赟儿，程建钢，译.北京：清华大学出版社，2020.

[2] 迈尔-舍恩伯格，库克耶.大数据时代：生活、工作与思维的大变革[M].盛杨燕，周涛，译.杭州：浙江人民出版社，2013.

[3] 杨现民，等.中国基础教育大数据.2018—2019：走向数据驱动的现代教育治理[M].北京：科学出版社，2021.

[4] 胡弼成，王祖霖."大数据"对教育的作用、挑战及教育变革趋势——大数据时代教育变革的最新研究进展综述[J].现代大学教育，2015（4）：98-104.

[5] 杨现民，王榴卉，唐斯斯.教育大数据的应用模式与政策建议[J].电化教育研究，2015，36（9）：54-61；69.

[6] 杨现民，唐斯斯，李冀红.发展教育大数据：内涵、价值和挑战[J].现代远程教育研

究，2016（1）：50-61.

[7] 孙洪涛，郑勤华.教育大数据的核心技术、应用现状与发展趋势[J].远程教育杂志，2016，34（5）：41-49.

[8] 裴莹，付世秋，吴锋.我国教育大数据研究热点及存在问题的可视化分析[J].中国远程教育，2017（12）：46-53；80.

[9] 徐鹏，王以宁，刘艳华，等.大数据视角分析学习变革——美国《通过教育数据挖掘和学习分析促进教与学》报告解读及启示[J].远程教育杂志，2013，31（6）：11-17.

[10] 魏顺平.学习分析技术：挖掘大数据时代下教育数据的价值[J].现代教育技术，2013，23（2）：5-11.

[11] 吴永和，陈丹，马晓玲，等.学习分析：教育信息化的新浪潮[J].远程教育杂志，2013，31（4）：11-19.

[12] 吴青，罗儒国.学习分析：从源起到实践与研究[J].开放教育研究，2015，21（1）：71-79.

[13] 郭炯，郑晓俊.基于大数据的学习分析研究综述[J].中国电化教育，2017（1）：121-130.

思考题

1. 什么是大数据？请结合实际，列举生活中大数据应用。
2. 你认为教育大数据可以运用在教学、学习、管理中的哪些方面？
3. 请用你的语言描述什么是教育数据挖掘，并简要阐述教育数据挖掘的几种方法。
4. 请试分析教育数据挖掘与学习分析的关联与区别。
5. 请选取一种你最感兴趣的学习分析方法，并谈一谈你想如何应用该方法开展教学研究。
6. 结合生活经验，设想一下学习分析在教育中还可以存在哪些应用。

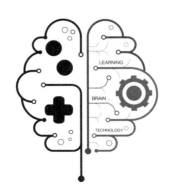

第9章 游戏化学习

【本章导入】

我们常常可以看到这样的现象：小朋友写作业总是磨磨蹭蹭开始，而玩游戏却迟迟不愿结束。游戏到底有什么魔力，我们能不能让学习也有这样的魔力？本章就和各位教师一同来探讨这一问题——游戏化学习的相关内容。

不妨先从一些身边的简单实例说起：幼儿园教师把"小红花"奖励给在活动中表现好的小朋友；教师在班级和课堂上使用积分制度来激励学生好好学习，把积分奖励给那些在课堂中积极回答问题、表现好、进步大的学生，一学期结束后学生可以用积分兑换礼物等。这些都是游戏化学习的部分实例。在看完实例之后，你是不是会产生"原来游戏化学习就在我身边甚至我也这么做过"的感觉？所以说游戏化学习并不是完全的"陌生人"，它就在我们的身边。

我们再来把时间拉长、将目光放到更早之前，可以发现游戏化学习的思想能够追溯到孔子、古雅典时期，并且随着技术的发展愈加受到关注。在20世纪50年代，商业视频游戏开发与设计相关研究兴起；发展到20世纪80年代，学者开始关注视频游戏的教育价值；20世纪90年代后期，伴随互联网教育的快速发展，游戏化学习也越来越"热"。美国在2010年启动了全国的STEM游戏教育（National STEM Game Design Challenge），掀起了游戏化学习的热潮。这一趋势在学术方面也能够得到印证，在知网中以"游戏化学习"和"教育游戏"为主题进行搜索，2001年只有7篇文章，但是到2019年已经累计有1305篇、2020年累计有915篇文章。同样该趋势在产业界也有体现，越来越多的大型企业进入了教育游戏领域。另外随着脑科学和认知科学等的发展，游戏化学习也将会更科学地服务于学生的学习。

本章就从游戏化学习的关键概念和历史发展谈起，系统梳理游戏化学习的核心价值及典型案例，介绍游戏化学习的主要研究内容和一线应用案例，并分析其发展趋势，帮助各位教师了解并能初步应用游戏化学习。

【内容导图】

本章内容导图如图9-1所示。

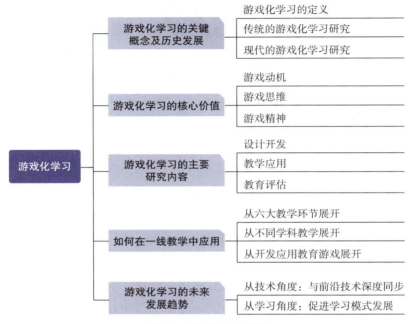

图9-1　第9章内容导图

9.1　游戏化学习的关键概念及历史发展

游戏化学习早在孔子时期和古雅典时期就有体现,到了近代,随着电子游戏的发展而备受关注。那么游戏化学习究竟是什么?教育游戏又是什么?在历史上游戏化学习是怎样存在和发展的?下面我们就一起来看看游戏化学习的定义、两大发展阶段等重要概念和内容。

9.1.1　游戏化学习的定义

游戏化学习(Game-Based Learning,GBL)的定义主要有狭义和广义两种。狭义上的游戏化学习主要指的是在教与学中应用传统游戏或电子游戏;广义上的游戏化学习,侧重的是在教与学中应用传统游戏、电子游戏、桌游或游戏的元素和机制。游戏化学习这种学习方式,目的在于借助游戏的特点,为学生创设更富吸引力的学习环境,使学习更有趣,并让学生通过"做中学""玩中学",达到学习知识、提升能力、培养情感态

度价值观的效果。○

与游戏化学习相关的词汇有教育游戏、严肃游戏、轻游戏等。

教育游戏、严肃游戏与轻游戏

1. 教育游戏

狭义上的教育游戏（Educational Game，EG）是指专门为教育开发的电子游戏；广义上的教育游戏是指一切兼具教育性和趣味性的教育软件，除了专门以教育为目的开发的电子游戏和桌游外，还包括具有教育价值的商业游戏，以及有一定趣味性的教育软件。○

2. 轻游戏

轻游戏是指在教育软件的基础上，兼具挑战、好奇、幻想、控制、竞争、合作等主流游戏的内在动机的游戏。○轻游戏更易于应用到课堂教学中，满足学校的课堂时长等要求。

3. 严肃游戏

严肃游戏通常是商业游戏，具有游戏的外观和设计元素，但目的是为了教育和训练使用，常在课堂中应用，而非纯粹的娱乐。例如比较知名的《模拟城市》，如图9-2所示，就是严肃游戏的典型代表。该游戏让用户可以自行规划并建设城市，以达到训练城市规划等能力的目的。

图9-2 《模拟城市》界面示意图

○ 本定义是尚俊杰为《中国大百科全书》第三版撰写的词条。
○ 尚俊杰，曲茜美. 游戏化教学法 [M]. 北京：高等教育出版社，2018：30-34.
○ 尚俊杰，李芳乐，李浩文. "轻游戏"：教育游戏的希望和未来 [J]. 电化教育研究，2005（1）：24-26.

9.1.2 传统的游戏化学习研究

游戏化学习其实由来已久，很早之前就在教育教学中有了实际应用，甚至可以说在古代，教育、生活和游戏三者的关系密切、几乎不可分离。①例如我国古代教育家孔子就非常强调游戏在教育中的重要性，认为"知之者不如好之者，好之者不如乐之者"，学习的最高境界应该是达到"乐"。在古希腊，苏格拉底、柏拉图、亚里士多德都认为教育既应该强调儿童的游戏和活动，又应注重教师指导和监督，两方兼备以让儿童身心在教育中得到自然和谐的发展。其中，柏拉图认为游戏可以满足儿童的跳跃需要，亚里士多德则认为游戏是非目的性的消遣和闲暇活动。②尽管游戏很早就存在于人们的生活中，但是当时针对游戏的研究都相对个例化、碎片化，还缺少系统化的研究。

一直到德国著名哲学家康德（Kant），游戏这一最古老、最平常的现象才开始进入理论思维、系统研究的范围，康德把游戏者和艺术工作者做了联系，客观上提升了游戏的地位。在此基础上，德国启蒙文学代表人物席勒（Schiller）认为：只有当人充分是人的时候，他才游戏；只有当人游戏的时候，他才完全是人。至此游戏的地位达到了空前的高度，这个时期的游戏理论也称为古典游戏理论。

1. 古典游戏理论

古典游戏理论主要试图通过哲学上的推理，研究人们为什么要玩游戏、游戏的本质目的等问题。自古典游戏理论以来，游戏化学习开始成为专门的研究领域，最初主要是从本能和进化的角度阐释游戏的价值，此时的理论虽然存在较大缺陷，但却为后来的游戏研究奠定了基础。其中，最具代表性的有四种学说，即精力过剩说、松弛消遣说、复演论和预演论③，见表9-1。

表9-1 古典游戏理论学说

学说名称	代表人物	主要观点
精力过剩说	席勒、斯宾塞（Spencer）	席勒认为人们玩游戏是为了发泄过剩的精力；英国哲学家斯宾塞认为游戏是生物体为了适应自身进化而出现的一种消耗剩余能量的方式，进一步发展补充了席勒的观点
松弛消遣说	拉扎鲁斯（Lazarus）	游戏是一种放松方式，可以让人们从日常生活的疲倦中重新获得精力
复演论	霍尔（Hall）	从胚胎学的角度提出，游戏是一种经验回溯，能反映出人类的文化发展，如特定年龄的儿童会表现动物、原始、游牧、农耕和部落等不同阶段的行为
预演论	谷鲁斯（Karl Groos）	以自然选择理论为基础，认为游戏是幼小的生物体为了生存，不断完善本能的无意识训练和准备

---

① 尚俊杰，裴蕾丝. 重塑学习方式：游戏的核心教育价值及应用前景[J]. 中国电化教育，2015（5）：41-49.
② 尚俊杰. 未来教育重塑研究[M]. 上海：华东师范大学出版社，2019：78-84.
③ BAMMEL G，BURRUS-BAMMEL L L. Leisure and human behavior[J]. Journal of Leisure Research，1996，28（2）：135.

2. 现代游戏理论

随着现代心理学、教育学以及各种科学研究手段等的发展完善，比起传统的游戏化理论，人们越来越关注游戏的本质和目的，现代的游戏理论开始尝试从动机、认知等角度，探究游戏对人类情感和学习的影响，尤其是从对儿童的关注和心理学两个角度。

（1）**对儿童的关注的角度** 很多教育学家专注于儿童这一阶段或群体开展游戏化学习的探索。德国教育家福禄贝尔（Fröbel）是幼儿园运动的创始人，他亲自开发了一套游戏活动玩具——福禄贝尔恩物，随后逐渐发展成为幼儿园的教学用具和材料。在他看来，教育要顺应儿童的天性，而游戏可以顺应儿童自然发展的需要，是儿童发展中重要的生活元素，因此幼儿教育要与游戏相结合。可以说，福禄贝尔对游戏与教育关系的论证和实践，为游戏进入更高层次的学校教育奠定基础。[1]

意大利教育家蒙台梭利（Montessori）也是一位为幼儿教育和游戏化教学理论与实践做出了重要贡献的专家。在她创设的课程体系中，不仅把游戏上升为与能力训练同等重要的专门课程，还大量使用游戏化学习的学习方式来进行能力训练——这本该是"严肃"的课程。[2]在她看来，教育要顺应人发展的需要，在幼儿阶段，儿童开始运动时就需要从身处的环境中接受刺激来积累经验，而这种经验的积累，借助的就是游戏，所以游戏可以使他们的生命力得到表现和满足，从而得到进一步发展。

美国著名教育家和哲学家约翰·杜威（John Dewey）同样重视游戏在教育中的地位，认为除了应该将游戏纳入学校课程体系外，还应该把游戏作为课程作业的形式之一。[3]因为在杜威看来，"教育即生活、学校即社会"，学校教育一定要与生活相联系，特别是与儿童的现实生活相联系。为此，儿童要从经验中学习，即"做中学"。游戏正好可以实现这一点，帮助儿童建立经验和知识的关联。[4]这也与其提出的实用主义教育学说（一个在教育史上具有里程碑式意义的学说）保持一致。

（2）**心理学的角度** 不少学者从心理学的角度，如从精神分析理论、行为主义理论、认知主义理论的角度，见表9-2，研究或助力了游戏化学习的开展。

其中，**精神分析理论**的贡献，是使游戏理论研究从纯粹的哲学思辨走向科学的实验应用；**行为主义理论**对行为的侧重，加之试误、强化和模仿三大要素，将游戏和学习过程联系在一起，但行为主义理论忽视了大脑内部的重要认知过程；而**认知主义理论**从人类学习的内部机制出发，深入解读了游戏对认知发展的影响和作用方式，为游戏化学习的实际开展提供了必要的理论指导。

---

[1] 单中惠，等编译.福禄培尔幼儿教育著作精选 [M].上海：华东师范大学出版社，2008：159-211.
[2] 蒙台梭利.蒙台梭利幼儿教育科学方法 [M].任代文，译.北京：人民教育出版社，2001：152-184.
[3] 约翰·杜威.民主主义与教育 [M].王承绪，译.北京：人民教育出版社，2001：207-219.
[4] 杜威.我的教育信条：杜威论教育 [M].彭正梅，译.上海：上海人民出版社，2013：12-29.

表9-2 现代游戏理论：心理学的角度

理论	代表人物及主要观点
精神分析理论	奥地利心理学家弗洛伊德（Freud）：游戏是现实的对立面，可以使儿童脱离现实的束缚，满足儿童在现实中难以实现的情感诉求，减少儿童在现实中经历创伤性事件的痛苦，为儿童调节本我与超我之间的矛盾提供了安全自由的方法 美国心理学家埃里克森（Erikson）：考虑社会文化因素，提出了人格的心理社会阶段理论 瑞士心理学家荣格（Jung）：强调心理结构的整体性，扩大了无意识的内涵与功能
行为主义理论	美国心理学家桑代克（Thorndike）：游戏为儿童提供了安全"试误"的学习环境，游戏的趣味性和体验性等能够满足学习的准备率、练习率和效果率的需求 美国行为主义心理学家斯金纳（Skinner）：强调学习过程中强化物的作用，提出的强化学习理论被广泛应用到了当前游戏设计之中 美国社会学家班杜拉(Bandura)：强调人的行为和环境的相互作用
认知主义理论	瑞士儿童心理学家皮亚杰（Piaget）：游戏不仅可以帮助儿童将新学的知识技能很好地内化，还可以为新的学习做好准备 美国认知心理学家布鲁纳（Bruner）：提出了著名的认知发现学习理论，强调学生在学习时的主动性、内在动机的重要性；游戏能够促使儿童自发地探索，调动主动性；降低儿童对结果的期望和对失败的恐惧，让儿童完全沉浸在游戏的过程之中、激发内部动机；游戏能够提供各种条件的尝试机会，激活儿童的思维，在游戏中实现知识的获得、转化以及评价过程 苏联心理学家维果茨基：游戏是一种有意识、有目的的社会实践活动，能为儿童创造现实生活以外的、以语言和工具为环境的实践场所；游戏能促成儿童心理机能从低向高发展，如象征性游戏让儿童实现思维符号化和抽象化的过程

9.1.3 现代的游戏化学习研究

到了20世纪50年代，电子游戏开始出现并发展起来。此时的电子游戏，如图9-3所示，主要是有主机游戏（游戏机、街机等）、个人计算机游戏（如俄罗斯方块、扫雷等）等。

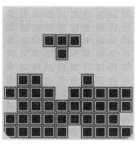
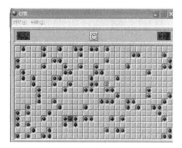

a）主机游戏　　　　b）《俄罗斯方块》　　　　c）《扫雷》

图9-3　电子游戏

早期游戏化学习（或者称作是教育游戏）在教育中的应用，和游戏的发展同步，主要是一些培养基本技能的小游戏，如打字练习和选择题游戏等。但这类游戏在让学生进行知识整合和应用方面用处不大，也不能提升学生的问题解决、协作学习等高阶能力。

要想提升学生的问题解决、协作学习等高阶能力，就要使用复杂游戏。美国威斯康星大学麦迪逊分校教育学院课程与教学系教授库尔特·斯奎尔（Kurt Squire）曾经让学生通过玩《文明Ⅲ》游戏学习世界历史。结果显示学生不仅从游戏中学到了地理和历史方面的学科知识、加深了对文明的理解、培养了问题解决能力，还通过探究学习活动形成了自主学习、合作探究的学习共同体。

在2000年左右，随着互联网的发展，复杂游戏开始在网络上大规模出现并在教育中得到应用。例如美国哈佛大学教授克里斯·迪德（Chris Dede）等人开展了城市建设的游戏虚拟环境学习项目，该项目让学生进入一个虚拟的19世纪的城市，并通过观察水质、实验、与非玩家角色（NPC）人物交谈等来解决这个城市面临的环境健康等问题。结果显示，这种游戏化的学习方式不仅有助于激发学生的学习动机，还能够让学生学习更多的关于科学探究的知识和技能，也非常有利于培养学生解决复杂问题的能力。再如美国印第安纳大学教授萨沙·巴拉布（Sasha Barab）等人设计开发了《探索亚特兰蒂斯》（*Quest Atlantis*）⊖的游戏，如图9-4所示。这也是一个虚拟学习环境，其中的游戏任务紧密结合课程内容，在"探索""使命"和"单元"三种层级的任务体系中，每一层级的任务都围绕着从课程教学中提炼而成的复杂问题展开，旨在培养学生较高层次的思维能力和社会意识。⊖

图9-4 《探索亚特兰蒂斯》界面⊖

国内也有学者开展了相关研究，香港中文大学李芳乐教授等人开展了以学生为导向的虚拟互动学习环境（Virtual Interactive Student-Oriented Learning Environment，VISOLE），其开发的《农场狂想曲》游戏，旨在创设一个近似真实的虚拟世界，让学生

⊖ BARAB S. Quest atlantis [EB/OL].（2015-11-01）[2022-07-15]. https：//sashabarab.org/projects/quest-atlantis/.
⊖ 马红亮. 教育网络游戏设计的方法和原理：以Quest Atlantis为例 [J]. 远程教育杂志，2010，28（1）：94-99.

扮演故事中的角色，然后自己发现问题、分析问题和解决问题。该游戏的实际应用结果表明这种学习模式确实有助于激发学生的学习动机，培养学生的问题解决能力、创新能力等高阶能力，并有助于培养学生的情感态度价值观。

可以说，近年来游戏化学习方式也逐渐呈现多元化的发展趋势（这一点本书将在本章9.3节详细介绍），也有越来越多的机构，如北京大学、杭州师范大学、南京师范大学、华东师范大学等，开展了游戏化学习的相关研究。

9.2 游戏化学习的核心价值

当谈到游戏化学习的时候，教师首先会想到的可能是有趣、好玩这些关键词，实际上这些都属于游戏化学习激发学习动机的价值。那游戏化学习还有哪些价值呢？

从历史发展和研究案例中我们可以了解到，游戏化学习能够帮助学生学习知识、提升能力、培养情感态度价值观等。以此为基础，尚俊杰和裴蕾丝总结了游戏化学习的三层核心教育价值[一][二]，依次是游戏动机、游戏思维、游戏精神，如图9-5所示。

图9-5 游戏化学习的三层核心教育价值

9.2.1 游戏动机

不知道各位教师看到青少年痴迷于电子游戏或者看到类似新闻时，有没有这样的疑问：为什么他们会如此喜欢游戏？为什么他们对玩游戏有那么高的动机，甚至上瘾？有很多学者尝试对这一问题做出解释，比较著名的是游戏的需要理论和心流理论。首先是需要理论，著名心理学家马斯洛（Maslow）提出了人类需要层次理论，许多学者以此来分析游戏者玩游戏的动机，认为游戏中的组队聊天、升级打怪等活动可以满足甚至同时满足不同层次的需要，所以更加吸引人。其次，心流（Flow）理论认为，心流是全神贯注于一项活动时所产生的心理状态，电子游戏中充满了挑战，并具有明确具体的目标、实时反馈，这些都有助于产生"心流"，让游戏者陶醉于其中、乐此不疲。

[一] 尚俊杰，裴蕾丝.重塑学习方式：游戏的核心教育价值及应用前景[J].中国电化教育，2015（5）：41-49.
[二] 尚俊杰.游戏化学习的价值及未来发展趋势[J].上海教育，2016（35）：45-47.

激发学习动机是游戏化学习最广为人知的、明显的核心价值，往往也是人们关注游戏化学习教育应用的起点，因此游戏动机成为整个三层核心教育价值最底层、最基础的"地基"，也是教师在应用游戏化学习时，希望达成目标的首要一步。不过需要特别说明的是，这里的游戏动机不仅指向激发学生的学习动机，实际上也包括了学习知识、提高能力和培养情感态度价值观等价值。

在知识方面，我们可以观察到市场上大部分游戏都包含着丰富的社会文化知识，如《模拟城市》就包含大量的建筑、消防、规划等方面的知识。相比于获得知识，游戏更能提高游戏者的能力，美国加利福尼亚大学洛杉矶分校心理学教授格林菲尔德（Greenfield）进行了很多关于电子游戏的研究，发现游戏可以提高游戏者的空间想象、处理并行任务等能力，也有项目验证了游戏有助于培养协作能力、问题解决能力、创造力等高阶能力。㊀㊁例如《蜡笔物理学》这款游戏，其每一关都需要游戏者发挥创造力和想象力来解决问题，同时其提供的环境能够有效提升游戏者的好奇心。在情感态度价值观方面，相比于课堂中传统的主题教育活动，游戏把乐于分享、友爱互助等要素不知不觉地融入游戏机制中㊂，这一点在多人竞技的游戏中体现得更为明显。

《蜡笔物理学》：2D物理解谜游戏㊃

《蜡笔物理学》（Crayon Physics）是一款基于2D物理引擎的解谜游戏，如图9-6所示，它主要是通过手动绘制物理元件，破解趣味的物理谜题。它是由芬兰人佩特利·普罗（Petri Purho）设计的，曾在2008年获得独立游戏的最高大奖——塞尤玛斯·麦克纳利奖（Seumas McNally Grand Prize）。

下面是一些来自北京大学使用者的评价："时下绝对难得的佳作，手动描绘，蜡笔笔触渲染，物理引擎，虚实之间妙趣横生。要点就是把游戏中目标小球通过你画的物块，或碰撞，或引导至五角星处就算过关。《蜡笔物理学》中的物质只要被你神笔一挥，就'活生生'开始遵从物理学规律，有了质量。在游戏里你可以画出一切你想要的东西，重温你小时候成为神笔马良的梦想……""这款游戏最大的乐趣在于你需要尽情地展示你丰富的想象力，并且配合恰到好处的图形设计来达到过关的目的。"

《蜡笔物理学》游戏界面示意如图9-7所示。

㊀ GREENFIELD P M. Mind and media: the effects of television, video games, and computers [M]. New York: Psychology Press, 2014: 71-92.
㊁ 蒋宇，尚俊杰，庄绍勇. 游戏化探究学习模式的设计与应用研究 [J]. 中国电化教育，2011（5）：84-91.
㊂ 尚俊杰. 未来教育重塑研究 [M]. 上海：华东师范大学出版社，2019：86
㊃ 蒋宇，蒋静，陈晔. 《蜡笔物理学》游戏的教育应用价值解析 [J]. 中小学信息技术教育，2012（2）：59-62.

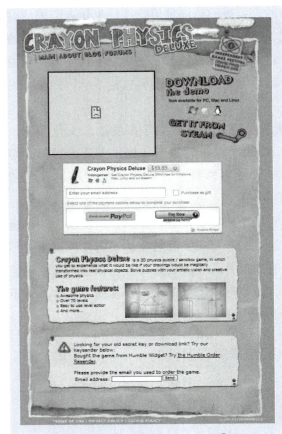

图9-6 《蜡笔物理学》示意图○ 图9-7 《蜡笔物理学》游戏界面示意○

不难发现,这款优秀的游戏能够让游戏者在玩的时候收获物理、数学和美术等基本知识,以及很自由地使用空间——每一关没有固定答案,游戏者能够发挥自己的想象力和创造力,拥有良好体验的同时也收获颇丰。

9.2.2 游戏思维

在游戏动机之上,就是游戏思维,或者称为游戏化(Gamification)思维。游戏思维侧重的是将游戏的元素、机制、设计或理念应用到教育中,让学习变成游戏,而不一定非要将完整的游戏应用到学习中。例如有工程师在公园中设计了一个不一样的垃圾桶,将垃圾扔进去可以听到坠落到深渊的声音,这个垃圾桶吸引了很多人四处捡垃圾去测试,从而达到了环保的目的。这就是利用游戏思维——激发好奇等深层次动机的典型例

○ KLOONIGAMES. Crayon physics deluxe [EB/OL].(2018-05-20)[2022-07-15]. http://crayonphysics.com/.
○ 蒋宇,蒋静,陈晔.《蜡笔物理学》游戏的教育应用价值解析[J]. 中小学信息技术教育,2012(2):59-62.

子。再如微信在2015年春节期间升级了红包功能，增添了"拼手气"的功能，这个功能就是应用了"激发竞争等深层次动机"的游戏思维。该功能一经推出人气很高，获得了巨大成功。

另外，大家常见的或常用到的积分、徽章、排行榜等，甚至是小红花，这些都是游戏思维的运用。也就是说，运用游戏思维时不一定要拘泥于游戏的外在形式，更重要的是在教学、管理各个环节的活动中有机融入、内化游戏元素或游戏理念，如《幸福田园》在编程软件中利用游戏思维、在学生评价系统中应用游戏元素，使得学习变得有趣味起来。

《幸福田园》：游戏化学生发展评价系统

《幸福田园》是博雅瑞特教育基于北京大学学习科学实验室的游戏化学习理念，与北京市西辛小学教育集团共同研究开发的游戏化学生发展评价系统。该系统将传统课堂中常用的"奖票""印花"等游戏化激励手段进行了数字化设计，将学生在校外内的表现以积分、徽章的形式记录下来，并引入虚拟形象、兑换系统、蜂巢图谱等游戏元素，激励学生伴随虚拟"小蜜蜂宠物"一起成长，以自己的努力酿造甘甜的"蜂蜜"，铺满象征核心素养发展的"蜂巢图谱"，并通过积分兑换系统换得更丰富的实践活动机会，达到快乐学习、幸福成长的目标。《幸福田园》功能特色示意如图9-8所示。

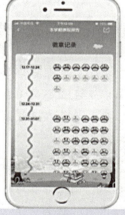

图9-8 《幸福田园》功能特色示意

博雅瑞特教育. 智能火花 [EB/OL]. （2021-04-12）[2022-07-15]. https://www.gamepku.com/.

9.2.3 游戏精神

游戏精神是游戏的最高层次、最有意义的价值，指的是在法律法规允许的前提下，自由地追求本质和精神上的自由。

游戏精神可以说是人的一种生存状态。福禄贝尔曾说：游戏是儿童发展的最高阶段，本质和最内在的思想能在游戏中得到发展。其实青少年乃至成人亦是如此，人类的很多行为都是可以和游戏联系起来的，人本质上就是游戏者，如人类古代去狩猎、现在竞争上岗，和游戏中的竞争生存异曲同工。

那么对应到学习中，又应该怎么体现游戏精神呢？学习中的游戏精神主要是自由性和非实利性。学习中的自由性是指尽量给学生一些自由度，让学生尽可能自由、自愿地选择学习自己感兴趣的内容，选择适合自己的学习方法；非实利性是指更看重参与的过程，充分激发学生对游戏的挑战、好奇、控制等深层内在动机，让学生为了战胜挑战而乐此不疲。如《探索亚特兰蒂斯》会提供多样的单元，让学生相对自由地进行选择，并在单元中设计具有挑战性的趣味任务，让学生全身心投入。

> **《探索亚特兰蒂斯》：教育网络游戏**[1]
>
> 《探索亚特兰蒂斯》是一款已经开发并运行多年的教育网络游戏，学生需要在游戏的指引下去探寻古老的文物。该游戏由印第安纳大学（Indiana University）教育学院的巴拉布教授等人设计开发，将学科知识的学习融入其中，适用对象为9~12岁学生。
>
> 我们来看一个具体的单元——Taiga公园的任务设计。Taiga Fishkill是一个水生栖息地内的探索单元，严重的生态问题导致鱼群数量显著下降，这对以渔业为营收的所有当地人来讲都是个大问题。但对于鱼群数量显著下降的问题，当地的三类团体（居民、伐木公司以及渔业公司）相互指责，实际上这三类团体都直接或者间接造成了鱼群数量的下降。学生在这款游戏中作为"科学家"，需要找到问题出现的原因并提出解决问题的方法。
>
> Taiga Fishkill单元将《探索亚特兰蒂斯》的特点体现得十分明显。①注重社会责任：提出环境保护意识、创造性表达、健康的社区、社会责任感、个体重要性、同情的智慧、个人的作用七种社会责任，并在游戏中给予培养。②混合式设计：需要学生到现实社区里与父母、教师、伙伴等相互交流。可以发现，学生能够自由选择多样的子任务，并在参与这一单元挑战活动的过程中，学习到科学概念和技能，形成环境保护意识，认识到科学决策的复杂性。

---

[1] BARAB S. Quest atlantis [EB/OL]. （2015-11-01）[2023-05-15]. https://sashabarab.org/projects/quest-atlantis/.

以上三者既有联系又有区别：简单来讲，三者的核心联系是深层内在动机，都是让学生"自发"地参与到学习过程之中；三者的区别在于游戏动机是指利用游戏来学习，游戏思维是指将学习变成"游戏"，游戏精神则是指将整个求学过程甚至整个人生变成"游戏"。举一个教师授课的例子：处于游戏动机层面的教师，可能会选取合适的教育游戏，让学生进行学习应用，使得课堂变得有趣味起来；处于游戏思维层面的教师，可能会在平时利用排行榜、积分榜等游戏元素，让课堂学习变成游戏；处于游戏精神层面的教师，可能会在框架内给予学生自由选择学习内容、学习形式的权利和空间，并鼓励学生"不怕失败"的游戏精神。

当然，优秀的教育游戏、优质的游戏化学习具备的教育价值往往有多层，不只是知识提高等，而是将多种价值结合在一起，能同时满足学习知识、提升能力、培养情感态度价值观等多方面需求。

9.3 游戏化学习的主要研究内容

前文我们了解到了游戏化学习的价值和典型案例，那前沿的游戏化学习研究主要在做些什么呢？我们按照游戏化学习的全流程⊖，即设计开发、教学应用、教育评估三个部分，来了解游戏化学习的主要研究内容。

9.3.1 设计开发

教育游戏的设计开发研究聚焦于为学生提供优质的学习体验，搭建学生意义建构的情境。这部分的研究呈现出四大特点和趋势：从游戏元素和交互反馈两方面提升学习动机，增强游戏的沉浸感，探索自适应个性化学习，结合脑科学研究促进教育游戏设计的科学化。

首先，在学习动机的提升方面，研究者更加关注游戏元素、交互反馈的设计，以更加有效地激发学习动机，从而促进学习效果。在游戏元素方面，相比于单独讨论某个元素的影响，研究者开始考虑不同元素之间的相互作用。例如维尔纳达基斯（Vernadakis）等人在英语会话学习游戏中加入游戏元素"竞争"，探究竞争元素、学习动机、学习成效和学生对环境的看法之间的关系，对教育游戏的复杂过程进行全面讨论。◎在交互反馈方面，有研究者探讨了智能导师的情感反馈对学习成效、动机、乐趣等的影响⊜。例如亚

⊖ 曾嘉灵，尚俊杰. 2013年至2017年国际教育游戏实证研究综述：基于WOS数据库文献 [J]. 中国远程教育，2019（5）：1-10.
◎ VERNADAKIS N, PAPASTERGIOU M, ZETOU E, et al. The impact of an exergame-based intervention on children's fundamental motor skills[J]. Computers & Education, 2015, 83: 90-102.
⊜ GUO Y R, GOH D H-L. Evaluation of affective embodied agents in an information literacy game[J]. Computers & Education, 2016, 103: 59-75.

当斯（Adams）等人设计了无解释、自我解释和解释性反馈三种版本的物理教育游戏，研究了在教育游戏中解释性反馈对学习的影响，结果发现并无明显差别，其结果表明游戏学习也应注意认知负荷。○

其次，教育游戏更重视增强沉浸感，3D和增强现实等技术逐渐服务于沉浸式虚拟游戏环境的搭建。 3D技术能够提供仿真环境，以助力于实现体验式学习、解决知识迁移的问题。相比于真实环境，教育游戏为学生提供了试误的机会，消除了学生面对失败的恐惧和焦虑。例如伯恩斯（Berns）等人设计了一个名为VirUAM的3D单用户虚拟世界平台，学生通过在虚拟空间中探索，接受相关的语言技巧培训。○又如马拉图（Maratou）等人开发了一个3D在线的多用户软件项目管理（SPM）角色扮演游戏，模拟现实生活中公司的情况，帮助学生学习应对突发事件的技巧。总结相关案例可以发现，3D环境适合教学环境要求较高的知识○。

增强现实技术能够帮助学生将他们在现实世界中观察到的事物与相关知识联系起来，从而加深学生对知识的理解和记忆，促进有意义学习的发生。例如弗里奥（Furió）等人开发了有关水循环学习的教育游戏，融入增强现实的互动模式以增强游戏的沉浸感○○；再如黄国祯教授等人融合增强现实和竞争元素，开发了一个小学生态学课程教育游戏，并让小学生实际使用，如图9-9所示。○研究者已经不仅从游戏元素的角度考虑教育游戏的设计，而且从提升整体学习体验出发，增强游戏的沉浸感和教育游戏环境设计。

图9-9　小学生使用增强现实游戏进行探索○

○ ADAMS D M, CLARK D B. Integrating self-explanation functionality into a complex game environment: keeping gaming in motion[J]. Computers & Education, 2014, 73: 149-159.

○ BERNS A, GONZALEZ-PARDO A, CAMACHO D. Game-like language learning in 3-D virtual environments[J]. Computers & Education, 2013, 60（1）: 210-220.

○ MARATOU V, CHATZIDAKI E, XENOS M. Enhance learning on software project management through a role-play game in a virtual world[J]. Interactive Learning Environments, 2016, 24（4）: 897-915.

○ FURIÓ D, GONZÁLEZ-GANCEDO S, JUAN M-C, et al. The effects of the size and weight of a mobile device on an educational game[J]. Computers & Education, 2013, 64（4）: 24-41.

○ FURIÓ D, JUAN M-C, SEGUÍ I, et al. Mobile learning vs. traditional classroom lessons: a comparative study[J]. Journal of Computer Assisted Learning, 2015, 31: 189-201.

○ HWANG G J, WU P H, CHEN C-C, et al. Effects of an augmented reality-based educational game on students' learning achievements and attitudes in real-world observations [J]. Interactive Learning Environments, 2016, 24（8）: 1895-1906.

再次，自适应个性化学习是教育游戏设计开发的探索方向。 教育游戏作为越来越流行的新学习方式，也越来越关注学生的个性化学习体验。如索弗拉诺（Soflano）等人开发了基于学习风格的自适应游戏，这款游戏能够根据学生与游戏的交互，动态且持续地调整内容呈现。⊖ 又如克拉克（Clark）等人开发了基于学生表现的自适应游戏，用于学习牛顿动力学，根据学生水平提供不同抽象程度的引导提示。结果显示，自适应游戏能够有效地使学生最大化地理解提示、掌握相关知识，减少其在游戏中的认知负荷。⊜

最后，结合脑科学研究促进教育游戏设计的科学化。 脑成像技术的发展为教育游戏设计带来了新的思路。例如裴蕾丝等人依据脑科学的原理，设计开发了如图9-10所示的基于教育神经科学的数学游戏 *The Number Race*⊜⑩，通过相关游戏任务设计，刺激学生双侧顶内沟以及言语和视觉的相关脑区，提高学生的数感能力，帮助学生建立和巩固不同数量编码表征之间的联系，如游戏中学生将主要根据呈现圆点的多少（非符号表征），来判断两堆宝藏数量的多与少。

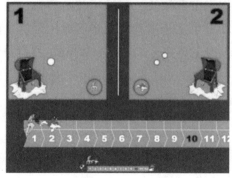

图9-10　*The Number Race* 游戏界面⊜

⊖ SOFLANO M，CONNOLLY T M，HAINEY T. An application of adaptive games-based learning based on learning style to teach SQL[J]. Computers & Education，2015，86：192-211.

⊜ CLARK D B，VIRK S S，BARNES J，et al. Self-explanation and digital games：adaptively increasing abstraction[J]. Computers & Education，2016，103：28-43.

⊜ 裴蕾丝，尚俊杰，周新林. 基于教育神经科学的数学游戏设计研究 [J]. 中国电化教育，2017（10）：60-69.

⑩ DEHAENE S. The number race [EB/OL]. （2017-11-12）[2022-07-15]. http：//thenumberrace.com/nr/nr_download.php?lang=en.

简而言之，在教育游戏的设计开发部分，学习动机仍是主流，研究者也越来越重视游戏沉浸感的增强，并且积极探索自适应个性化的学习方式。在这过程中许多新兴技术也不断被纳入，如3D、增强现实被应用于真实情境搭建，自适应技术应用于更有效地为学生提供学习内容和支持。

9.3.2 教学应用

游戏化学习教学应用的研究聚焦于将教育游戏作为主要认知工具应用于课堂，为教师提供教学辅助，实现以学生为中心的课堂。该部分的研究呈现以下特点：①重视学习成效；②重视学生内部认知加工；③探索轻度游戏化的发展方向。

在学习成效方面，相关验证性研究源源不断。有研究者将英语词汇的游戏学习组与传统学习组进行了对比，结果证明游戏学习组的学生在相同时间内习得更多词汇量且成绩更好。[1]

随着教育游戏实证研究的不断深入，研究者也希望了解学生内部认知的机制，从而更科学地解释学习。例如李玉浩（Yu-Hao Lee）等人分析了学生玩游戏时的认知过程，探究了游戏技能对学生注意力和内容理解的影响[2]。再如美国佛罗里达州立大学教育心理学和学习系统助理教授柯峰峰（Fengfeng Ke）研究了教师利用游戏辅导的整个过程，发现游戏开始前的辅导会有助于学生专注内容理解，在游戏期间学生倾向于更独立地完成游戏挑战，而较少需要内容的辅导。[3]

在轻度游戏化的发展方面，非游戏环境中使用游戏设计元素和游戏机制实现轻度游戏化，能够轻松地为学生提供游戏体验，降低了技术门槛，适用于课堂师生交互、课后练习、小组任务等教学活动，也是未来游戏化学习应用到课堂的趋势之一。如挪威科技大学计算机和信息科学系教授王英杰（Alf Inge Wang）将竞争、积分、排行榜等游戏化元素融入课堂交互系统——"Kahoot!"，如图9-11所示，发现学生使用该系统五个月后，其参与度、学习动机和学习效果都有所提升。[4]

---

[1] GIANNAKOS M N. Enjoy and learn with educational games: examining factors affecting learning performance[J]. Computers & Education, 2013, 68: 429-439.
[2] LEE Y H, HEETER C. The effects of cognitive capacity and gaming expertise on attention and comprehension [J]. Journal of Computer Assisted Learning, 2017, 33（5）: 473-485.
[3] KE F. Computer-game-based tutoring of mathematics[J]. Computers & Education, 2013, 60（1）: 448-457.
[4] WANG A I. The wear out effect of a game-based student response system [J]. Computers & Education, 2015, 82: 217-227.

图9-11 学生使用"Kahoot!"作答[1]

9.3.3 教育评估

教育评估是教育教学过程中至关重要的一个环节,是进行教学决策的依据。教育评估在教育游戏研究中越来越重要,主要关注教育游戏如何科学、有趣、有效地应用于教育评估。如阿塔利(Attali)等学者将积分机制引入已有的数学评估系统,根据学生回答的准确率,给予固定的积分奖励,以及根据答正确的速度给予不同的额外加分[2]。又如蔡富兴(Fu-Hsing Tsai)等学者将选择题测试纳入"井"字格游戏中,开发基于游戏的在线学习课程形成性评估工具。[3]此外,还有马弗里迪斯(Mavridis)等学者开发了教师可灵活配置的数学评测游戏,教师不需要具备任何编程技巧,就可以通过管理者界面修改游戏的参数,改变游戏内容以符合课堂教学内容和进度。[4]

总体来看,教育游戏应用于评估的相关研究有了量和质的双跨越。从数量上来说,探索游戏化评价方式的研究越来越多,甚至成为教育游戏领域的重要分支之一;从质量来看,教育游戏评价研究不再停留于总结性评价,也开始关注基于数据的形成性评价、游戏元素应用于评估等方面。

9.4 如何在一线教学中应用

随着游戏化学习研究不断开展,一线教师逐渐加深了对游戏化学习的理解与应用,

---

[1] WANG A I. The wear out effect of a game-based student response system [J]. Computers & Education,2015,82:217-227.

[2] ATTALI Y,ARIELI-ATTALI M. Gamification in assessment:do points affect test performance?[J]. Computers & Education,2015,83:57-63.

[3] TSAI F H,TSAI C-C,LIN K-Y. The evaluation of different gaming modes and feedback types on game-based formative assessment in an online learning environment[J]. Computers & Education,2015,81:259-269.

[4] MAVRIDIS A,KATMADA A,TSIATSOS T. Impact of online flexible games on students' attitude towards mathematics [J]. Educational Technology Research and Development,2017,65(11):1-20.

不断、积极开展游戏化教学的实践应用。下面本书将从教学环节、学科应用和设计开发三个角度展开介绍。

9.4.1 从六大教学环节展开

六大教学环节主要是指课程准备环节、导入环节、新授环节、练习环节、总结环节、复习环节，不同环节的游戏化教学应用有着不同的侧重点。

在准备环节中，游戏化教学应用主要是指在新学期之初班级同学互不相识的情况下，或者课堂正式开始之前。教师可以通过设计时长合适的破冰游戏[一]，如《真真假假》[二]《同舟共济》[三]等，来帮助学生相互了解、逐渐熟悉课堂，也就是说以游戏化的形式帮助学生放松，进入课堂学习的状态。

在导入环节中，主要有相关性导入和非相关性导入两种游戏化学习的方式。顾名思义，相关性导入是指游戏的内容指向本节课的学习目标，非相关性导入是为了让学生有"上课了"的仪式感，可以和课程内容无关。利用游戏进行导入是很好的选择，原因是其与导入环节的承前启后、引起注意、激发兴趣、明确目标、活跃气氛等作用是一致的，主要目的是让学生快速进入学习状态。在这里，举如下两个例子来进行说明。

> **相关导入与非相关导入游戏**
>
> 1.相关性导入游戏：《中国各省份拼图》在初中地理课前，学生在计算机上进行竞技式的中国各省份拼图游戏：将随机跳出的省份图形用鼠标拖到桌面上中国版图内的相应位置，位置放对呈现绿色，位置放错呈现红色。
>
> 2.非相关性导入游戏：《抓鸭子》每名学生按照一定顺序和规则说出："抓鸭子，没抓着；抓鸭子，抓到了，抓几只，20只，嘎，嘎，嘎……"帮助学生热身、迅速进入课堂状态。

在新授环节中，游戏化学习也可以有两种形式的应用。一种是服务于教学内容的，如利用折纸游戏来实现从二维到三维的变化过程。这需要教师通过梳理知识点，判断哪些内容能够用游戏的形式呈现。在实践中，并不是所有内容都可以用游戏化的形式呈现，这时候教师可以应用第二种游戏化形式。第二种游戏化形式主要是指可以将积分、徽章、排行榜、小组PK等游戏元素应用到课堂教学之中。例如对于古诗词的任务，教师

[一] 尚俊杰，曲茜美. 游戏化教学法 [M]. 北京：高等教育出版社，2019：83-84.

[二] 《真真假假破冰》：5~10人一组，每人分享自己的三个爱好，其中两个为真，一个为假。大家投票判断真假，增进彼此间的了解。

[三] 《同舟共济》：6~8人一组，所有人都要站在报纸上，不断缩小报纸，为了小组的成功，需要集结每个成员的力量，肢体碰触也会越来越多，从而增进团队友谊。

可以将其拆分成一个个背诵小任务，学生每完成一个任务会获得一定数量的积分，在一段时间的课程结束后学生可以根据积分排行榜获得不同名称的徽章。需要提醒的是，在新授环节应用游戏化学习，需要教师明确游戏规则，不能完全放任让学生自由玩耍，并在适当的时候维持课堂秩序、关注学生动向。

在练习环节中，应游戏化学习主要发挥针对性练习的作用。例如在学习数学运算的时候，可以将数字卡牌放入九宫格，让学生进行数学的混合运算练习。除了这个例子，还有韩信点兵、鸡兔同笼、棋类博弈等趣味的数学故事，都可以帮助学生进行有效练习。另外，在语文等学科中，也可以利用游戏化学习进行练习。例如可以将《长亭送别》与黄梅戏《西厢记》结合起来，并且融入邓丽君的《路边的野花不要采》等歌曲，让学生听歌、品课文，思考不同时代爱情的含义，通过对比让学生对残酷的封建婚姻制度有更深刻的认识。

在总结环节中，应用游戏化学习，可以有以下形式：比起之前的教师主导、带着做板书等操作，可以让学生撰写游戏日记并发布到平台上进行交流；教师也可以根据所讲的内容，设计总结环节的游戏形式，例如讲完莎士比亚可以让学生采取戏剧的形式进行总结升华；教师还可以让学生绘制思维导图，这个时候让学生不写自己的名字而是用肖像代替等。这些都是游戏化元素的体现，力求让学生乐于参与到总结环节之中。

在复习环节中，教师既可以利用思维导图、排行榜、角色扮演等形式，也可以根据复习的内容设计主题游戏。例如在物理复习课上，可以以《愤怒的小鸟》为主线开展抛体运动的复习专题，出示游戏的截图，让学生自主编写题目等。

9.4.2 从不同学科教学展开

游戏化学习应用于不同学科中有不同的侧重点，甚至需要根据不同知识点进行调整。下面我们选取了三个典型的游戏化应用课例，供教师参考。

1. 圆柱与圆锥复习课

广东省姚铁龙工作室围绕着"圆柱与圆锥"复习课，设计了数学游戏化的经典课例。[○] 整堂课可分为"整理与复习""阿豹教师的数学好玩：研究生活中的圆柱与圆锥""圆柱圆锥游戏：毕业运动会""分层巩固训练""感想与感悟"五个环节。

在"圆柱圆锥游戏：毕业运动会"环节中，教师利用希沃白板通过习题游戏化的方式，选取一名男生和一名女生进行比赛，让学生在愉悦、高度集中注意的氛围中巩固重点题目。数学巩固小游戏界面如图9-12所示。

○ 姚铁龙. 圆柱与圆锥复习课 [EB/OL]. （2021-06-15）[2023-05-15]. https://mp.weixin.qq.com/s/aDHwoYukyDtJVH-7fm9cZdA.

图9-12　数学巩固小游戏界面

值得一提的是,这个游戏的设计除了PK赛制、及时的奖励反馈等外,还根据学生作答的数据来发现学生的薄弱知识点,真正地实现了游戏和内容的深度融合。

2. 词汇竞赛游戏

山东省英语特级教师郑素梅围绕着游戏化学习在初中英语课堂教学中的应用开展研究[1],已设计了较多优秀的游戏化学习课例。例如词汇竞猜游戏,每答对一题就可获得积分,最后积分多者获胜,并兑取一定的奖励。在具体的操作过程中,教师用抢答视频进行演示,课堂氛围非常好。在游戏结束后,教师带领学生反思问题,告诉学生怎么去猜、怎么才能更好地进行竞猜游戏,并且告诉学生词汇的规则,使学生学会抓住词汇的重点内容,这样才能帮助学生不断总结反思、不断提升。

在英语学科的学习中,还可以利用《趣配音》,帮助学生学习正确发音等。使用《趣配音》进行游戏化学习主要有材料分析、总结操练两大部分:学生在材料分析部分需要理解内容、划分段落、分析情感、语音语调和尝试模仿;而在总结操练部分,学生需要进行个体模仿、材料分析和配音比赛。另外,如果教授的是英语短剧,还可以通过短戏剧,让学生按照剧本进行表演,增强学习的趣味性。

3. 我要的是葫芦

浙江省语文特级教师金晓芳等人围绕着人教版小学二年级语文课文《我要的是葫

---

[1] 新快乐教育. 郑素梅:基于学习科学的游戏化学习在初中英语课堂中的应用[EB/OL].(2021-07-09)[2022-07-15]. https://mp.weixin.qq.com/s/qfH2uP73EXD2ZEDPhJ382A.

芦》进行了游戏化学习的设计、实施和点评。[○]这堂课共有"猜葫芦游戏，提出主要问题""送葫芦游戏，厘清两个葫芦关系""挂葫芦游戏，识好字读好文""摘葫芦游戏，延续情境识字读文"四个部分。

> 教师：我们再来做一个"送葫芦的游戏，厘清两个葫芦关系"。（投影出示送葫芦的界面，并分发带"葫芦"的句子，学生纷纷上台"送葫芦"。）
> 教师：谁有火眼金睛，有贴错的吗？（有两名学生贴错了，学生发现并上去重贴。）
> 教师："送葫芦"的游戏好玩吗？看黑板上不同贴法的句子，现在大家知道课文中的人要的是"一个葫芦"还是"一棵葫芦"呀？
> 学生：要的是一个葫芦。

上面是具体的"送葫芦游戏，厘清两个葫芦关系"的课堂实录片段，可以发现送葫芦游戏实际上是通过语境匹配对应的量词，帮助学生达到理解课文的目标。

除了在不同环节、不同学科中应用游戏化学习外，游戏化学习还可以融合到探究性学习、翻转课堂、合作学习等各类学习模式当中。例如在课堂教学中应用小型教育游戏，在探究性学习或者课外非正式学习活动中应用大型教育游戏（尤其是一些角色扮演类游戏），在职业教育中可以应用模拟仿真类和增强现实类教育游戏。

但需要提醒的是，不论是在哪个教学环节、哪类学科课堂中应用游戏化学习，在一线实践的过程中，游戏化学习教学策略的选择、教学工具的应用等，都需要以学生为主体、以促进学生学习为目标，并根据教学目标、学生特征、客观条件等因素恰当选择游戏。不局限于电子游戏，也可以使用传统游戏将游戏元素、游戏精神应用到学生的学习中去，切忌为了技术而技术、为了使用游戏化学习而游戏化学习。

9.4.3 从开发应用教育游戏展开

想必教师也很好奇，如果自己想要开发一款应用在课堂中的教育游戏，有没有可以轻松使用的平台及模板吗？下面将从教师实际使用的角度出发，介绍Kahoot！与Quizizz、Roblox与Scratch、希沃白板共计三类、五款平台，讲解其功能和基本的使用方法。

1. 课堂游戏化互动平台：Kahoot！与 Quizizz

Kahoot！是一款课堂游戏化互动平台，能够让学生以游戏竞答的方式参与到课堂学

○ 祁玲娟，金晓芳. 把教学融进游戏里——《我要的是葫芦》（第一课时）教学及点评 [J]. 小学教学设计，2018（31）：34-37.

习中。它由挪威的一家在线教育企业开发，目前已经在全球180多个国家推广使用（部分功能收费）。值得一提的是，它是基于网页的互动平台，无论是教师开发，还是学生使用，都无须下载。

Kahoot! 平台主要提供了测试、讨论和调查三种形式的互动，为课堂教学的不同活动提供相应的支持。其中，测试是Kahoot! 平台最具代表性的功能，使用效果如图9-13所示：在作答时，界面会呈现题目及选项，学生在规定时间内以单人PK或小组PK的形式，进行答题互动；作答完成时，学生会收到结果反馈，教师则可获得学生作答的统计结果。

图9-13　Kahoot!的测试功能使用效果

教师如何利用Kahoot! 平台开发自己的教育游戏呢？在平台上填写教师身份、教育阶段等信息并完成注册后，教师可以选择Kahoot! 提供的模板案例，创设自己的"Kahoot!"，如图9-14所示，教师可以设置题型（多选题是付费功能、单选无须付费）与作答时间，并将题目内容、图片、答案替换成自己的内容。

图9-14　Kahoot!开发示例

完成开发后，如图9-15所示，教师可以选择学生单人PK或者小组团队PK模式进行发布，发布成功会生成游戏码，学生在网页端输入游戏码或者扫描图片上的二维码，即可加入互动游戏。

选择模式：学生单人PK　　选择模式：小组团队PK　　生成互动游戏码，等待学生加入

图9-15　发布互动游戏：选择模式、生成游戏码

Quizizz平台[⊖]与Kahoot！平台类似，能够让学生以游戏竞答的方式参与到课堂学习中。它是一款由印度科技公司开发的教学网络辅助工具，同样是基于网页的互动平台，无须下载客户端。

Quizizz平台主要提供课件制作、游戏化测试两项功能（会员的功能更丰富、测试题目数量更大）。我们着重来看游戏化测试：使用效果与Kahoot!类似；但在开发时，如图9-16所示，教师可以先选择自己的学科，依托已有的模板进行开发，并且拥有更加丰富的题目类型，如排序题、多选题、简答题以及画图题等。

选择科目：模板资源　　　　　　开发界面：排序题、多选题、简答题、画图题

图9-16　Quizizz平台开发界面

另外，如图9-17所示，在发布答题互动游戏时，可以选择教师步调还是学生步调。其中在学生步调模式里，除了类似于Kahoot！平台的小组PK、学生单人PK的发布形式

⊖ Quizizz开发平台地址为 https：//quizizz. com/？lng=zh-CN。

外，教师还可以选择将其发布成考试。

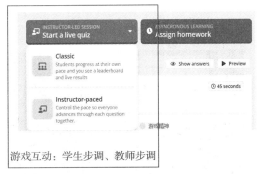
游戏互动：学生步调、教师步调

学生步调：小组PK，学生单人PK，考试

图9-17　Quizizz平台发布答题互动游戏

2. 游戏开发平台：Roblox 与 Scratch

在这一部分，主要想介绍的是Roblox和Scratch两大游戏开发平台。

我们先来看Roblox[⊖]（中文名称罗布乐思），这是一款在全球拥有近一亿用户的沙盒游戏[⊖]。

Roblox最初是一款可以进行物理实验的教育科技产品。在1989年，戴夫·巴苏奇（Dave Baszucki）创建了Roblox，想帮助教师进行杠杆、坡道、滑轮等物理原理的教学。但除了学习这些知识外，学生还利用Roblox进行了很多有趣的自主探索、模拟各种有趣的物理现象，如用铁球摧毁整个建筑群等。这给予了巴苏奇运营Roblox的新思路——让更多的人在Roblox上开发游戏，这一思路也使得Roblox成为现今世界上最大的多人在线游戏创作平台。

Roblox开发的游戏可以在计算机、移动设备、虚拟现实设备等多平台上运行，除了射击、运动等基本功能之外，Roblox还提供聊天、私信等社交功能。

如图9-18所示，教师可以依托该平台提供的在线内容[⊖]，基于Roblox Studio软件开发自己的教育游戏。例如选择已有的项目模板，或者新建项目，可以在项目中添加物体及其交互，为学生搭建历史建筑场景，让学生在游戏中用探索的方式学习历史建筑知识；也可以开发物理学科相关的游戏，让学生学习物理知识；如果要教授计算机的课程，还可以带学生一起开发游戏。

⊖ Roblox地址为 https://roblox.qq.com/。
⊖ 沙盒游戏：一种游戏类型，由一个或多个地图区域构成，往往包含多种游戏元素，包括角色扮演、动作、射击、驾驶等。
⊖ Roblox educator地址为 https://create.roblox.com/docs/education/support/education-content。

Roblox在线内容　　　　　　　Roblox Studio模板工程

图9-18　Roblox已有的在线内容与模板工程

除了Roblox平台外，《我的世界》（*Minecraft*）[①]也是经典的沙盒游戏平台，由像素方块组成世界，教师可以利用这一平台带领学生在像素方块世界中开发游戏。

第二个重点介绍的便是Scratch游戏化编程平台，它是麻省理工学院开发的一款简易图形化编程工具，可以通过拖曳模块实现动画和游戏，适合儿童，也适合成人。从教师开发并应用游戏的角度来看，Scratch可以与语文、数学、音乐、信息技术、物理等多个学科结合，例如教师可以用Scratch开发出数字转盘游戏，给学生讲解概率知识。Scratch图形化开发界面，如图9-19所示，新建项目后根据功能需要拖拽对应模块即可。

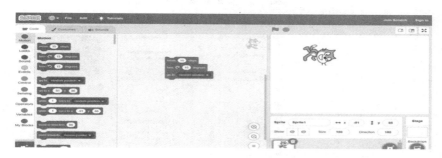

图9-19　Scratch图形化开发界面

3. 基于课件的游戏开发平台：希沃白板

第三类可供教师开发游戏的平台是互动课件平台。以希沃白板为例，它是一款专门针对教学场景设计的互动课件产品，由希沃公司自主研发。从教师使用的角度看，希沃白板可安装在交互的智能平板计算机上，并且集备课与授课为一体，可以实现课件管理、课件分享、课件翻页、手机投屏、拍照上传等系列功能。那么基于希沃白板开发的教育游戏效果如何？

如图9-20所示，我们来看两个例子：第一个例子是"圆柱与圆锥复习课"中详细介绍的"圆柱圆锥游戏：毕业运动会"，教师可以使用希沃白板开发答题PK游戏，让学生

[①] *Minecraft* 地址为 https://www.minecraft.net/zh-hans。

在有趣味、注意力高度集中的氛围里巩固重点题目；第二个例子是"砸金蛋"游戏，利用学生的好奇心，通过让学生"自己砸一下"的方式，高度参与到课堂学习当中。

图9-20　数学巩固小游戏界面①②

最后，如何利用希沃白板制作游戏呢？下载希沃白板软件，选择年级、学科并登录之后，我们便进入到了制作课件的界面（见图9-21）。值得一提的是希沃白板的课程库功能，我们可以参考该课程库中其他教师分享的课件，然后根据自己的需求，直接在希沃白板平台上制作游戏课件。

图9-21　希沃白板制作课件界面

如图9-22所示，希沃白板的开发界面也是普通课件的制作界面，分为整体页面区，页面编辑区，元素、动画调整区，顶部有工具栏。教师可以选择所需功能进行游戏课件

---

① 姚铁龙. 圆柱与圆锥复习课 [EB/OL]. （2021-06-15）[2023-05-15]. https://mp.weixin.qq.com/s/aDHwoYukyDtJVH-7fm9cZdA.
② 周村教育. 周村区实验学校开展语文单元整体教学专题系列活动 [EB/OL]. （2021-12-07）[2023-05-15]. https://mp.weixin.qq.com/s/LbwO40YH6Df6cXnpxJG4QQ.

的制作，希沃公司官网也提供了部分课堂小游戏制作的参考案例[1]。

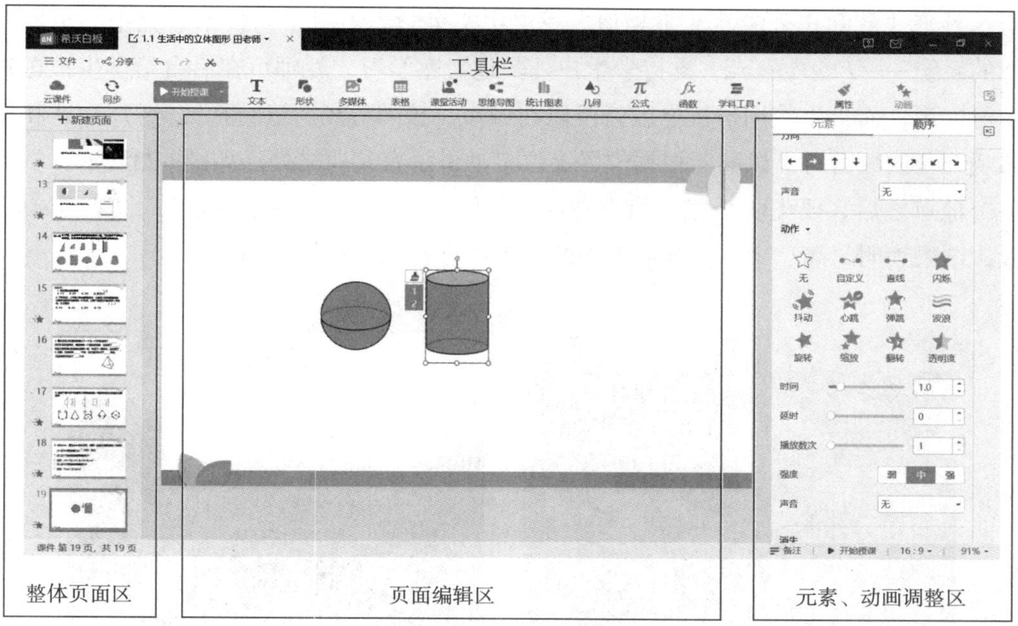

图9-22　希沃白板的开发界面

9.5　游戏化学习的未来发展趋势

随着信息技术和游戏研究的深入，游戏化学习逐渐呈现出与多种前沿技术结合、与多种学习模式深入结合的趋势。

9.5.1　从技术角度：与前沿技术深度同步

在这里我们主要来看，游戏化学习与移动学习、STEM学习、虚拟现实/增强现实、脑科学等前沿技术的结合。[2]

1. 游戏化学习与移动学习相结合

移动互联网对我们生活的方方面面产生了影响，如网上购物、移动支付等。在教育领域，移动互联网也催生了移动学习的学习形式，笔记本电脑、手机、平板电脑等移动设备纷纷进入并影响课堂以及学生的学习生活。

---

[1] 希沃公司. 希沃白板5课堂小游戏制作 [EB/OL].（2019-12-25）[2023-05-15]. http：//syseewo.com/fuwu/peixunship-in/pingbanshiyongpeixun/34.html.
[2] 尚俊杰. 游戏化学习的价值及未来发展趋势 [J]. 上海教育，2016（35）：45-47.

移动学习与游戏化学习关系非常密切，目前也有不少实例。例如在之前的麻省理工学院增强现实游戏化学习项目中，就曾经让学生拿着笔记本电脑去城市里穿行、解决问题，这种形式就和户外游戏非常相似。香港中文大学学习科学与技术研究中心也推出了类似的系统——*EduVenture*，支持学生户外实地考察学习，教师可在后台给学生推送相关的学习资源，而学生使用平板电脑就可以在城市、校园等场所进行探究学习。○这和我们去参观天坛或故宫时，讲解器根据位置定位自动讲解有共通之处。如图9-23所示，学生到达一个地点之后，要先收听相关信息并回答问题。有559名香港学生参与了*EduVenture*的实验，结果表明，高、中、低学业水平的学生都有着积极的提升和反馈。○

图9-23 *EduVenture*界面示意图○

目前应用市场上也有比较成功的App，例如《悟空识字》就是一款为3~8岁儿童打造的识字软件，它包括约1200个最常用汉字、1200个句子和5000个词语。如图9-24所示，《悟空识字》结合《西游记》的经典场景，以《西游记》的"取经八十一难"为游戏主线，儿童每学完一关，"孙悟空"就能往前迈进一步。关卡控制、动画、形象等游戏元素的引入，实现了让儿童利用手机等移动设备在游戏中快乐学习的目的。

○ CUHK. EduVenture [EB/OL]. （2022-07-10）[2022-07-15]. https://www.web.ev-cuhk.net/.

○ JONG M S-Y，CHAN T，HUE M T，et al. Gamifying and mobilising social enquiry-based learning in authentic outdoor environments [J]. Educational Technology & Society，2018，21（4）：277-292.

图9-24 《悟空识字》界面

2. 游戏化学习与 STEM 学习相结合

　　STEM学习（STEM是科学、技术、工程和数学四门学科英文首字母的缩写）可以与机器人、3D打印、可穿戴设备、智能体等技术相结合，现在很多学校都在推广基于机器人或3D打印的STEM课程。在STEM学习中，游戏化学习其实一直都扮演着重要的角色。例如麻省理工学院推出的Scratch游戏化编程平台，就被应用到了很多STEM课程中。再如北京大学学习科学实验室与索尼公司联合发布了结合游戏化学习理论研发的计算机思维课程、索尼KOOV教育资源包。⊖另外，现在还涌现出了很多有趣的可穿戴设备或智能体，利用这些可穿戴设备或智能体就可以在STEM课程中设计非常有趣也非常有意义的教育游戏。

3. 游戏化学习与虚拟现实/增强现实相结合

　　虚拟现实/增强现实技术可以将虚拟信息和现实世界结合起来。在教育中，虚拟现实/增强现实前景无限，如图9-25所示，可以利用虚拟现实/增强现实技术来学习科学知识、英语知识以及数学知识等，让学生在与真实情境相似的环境里学习，其效果比单纯地看图片、看录像好很多。

图9-25 虚拟现实/增强现实进入课堂实况⊖⊖

⊖ 官网地址为 https://www.sonystyle.com.cn/minisite/cross/app/koov.htm。
⊖ CAI S, LIU E, SHEN Y, et al. Probability learning in mathematics using augmented reality: impact on student's learning gains and attitudes [J]. Interactive Learning Environments, 2020, 28（5）: 560-573.
⊖ YU S, LIU C. Improving student feedback literacy in academic writing: an evidence-based framework[J]. Assessing Writing, 2021, 48: 100525.

4. 游戏化学习与脑科学相结合

脑科学是学习科学的重要研究内容。在游戏化学习方面，脑科学也可以与游戏化学习相互支撑。例如Lumosity网站①已经发布了很多游戏，这些游戏都结合了认知等脑科学的知识，实证研究结果表明这些游戏能够提高大脑的注意力、判断能力、记忆力。一款结合注意相关知识设计的游戏名为*Playing Koi*，如图9-26所示，游戏的规则是游戏者必须喂一群鱼，鱼在池塘里游来游去，每条鱼只能喂一次。这意味着游戏者必须跟踪喂食的每条鱼，这会锻炼注意的广度以及游戏者响应多项任务的能力。

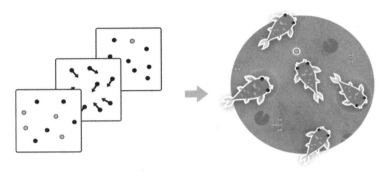

图9-26　Lumosity网站的游戏——*Playing Koi*②

一些学者从认知科学的角度验证了两者互相支撑的关系。例如美国斯坦福大学凯斯勒（Kesler）教授等人评估了游戏化学习对特纳综合征患者的数学能力的提升，结果显示患者的计算能力、数字常识、计算速度、认知灵活性、视觉空间处理能力有显著提高，而且患者的脑活动模式发生了改变。③当然需要说明的是，脑科学研究非常复杂，目前仍在实验室研究阶段。相信随着脑科学研究的不断发展与突破，游戏化学习的前景一定会越来越广阔。

9.5.2　从学习角度：促进学习模式发展

随着游戏化学习在一线教学中的应用，越来越多的学者、教师开始关注游戏化学习在各类学习模式中的应用价值，如可以促进学生自主学习、促进探究学习、促进项目学习、促进合作学习、促进翻转学习等。事实上，也有学者将游戏化学习的过程和学习的过程做对比，认为游戏化学习的过程很多时候就是问题解决过程、探究过程、协作过

---

① LUMOSITY. Games designed to train your brain [EB/OL]. （2022-07-15）[2023-05-07]. https：//www. lumosity. com/en/brain-games/.
② LUMOSITY. Playing koi [EB/OL]. （2022-07-15）[2022-07-15]. https：//www.lumosity.com/en/brain-games/playing-koi/.
③ KESLER S R, SHEAU K, KOOVAKKATTU D, et al. Changes in frontal-parietal activation and math skills performance following adaptive number sense training: preliminary results from a pilot study [J]. Neuropsychological Rehabilitation, 2011, 21（4）：433-454.

程。因此，游戏有助于促进探究学习、自主学习、协作学习等的开展。➀下面我们来了解一个具体的例子，看看游戏在一线教学中是如何和探究学习深度相结合的。

游戏化探究学习模式➁

蒋宇等人利用《农场狂想曲（Ⅱ）》游戏（见图9-27）开发了系列"农场狂想曲"的探究学习课程，提出了学生游戏化探究学习模式，并在某中学进行了实践。在该实践中，游戏化探究学习模式主要分为自主学习、合作学习和总结分享三个阶段，如图9-28所示。

图9-27　游戏界面➂

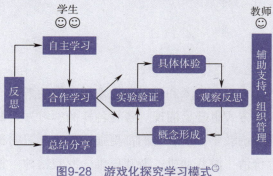

图9-28　游戏化探究学习模式➁

➀ 尚俊杰，裴蕾丝．重塑学习方式：游戏的核心教育价值及应用前景[J]．中国电化教育，2015（5）：41-49．
➁ 蒋宇，尚俊杰，庄绍勇．游戏化探究学习模式的设计与应用研究[J]．中国电化教育，2011（5）：84-91．
➂ 香港中文大学．中大研发网上教育游戏"农场狂想曲2"鼓励学生从游戏中学习[EB/OL]．(2009-03-25)[2023-09-18]．https://www.cpr.cuhk.edu.hk/sc/press/%E4%B8%AD%E5%A4%A7%E7%A0%94%E7%99%BC%E7%B6%B2%E4%B8%8A%E6%95%99%E8%82%B2%E9%81%8A%E6%88%B2%E3%80%8C%E8%BE%B2%E5%A0%B4%E7%8B%82%E6%83%B3%E6%9B%B2%E3%80%8D%E3%80%80%E9%BC%93%E5%8B%B5%E5%AD%B8%E7%94%9F/．

（1）**自主学习阶段** 这一阶段的主要任务是，学生进行游戏相关知识以及工具基本操作的学习。学生基于教师提前准备好的学习材料，尝试通过玩游戏进行自主学习。教师主要帮助学生将游戏和学习内容建立联系，帮助学生厘清学习目标，激发其学习动机。

（2）**合作学习阶段** 这一阶段，学生以小组为单位在游戏中根据选定的探究问题开展学习。实际上，学生是利用游戏来进行体验学习的：通过观察来设计实验方案，在游戏中进行实验验证得出正确结论。学生往往不能一次性完全成功，所以需要不断地根据验证的结果对设计的实验方案进行完善和修正。

这一阶段是游戏化探究学习模式的核心阶段，在流程上遵循科学探究的七个一般步骤：提出问题、确定选题、提出假设、设计实验方案、验证假设、观察反思和总结。当然，在此阶段，教师需要提供科学探究方法方面的指导和支持，还需要帮助学生进行小组合作学习，并做出相关的学科知识学习等方面的指导。

（3）**总结分享阶段** 这一阶段中，学生在教师的组织引导下，讨论并总结各个小组的探究报告，分享学习心得体会。

另外，很值得各位教师借鉴的是，在最后学生需要对三个阶段都进行反思。虽然游戏化探究学习模式划分成了三个阶段，但是每个阶段并不是完全独立的。如在合作学习阶段，仍然会有学生的自主学习，这充分体现了"边学边做"的思想。

最后的实践结果表明，游戏化探究学习模式能够更好地发挥教育游戏的优势，并有益于提升、培养学生的探究学习能力。

9.6 本章结语

从20世纪90年代开始，在新技术和学科研究发展的推动下，"学习"被社会各界高度重视，各种各样的学习方式也开始涌现。各种各样的学习方式如MOOC、微课、翻转课堂等，相比于过去的传统教学方式，它们都更强调学生学习的积极主动性。而这也与游戏化学习的核心教育价值（游戏动机、游戏思维、游戏精神）相契合。或许，教育游戏真的可以与移动、STEM、大数据等技术一起，重新塑造学习方式，提升学习成效。[○]

不过，重塑学习方式并不是最终目的，最终目的应是回归教育的本质。教育的本质，即教育是一种培养人的活动，通过育人活动，实现自然人与社会人的统一。正如学者顾明远曾说道：必须回到教育原点培养人；教育要让学生有时间思考，有时间、有能

[○] 陶侃. 从游戏感到学习感：泛在游戏视域中的游戏化学习 [J]. 中国电化教育，2013（9）：22-27.

力学习自己喜欢的东西，享受教育的幸福。[一]对比教育的本质和前面探讨的游戏精神，可以看出教育游戏的最大价值或者说终极目的是加强学生学习的积极主动性，通过重塑学习方式回归教育本质，让学生尽可能自由、自愿地学习自己喜欢的知识，并且去积极地、主动地思考，享受学习的快乐和生活的幸福。这直接指向我们一直想做的事情——实现新快乐教育，让每一名儿童、青少年乃至成人都能高高兴兴地沐浴在学习的快乐之中，尽情享受终身学习的幸福生活。

新快乐教育是以学习科学为基础，以游戏化学习为特色，融合现代教育技术和创新学习方式，让学习更科学、更快乐、更有效，让每一名孩子都能健康成长为面向未来、适应未来、德智体美劳全面发展的拔尖创新人才和合格人才的未来教育。

——尚俊杰[二]

拓展阅读

[1] 尚俊杰，曲茜美.游戏化教学法[M].北京：高等教育出版社，2018.

[2] 尚俊杰，裴蕾丝.重塑学习方式：游戏的核心教育价值及应用前景[J].中国电化教育，2015（5）：41-49.

[3] 卡普.游戏，让学习成瘾[M].陈阵，译.北京：机械工业出版社，2015.

[4] 尚俊杰，庄绍勇.游戏的教育应用价值研究[J].远程教育杂志，2009，17（1）：63-68.

[5] 尚俊杰，肖海明，贾楠.国际教育游戏实证研究综述：2008年—2012年[J].电化教育研究，2014（1）：71-78.

[6] 曾嘉灵，尚俊杰.2013年至2017年国际教育游戏实证研究综述：基于WOS数据库文献[J].中国远程教育，2019（5）：1-10.

[7] 理查德·E.迈耶.走出教育游戏的迷思：科学证据告诉了我们什么[M].裴蕾丝，译.北京：教育科学出版社，2019.

[8] 吉.游戏改变学习：游戏素养、批判性思维与未来教育[M].孙静，译.上海：华东师范大学出版社，2019.

[9] 程萌萌，苏建元.移动技术支持下的游戏化科学学习研究[J].现代教育技术，2021，31（6）：56-63.

[10] 张金磊，张宝辉.游戏化学习理念在翻转课堂教学中的应用研究[J].远程教育杂志，2013，31（1）：73-78.

[11] 张露，尚俊杰.基于学习体验视角的游戏化学习理论研究[J].电化教育研究，2018，39（6）：11-20；26.

[一] 翟晋玉.顾明远：回到教育原点培养人[N].国教师报，2014-05-21（01）.
[二] 尚俊杰.新快乐教育：学习科学与游戏化学习视野下的未来教育[R].北京：北京大学学习科学实验室，2021.

思考题

1. 请辨析游戏化学习、教育游戏、轻游戏、严肃游戏四个概念。
2. 如果有人说"游戏化学习就是在课堂中应用教育游戏",您同意他的观点吗?为什么?
3. 试举例分析游戏化学习的价值。
4. 试说出游戏化学习的主要研究内容。
5. 请谈谈在您眼中未来游戏化学习的发展趋势。
6. 请尝试结合您的学科进行游戏化学习课堂设计,完成一份教学设计方案。

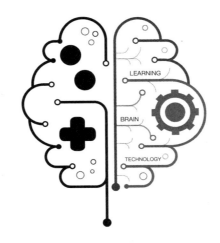

第10章 学习科学前沿与展望

【本章导入】

学习科学研究内容丰富，领域覆盖广泛，还有许多我们尚未讨论到的但对教师可能会很有意义的学习科学前沿研究与内容。因此，本章将为教师带来七项学习科学前沿内容的介绍，包括具身认知、联通主义、在线学习与混合学习、协作学习、非正式学习、社会情绪学习及学习环境设计，并对学习科学的未来发展趋势进行展望，希望能够帮助教师发现更多有意义的、感兴趣的内容。教师未来可以持续关注相关领域进展，参考并应用于课堂教学设计，探索和搭建学习科学研究与实践的桥梁。

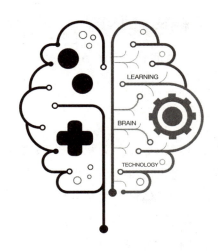

【内容导图】

本章内容导图如图10-1所示。

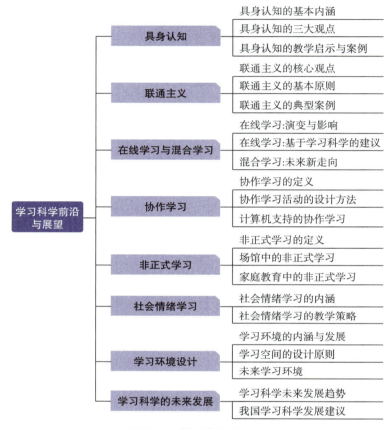

图10-1　第10章内容导图

10.1　具身认知

在20世纪50年代左右，传统认知主义承袭法国哲学家勒内·笛卡儿（René Descartes）的身心二元论观点，将人的身体与心理割裂开来讨论，认为认知是一种信息的表征和加工，是大脑的事情，和身体没有关系。传统的认知研究也抛开身体，对人的心理进行孤立的考察，并将人类心理的复杂性进行简单化处理，类比作计算机的处理过程，希望采用标准化实验的方法来解释这些过程。

而近十几年来迅速崛起与发展的具身认知（Embodied Cognition）是对身心二元论批判的结果，在一定程度上对传统认知研究的根基发起了挑战。区别于传统认知科学对待认知的机械论取向，具身认知基于一种有机论的立场，认为**身体和心智不可分离，认知依赖于身体、心理与外部环境三者之间发生的频繁交互作用**，人类的心理具有复杂性与整体性，也强调了对各种各样认知能力进行解释过程中身体所具有的重要性。

虽然具身认知的概念最早于1991年提出，但是其思想却由来已久。德国哲学家马丁·海德格尔（Martin Heidegger）提出，人对世界的认识是通过身体以恰当的方式与世界中的其他物体交互作用而获得的，无主客之分。他提供了一个区别于身心二元论的视角来认识世界。法国现象学家莫里斯·梅洛-庞蒂（Maurice Merleau-Ponty）则深化了海德格尔的思想，明确指出了身体对认知和学习的塑造作用，认为人以身体的形式存在，通过身体的知觉和行为与世界发生活动，所有的经验来源于身体，人在本质上是一个不能脱离身体而单独存在的思维主体，因此在学习过程中必须正视身体发挥的作用。杜威主张将心理过程与生理过程的研究统一起来，提出"做中学"（Learning by Doing）的具身观思想，强调让学习者从经验中学习，并且强调经验是有机体与所处环境的有机交互，包含了人类活动的整体。

如今，具身认知已成为心理学、认知科学和教育学领域的热门话题。其含义到底是什么？在它的观点中，身心之间存在着怎样的关系，认知是如何发生的？这些问题的回答又给教师的教和学生的学带来怎样的启示？本节就围绕这些问题展开，为教师解答疑惑。

10.1.1 具身认知的基本内涵

具身认知理论认为，人的心智在很大程度上是由人的身体结构（形态、感知觉和运动系统）以及身体与物理环境的交互作用决定的。简单来说，我们的身体是一套具备感知觉的运动系统，能够感知和认识抽象概念，并将其落地到真实的体验中，赋予抽象的文字或符号真实、具体的含义。例如当孩子最开始学习算术时，会通过掰着手指数数学习，这就为加法和减法赋予了含义与顺序，并帮助孩子建立和过渡到效率更高的抽象符号和运算过程。认知在本质上是具身的，是在身体和外部环境的动态交互过程中产生的，建立在身体经验的基础之上。

> **具身认知案例：倒水问题**
>
> 请你想象面对放在同一桌面上的两个杯子，两个杯子高度和杯内液面高度都相等，不过一个杯子宽一些，另一个杯子窄一些。思考将两个杯子以同样的角度倾

⊖ 叶浩生. "具身"涵义的理论辨析 [J]. 心理学报，2014，46（7）：1032-1042.

⊖ VANDENBOS G R. APA dictionary of psychology [M]. 2nd ed. Washington DC：American Psychological Association，2015：361.

⊖ SCHWARTZ D L, BLACK T. Inferences through imagined actions：knowing by simulated doing [J]. Journal of Experimental Psychology：Learning, Memory, and Cognition，1999，25（1）：116–136.

> 斜，哪一个杯中的水会先被倒出呢？
>
> 你是否会想象自己手握两个水杯，缓慢将水杯倾斜的样子，而后得出答案呢？研究结果表明，即使人们没有动手实际操作两个水杯，仅仅靠着想象和手的配合，几乎所有参与者都能得出正确答案——宽杯子中的水会先被倒出。这说明，不论是实践体验还是想象，都能够帮助人们调用感知觉和运动系统，将原本抽象的概念具体落地到体验中，从而形成认知。

如果细化具身认知的内涵，与之前的传统认知观点做比较的话，可以发现有三点不同甚至是截然相反的立场[①]：①**关于认知过程的步骤**。传统认知主义认为符号表征操纵着认知过程的步骤，而具身认知认为这些步骤是因为身体本身的属性而发生的，如光线进入眼睛，从而传到大脑皮层形成图像，并形成一定的记忆，这都是自然而然发生的。②**关于认知的发生**。传统认知主义认为认知只是发生在大脑里的活动，与身体无关；而具身认知则认为认知的发生受身体的影响。如对"进步"这一抽象词的认知就受人体构造的影响，人类两只眼睛能看到的是"前"，前方因为可见，所以可控、安全，就产生了"进步"等积极意义的抽象词汇。③**关于认知的过程**。传统认知主义认为认知的过程从外界刺激输入神经开始，到向输出神经发送信号结束；具身认知则认为认知过程可能还延展于有机体生存的环境之中，如寒冷的屋子里逐渐升温，身处屋子里的人除了感觉身体温暖之外，可能会逐渐觉得所处的环境温暖、安全。

综合以上三点细化的内涵，我们可以发现相对于传统认知主义，具身认知最大的不同是强调身体对认知活动的影响，并且注重所处的实时环境对认知活动的影响，将认知主体所处的环境视为认知系统的一部分。

10.1.2 具身认知的三大观点

具身认知的三大观点与上文介绍的内涵一脉相承，首先是身体观，其次是情境观和动力系统观。

在身体观中，身体并非完全是解剖学意义上的身体，还包括处于特定情境中情境性、社会化的身体。这就是说身体具有物质性和精神性，物质性是指身体包含神经系统、感觉运动系统等生理结构，精神性是指身体的经验和活动。另外，身体观认为身体的状态（情绪、姿势、动作等）影响着人们的心理认知活动（感觉、知觉、思维等）。例如有学者记录了一个和品德教育相关的很有意思的案例——用两种方式号召慈善捐款，一种方式是说教，另一种是给人们戴上慈善团体的标志，可以发现戴上慈善团体标

---

① SHAPIRO L. The embodied cognition research programme [J]. Philosophy Compass，2007，2（2）：338-346.

志的捐款比例要大大高于说教的。这是因为佩戴标志的身体动作会让人觉得自己是一个"慈善"的人，从而促进了慈善行为的发生。这也直接启示学校在进行礼仪教育的过程中，比起单纯的知识讲解，可以更多地强调训练礼仪行为，通过身体动作培养美好的心灵。○

在情境观中，主要有三个观点：①认知是嵌入情境而得以发生的，这是因为人在一定的自然与社会环境中，一定是和他人或共同体互动而生活的，都需要在共同体及环境的情境下进行意义建构。②认知是依赖情境的，这是因为有意义的认知一定源自在特定情境下身体与情境的互动，是对情境的适应或对情境的解释与建构。③文化是认知的准备和过程，换一种角度，我们也可以将文化理解为群体的身体与世界互动方式的体现，不同的文化之间有差异，也就是有不同的互动方式。例如在大部分文化中，人们用点头来表示肯定，用摇头表示否定，但在印度却刚好相反。

在动力系统观中，认知不是一个孤立发生并局限在头脑中的事件，而是一个由多因素构成的系统事件，包含"身（脑）—心理—环境"的关系。在这样的背景下，我们就能较为顺利地理解这样两个观点：①认知是发展的，无时无刻不在变化之中，包括认知在内的任何心理活动都是连续动态变化中的一个即时状态。②认知是一个包含了脑神经系统在内的复杂的系统事件，认知活动与环境是相互耦合的关系，即互为因果的关系。○

回顾具身认知的三个观点，可以发现每一个观点都强调不同的点：身体观强调认知与身体不可分离，情境观强调认知和情境的联系，动力系统观强调认知、身体、情境的动态联系。

10.1.3 具身认知的教学启示与案例

通过上文，我们了解了具身认知的内涵以及身体观、情境观、动力系统观等基本内容，那接下来是不是应该谈一谈具身认知对一线教学的指导了？没错，在本小节我们会结合具体案例来逐点击破。但在这之前，我们还需要先清晰一个问题的答案，这个问题和所有学习都息息相关——具身认知是如何发生的？

有研究结果表明，具身认知的发生需要三个条件○：①**恰当的环境**。环境可以是现实世界的环境，也可以是通过技术手段搭建起来的虚拟环境。环境中的内容应当恰当适量，信息丰富足以支撑学生的学习又不造成负担。②**有意义的身体互动**。互动的形式最好多样且全面，如姿态动作、不同程度参与以及通过视听觉等与外界互动等。③**具象化的思维**，即将思维内容具象化、思维过程可视化。

○ 叶浩生. 身体对心智的塑造：具身认知及其教育启示 [J]. 基础教育参考，2015（13）：3-6.
○ 李其维. "认知革命"与"第二代认知科学"刍议 [J]. 心理学报，2008，40（12）：1306-1327.
○ 许倩倩，叶长青. 基于具身认知的体感型教育游戏的设计与开发研究 [D]. 上海：华东师范大学，2019.

在实际的教学活动中，教师可以根据以上三个条件有针对性地入手，促进学生具身认知的发生，让学习"动"起来。这也是目前很多案例的切入点，如在**恰当的环境方面**。除了营造轻松良好的课堂氛围、多用生活情境让学生建立联系之外，值得一提的是技术。游戏、3D、虚拟现实和增强现实等技术逐渐发展起来，它们可以创建有趣逼真的虚拟环境，在各种教学与学习环境中得到深入应用，帮助学生更科学地学习。例如美国斯坦福大学教育学院开发的Motion Math，它是一款基于具身认知理念设计开发的数学游戏，运用数轴帮助学生理解分数的概念性知识，学生需要晃动移动设备来让分数球落在数轴的合适位置，如图10-2所示。再如行星天文学习空间Meteor，它是一个交互式仿真空间，使学生通过运动来学习牛顿定律和开普勒定律。[1]如图10-3所示，Meteor以地面为天体空间虚拟仿真器，学生脚部佩戴传感器，其运动代表天体的运动；Meteor以墙面为实时的天体运动轨迹简化图，帮助学生进行理解。

图10-2 具身认知理念下的数学游戏Motion Math

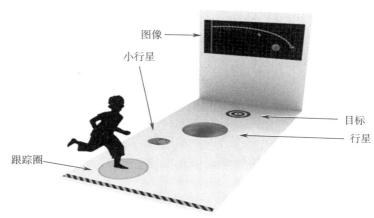

图10-3 行星天文学习空间Meteor[2]

在有意义的身体互动方面，可以让学生用更多的通道和方式参与到课堂的学习中来，例如有研究结果表明，让学生在学习中添加身体动作，有利于学生理解立体几何等抽象知识。[3]另外，随着体感和人机交互技术的发展与普及，还可以实现以身体为媒介与外部环境的交互，这也让我们看到实现更深层次的身体互动的可能性，但相对而言成本

---

[1] LINDGREN R, TSCHOLL M, WANG S, et al. Enhancing learning and engagement through embodied interaction within a mixed reality simulation [J]. Computers & Education, 2016, 95: 174-187.

[2] ABRAHAMSON D, LINDGREN R. Embodiment and embodied design [M] // SAWYER R K. The Cambridge handbook of the learning sciences. 2nd ed. Cambridge: Cambridge University Press, 2014: 358-376.

[3] KIM M, ROTH W-M, THOM J. Children's gestures and the embodied knowledge of geometry [J]. International Journal of Science and Mathematics Education, 2011, 9 (1): 207-238.

较高，所以要根据资源现状和需求进行选择。⊖例如美国亚利桑那州立大学多媒体情境艺术学习实验室创建了基于动作捕捉技术的具身学习空间SMALLab，该空间主要由12台红外线动作追踪摄像机和其他相应的多媒体网络设备构成，可以将地板投影环境中的学生位置信息发送给相连的计算机，如图10-4所示。当学生手持一个可追踪设备时，他的身体就成了该交互空间中的一个3D光标，身体实时的运动轨迹将被计算机追踪和记录下来，以帮助学生学习一些抽象的物理概念等。

图10-4　具身学习空间SMALLab⊜

在具象化的思维方面，可以将思维的过程分步骤、用图式的方式呈现出来，如我们用切分实物来形象化分数的概念和验算过程。例如美国加利福尼亚大学伯克利分校具身设计研究实验室（Embodied Design Research Lab）为数学比例学习设计开发了具象化的训练工具——MIT-P（The Mathematical Imagery Trainer for Proportion），学生通过手持传感器可以将手的位置实时传输至计算机屏幕上，当学生用手比画的距离正确或错误时，屏幕会给予不同颜色的反馈。MIT-P教学1/2的感知模拟案例如图10-5所示。

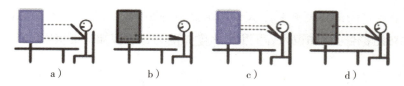

图10-5　MIT-P教学1/2的感知模拟案例⊜

⊖ 郑旭东，王美倩，饶景阳. 论具身学习及其设计：基于具身认知的视角 [J]. 电化教育研究，2019（1）：25-32.

⊜ JOHNSON-GLENBERG M C, MEGOWAN-ROMANOWICZ C, BIRCHFIELD D A, et al. Effects of embodied learning and digital platform on the retention of physics content：centripetal force [J]. Frontiers in Psychology，2016，25（7）：1819.

⊜ ABRAHAMSON D，SÁNCHEZ-GARCÍA R. Learning is moving in new ways：the ecological dynamics of mathematics education [J]. Journal of the Learning Sciences，2016，25（2）：203-239.

将具身认知以及案例总结提炼出来便是具身认知的教学观：作为教师，我们要**转变教学观念**，要关注学生的身体感受，通过具身交互促进经验建构，采用以学生为主体的教学方式，关注学生的身体和心理发展；并且尽可能地**创设能促进身体感受的物理环境**，应用教学活动、教学情境和生活情境等来刺激学生的身体感知，调动学生各种感官；**注重学生学习过程中的情感体验**，创造一个和谐、自然的课堂气氛和学习环境，激发学生学习兴趣，培养学生良好学习习惯。

10.2 联通主义

在数字时代，信息呈现庞杂、碎片化等趋势，学习呈现出新的特征，存储和检索等学习过程可以由技术完成，知识更新周期大大缩短，因而学习者面对复杂环境的问题解决能力会更加重要。乔治·西蒙斯（George Siemens）就是在这样的背景下于2005年提出了联通主义（Connectivism）学习理论，强调学习是为了解决快速变化和日益复杂的环境中出现的复杂问题，学习者应该具备对信息的判断、过滤、筛选、管理、聚合等能力。[1]该理论因契合当前的时代特征而快速受到了普遍关注。在本节我们将大致了解联通主义的核心观点、基本原则和典型案例。

10.2.1 联通主义的核心观点

联通主义的核心观点主要有知识观、学习观、课程观、教师观、学生观、学习环境观及交互观七个方面[2]，限于篇幅，本书重点介绍联通主义的知识观，其他部分只做简要说明，感兴趣的教师可以阅读相关文献。

联通主义的知识观，也是联通主义的基本观点，认为知识以节点的形式存在，学习是连接专门节点（信息源）、形成知识路径并最终形成知识网络的过程，如图10-6所示。其中，节点是指用来形成网络的外部实体，可以是一本书、一个人或者其他信息源；连接是指各个节点之间的任何联系方式；网络是指各实体之间的联系及节点的总和。联通主义认为，知识路径远比知识内容更重要，学习能力比掌握知识更重要。

---

[1] SIEMENS G. Connectivism: a learning theory for the digital age？[J]. International Journal of Instructional Technology and Distance Learning，2005，2（1）：3-10.
[2] 王志军，陈丽. 联通主义学习理论及其最新进展 [J]. 开放教育研究，2014，20（5）：11-28.

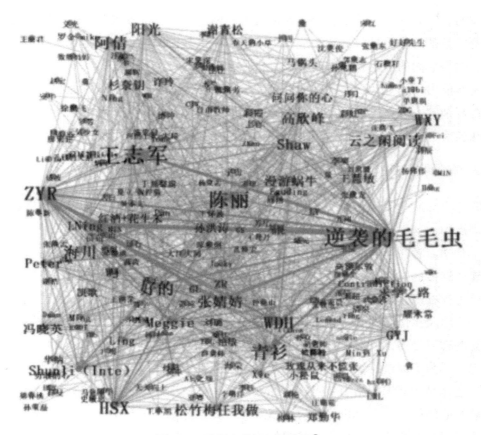

图10-6 联通主义知识网络图[①]

在知识的类型方面，联通主义的知识主要是软知识，指变化较快的知识，联通主义要求学习者知道如何寻找知识（如网络搜索、图书馆检索）、如何改变知识（如变换、调整、重组知识，关注深层次的事物，思考），而不要求学习者记忆。联通主义的知识以个体知识和社会知识两种形式存储。**在知识生产的模式方面**，联通主义的知识生产模式主要是生长模式，即学习者不再被动接受知识，而是在理解的基础上进行知识创造，但知识创造不是最终目标，最终的目标是通过创造吸引更多的参与者，保持知识的持续生长，即创造促进联通。而**知识生长的关键是寻径和意会**，寻径和意会也是最核心的能力。寻径是指学习者与环境中的符号等相互作用来为自己定向，注意到和判断出有价值的信息，基于此形成连接并维持交流；意会是建立连接的过程（对照图10-6的知识网络图）。

学习观认为学习就是连接的建立和网络的形成。课程观认为课程应该是学生共同参

---

① 郭玉娟，陈丽，许玲，等.联通主义学习中学习者社会网络特征研究[J].中国远程教育，2020，（2）：32-39；67；76-77.

与开发的、开放的、将学生和资源连接起来的网络课程。教师观认为教师的角色是课程促进者，教师的作用是影响和塑造知识网络，而不是控制课堂。学生观认为学生是自我导向、网络导向的学生和知识的创造者，强调学生的自主性，这就要求学生具备参与学习的基本能力，如专注、彼此联通、接受不确定性等。学习环境观认为联通主义学习是一种在复杂的、分布式的信息环境中发生的学习。交互观认为交互是联通主义的关键，交互既包括学习者与学习者之间的交互，也包括学习者与内容之间的交互。○

10.2.2 联通主义的基本原则

联通主义最开始诞生时，提出了八条基本原则○。它们是：①**学习和知识存在于多样性的观点中**，这里的多样性有两个含义，一个是课程创建和组合的学习对象的多样性，另一个是学习者在学习过程汇总留下的批注、评论等内容。②**学习是与特定节点和信息资源建立连接的过程**，教师、学习者不断丰富学习内容，知识网络得以不断丰富。③**学习也可能存在于物化的应用中**，学习者不仅通过创建新资源建立连接，还通过其个人资料、评论以及邀请其他学习者参与等建立连接。④**学习能力比掌握知识更重要**，联通主义建立的初衷是为了培养学习者解决问题的能力，而非使学习者掌握一直增长的、无穷的知识。⑤**为了促进持续学习，我们需要培养和维护连接**，连接不会随着课程的结束而终止（连接是指知识网络中节点之间的连接）。⑥**发现领域、观点和概念之间关系的能力是最核心的能力**，在这里可以应用概念图、数据挖掘等工具协助发现。⑦**流通准确、最新的知识是所有联通主义学习的目的**，这表明了联通主义建立的知识网络始终不是静止的，而是未完成、不断增长的。⑧**决策本身是学习的过程**，这是因为要根据当时变化的环境来进行决策，因而决策是不断学习的过程。

后来随着不断发展，联通主义又补充了五条原则。①**在理解中将认知和情感加以整合非常重要**，思维和情感会互相影响，这一点在具身认知中也得到了印证。②**学习最终的目标是发展学习者"做事情的能力"**，学习者不仅要理解，还要能够动手实践。③**课程不是学习的主要渠道**，学习发生在许多方式中，这一原则在互联网时代更为明显，网络搜索可以解决大多数"是什么"的问题。④**个人学习和组织学习是相互整合的过程**，个人知识网络融合于组织知识网络，组织知识网络又提供反馈。⑤**学习不仅是消化知识的过程，也是创造知识的过程**。例如同一段话，不同的学习者产生不同的理解，因而留下不同的评论，这些评论就是创造的知识。

10.2.3 联通主义的典型案例

联通主义最典型的案例是2008年9月西蒙斯和加拿大哲学家史蒂芬·道恩斯（Stephen

○ 王志军，陈丽. 联通主义学习理论及其最新进展 [J]. 开放教育研究，2014，20（5）：11-28.

Downes)基于联通主义的学习理论模型,创建的全球第一个cMOOC课程——"联通主义与连接性知识"在线课程CCKOC(全名为Connectivism and Connective Knowledge Online Course)。这个cMOOC课程的知识并不是事先确定的,而是在学习者的交互中逐渐生成的。其采取的学习模式基于开放平台,运用丰富的学习工具如开设论坛、博客支持学习者的讨论、思考和知识分享,将学习设计者、学习者和学习资源整合为一体。该课程将网络中不同学习者的思想相连接,从而引发批判性思考等高阶思维,实现知识创新和生成式课程。"联通主义与连接性知识"在线课程内容网络如图10-7所示。有学者总结了cMOOC教学的三点创新:①注重非结构化知识的传授和高阶思维能力的培养,这是因为cMOOC中的知识并不是预先设置的,而是在过程中通过交互、讨论、碰撞而生成的;②能够促进基于网络互联的分布式认知,具体表现是学习群体间利用维基百科、思维导图等可共享的工具,进行知识建构与创造;③促进基于网络互联的学习型组织的建立,学习者学习及完成联通主义的课程之后,学习往往还会继续,以兴趣为基础形成的学习共同体仍会进行深度互动。○

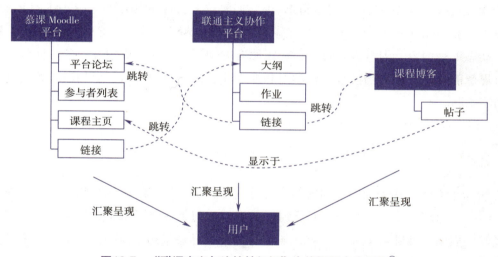

图10-7 "联通主义与连接性知识"在线课程内容网络○

在国内比较有影响力的是北京师范大学陈丽教授开设的"cMOOC互联网+教育:理论与实践的对话"课程,如图10-8所示。该课程旨在探讨"互联网+"时期的教育,有主题学习周和问题解决周两大阶段,开设论坛、博客、跟帖等功能和任务,鼓励大家分享,生成知识网络,而非单纯地传递知识。

○ 韩锡斌,翟文峰,程建钢. cMOOC与xMOOC的辨证分析及高等教育生态链整合 [J]. 现代远程教育研究,2013(6):3-10.
○ DOWNES S. The role of open educational resources in personal learning [M] // MCGREAL R, KINUTHIA W, MARSHALL S. Open educational resources: innovation, research and practice. Vancouver: Commonwealth of Learning and Athabasca University, 2013:207-222.

cMOOC6.0引导周 |《互联网+教育：理论与实践的对话VI》课程进入引导

图10-8　"cMOOC互联网+教育：理论与实践的对话"课程界面

不论是西蒙斯开设的联通主义相关的cMOOC，还是陈丽开设的"互联网+教育"的cMOOC，虽然它们的内容、主题不同，但它们实质上拥有共同的结构——ARRFF模型：汇聚（Aggregate）；混合（Remix）；转用（Repurpose）；分享（Feedforward）。也就是，动态汇聚内容，混合内外资源，转用原有的知识以创新生成内容，分享回应评论，进行思想的碰撞，适应当前数字化学习和成人非正式学习的特点，但仍需继续挖掘适合的内容主题。⊖

10.3　在线学习与混合学习

2020年年初，几乎全国范围内的大部分教师及学生都在经验极少的情况下"临时提枪上阵"，组织开展了大规模、较长时间的在线学习，深入了解了在线学习，积累了大量经验。然而，教师可能并不了解，如今的在线学习并非30年前的在线学习，也可能并不会是30年后的在线学习，即在线学习既不是新鲜事物，也不会静态不变。从2023年开始，学校教育逐步恢复课堂教学常态，但是否会向混合学习演变呢？本节将系统回顾我国在线学习的演变与影响，讨论一线教师如何应用学习科学开展科学的在线教育，并对混合学习这一可能的教育形态进行介绍和分析。

10.3.1　在线学习：演变与影响

在线学习是随着多媒体和互联网技术的发展而迅速发展起来的，不同的技术有着不

⊖ DOWNES S. New models of open and distributed learning [M] // JEMNI M，KINSHUK，KHRIBI M K. Open education：from OERs to MOOCs. Berlin Heidelberg：Springer Publishing Company，Incorporated，2016：1-22.

同的内涵和影响。

早在20世纪90年代,在线学习(当时称为现代远程教育)就随着广播技术的发展蓬勃发展起来了,中央广播电视大学(现名国家开放大学㊀)及各地的广播电视大学都纷纷建起,但当时只被部分专业人员及学员熟知,未被大多数人所知。2004年左右,在线的视频课程和翻转课堂开始在美国盛行,如第6章介绍的可汗学院(见图10-9),随后影响世界。可汗学院的教学视频虽然录制简单,甚至可以用"简陋"形容,但因讲解趣味十足且清晰易懂,而观看量巨大。后来可汗学院专门经营知识内容,系统录制教学视频,教师开始让学生在课下自行观看视频,在课上做练习和答疑,这就产生了新的概念——翻转课堂(Flipped Class Model,也称为反转课堂或颠倒课堂)。翻转课堂因课下能反复观看,课上有针对性答疑,所以看起来能解决传统教育中个性化学习的问题,从而迅速在全世界包括我国流行。

图10-9 可汗学院官网首页㊁

随后,"微课"的概念应运而生。"微课"主要是指具有明确主题的课堂教学视频片段,一般为5~8min。一场教学方式的变革也随之而来,教师可以改变传统的教学方式,将原本课堂上讲授的内容制作成微视频的形式,让学生使用自己的信息化设备课下自主学习,在课堂上教师则帮助学生解决疑难问题和提供个性化辅导,形成"学生课前自主预习、课中教师辅导疑难"的教学组织流程模式。

2010年左右,慕课(MOOC,大规模在线开放课程)开始流行。慕课起源于美国大学公开课的视频化,任何人都可以在上面免费学习,通过考试会获得学分证书。我国也推出了中国大学MOOC,上传了一批精品课程视频,北大、清华等高校也纷纷成立了MOOC联盟或平台。在这个时期,以MOOC形式为主的在线教育对高等教育和继续教育等领域产生了较大的影响。如今,"互联网+教育"的深度融合被认为是一种破坏性的创

㊀ 国家开放大学门户网站地址为 http://www.ouchn.edu.cn/。
㊁ 可汗学院官网地址为 https://www.khanacademy.org/。

新实践，有望改变高等教育的生态。○

2020年初，全国几乎所有学校、所有学生都尝试各种各样的在线教育，以实现"停课不停学"，在线学习获得了史无前例的关注。其实早在2003年，我国一些地方就利用互联网开展了空中课堂的学习，但限于技术等原因，当时的在线学习没有产生今天这样的影响。

视线需要拉到教育企业，在2013年，在线教育企业蓬勃发展，语言类在线教育企业率先蓬勃发展，随后数学思维、学科教育、编程教育等纷纷上线，在市场上也颇受欢迎。需要说明的是，在线教育资源极大丰富的同时学生的负担也越来越重，2021年7月我国开始正式实行"双减"政策，很多在线教育机构面临转型以求可持续发展。○从技术层面看，在线教育这种形式实际上得到了社会各界的认可，相信未来在线学习、混合学习在高等学校乃至中小学校仍然会得到比较广泛的应用。

通过梳理在线学习的演变，我们可以看出，在线学习逐渐在基础教育、高等教育、继续教育以及非正式教育中产生了重要的影响，改变着大众的认知；但随着技术的发展、时代的不同，在线学习的发展也要面对不同的契机和要求。那么一线教师应如何结合学习科学相关知识开展在线教学呢？

10.3.2 在线学习：基于学习科学的建议

本小节将从实践的角度，基于学习科学相关知识，讨论一线教师如何科学地开展在线教学。○

1. 科学制作多媒体课件

自2018年我国开展"教育信息化2.0行动计划"以来，多媒体课件已经成为课堂中不可或缺的支撑素材，课件不仅是承载学习内容的显性媒介，还是发展学生知识储存方式和思维方式的隐形催化剂，多媒体课件的重要性不言而喻。信息技术可操作性的提高，以及互联网提供的海量开放数字资源，使得教师可选择的素材呈现出了多样性。当下，多媒体课件的制作对于很多教师而言已经不存在技术上的障碍了。但是，如何将已有的素材与教学内容合理地组织成适合学生学习的课堂教学媒介，这仍然是一个值得深入思考的问题。

梅耶提出的多媒体学习理论，以及其他学者的研究成果为课件的制作提供了很多可参考的理论依据。多媒体教学中的很多原则和策略都同样适用于当下的教学情境，例如多媒体教学原则强调要排除无关认知加工，包括聚焦要义（去除无关材料）、提示结构

○ 陈丽. "互联网+教育"的创新本质与变革趋势 [J]. 远程教育杂志. 2016，34（4）：3-8.
○ 袁磊，雷敏，张淑鑫，等. 把脉"双减"政策 构建在线教育信息安全体系 [J]. 现代远程教育研究，2021，33（5）：3-13；25.
○ 尚俊杰. 在线教育讲义 [M]. 上海：华东师范大学出版社，2020：168-176.

（突出关键材料）、空间临近（解释图示的文本与对应图示的位置应尽量靠近）。教师在制作课件时，要考虑在线教学的特殊性，学生基本都坐在"第一排"，所以在线教学课件和普通课件还不太一样，比如字体略小一些也是可以接受的。

另外，在线教学中调动学生的参与感非常重要。脑科学研究成果告诉我们：新异性刺激有助于触发注意的觉醒和定向系统。除了适当使用文字、声音、图片、视频，并力求符合多媒体认知原则外，还可以利用新异刺激如视频、动画、奖励等手段吸引学生注意，同时可以采用情境变换促进学生的注意和记忆。[⊖]

2. 分块呈现教学内容

在线教学应该小步子进行，分块呈现教学内容。根据注意方面的研究成果，通常学生能集中注意的时间只有15~20min。而在线教学的形式需要学生一直面对屏幕，影响学生注意的因素变得更为复杂，画面的清晰程度以及音质都将对学生的注意产生影响。如何高效利用学生可集中注意的时间展开教学，成为在线教学的当务之急。

面对大规模的在线教学，如何开展行之有效的教学任务是对每一名教师的挑战。小步子开展教学可以从以下四个层面入手：①对于录播课（如MOOC），可以将其拆分成微课。②对于普通直播课（1~3h的课程），可以将学习内容分成15~20min的模块，模块之间可以用放视频、提问、讨论等其他内容调节过渡一下。③在线教学中师生采用概念图组织知识，清晰地呈现核心概念以及核心概念之间的联系。④要善于使用重复和总结。脑科学研究结果表明，大脑总在寻求新知识与已有知识之间的相似模式和关联，这也启示我们要根据学生的认知水平和可接受程度，对教学内容切片并进行有机重组。

3. 恰当呈现教师形象

大规模的在线教育，迫使许多教师当上了"主播"，这也使很多教师第一次直面镜头中自己的形象，并且细致到面部表情。教师形象呈现方式是在线教学中一个值得关注的问题。关于教师形象呈现对学生学习效果的影响，有研究者做过一些研究。皮忠玲在2014年的论文中提到，在视频学习中，学生平均会花费62.3%的时间用于注视教师图像，用于注视学习内容的时间仅占37.7%。拉姆拉占（Ramlatchan）等人2020年的研究结果中指出，在网络课堂中，通过展示教师和教学内容，可以在教师可信度和即时性之间建立一种平衡。[⊖]

对于如何呈现教师形象，目前还没有清晰的定论。但是纵观已有的研究，能够确定的是教师形象呈现对学生的学习会产生一定的影响。虽然，教师形象会占据学生一定的注意，但是良好的教师形象对学生的学习情绪、学习感受等会产生一定的积极作用。

⊖ POSNER M I, PATOINE B. How arts training improves attention and cognition [EB/OL].（2009-09-14）[2023-05-13]. https://www.dana.org/article/how-arts-training-improves-attention-and-cognition/.

⊖ RAMLATCHAN M, WATSON G S. Enhancing instructor credibility and immediacy in online multimedia designs [J]. Education Technology Research and Development，2020，68：511-528.

所以，如果有条件请到高水平的"导演"，在直播或录播的时候可以动态切换内容，那么请他根据学生的需要恰当呈现教师形象和学习内容吧。如果没有条件动态切换内容，那就在屏幕上直接呈现教师形象吧。

4. 注重促进教学互动

在教学中，互动是一种非常行之有效的手段，相关研究有很多。建构主义学习理论、社会文化历史理论、社会学习理论等，都很强调互动的作用。但是，在线教学和传统的课堂教学的环境差异还是很大的，这导致了互动的形式和方式都发生了重要改变，如何在原有的基础和经验之上，进行适应现有环境的教学互动仍然是重点难点问题。

许多研究结果均表明，学习发生在学生之间的知识分享和互动以及教师与学生之间的互动中。罗宾逊（Robinson）等人在2018年的研究中指出，学生在线讨论可以提高学生在线学习的质量，学生可以受到同伴积极参与的影响。[1]在线教学要充分发挥网络平台的优势，调动学生互相交流和分享。在教学过程中，教师要注重直播或录播界面设计，如注意看着摄像头；注重有效提问，善用言语互动；注重利用学习平台进行深度讨论，促进有效认知互动；注重在线教育中的"个性化学习"特点；注意给学生"及时反馈"。另外，可以尝试给予学生更多的展示分享时间，以此促使学生进行更为有效的自主学习。

5. 促进深度学习

有人认为，在线教学很难达到与面授课堂一样的学习深度，主要原因在于在线教学没有留给学生更多的时间去独立思考，没有留给学生更多的机会去集体研讨和相互启发。如何能够使学生在在线学习中更加深层次地思考和学习呢？

1）**必不可少的是设定问题，在探究问题中学习**。早有研究者发现，不是被动地看纸质或口头提供的信息，而是让学生对提问加以思考产生信息，那么学生对这个信息的回忆效果就会显著改善。[2]可见，问题情境中学生的思考加工对学习效果有积极影响。在线教学中，教师不仅需要讲解基础概念，而且更需要提供问题。

2）**通过知识生成，促进深度理解**。为什么知识生成有利于深度理解呢？生成知识的过程需要更多的认知努力，而不仅是接受信息[3]，而且，教师在互联网中可以看到太多现成的资料和无须费力就可以找到的答案，相比而言，需要个人去创造性生成的知识会更显得与众不同，从而会被更好地记住。例如你在搜索引擎上可以很快查出某一术语的解释，看过之后可能很快忘记了，但是如果需要你自己下一个定义，那么对这个术语的理解就会更深入，也会记得更牢。因此在线教学中需要诱发学生生成知识。

---

[1] ROBINSON J, MANTURUK K, ÇETINKAYA-RUNDEL M, et al. Analysis of adult learner sense of community in online classes [J]. Digital Universities: International Best Practices and Applications, 2018, 5（1-2）: 163-178.

[2] SLAMECKA N J, GRAF P. The generation effect: delineation of a phenomenon [J]. Journal of Experimental Psychology: Human Learning and Memory, 1978, 4（6）: 592-604.

[3] TYLER S W, HERTEL P T, MCCALLUM M C, et al. Cognitive effort and memory [J]. Journal of Experimental Psychology: Human Learning and Memory, 1979, 5（6）: 607.

3）**通过设定探究任务，促进学生的主动学习行为**。具有主动学习特征的"学习行动"会让学生有更强的控制感，有助于主动学习和记忆的长久保持。探究任务中，对知识的学习是由浅入深的过程，也是学生发现问题和解决问题的过程，而关键在于教师发布的探究任务是否贴近生活、跨学科、在难度和复杂度上递进。在线教学中，教师可以提供探究问题和资源列表，学生自主学习后完成探究任务。

6. 创新应用学习技术

生活中我们经常提到长板理论，在线教学中也是如此，一定要找到在线教学的特点并发挥其优势：在线教学中可以使用各种新技术，并可以积累更多、更丰富的学生行为数据，因此，学习也拥有了新型的方式。

回顾经典的学习理论可以发现，学习终归是学生自己主动的加工、建构知识的过程，是从体验和做中获得的，是从社会情境中习得的，而通过多媒体手段可以呈现丰富、多形式的信息，利用信息技术也能够创建更富吸引力的学习环境，从而可以更能激发学生的学习动机。

1）**使用慕课、微课、翻转课堂等创新学习方式**。慕课提供了让学生自主学习的平台，其系统的知识体系和课程作业、讨论答疑帮助学生掌握一门课程，而微课和翻转课堂给予学生通过自主学习建构知识的机会。

2）**利用移动学习、虚拟现实/增强现实、游戏化学习创设学习环境**。在学习环境的创设方面，虚拟现实、增强现实以其仿真和沉浸性独占优势。当然，在技术门槛难以达到的情况下，用幻灯片、视频、故事等方式依然可以为学生创造较为真实的情境，激发学生的学习动机。

3）**利用大数据、学习分析、人工智能实现个性化自适应学习**。现今自适应学习和个性化学习已经不再虚无缥缈或仅仅停留在理论层面了，大数据、学习分析为发现学生特征和学习差异奠定基础，人工智能向学生推送适合其自身水平的资源。当然，并非每名教师都需要深入掌握这些技术，教师可以使用成熟的产品，例如使用能够智能匹配学生个人水平的背单词的App。

7. 激发学生积极情绪

根据脑科学研究成果，积极情绪能影响认知连接的广度，提升学生的注意广度、整体性思维[1]，并且积极情绪影响其整体理解，使个体在认知和创造性思考任务中表现得更好[2]。

社会情绪学习理论则认为儿童学习理解和管理情绪、建立和维持良好人际关系的社

---

[1] FREDRICKSON B L. What good are positive emotions? [J]. Review of General Psychology，1998，2（3）：300-319.

[2] FREDRICKSON B L，BRANIGAN C. Positive emotions broaden the scope of attention and thought-action repertoires [J]. Cognition & Emotion，2005，19（3）：313-332.

会情绪学习对认知有促进作用，美国学业与社会情绪学习联合会（CASEL）经过大量的实证研究证明了社会情绪学习对学业成绩和认知能力有积极促进作用。[1]在线教学中的屏幕使得教师和学生难以在同一空间内共同活动，这种情况下，如何激发学生的积极情绪呢？

1）**可以采取很多有趣的活动，如手势、击掌、放松练习等**。具身认知理论认为，身体的活动、运动体验决定了我们的认识，因此可以让学生在接受在线教学时以肢体参与，在体验中感悟和理解。有趣的、有仪式感的活动可以让学生产生更多的融入感。在一项学习任务之后让学生站起来走走，做点锻炼，喝点水，可以提高其血液中的含氧量，保证大脑的能量来源。

2）**给予积极的语言如过程性的鼓励，使用幽默手段**。对过程和努力的表扬和鼓励有助于促进学生成长型思维的形成，例如赞扬"从你在这道题上的创新解法中，可见你肯定很努力、很善于思考"。而幽默具有很多益处，例如让体内内啡肽升高，让人精神欢快，能够引起人的注意，创造良好的学习氛围。

8. 善用游戏化思维

在在线教学中善用游戏化手段开展教学，可以增强学生的学习动机，提升学生的参与感，帮助学生全身心地投入学习。具体可以怎么做呢？

1）**在教学过程中使用适当的游戏，包括传统游戏和电子游戏**，例如可以采用在线游戏PK的活动设计，让学生一起进入游戏化的答题情境中，在竞争和合作中学习。

2）**在教学过程中使用点数、徽章、排行榜等游戏化元素或机制**。当前有很多游戏化课堂管理平台，教师可以利用这些平台，及时记录学生学习的进步，激发学生继续探究的动力。

3）**将教学活动设计为游戏，如设计为闯关游戏等**。学科学习中有很多经典的游戏，教师可以在线组织学生玩学科游戏。教师也可以根据游戏的设计方法和学习内容的要求将学习活动设计为一个游戏。

10.3.3 混合学习：未来新走向

现在更多的人开始思考教育的走向，混合学习（Blended Learning）开始走入大众的视线，但实际上它也并不是一个新的概念。本小节我们就来看下混合学习的含义以及可行的模式，给教师提供基本的理解和可操作的参考。

在我国，混合学习是由何克抗教授于2003年在第七届全球华人计算机教育应用大会

---

[1] YANG C, BEAR G G, MAY H. Multilevel associations between school-wide social-emotional learning approach and student engagement across elementary, middle, and high schools [J]. School Psychology Review, 2018, 47（1）: 45-61.

上正式提出并倡导的概念,他认为混合学习是传统学习和网络学习两者优势的结合。○

混合学习的定义辨析○

有很多对混合学习定义的探讨,如混合学习是多种教学模式相结合,混合学习是多种媒体相结合,混合学习是行为主义、认知主义、建构主义等学习理论相结合,混合学习是以教为中心和以学为中心教学模式相结合等,也有学者认为根本不存在非混合的学习,混合学习是伪概念。

这些定义都有其道理,但仔细分析就会发现,混合学习是互联网出现后诞生的概念,我们不要盲目地扩充概念的含义,否则将失去这个概念存在的意义。因此本书认为,混合学习就是将面授学习(传统学习)和在线学习(网络学习)优势相结合的学习方式。

自混合学习提出以来,很多学者开展了可行模式的实践探究,在这里主要介绍一种在课堂中较为可行的模式——使"互联网+"与翻转课堂相结合。○翻转课堂的核心是实现对传统教学流程的"翻转",教师的传授和学生的内化次序发生了颠倒,相对而言更能适应学生个性化学习需要;而"互联网+"的在线学习方式和翻转课堂相结合,能够更好地整合、传送优质资源、答疑解惑,从而可以更好地促进个性化学习,推动学生主动学习并积极思考。例如华南师范大学国际商学院实施教学手段创新,引进哈佛大学"商务统计学"慕课,学生在课余时间通过网络学习授课视频,在课堂上教师和学生进行面对面的讨论和交流。○

在线学习与传统教学相结合,能够发挥混合学习的优势,满足学生的多样化学习需求。此外,我们可以在传统教学中利用在线学习常用的教学管理工具,优化日常教学管理工作,如利用打卡记录的软件让学生养成积累知识的良好习惯。

10.4 协作学习

提起协作,大家对这个概念一定不陌生。事实上,人类的发展史中处处都有协作的身影。从早期人类的集体捕猎,到近现代工厂中流水线式的产品加工,都离不开人与

○ 陈卫东,刘欣红,王海燕. 混合学习的本质探析 [J]. 现代远距离教育,2010(5):30-33.
○ 詹泽慧,李晓华. 混合学习:定义、策略、现状与发展趋势——与美国印第安纳大学柯蒂斯·邦克教授的对话 [J]. 中国电化教育,2009(12):1-5.
○ 尚俊杰. 未来教育重塑研究 [M]. 上海:华东师范大学出版社,2019:137-138.
○ 张优良,尚俊杰. "互联网+"与中国高等教育变革前景 [J]. 现代远程教育研究,2018(1):15-23.

人之间的相互配合、彼此帮助。伴随着建构主义理论的兴起，人们也发现了协作应用于教育中的巨大潜力，"协作学习"的概念应运而生。那么，究竟什么是协作学习？教师在实际授课中又应该如何开展协作学习呢？本节就将为大家简要介绍协作学习的相关内容。

10.4.1 协作学习的定义

协作学习（Collaborative Learning）是指学生按照一定规则和学习目标要求结成小组，通过人际沟通、互助与协同知识建构，共同完成一项学习任务，达成共同目标，提高小组与个人学习绩效的一种教学策略。[1]例如小组成员就一道题目进行讨论和探究，共同解答。协作学习的理念可以追溯到20世纪70年代的美国，当时美国教育界为了提升教育质量，迫切需要改革传统的班级授课制、竞争性评分制，因而产生了协作学习这种学习方式。一个良好的协作学习活动能够有效培养学生的沟通交流能力，同时发展学生的批判思维和创新思维。目前，协作学习已经成为课堂教学、网络授课中十分重要并广泛应用的学习方式，从K12教育（学前教育至高中教育）阶段到高等教育阶段都能看到它的身影。

协作学习主要包括以下几个关键要点。**首先是协作学习的开展形式**。在协作学习中，学生以小组的形式一起收集信息、探究问题，学习环境、学习资源、学习活动都应该以小组为基本单位进行设计。**其次是协作学习中教师的角色**。教师不再是"讲坛上的哲人"，而是身边的指导者，不仅仅是知识的传授者，更是学生的学习伙伴。**最后是协作学习中小组成员之间的关系**。在小组中，学生不单是个体，更是构成小组的成员。小组成员彼此之间存在积极的人际交互关系，包括共享信息、讨论观点、交换数据、分享解释、从同伴处获得反馈等，他们相互交流、相互帮助、相互激励，在此过程中开展学习探究。这些人际交互关系能够有效激发学习动机，促进认知投入，并形成学习共同体。[2][3][4]

值得指出的是，在协作学习的实际教学应用中，出现了很多披着协作学习外壳的"分工学习"。如果只是将一个任务切分成多份，每个人分别完成其中的一部分，最后再"拼接"成一份作品，期间没有充足的讨论与分享，这样的学习绝对称不上是协作学习。协作学习强调的是学生彼此之间的沟通交流、思维互动、共同探究，需要全部成员

---

[1] 彭绍东. 从面对面的协作学习、计算机支持的协作学习到混合式协作学习 [J]. 电化教育研究，2010（8）：42-50.

[2] COHEN E G. Restructuring the classroom: conditions for productive small groups [J]. Review of Education Research, 1994, 64: 1-35.

[3] YACKEL E, COBB P, Wood T. Small-group interactions as a source of learning opportunities in second-grade mathematics [J]. Journal for Research in Mathematics Education, 1991, 22（5）：390-408.

[4] HICKEY D T. Motivation and contemporary socio-constructivist instructional perspectives [J]. Educational Psychologist, 1997, 32（3）：175-193.

参与到全部活动之中，分享自己的想法、聆听他人的意见、共建小组的反馈，小组的每一项成果都汇集了每名成员的智慧。

协作学习与合作学习

协作学习与合作学习是含义非常相近的两个概念，在教学中都频繁被使用并难以区分。"协作"和"合作"两词在中文中的意义本就相差无几，协作学习和合作学习也具备非常多的共同要素，有研究者提出的合作学习的五个要素（积极的相互依赖、促进性相互作用、个人责任、社交技能、小组自评）同样适用于协作学习。[1]但二者也存在一定的差异，湖南师范大学彭绍东教授总结了合作学习与协作学习的部分差异，见表10-1。[2]

表10-1 合作学习与协作学习的部分差异

	协作学习	合作学习
差异	学习小组不对任务进行分割，需共同工作以解决问题，小组成员需通过对话、协商、互教互学完成学习任务	学习小组通常对任务进行分割，不同成员承担不同的子任务，最后把子任务的完成结果合并为小组学习结果
	强调学习的过程	强调学习的结果
	比较适用于非良构知识的学习	比较适用于良构知识的学习

总体而言，虽然协作学习和合作学习存在一定的差异，但是它们的内涵有很大的交集，在实际应用中二者也经常混合使用。因此，本书将不纠结于定义本身，接下来对两者不再进行区分。

10.4.2 协作学习活动的设计方法

1. 分组策略

在确定协作学习的小组时，我们应当遵守"**组内异质、组间同质**"的原则，综合考虑学生的基本信息（如性别、年龄）、学习风格、知识基础等进行分组。这种分组策略既可以促进小组内部成员的相互交流和互相帮助，又可以保证组间的均衡性，有利于组间的交流竞争。在小组人数上，根据协作学习活动的不同可能会有所差异，如在课堂中组织问题讨论时可以遵循就近原则构成小组，2~4人为宜；而持续时间较长的探究或项目式活动则可适当增加人数，但也要防止"搭便车"现象的发生。

---

[1] R Johnson D W，Johnson R T，Smith K.The state of cooperative learning in postsecondary and professional settings[J]. Educational Psychology Review，2007，19(1): 15-29.

[2] 彭绍东. 从面对面的协作学习、计算机支持的协作学习到混合式协作学习 [J]. 电化教育研究，2010（8）：42-50.

2. 基本模式和方法

协作学习的基本模式主要有七种，分别是**竞争、辩论、合作、问题解决、伙伴、设计和角色扮演**。[一]不同的协作学习模式适用于不同的教学场景，如竞争模式有利于激发学生学习的积极性，辩论模式则能够培养学生的批判思维，而角色扮演模式可让学生分别扮演指导者和学生的身份，能够促使学生对问题产生新的体验。

开展协作学习的方法也有很多，这里简要介绍一种协作学习的经典方法——切块拼接法。在这种协作学习的方法中，学生在组成小组后分别学习某一部分内容。例如在学习一篇散文时，学习的内容可以被分割为文体大意、文章结构、修辞手法、表达情感等，小组中的成员各选其一。然后，各个小组中学习同一内容的学生将组成"专家组"（Expert Group），共同研讨、学习这一部分内容。之后，学生将返回各自的小组为其他的组员讲解自己学习的部分。在这种方法中，学生既是接受知识的学生，也是深入探讨交流的专家，还是教授知识的教师。学生专注于某一个方面的学习能够加深自己的理解水平，同时也能够促进整个小组的发展。

3. 评价方式

协作学习的评价方式由两个部分构成：小组评价和个人评价。**在小组评价中**，可以依据小组协作学习的成果进行教师评阅和组间的互评打分，也可以通过测试给予小组一个整体的分数。而**在个人评价中**，可以采用组内互评，因为小组成员之间会有比较清晰的认识，也可以结合运用自评、师评等。总而言之，协作学习的评价要依据过程性数据、阶段性成果等多种信息，运用自评、互评等，综合小组评价、个人评价两方面内容进行多维度评定。

10.4.3　计算机支持的协作学习

过去，远程教育所考虑的互动反馈只存在于师生之间，甚至可能师生之间都没有交流。而远程教育中学生和学生之间的协作交流，因为技术的限制几乎不可能发生（想一想在20世纪的广播电视教育中，两个学生通过电视连线是一件多么不可思议的事情）。因此，传统的协作学习都是以面对面的形式开展的（Face to Face Collaborative Learning，F2FCL），是一种实时的、口头语言交流较多的学习方式。而伴随着技术水平的提高，线上学生之间的互动交流成为可能，因此计算机支持的协作学习开始受到了教育界学者的关注。

计算机支持的协作学习（Computer Supported Collaborative Learning，CSCL）是指学生在计算机网络技术的支持下，结成学习共同体，并在共同活动与交互中协同认知、交

[一] 赵建华，李克东. 协作学习及其协作学习模式[J]. 中国电化教育，2000（10）：5-6.

流情感、培养协作技能，以提高学习绩效的理论与实践。在线学习中困扰教师的首要问题就是学生的学习效率、质量不高。那么，以协作学习的模式开展在线教学会不会有所不同呢？什么样的协作学习方式能够促进学生的学习呢？这些都是CSCL关注的问题。

CSCL是学习科学的重要研究领域，近年来相关研究逐渐关注协作过程，如协作学习的交互过程、互动模式等。例如张晓蕾等人探究了在线学生交互学习状况及其对学习效果的影响，发现多层次的交互有助于激发学生的深度学习。

10.5 非正式学习

在生活中，教师和家长可能会发现这样一种现象：学生在数学课堂上昏昏欲睡，在参观博物馆时却能滔滔不绝地讲解每个时代的恐龙类型。这是为什么呢？学习环境从教室转移到博物馆真的会对学生的兴趣造成这么大的影响吗？在这种环境下，学生的学习又是从何开始、如何产生的呢？本节就将介绍无处不在、时刻发生的教育——非正式学习。

10.5.1 非正式学习的定义

随着社会时代的变迁，人们获取知识的方式早已不局限于课堂之中。"生活即教育"，在校外的非正式学习环境中获得的知识和技能也是个体认知的重要组成部分，甚至有研究结果表明，非正式学习满足了个体在工作中70%左右的学习需要，足见非正式学习的重要性。所谓**非正式学习（Informal Learning）**，指的就是在非正式学习时间和场所发生的，通过非教学性质的社会交往来传递和渗透知识，由学生自我发起、自我调控、自我负责的学习。偶尔听到一首英文歌、某次旅行观赏文化遗址、不经意间阅读某篇文章等都是非正式学习。

有学者总结了非正式学习的五个特征。**首先是学习动机的自发性**。非正式学习可以是一种有目的的活动，也可以是无意中发生的行为，但它是一种内部动机驱使的、具有兴趣支撑的学习。**其次是学习时空的随意性（灵活性）**。非正式学习通常没有固定的学习时间、授课教师、学习场所。**再次是学习形式的多样性**。非正式学习的形式可以是一次交流分享，也可以是一次独立阅读，等等。它既可以通过个人学习产生，也可以在社会交流中发生。**从次是学习内容的情境性**。非正式学习主要关注真实场景中的问题，学

○ 彭绍东.从面对面的协作学习、计算机支持的协作学习到混合式协作学习 [J]. 电化教育研究，2010（8）：42-50.
○ 张晓蕾，黄振中，李曼丽.在线学习者"交互学习"体验及其对学习效果影响的实证研究 [J]. 清华大学教育研究，2017，38（2）：117-124.
○ 余胜泉，毛芳.非正式学习：E-Learning研究与实践的新领域 [J]. 电化教育研究，2005（10）：18-23.
○ 王妍莉，杨改学，王娟，等.基于内容分析法的非正式学习国内研究综述 [J]. 远程教育杂志，2011，29（4）：71-76.

习内容更具有情境性。**最后是学习效果的自评性。**非正式学习的评价不同于正式学习中的考评、测验，仅仅以自评完成。

非正式学习包含许多种类型，美国华盛顿大学教育学教授菲利普·贝尔（Philip Bell）根据学习发生的非正式环境的不同，将非正式学习分为日常生活环境中的学习、经过设计的环境中的学习和项目学习三种。㊀在本小节中，主要为教师介绍场馆中的非正式学习和家庭中的非正式学习。

10.5.2 场馆中的非正式学习

所谓场馆，一般是指各种与科学、历史和艺术教育相关的公共机构，不仅包括科技馆、博物馆等封闭场所，也包括动物园、植物园等露天地点。㊁以博物馆、科技馆、艺术馆为代表的场馆学习环境，是非正式学习的重要场所。场馆学习活动的六种典型模式包括基于问题的学习、基于任务的学习、基于专题的学习、游戏化学习、网络探究、虚拟情景交互。㊂教育工作者在组织学生参观学习时，可以根据学生情况、场馆环境等因素综合考量，设计学习活动。以下介绍的就是一个基于任务的场馆学习活动案例。

绘制团扇

基于任务的场馆学习活动以任务为导向，学生根据所给任务，在场馆工作人员的指导下，独立或与同伴协作以"做中学"的形式完成任务，旨在达到学以致用的效果。如首都博物馆开展的绘制团扇的基于任务的学习活动，学生首先听工作人员讲解扇子的历史，了解团扇的制作材料、类别、图案特点等知识，而后亲手绘制团扇，如图10-10所示。

图10-10 团扇绘制活动㊃

㊀ 贝尔，等.非正式环境下的科学学习：人、场所与活动 [M]. 赵健，王茹，译.北京：科学普及出版社，2014：5-6.
㊁ 李志河，师芳.非正式学习环境下的场馆学习环境设计与构建 [J]. 远程教育杂志，2016，34（6）：95-102.
㊂ 夏文菁，张剑平.文化传承中的场馆学习：特征、目标与模式 [J]. 现代教育技术，2015，25（8）：5-11.
㊃ 首都博物馆. 团扇绘制活动 [EB/OL]. （2011-05-31）[2023-05-14]. https：//www. capitalmuseum. org. cn/child/content/2011-05/31/content_30223. htm.

目前，场馆中普遍应用了新兴的信息技术来优化参观者的互动学习体验，如语音识别、360°成像、穿戴设备等。在此类场馆中，学生不再是"走马观光"的游客，他们不仅能够在浏览参观中汲取知识，还可以通过与他人、展品的互动增进理解。

此外，随着技术的高速发展，现在的场馆学习环境不仅包括实体场馆，还包括融合3D技术的智慧场馆。此类智慧场馆是在物联网、大数据、移动互联等新技术基础上构建的，以全面透彻的感知、宽带泛在的互联、智能融合的应用为特征的一种新的博物馆形态，可以让学生足不出户就能在网络上参观学习。[一]

陕西历史博物馆数字展厅

陕西历史博物馆开设了数字展厅服务，包含陕西古代文明展、大唐遗宝展、唐代壁画珍品展、韩休墓壁画虚拟展等。进入专题展览后，可以跟随网页上提示的互动进行参观，图10-11展示的是韩休墓壁画虚拟展的修复遗址活动。

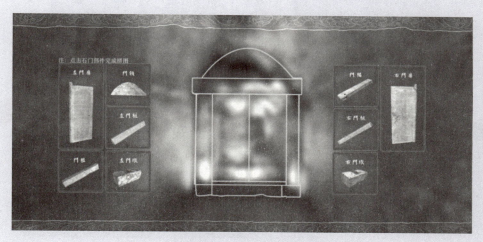

图10-11　韩休墓壁画虚拟展的修复遗址活动

10.5.3　家庭教育中的非正式学习

2015年，教育部印发了《教育部关于加强家庭教育工作的指导意见》（后简称"指导意见"），该指导意见明确提出：家庭是社会基本细胞。注重家庭、注重家教、注重家风，对于国家发展、民族进步、社会和谐具有十分重要的意义。[二]家庭是孩子的第一个

○ 张剑平，夏文菁，余燕芳. 信息时代的博物馆学习及其研究论纲 [J]. 开放教育研究，2017，23（1）：102-109.

○ 教育部. 教育部关于加强家庭教育工作的指导意见 [EB/OL]. （2015-10-16）[2023-05-14]. http://www.moe.gov.cn/srcsite/A06/s7053/201510/t20151020_214366.html.

课堂，父母是孩子的第一任教师。家庭是非正式学习发生的重要场所，从出生开始，婴儿的模仿和习得行为几乎都是从家庭中获得的，可以说家庭中无时无刻不在发生着非正式学习。

家庭教育作为一种隐形的、潜移默化的影响，往往会影响一个人的一生。因此，父母不仅应该重视孩子的学校教育，而且应该在家庭中以身作则，为孩子营造良好的家庭氛围、学习环境。父母作为孩子成长中的引路人，需要给予他们足够的陪伴与支持，同时还应该开展一些符合孩子认知发展规律的活动，如观展、旅行等，在良好的交流探讨中建立沟通的桥梁。此外，家庭是孩子学习的重要场所，在物理空间布置上也应该充分考量孩子的学习需求，如图10-12所示。安静的学习环境、丰富的学习资料、父母适当的引导能够让孩子养成良好的学习习惯，从而为未来发展打下基础。

图10-12　家庭物理空间布置[⊖]

10.6　社会情绪学习

10.6.1　社会情绪学习的内涵

过去，学校在面对学生的问题行为时大多采取"亡羊补牢"式干预，即发现问题后再解决问题。但对于心理问题而言，等到学生的身心健康出现问题后再补救必定会耗费

⊖ GESTALTEN. Little big rooms：new nurseries and rooms to play in [M]. Berlin：Gestalten，2018：1-256.

更多精力和时间，且效果难以保证。因此，我们需要进行预防式干预，即在发现问题之前就对学生进行相关教育，保障他们健康成长。

1994年，美国心理学家丹尼尔·戈尔曼（Daniel Goleman）等人成立了关于社会情绪学习的组织——美国学业、社会与情绪学习联合会（Collaborative for Academic, Social, and Emotional Learning，CASEL）。CASEL指出，社会情绪学习（Social and Emotional Learning，SEL）就是学生学会认识及控制自己的情绪，发展对别人的关心及照顾，做出负责任的决定，建立并维持良好的人际关系，有效地处理各种问题的学习过程。[1]社会情绪学习的根本目标是科学、系统地进行情绪管理与社会技能方面的教育，解决学生情绪、人际方面的问题，从而促进学生学习进步、身心健康发展。

CASEL列出了社会情绪学习的五种核心能力，即**自我认知、自我管理、人际交往技能、社会认知和负责任的决策能力**，见表10-2。其中，自我认知是指能够正确地识别自身的情绪、思想，准确认知自身的优势与局限，具备乐观的心态与良好的自信心；自我管理是指具备良好的情绪监控能力，能够及时调节情绪与想法，并且设置合理的目标并不懈努力；人际交往技能是指能够与不同的个体进行有效沟通，建立良好的人际关系；社会认知是指能够尊重他人的观点，具备一定的同理心，能够赏识人与人之间的差异性；负责任的决策是指在遵循社会规范、尊重他人的基础上做出正确的选择，能够对自己的决策进行评估并对其负责。

表10-2 社会情绪学习的五种核心能力[2]

核心能力	子维度	含义
自我认知 （Self Awareness）	识别情绪	识别自己与他人的情绪
	认知优势	认识自己与他人的优势
自我管理 （Self Management）	管理情绪	监控调节情绪的能力
	目标设定	建立并朝短期、长期目标努力
人际交往技能 （Relationship Skills）	沟通	积极有效地与他人交流
	建立人际关系	建立并维持健康的关系
	协商	通过沟通找到双方满意的解决方案
	拒绝	避免做出不乐意、不道德的行为
社会认知 （Social Awareness）	观点采纳	识别、理解他人的想法与感受
	赏识差异	理解个体和团体之间的差异

---

[1] CASEL. Fundamentals of SEL [EB/OL].（2010-05-08）[2023-05-14]. https://casel.org/fundamentals-of-sel/.
[2] 王福兴，段婷，申继亮. 美国社会情绪学习标准体系及其应用 [J]. 比较教育研究，2011，33（3）：69-73.

（续）

核心能力	子维度	含义
负责任的决策能力（Responsible Decision Making）	分析情境	准确地感知决策的情境
	承担个人责任	认识个人的义务或责任
	尊重他人	以仁慈和同情善待他人
	问题解决	执行富有建设性的问题解决方式

2017年8月，教育部印发的《中小学德育工作指南》中将"心理健康教育"列为五大德育领域之一，要求在中小学德育教育中开展认识自我、尊重生命、人际交往、情绪调适以及适应社会生活等方面的教育，可见社会情绪学习的重要性。[1]社会情绪学习能够提升学生控制调节情绪的能力，培养学生正确认识并解决问题的能力，使他们养成良好的道德品质、身心健康成长、拥有责任意识。事实上，社会情绪学习不仅能够预防学生产生问题行为，还可以促进学生的学业学习。可能有部分人会认为对学生进行社会情绪教育与学生课业学习无关，但有效的社会情绪学习能够改善学生的课堂行为，减少学生问题的出现，使学生取得更好的成绩。社会情绪学习与学业学习并不是相互冲突的，而是互相交织、共同促进的关系。[2]

10.6.2 社会情绪学习的教学策略

社会情境学习的目标是解决学生情绪、人际关系等方面的问题，那么我们应该从何入手呢？陈权等人就从情绪、认知、行为三个领域总结了社会情绪学习的教学策略。[3]

首先在情绪领域，可以结合文学的教学来实施社会与情绪学习。例如在阅读故事、小说、绘本时，教师可以有意识地引导学生表达对于主题、人物和情节发展的情感反应；也可以帮助学生区分生理伤害和情感伤害[4]，如教师可以描述饥饿、死亡在生理上的影响，再进一步讨论这些情境对情感产生的影响，如恐惧、担忧等。

然后在认知领域，教师需要强调道德和伦理推理，巧用现实生活中的道德困境等引发学生的思考。同时教师需要鼓励学生发展解决问题的能力，如在同一个案件中先从不同的角度来分析不同人群的观点，再进行合理的判决。教师还要增强学生的社会责任感，如通过组织筹款为艾滋病人制订慈善计划。

---

[1] 教育部. 教育部关于印发《中小学德育工作指南》的通知 [EB/OL].（2017-08-17）[2023-05-14]. https://www.gov.cn/gongbao/content/2018/content_5254319.htm.
[2] 徐文彬, 肖连群. 论社会情绪学习的基本特征及其教育价值 [J]. 教育理论与实践, 2015, 35（13）: 55-58.
[3] 陈权, 陆柳. 美国社会情绪学习计划及在中学课堂实施策略研究 [J]. 外国中小学教育, 2014（10）: 20-25; 19.
[4] RUSSELL R L, HUTZEL K. Promoting social and emotional learning through service-learning art projects[J]. Art Education, 2007, 60（3）: 6-11.

最后在行为领域，教师应综合利用各种教学资源，促进学生的协作学习。协作学习能够锻炼学生的沟通交流能力、决策能力，了解并接受彼此的差异性。在此基础上，教师应该建立鼓励不同观点的民主课堂，综合应用辩论等形式帮助学生养成尊重别人观点的习惯，让学生练习冲突谈判的策略，同时学习管理强烈的情绪。○

"关爱的学校社区"项目○

"关爱的学校社区"是一个社会情绪学习项目的具体实践，涵盖了幼儿园到小学六年级。该项目主要包含四个核心活动：班级会议、跨年级伙伴、家庭活动和全校社区建设。在班级会议中，学生将学习如何设定班级规范和目标，如何更好地了解和同情其他学生等。跨年级伙伴则希望以此途径增加高低年级学生之间的联系，学生将学习如何提供和接受帮助。家庭活动则在课堂讨论的基础上与家长在家里完成，然后再回到课堂交流反思。在全校社区建设中，学生将学习如何帮助他人、承担责任、相互协作、欣赏彼此的差异。○

10.7 学习环境设计

学习环境是学习发生的主要场所，对学生的学习与身心发展有着重要的影响，也是学习科学三大主要研究内容之一。随着教育变革的推进和信息技术的发展，学习环境也发生着悄然的改变，以促进有效学习的发生。学习环境包含哪些内容？基于学习科学的学习环境研究关注什么？教师应该如何设计学习环境，以促进学生的有意义学习？本节将逐一为大家解答以上问题。

10.7.1 学习环境的内涵与发展

学习环境包括人（教师、学生和他人），计算机及其扮演的角色，建筑、教室的布局和环境中的自然物体，以及社会和文化环境。基于学习科学的学习环境研究主要关注如何运用技术和设计，借助学习科学等先进的教育理念和信息技术，创造出以学生为中心的、帮助学生更有效学习的学习环境，以促进有意义、深度学习的发生。

在前面的章节中，本书已经讨论了如何结合前沿技术，如移动技术、虚拟仿真技术

○ 陈权，陆柳. 美国社会情绪学习计划及在中学课堂实施策略研究 [J]. 外国小学教育，2014（10）：20-25；19.
○ BATTISTICH V，SOLOMON D，WATSON M，et al. Caring School Communities [J]. Educational Psychologist，1997，32（3）：137-151.
○ 陈德云，熊建辉，寇曦月. 美国中小学社会情绪学习新发展：学习标准及课程项目的开发与实施 [J]. 外国教育研究，2019，46（4）：77-90.

等，为学生搭建有效的技术支持的学习环境。本小节则将主要介绍学习环境研究的另一个重要方面——**学习空间**（Learning Space）。任何学习活动发生的场所都可以称为学习空间，包括以下三类：正式、非正式和虚拟学习空间。[1][2]正式学习空间如教室、图书馆等场所，非正式学习空间如校园中的走廊、休息室等，虚拟学习空间如网络社区、网络教学平台等。

随着教育变革的推进和信息技术的发展，学习空间也发生着悄然的变化，最典型的就是正式学习中教室的变化。教学方式的转变需要学习环境的支持，传统教室面向同一个方向的桌椅以及设置在教室最前方的讲台和黑板存在诸多限制，如教师受桌椅和讲台位置的限制，通常只能在教室最前方授课，学生也只能面向同一个方向。传统教室只能支持以教师为中心的教学方式，而不适用于以学生为中心的教学方式，不利于小组讨论等活动的开展和学生的主动学习。随着交互式电子白板、智能空间、移动载具等先进技术的出现，越来越多的学者开始思考如何结合新理念与新技术，构建出更适合学生进行有意义学习的学习环境。

2001年，美国麻省理工学院最早开始了学习空间的设计和改造。为了改变大学物理课程的低通过率和高缺勤率，促进学生更好地理解物理学科，美国麻省理工学院设计了TEAL（Technology Enabled Active Learning）教室，旨在建立一个学生能够高度合作、动手操作、在计算机支持下的交互式学习环境。[3]如图10-13所示，讲台位于教室中央，13张固定的圆桌和椅子配备于讲台周围，通过软硬件设备的支持，如无线投影、电子白板等，确保位于教室内每个方位的学生都能看到投影屏幕的内容。同时，教室形成一个学科型实验室，其中的桌椅都与实验装置相连接，可以进行虚拟和真实的物理实验，每三人配备一台笔记本电脑，让学生能够使用计算机设计实验、实施实验、记录和计算实验数据，以及完成实验报告等。此后，世界各国的学者纷纷开始关注学习空间的设计和改造研究。2011年，美国北卡罗来纳大学主办的有关学习空间研究的期刊《学习空间杂志》（Journal of Learning Space）创刊，这标志着学习空间研究开始成为学习环境研究的一个重要方面。[4]

---

[1] 江丰光，孙铭泽. 未来教室的特征分析与构建 [J]. 中小学信息技术教育，2014（9）：29-32.
[2] 杨俊锋，黄荣怀，刘斌. 国外学习空间研究述评 [J]. 中国电化教育，2013（6）：15-20.
[3] 谢未，江丰光. 东京大学KALS与麻省理工学院TEAL未来教室案例分析 [J]. 中国信息技术教育，2013（9）：99-101.
[4] 杨俊锋，黄荣怀，刘斌. 国外学习空间研究述评 [J]. 中国电化教育，2013（6）：15-20.

图10-13　TEAL教室[1]

10.7.2　学习空间的设计原则

学习科学认为有效的学习环境应具有以下特征：①能提供给学生参与实践的机会，构建与真实环境相似的实践环境。②考虑学生已有的经验、知识和问题。③设计、提供各种支持和促进学生深度学习的支架和策略。④支持、促进学生的对话和协作，设计和提供各种工具以促进学生知识的外化和观点的表达。⑤能促进学生的反思。⑥有利于学习和实践共同体的形成和再生产。有效学习空间的设计应遵循科学的设计原则，以促进学生的主动学习，提升学习成效。

正式学习中的教室是开展教学和学习活动的主要场所，因此，本小节主要介绍教室的设计原则。①**以人为本的设计理念**，学习空间的设计首先应满足学生的需求，使其感受到舒适与幸福，如课桌椅的设计应充分考虑人体工程学原理，合理设计室内的光线、温度、颜色、通风等物理因素，以创建较为理想的学习环境。[2]②**信息技术设备与教室深度融合**，如教室中配备共享式投影仪、交互式电子白板、平板电脑等设备，以便学生能够运用技术进行主动学习，并及时从教室获得反馈等，提升学习体验。③**教室的家具、教学设备具备灵活性**，能够支持开展不同的教学活动，促进教学和学习方法的创新，如配备带有轮子、可以灵活移动的课桌椅和讲台，如图10-14所示。④**教室空间具备开放性和可重构性**：在开放性方面，可以将教室的一面墙做成玻璃墙，如图10-15所示，或是将学习空间拓展到走廊、校园等，激发学生的创造力；在可重构性方面，教室的课桌椅应能够灵活移动，根据不同的教学活动类型进行拆分和重组，并设置教室中可切换的玻璃或模板，能够灵活塑造不同的学习区域。⑤**使用安全环保和低成本的材料**，不需要配备

---

[1] MIT ICAMPUS. TEAL—technology enabled active learning [EB/OL]. （2005-05-19）[2023-05-14]. https://icampus.mit.edu/projects/teal/.

[2] BROWN M，LONG P. trends in learning space design [M] // DIANA G O. Learning spaces. Washington：Educause，2006：9.1-9.11.

成本过高的技术设备。[1]

图10-14　北京师范大学讨论教室[2]

图10-15　凯斯西储大学Nord 356教室[3]

麦吉尔大学的主动学习教室设计

图10-16所示是加拿大麦吉尔大学（McGill University）的主动学习教室（Active Learning Classroom），具有促进小组合作、师生交流和交互性设计良好的特点。教室总共能够容纳80名学生，配备了多个椭圆形桌子以便进行协作学习，以及灵活可移动的椅子和位于教室中央的讲台，可根据教师不同的教学策略灵活变

---

[1] STOLTZFUS J R, LIBARKIN J. Does the room matter? active learning in traditional and enhanced lecture spaces [J]. CBE Life Sciences Education, 2016, 15（4）: ar68.
[2] 高校基建. 大学教室未来将是什么样？[EB/OL].（2018-06-24）[2023-05-14]. https://www.sohu.com/a/237521426_741845.
[3] CASE WESTERN RESERVE UNIVERSITY. Featured Teaching + Learning Technologies Initiatives [EB/OL]. https://case.edu/utech/departments/teaching-and-learning-technologies/initiatives.

化。另外，教室配备的控制课堂技术能够使教师同时呈现不同的学习资料，配备的基础设施支持，如网络打印、计算机电源等能够支持学生轻松使用移动笔记本电脑进行学习。同时，教室还配备可写墙壁、不同的照明模式等，促进各种教学活动的开展。

图10-16　主动学习教室[○]

10.7.3　未来学习环境

未来学习环境将不同于传统学习环境，为了能够更好地支持个性化学习和多样化教学方式的开展，未来的学习环境将呈现出一些新的趋势，如：未来学习环境的设计将充分考虑以"人"为中心，实现"人-机-环境"的和谐共生；未来学习环境的设计将更为灵活和创新，如桌椅设施都可移动、易于变换，能够支持教师开展多样化的教学活动；未来学习环境将会更智慧，利用大数据、云计算、物联网等新技术，学生的学习过程信息能够被收集起来，用于评估学习过程与个性化检测，有助于教师为每名学生提供个性化的学习方案；未来学习环境将是一个信息随处可得的环境，一方面教师可以容易获取和制作教学材料，另一方面学生能够接收教师传递的信息，并通过网络获得丰富的学习资源等。[○]

基于对未来学习环境设计的思考，学者还提出了智慧学习环境的概念。**智慧学习环境**是指一种能感知学习情境，识别学生特征，提供合适的学习资源与便利的互动工具，

○ MCGILL UNIVERSITY. McIntyre Medical Building 206/208/210 [EB/OL]. （2013）[2023-05-14]. https://www.mcgill.ca/tls/spaces/classrooms/mcintyre-medical-building-206208210.
○ 黄荣怀. 智慧教育的三重境界：从环境、模式到体制[J]. 现代远程教育研究，2014（6）：3-11.

自动记录学习过程和评测学习成果，以促进学生有效学习的学习场所或活动空间。智慧学习环境能够实现物理环境与虚拟环境的融合，能更好地支持学生的个性化学习，既支持正式学习也支持非正式学习。[1]

10.8 学习科学的未来发展

经过30多年的发展，学习科学研究已经步入正轨，目前呈现出以真实情境中的学习为核心研究内容、以设计研究为核心研究方法、以灵活应用各种软硬件技术为研究工具等特点。学习科学也开始不仅关注学习相关的基础科学研究，更关注如何将研究成果转化为具体的教育教学实践形式，以促进教育领域理论与实践的双向发展。那么未来学习科学的研究会呈现什么样的发展趋势？我国的学习科学未来到底会怎样发展呢？

10.8.1 学习科学未来发展趋势

在学习科学的研究内容方面，主要呈现出四大发展趋势。[2]**首先是跨学科合作解决教育中的重要问题**。学习科学一直以来都是跨神经科学、认知科学、教育心理学、信息科学、社会学、人类学等多学科的研究领域，关注真实情境中的学习，这也是其能够快速发展的原因之一，所以学习科学将来会更关注学习中的"老大难"问题，如厌学、难迁移、错误概念等，也会与时俱进地关注创造力、多元文化、智能技术等新的问题与挑战。**其次是对学习过程进行科学解释**。学习过程一直是学习研究的"黑匣子"，而学习科学研究不满足于简单地发现人类学习的生理机制，而是以此为研究基础，尝试对学习过程做出真实的改变，对常见的学习行为进行干涉或者是提出更为科学的解释。在未来，学习科学既会关注头脑内的过程，如神经机制、认知、元认知、情绪情感等，也会关注头脑外的过程，如对话、互动、活动参与、社会关系的转变等。**再次是研究学习的设计与改进**。对学习基础机制的研究最终应落地到实践应用中，利用设计学习方式、设计环境等手段搭建理论与实践之间的阶梯，如利用基于设计的研究方法在实践中对理论原则进行持续的验证和改进。**最后学习科学将呈现出影响实践、引领变革的趋势**。在研究者和教师形成的"研究-实践"共同体的一同努力下，通过设计、理论、数据实证等方式，对教学、课程、测评、技术、政策、社会环境进行优化和系统改进，以推动课堂变革为突破口，最终引发教育的深层变革与创新。

---

[1] 黄荣怀，杨俊锋，胡永斌. 从数字学习环境到智慧学习环境——学习环境的变革与趋势 [J]. 开放教育研究，2012，18（1）：75-84.

[2] 夏琪，马斯婕，尚俊杰. 学习科学未来发展趋势——基于对美国六大学习科学中心的分析 [J]. 现代教育技术，2019，29（10）：5-11.

10.8.2 我国学习科学发展建议

一路走来，我国学习科学研究取得了丰硕的成就，越来越多的研究机构也投身于学习科学领域，并组织了学习科学相关的会议，学习科学越来越得到重视，其与实践的结合也越来越紧密，但我们仍需积极思考学习科学在未来发展中可能面临的挑战与应对策略。未来，本书认为应从四个层面保障学习科学的可持续发展。①②③

1. 政策支持层面，加大对学习科学的支持力度

首先，应提高学习科学在教育科学研究中的地位。蓬勃发展了30多年，学习科学不仅有力推动着教育研究科学化的进程，而且时刻引领着世界教育教学模式的变革方向，成为越来越多国家对教育未来发展趋势进行预测和把控的参考。时至今日，学习科学已经逐渐形成了"**以学习基础机制研究为根本，以学习环境设计研究为主体，以学习分析技术研究为保障**"的良性研究态势，并且后两大研究取向经过更长时间的发展，已经积累了很多兼具研究和实践价值的优秀成果。学习基础机制研究相较于后两者，由于起步较晚且对高精尖技术和人才的依赖度还很高，因而尚未取得得到大范围普及和认可的成果，但却蕴藏着无限潜力，也许将成为学习科学迈向下个高速发展阶段的重要拐点。

在我国，虽然教育科学研究一直受到关注，但对学习科学的重视还不充分，相关的机构建设、人才培养、经费支持等都处于刚刚起步的阶段。此外，目前国内学习基础机制的部分研究仍处于起步阶段，教育领域研究者对脑电技术的介入也大多持观望态度，这在一定程度上也限制了其快速发展。因此，从未来教育战略发展的高度上讲，我国应该从国家层面上更加重视学习科学研究，大力支持学习科学的三大研究取向的整合发展，尤其是加大对学习基础机制研究取向的宣传和资助力度，并从研究课题、学科建设、学术活动等各个层面提供更多的政策支持，加大对人才和资金的投入力度，以推动学习科学的进一步发展。

其次，应促进学习科学相关课题研究的跨学科合作。学习科学在世界范围内的巨大影响力来源于其跨学科的领域特色，它改变了传统学习研究中的纯实验方法，采用设计研究的思路将原本分离的研究与设计重新整合为一个双向促进的系统来研究。学习科学研究不仅需要跨学科知识，还需要漫长的时间跨度作为保证，单一学科背景的研究团队很难独立承担。因此，实现跨学科的合作共同体，并建立稳定的持续经费保障制度，就成为保障学习科学长远发展的根本。

我国在学习科学的跨学科合作上尚未形成成熟的体系，这可能是由于教育技术和认

---

① 尚俊杰，裴蕾丝，吴善超. 学习科学的历史溯源、研究热点及未来发展 [J]. 教育研究，2018，39（3）：136-145；159.
② 尚俊杰，裴蕾丝. 发展学习科学若干重要问题的思考 [J]. 现代教育技术，2018，28（1）：12-18.
③ 尚俊杰，吴善超. 学习科学研究促教育变革 [N]. 中国教育报，2017-03-18（03）.

知心理这两类研究之间缺乏统一的理论基础,而且长期彼此独立研究,实现跨学科研究合作比较困难。未来,我国应该在国家层面加强跨学科学习科学研究共同体的建设,并建立制度措施促进其可持续发展。

2. 科研发展层面,促进研究体系的再造与升级

首先,需要深化相关理论体系的转型与升级。学习科学领域的每一次转变与进步,都与人们对学习本质理解的逐步深入紧密相连。从抽象的实验室研究到真实的学习情境设计,从静态的信息加工模型到动态系统视角下的学习发展模型,理论体系的每一次转型升级,都为学习科学拓展了新的发展空间。目前,我国学习科学的研究人员更多的还是从静态发展视角解读真实情境中的学习,研究往往采用对照实验,这么做的尴尬之处在于,同一个时期内会产生大量的同质研究,但结果截然不同。这时候,研究者往往会将结果的不同归因为被试选择的问题,但这种解释对于学习科学这一讲求证据和实践的科学来说,就显得太过苍白。

因此,我们迫切需要新的理论,来破解这种研究结果经常无法重复验证的窘境,例如第二代认知科学的动力系统理论——学习不再被看作"输入—输出"的信息加工模型,而是基于学习状态和时间的非线性函数。基于动力系统理论,学习变为个体在连续学习过程中学习状态的改变,那么从一个研究个体中就可以获得充足的过程数据来构建学习模型。经过对大量样本的分析,或许可以找到影响学习结果的关键因素和路径。本书编者也相信,随着可完整记录学生学习行为数据的智能设备与环境的应用,以及高性能智能算法的出现,相关理论体系指导下的研究也可以更加深入。[1]

此外,还应规范学习科学相关研究成果的发表与推广。学习科学是一门从实践的角度来研究学习的科学,这一定位就要求该领域的成果不仅是严谨的、科学的研究报告,还要有与研究相关的产品原型设计,因此通常需要用大量篇幅来详细陈述研究设计的每个环节及其之间的内在联系。然而,国内主流学术期刊发表的学习科学相关论文一般仅在10页左右,而且在论文格式方面大多缺乏完整的研究结构,因此很难对研究中的具体设计细节和结果进行充分的描述与分析,得出的研究结论也因难被他人重现而饱受质疑[2]。所以,在学术研究论文的规范化发表上,我国还需要进一步提升写作体例的规范性以及规定合适的篇幅。

对于产品原型设计类成果,尤其是那些经过多轮研究实验被证明有效的学习产品或环境设计,应该更进一步做好成果的市场转化和推广,使研究可以无缝接轨教育实践。目前我国学习科学研究大多仍以基础理论为主,应用性研究很少,能在全国得到大范围

---

[1] 洪超,程佳铭,任友群,等. 新技术下学习科学研究的新动向——访学习科学研究专家Roy Pea教授 [J]. 中国电化教育,2013(1):1-6.

[2] 杨南昌,曾玉萍,陈祖云,等. 学习科学主流发展的分析及其启示——基于美国《学习科学杂志》(1991—2009)内容分析研究 [J]. 远程教育杂志,2012,30(2):15-27.

推广示范的项目更少。因此，提高产品设计类成果的比例，并支持此类成果后期的市场转化，同样非常值得关注。

3. 教师培养层面，全面加强教师的学习科学素养培养

教育的主战场在课堂，面对学习科学对新时代教育的变革与重塑，教师作为教育实践环节的直接执行者，必须重新构建起以学习科学素养为核心的知识能力体系，提升对教育教学内在科学规律的认识水平。对于新时代高水平教师队伍建设来说，加强学习科学素养不仅包含对学习科学知识技能的进一步学习与拓展，更重要的是，要从实践应用和意识形态这两个层次，对教师在一线教学中深入理解和综合应用学习科学提出了更高的要求。

具体而言，教师需要从教学中的基础问题出发，结合学科教学的需求，以学习科学为理论基础，掌握基于学习科学视角的教学设计、课堂教学、教学评价和教学管理技能，逐步形成自身学习科学素养。同时，教师具有开展基于学习科学视角的教学研究能力也很重要，可以独立或者和专家合作开展学习科学研究，打造全面掌握学习科学知识的研究型教师，并推进学习科学研究与实践的交互发展。

这一综合素养的形成，不仅需要教师自身付出艰巨的努力，同时也需要外界提供强有力的支持，具体的学习科学素养教师培训方案可以针对在职教师和师范生分别实施：①针对在职教师，可以借助现有的教师系统培训项目，落实学习科学素养的学习。例如可以通过中小学教师国家级培训计划，向骨干教师渗透学习科学素养的培训内容，再通过骨干教师带动普通教师，层级传导与联动，实现学习科学素养的全面普及。②针对师范生，可以依托现有的师范生培养课程体系，增加学习科学相关的专业课程。例如将新开设的学习科学专业课程与师范生现有的教育实习相结合，从理论引领到操作实践，双管齐下，在师范生读书期间就落实其学习科学素养培养，为他们未来真正成为优秀教师夯实基础。

4. 学校实施层面，根据实际情况开展研究与实践工作

学习科学毕竟是一门基础学科，所以非专业出身的幼儿园和中小学教师很难独自开展学习科学研究，盲目跟风反而可能会对现有的教育现状不利。因此，我们建议幼儿园和中小学保持对学习科学的冷静思考，根据学校具体实际情况开展研究与实践工作。例如幼儿园和中小学可以与普通高校以共建研究学校（Research School）的形式，相互借力，共同开展更符合学校实际问题解决需求的学习科学研究——这里的普通高校既可以

○ 卢立涛，梁威，沈茜. 我国学习科学研究述评——基于20年的文献分析 [J]. 教育理论与实践，2012，32（28）：56-60.
○ 刘新阳. 我国学习科学领域的发展历程 [J]. 中国电化教育，2013（9）：16-21.
○ HINTON C，FISCHER K W. Research schools: Grounding research in educational practice [J]. Mind Brain and Education，2008，2（4）：157-160.

是师范类院校,也可以是非师范类综合院校,两者可以各有侧重、相互配合。如师范类院校更偏重学习科学的应用研究,主要负责指导幼儿园和中小学更好地基于学习科学设计并开展教学;而非师范类综合院校虽然没有成熟的师范生培养体系,但是可以基于幼儿园和中小学真实教学开展学习科学基础机制的研究。

未来,我国学习科学可以继续借鉴、融合国际上学习科学的研究方法和思路,调动教育技术、教育心理、神经科学各领域研究者和教师等多方力量共同关注真实学习中的重要问题,进一步促进理论与实践的双向交互发展,并在此基础上扎根我国的教育文化,研究有特色的学习问题、实践创新和教育生态,为我国教育事业的科学发展打下坚实的基础,提供有力的支撑。

拓展阅读

[1] MAYER R E,FIORELLAL. The Cambridge handbook of multimedia learning[M]. New York: Cambridge University Press,2005.

[2] R. 基思·索耶. 剑桥学习科学手册:第2版[M]. 徐晓东,等译. 北京:教育科学出版社,2021.

[3] 陈丽."互联网+教育"的创新本质与变革趋势[J]. 远程教育杂志,2016,34(4):3-8.

[4] 尚俊杰. 未来教育重塑研究[M]. 上海:华东师范大学出版社,2019.

[5] 余胜泉,毛芳. 非正式学习——e-Learning研究与实践的新领域[J]. 电化教育研究,2005(10):18-23.

思考题

1. 具身认知与传统观点相比,有哪些不同?
2. 请基于具身认知理论,设计一个教学活动。
3. 联通主义的知识观对学习的认识是什么样的?
4. 请列举一条基于学习科学的在线教学建议,并结合一个身边案例谈谈可以如何改进现有的教学。
5. 协作学习的关键要点有哪些?请结合两个身边的案例,谈谈什么样的学习活动是协作学习,什么样的活动看起来是协作学习实际上却不是协作学习。
6. 请谈谈场馆中和家庭中非正式学习的教学启示。
7. 社会情绪学习的五种核心能力包括哪些?其内涵都是什么?
8. 教室的学习空间设计原则有哪些?

附录　推荐资源

附录A　推荐图书

1. R. 基思·索耶. 剑桥学习科学手册：第2版[M]. 徐晓东，等译. 北京：教育科学出版社，2021.
2. 布兰斯福特，等. 人是如何学习的：扩展版[M]. 程可拉，译. 上海：华东师范大学出版社，2012.
3. 经济合作与发展组织. 理解脑：新的学习科学的诞生 [M]. 2版. 周加仙，等译. 北京：教育科学出版社，2014.
4. 理查德·E. 梅耶. 应用学习科学：心理学大师给教师的建议 [M]. 盛群力，丁旭，钟丽佳，译. 北京：中国轻工业出版社，2016.
5. 安布罗斯. 聪明教学7原理：基于学习科学的教学策略 [M]. 庞维国，译. 上海：华东师范大学出版社，2012.
6. 高文，等. 学习科学的关键词[M]. 上海：华东师范大学出版社，2008.
7. 郑旭东，王美倩，吴秀圆. 学习科学：百年回顾与前瞻 [M]. 北京：科学出版社，2020.
8. 尚俊杰. 未来教育重塑研究[M]. 上海：华东师范大学出版社，2019.

附录B　推荐研究机构

1. 北京师范大学认知神经科学与学习国家重点实验室，https://brain.bnu.edu.cn/。
2. 东南大学学习科学研究中心，https://rcls.seu.edu.cn/。
3. 北京大学学习科学实验室，https://pkuls.pku.edu.cn/。

附录C　推荐会议

1. 国际学习科学会议（International Conference of the Learning Sciences，ICLS），https://www.isls.org/annual-meeting/icls/。
2. 计算机支持的协作学习国际会议（The International Conference on Computer-Supported Collaborative Learning，CSCL），https://www.isls.org/annual-meeting/cscl/。
3. 学习分析与知识国际会议（International Conference on Learning Analytics & Knowledge，LAK），https://www.solaresearch.org/events/lak/。
4. 混合式学习国际会议（International Conference on Blended Learning，ICBL），

https://hksmic.org.hk/icbl/2023/index.html。

5. 教育技术与计算机国际会议（International Conference on Education Technology and Computers，ICETC）。

6. 全球华人计算机教育应用大会（Global Chinese Conference on Computers in Education，GCCCE）。

7. 中国高等教育学会学习科学研究分会年会（The Annual Conference of The Committee of Learning Sciences Research of China Association of Higher Education）。

8. 北京大学学习科学与未来教育前沿论坛（Frontier Forum on Learning Science and Future Education of Peking University，FFLSFE@PKU）。

附录D 推荐网站

1. 思维工具网站（Tools of the Mind）：https://toolsofthemind.org/。
2. 僵尸地理学（Zombie-Based Learning, ZBL）网站：https://zombiebased.com/。
3. 项目式学习案例网站（MyPBLWorks）：https://my.pblworks.org。
4. 可汗学院（Khan Academy）：https://www.khanacademy.org/。
5. 智慧学伴（Smart Learning Partner）：http://slp.bnu.edu.cn/。
6. Gephi网站：https://gephi.org/。
7. NetMiner社会网络分析工具：http://www.netminer.com/main/main-read.do。
8. Wmatrix语料库分析工具：https://ucrel.lancs.ac.uk/wmatrix/。
9. Mixpanel数据分析工具：https://mixpanel.com/。
10. iMotions表情自动监测软件：https://imotions.com/zh/homepage-中文-中国/。
11. SNAPP学习网络可视化评估工具：https://www.above.com/marketplace/snappvis.org。
12. 北京大学学习科学实验室教育游戏网站：http://www.mamagame.net/。
13. Roblox官网：https://www.roblox.qq.com/。
14. 希沃白板官网：http://easinote.seewo.com/。

附录E 推荐MOOC

1. 中国大学MOOC教育教学课程——"游戏化教学法"，https://www.icourse163.org/course/icourse-1001554013。

2. 中国大学MOOC教育教学课程——"应用学习科学改进教学策略"，https://www.icourse163.org/course/icourse-1003589005。

3. 中国大学MOOC教育教学课程——"人是如何学习的"，https://www.icourse163.org/course/icourse-1003584007。

4. 中国大学MOOC教育教学课程——"掌握教学设计"，https://www.icourse163.org/course/icourse-1003595004。